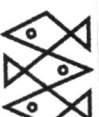 

Kontaktadresse nach EU-Produktsicherheitsverordnung:
produktsicherheit@fischerverlage.de

Im Gehen fand Carl Zuckmayer das natürliche Tempo, Stetigkeit und Schnelligkeit von Denken und Sprechen – Bild- und Gedankenwelt vereinigten sich ihm dabei. Auf langen Wegen im Salzburgischen und später in den Grünen Bergen Vermonts erkannte er das Eigentliche der »Weglosigkeit«, empfand er den Genuß des ungeplanten Spazierens und Wanderns, der Begegnung mit Baum und Tier, mit Wind und Wolken, mit dem Horizont als eine Art Rausch, als das Glück der ungeteilten Persönlichkeit in der Natur. Und eben diese Fähigkeit, intensiv leben und erleben zu können, gab seinen Begegnungen mit unterschiedlichsten Menschen, seiner Reaktion auf zeitbezogene Ereignisse, seiner Begeisterung für Literatur, seiner Freude am fremden wie am eigenen Werk den entsprechenden spontanen Ausdruck. Carl Zuckmayer hat zur Fülle der Zeit, in der er lebte, wahrlich ein Wort zu sagen gehabt: von der Notwendigkeit, seine eigene Haltung gegenüber den Herausforderungen des Tages zu finden und zu bekennen, Wege und Zielsetzungen aufgrund der eigenen Erfahrung aufzuzeigen und zu gestalten – kurzum: »Wir müssen ans Lebendige heran.«

Carl Zuckmayer wurde am 27. Dezember 1896 in Nackenheim am Rhein geboren. Nach dem Abitur in Mainz meldete er sich als Kriegsfreiwilliger und wurde an der Westfront eingesetzt. 1918 begann er ein kurzes Studium der Geistes- und Naturwissenschaften in Frankfurt a. M. und Heidelberg; wichtiger als alle Theorien waren ihm jedoch die in diesem Umfeld geschlossenen Freundschaften. 1920 ging er nach Berlin. Erste Stücke blieben ohne Erfolg, obwohl sie ihn »dichterisch legitimierten« – ›Der fröhliche Weinberg‹ brachte ihm 1925 den Durchbruch und den Kleist-Preis. 1933 verhängten die Nationalsozialisten ein Aufführungsverbot über ihn. Er zog sich daraufhin mit seiner Familie nach Henndorf bei Salzburg zurück; dort besaß er seit 1926 ein Haus. 1938 floh er in die Schweiz, ein Jahr später emigrierte er in die USA, wo er bis 1946 als Farmer in den ›Grünen Bergen‹ (Vermont) lebte. Von 1947 bis 1957 hielt er sich abwechselnd in der Schweiz und in den USA auf; 1958 kehrte er endgültig in die Schweiz zurück und wurde in Saas-Fee (Wallis) ansässig, seit 1966 als Schweizer Bürger. Am 18. Januar 1977 ist er als einer der über Jahrzehnte erfolgreichsten deutschsprachigen Autoren in Visp (Wallis) gestorben.

Carl Zuckmayer
Gesammelte Werke in Einzelbänden

Herausgegeben von Knut Beck
und Maria Guttenbrunner-Zuckmayer

Carl Zuckmayer
Die langen Wege

Betrachtungen

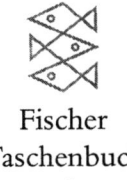

Fischer
Taschenbuch
Verlag

2. Auflage

© 2022 S. Fischer Verlag GmbH,
Hedderichstr. 114, 60596 Frankfurt am Main
Druck und Bindung: BoD – Books on Demand GmbH,
Norderstedt, Germany
ISBN 978-3-596-12712-2

Betrachtungen

Versuch eines Kurzporträts

Wer Phantasie hat, weiß, wie er aussieht. Durch Photos oder Bilder kann man das nicht erfahren. Ich sehe aus, wie ich aussehen möchte. Eine objektive Darstellung gibt es nicht. Ob mein Gesicht breit oder schmal ist, bleibt ungewiß. Oben, um die Jochbeine, eher breit, nach unten verjüngt es sich. Die Nase ist gebogen und steht etwas schief. Das Kinn genügt mir. Mehr Kinn würde zuviel Charakter andeuten, weniger wäre ein Zeichenfehler. Vom Mund möchte ich schweigen: das hier ist keine Beichte. Meine Zähne sind alle noch echt. Keine Prothese. Die Stirn war früher niedrig, erst durch Haarverlust habe ich mich vergeistigt. Die Augen sind, wenn ich die Unwahrheit sage, sehr blau. In ehrlichen Momenten spielen sie mehr ins Graue. Ihren Ausdruck kann ich selbst nicht beobachten, insgeheim ist er wohl eher melancholisch, was auf die meisten Leute lustig wirkt. Ich bin nie auf die Idee gekommen, mir einen Bart wachsen zu lassen, dazu gehört eine Weltanschauung. Ich habe zwei Narben im Gesicht, die fast unsichtbar sind: eine stammt aus dem Ersten Weltkrieg, überm linken Auge. Wäre der Granatsplitter ein wenig anders geflogen, dann hätte die Welt ohne mich weiter existieren müssen: in meinem Betracht ein unausdenkbarer Zustand. Die zweite, quer über der Nase, von einer Schlägerei in der Oliverastreet, dem Mexikanerviertel von Los Angeles. Sie läuft manchmal blau oder grünlich an. Wenn ich wütend bin, schiele ich, und wenn ich schiele, sei vor mir gewarnt. Aber ich schiele selten. Was die Figur anlangt, so bin ich das, was man einen Pykiker nennt: der Hals nicht sehr lang, Schultern und Thorax breit, fast gedrungen. Die Beine, von den Hüften ab, länger als der Rumpf. Sie sind gute Gehwerkzeuge und waren, auch als ich neunzig Kilo wog, immer schlank. Jetzt bin ich auf sechsundsiebzig bis achtundsiebzig herabgekommen. Meine Schuhnummer ist verhältnismäßig klein. Ich habe die Hände eines Verschwenders.

Die Daten meines Lebenslaufs sind bekannt und besagen nichts. Schulzeit, Kriegszeit, Wanderzeit, Theaterarbeit, Mißerfolge, Erfolge, Emigration, Farmzeit, Wiederkehr, Weitermachen. Die Geheimnisse, die bedeutsam sind, stehen zwischen den Zeilen dessen, was ich schreibe. Wer es versteht, kann sie herauslesen. Da ich immer meine eigenen Zweifel und Bedenken habe und mir nichts leichtfällt, lasse ich mich durch nichts entmutigen. Ich lebe gern, und habe nichts dagegen, eines Tages zu sterben.

Von Kiel nach München

Landschaften sind flüchtige Niederschläge der Luft und der Lichtstrahlen. Landschaften und Psychologen sind schwer zu kontrollieren. Es ist eine Erfahrung vieler Weltfahrer, daß die Luft gut ist, wo man Geld hat. Schlecht oder muffig, wo man keins hat. Gemischt, wo man pumpt. Meine Eindrücke von Kiel und München sind gemischter Natur. Facit: man soll Kiel nicht mit Kopenhagen verwechseln, trotz des dänischen Aquavit. Man soll den Bayern nicht mit dem Bade ausschütten. Man sollte immer satt zu essen haben, sattsam zu trinken, Spielraum für die Liebe und ein frommes Gemüt. Dann leben Himmel und Erde in Eintracht.

*

Nach einer durchzechten Nacht geht man in Kiel den Düsternbrookerweg entlang, der weiße Wind hat einen leichten Salzgeschmack und läuft wie Schneewasser durch dünne Sohlen in alle Poren der Haut. Daher kommt's, daß man dort so unwahrscheinliche Mengen von Schnaps, Grog oder Rotwein verträgt. Der Himmel fliegt immer, ein mächtig geblähtes Sturmsegel, schwarzgefurchte Bäume schwanken und biegen knorrige Kronen mit leisem Gedröhn. Die flache, ebene Erde ist schräg gegen den Himmel gelehnt, man geht stetig bergauf oder stetig bergab, obwohl auf der Landkarte alles grün ist. Die Kieler selbst merken nichts davon, denn sie gehen überhaupt nicht. Noch nie ist mir ein Völkerstamm vorgekommen, der so absolut untauglich zum Gehen ist, wie diese Kielinsker. Die Rothäute gehen einwärts, woran man ihre Fährten erkennt. Die Lappen strecken die Fußzehn hoch und staken auf den Fersen. Die Chinesinnen trippeln auf den Ballen daher. Aber die Kieler, glaube ich, gehen auf den Oberschenkeln. Geht eine Frau durch Kiel, die gehen kann, so ist es berauschend und fremd wie der Goldvogeltanz der Karsawina. Wir Fremdlinge gingen also in einem schlecht angepaßten Takt durch Kiel, das muß ich gestehen. Ein kleiner Professor mit Robbenkopf glotzte durch die Bullaugen seiner Brillengläser und murmelte einen plattdeutschen Fluch. Wir haben ihn vergessen. Die große Erinnerung schluckt alles Kleine und Staubige auf.

Und wir erinnern uns, Camarado!

*

Vor allem an Holsts Hôtel. Ich stehe nicht an zu behaupten, daß es in Deutschland kein zweites Hotel von solch geschmackvoller Haltung, solch kultivierter Lebensform und solch vorzüglicher Küche gibt. Der Besitzer, Herr Schnack, der den Keller, und sein Bruder, Herr Schnack, der die Küche leitet, verdienen beide, weit über Schleswig-Holsteins Grenzen hinaus gerühmt zu werden. Der oberste Ober heißt Detlev, er ist der vollendetste Saalchef des Abendlandes. Seine distanzierte Reserve ist fast noch höher anzuschlagen als seine liebenswürdige Kordialität. Breit in Fülle gelagert, sieht man bei Holst den Geheimrat Jacob hinter der Rotweinflasche, die imposanteste und reizvollste Erscheinung Kiels; so könnte man sich Balzac denken, oder Jean Paul, mit den Augen von E. T. A. Hoffmann, oder den gewaltig-trinkseligen Hafis, dessen Lieder Jacob sehr gut übersetzt hat. (Seine Gedichte des orientalischen Schattentheaters, seine Übersetzung des Arabers Schanfara und seine neu erschienene Schrift über chinesische Scherenschnitte seien hier als Werke subtilster Qualität erwähnt.) Aber bei Holst bekommen sogar die klotzköpfigsten Holsteiner Holzhändler einen Anflug von Leichtigkeit und Grazie. Machen das die Schwedenplatten, diese hymnischen Gedichte des Nordens, diese glanzvollen Anthologieen der Pikanterie? Oder macht es das französische Raumgefühl des Speisesaals, oder die eisgeschwenkten Schnapsgläser, oder der beglückende Reiz genialer Improvisation, der wie eine lockere Parmesankruste selbst über der schwersten, solidesten Deftigkeit kräuselt? Ungeheuer besoffen, in Räuschen von urweltlicher Dimension, war man dort noch auf der Toilette ein Mensch von Geist und Gesinnung, wovon unendliche Geapräche zeugen, mancher geleerte Gineverkrug und manches spirituelle Frühstück.

★

Der Herbst über den braunen Feldern, flammend in einem Gesträuch, johlend am windischen Himmel, feucht und rauschend aus der bereiften Erde. Frühe Nacht, blutrot am Horizont, und die ersten klirrenden Eiskrusten über Wegrinnen und Pfützen. Die lautlosen Nebeltage, fern heulende Sirenen, die Luft wie geronnene Milch, es tropft von den Zweigen. Körperlos, ohne Schwere in den Raum gezaubert, schwingen die Krane und Stahlkonstruktionen der leise surrenden Werft. Nachts tackt sie wie ein verstörter Puls, elektrische Meteore geistern über die schwarze Flut. Dahinein rieselt am Morgen stumm der Schnee. Eine Welle klatscht plötzlich, ein Möwenflug kreischt vorüber, es riecht nach Tran und Kadaver. Heulbojen fern.

★

Das Gesicht einer Stadt begreift man erst, wenn man sich zu verschiedenen Tages- und Nachtzeiten in ihrem Schoß betrinkt. Kommt man in München früh durch die Ludwigstraße geschwankt, beflissen hinter seinem eignen Schatten her, sieht man in einem leichten blauen Dunst die Türme der Theatinerkirche sich voneinander lösen und schmal werden, und die klare, ruhige Dimension eines Platzes, die klassische Fassade einer Häuserflucht, das warme Orange des Himmels weiten sich behäbig im Bewußtsein: hier hast Du Platz, hier kannst Du Bauch und Schultern geruhsam einherschieben, hier ist die monumentale Bühne für die Raumlust Deiner Leibgemächte, hier wirst Du nicht ersticken. Im übrigen kann man sich über München kürzer fassen als über Kiel. Kiel ist Neuland. Niemandsland. Praerie. Mount Everest. Von einer todesverachtenden Expedition kühner Pioniere mühsam durchquert. Eine Fundgrube für den Forscher. München und die Zoologie seiner Fauna könnte schon im volkstümlichen oder völkischen Brehm stehen. Es leben dort die ruppigsten und die reizendsten Menschen Deutschlands hart nebeneinander, die barbarischsten neben den kultiviertesten. Das gibt der Landschaft einen gewissen Reiz. Schwabing ist leicht abgestanden. Die Gesichter der Schwabinger haben immer etwas Verschwiemeltes, wie früher nur am lendemain. Der Mensch, dessen 20stündiges Tagewerk im Kräftesammeln besteht, um abends zwischen 10 und 2 beim Schoppen charmanten Esprit zu entwickeln, überzeugt uns nicht mehr. Desto stärker der Frankfurter Carl Haensel, wenn er nach Vertilgung ungeheurer Rotwein- und Kirschwassermengen morgens von 4–6 Tennis spielt, von 6–8 in der Sonne pennt und von 8 Uhr ab die smartesten Kleinschrottgeschäfte macht, um nachmittags eine Filmgesellschaft zu gründen. Zwischendurch diniert er dreimal und opulent. Es gibt Leute, die das Tempo durch massive Ruhe übertrumpfen. Aber das weicht vom Thema ab.

*

Kunst im Sprotten-Athen? Kunst im Weißwurst-Sparta? Es werden in beiden Städten sehr brauchbare Öldrucke für Hochzeits- und Kommuniongeschenke hergestellt. Weiter nichts zu vermelden.

*

Der Münchener Generalintendant der Bayerischen Nationaltheater, Herr Geheimrat Dr. Carl Zeiss, hat im Hinblick auf gewisse Kieler Theaterereignisse des letzten Jahres, von denen Europa spricht, folgenden Vers gemacht:

»Wenn Du fährst mit hohem Ziel
mußt am Steuer ruhig Du sitzen,
unbekümmert ob in Kiel
Lob und Tadel hoch aufspritzen.«

Bei Emanuel Geibel heißt es »am Kiel«.

*

Still ruht der Tegernsee, die Vöglein schlafen. Es wimmelt von Tschecho-, Jugo-, Philoslawen. Still ruht der Tegernsee. Ein

Herr in eleganten Breeches radelt vorüber. Er transpiriert heftig. Es ist Kasimir Edschmid. Still ruht der Tegernsee. Ein Herr mit lila Krawatte, Hemd Schuß Crème, tummelt seine O-Beine und sein markantes Organ. Es ist Paul Graetz. Still ruht der Tegernsee. In den Bergwäldern blüht, lichtblau, der Stengelenzian. Der Enzianschnaps kostet eine halbe Million. Das ist die oberbayerische Landschaft.

*

In Kiel, wie überhaupt an der Waterkant, macht man die Beobachtung, daß – ohne Verhältnis zu der keineswegs überschärften sozialen Schichtung – ein ungewöhnlich ausgeprägter Wesensunterschied zwischen der »Oberklasse« und dem »Volk« besteht. Der Norddeutsche mit Standesbewußtsein (und sei es das des Posthilfsschaffners oder des städtischen Collegienrats) ist ein unerträglich stöckerischer, hochkantiger, querleistiger Holzbock. Noch schlimmer seine Gattin Tochter Base. (Kann man sagen: Holzböckin? Oder Holzziege?) Der Mann ohne Standesbewußtsein dort oben ist ein grobkörniger, aber reizender, umgänglicher, echter Kerl. Spuckt Dir seinen Priem aufs Hosenbein, daß die Haare auf Deiner Wade verbrennen, hat aber, wie man zu sagen pflegt, das Herz auf dem rechten Fleck. Tjä. Da gibt es in Kiel zwei Gassen: »Hinter der Mauer«, und »Im Kuhfeld«. Dort, auch in der flämischen und in der Schuhmacherstraße, kannst Du die Volksseele schäumen sehen. Die betreffenden Lokale heißen: »Die Wolfsschlucht«, »Zum alten Germanen« (Damenblasorchester), »Café Weltverkehr« (Treffpunkt für Kapitäne), »Atlantis-Stube«, »Swinegel« und die verschiedenen Grog-Keller. Liebhabern von Schlägereien sei das Cabaret Esplanade empfohlen, Weltenbummlern Haus Nr. 4 und Nr. 21 »Hinter der Mauer«. Gelegentlich wird mal ein Schutzmann in die Förde geschmissen. Sonst geht es friedlich zu. Dies sind rein geographische Notizen.

*

Lassen Sie mich noch kurz vom Schipper Paul erzählen, einer Gestalt, die man im Getriebe des Weltzerfalls nicht übersehen soll. Er lebt in einem lecken Boot, hat Schwimmhäute zwischen den Zehen und ist über 80 Jahre alt. Nachts macht er sein Boot mit einem Tau an einem Kriegsschiff an. Im Winter kriecht er manchmal in eine Heizluke. Empfindlich ist er nicht. Er setzt bis auf den heutigen Tag für 10 Mark Waghalsige über die Förde. Hartnäckige, die mehr zahlen wollen, bedroht er mit dem Riemen. Seine Nahrung besteht aus Küchenabfällen großer Schiffe und rohen Fischen, wie er sie grade fängt. Wenn ihn die Hafenjungens mit Dreck schmeißen, richtet er sich hoch auf in seinem Boot und ruft »Ihr Mühseligen und Beladenen, ihr wisset nicht, was ihr tut!« Das ist der Schipper Paul.

★

Der Frühling aber war kühl und falb über den feuchten Wiesen, und Störche standen im Rohr, und der häßliche Schrei der Kiebitze, und warme, wild quellende Nächte mit geilem Geruch. Der Herbst stampft wie ein Bison durchs Schlinggestrüpp und Röhricht des oberen Isartals. Dr. William Freiherr von Schroeder, genannt Bill, tanzt im schwarzen Talar, in der Soutane verrufener Laster-Abbés, durch den Wirbel gelber Blätter in Düsternbrook, er beschwört eine große Vergangenheit, er umflattert kahle Ruinen, krächzend, schakalend, lobsingend wie ein derwisch hurlant. Lotte Pritzel laust ihr Kind. Es wird ein kalter Winter sein. Zwischen Kiel und München liegt das deutsche Mittelgebirge und mancherlei Gewässer. Wenn wir erwachen, fünf Uhr früh im stampfenden D-Zug, schwebt Gottes Geist über den Wassern.

Nordische Landschaft
Erinnerung an einen Nordlandsommer

Nördlich der Lofoten lief unser Schiff ›Bläämyra‹ in den breiten Vestenfjord. Kapitän Steinert rückte die Dampfleine, dreimal heulte das große Meertier, der Ton ging über unsere Nacken weg wie ein schartiges Messer und versank irgendwo in der diesigen Küstenluft. Es war ein helltrüber Morgen, manchmal träufelte zerflecktes Sonnengelb durch den Sprühregen, der Atlantik schob ruhige, eisgraue Dünungen in die Bucht, plötzlich roch es ganz aus der Nähe nach Heu oder Waldlaub, und der schmale Streif zwischen Ufer und Steilhang glänzte smaragden. Dann und wann sah man tief in schmale Fjordarme hinein, schwärzlich verloren sich dort die Wasser, denn die Berge standen so eng, daß ihre Spiegelung sich dunkel ineinanderbog. Ein Gletscher stürzte bis zum Meerstrand hinab, blauschimmernd, grün überhaucht, schmutzweiß durchronnen, zerklüftet, unwahrscheinlich, wie ein gefrorener Wasserfall. Granitmassen, steilauf getürmt, Felsnadeln, lächerlich überspitzt. Schutt, Geröll, Geböller von Steinlawinen. Basalt und Schiefer, Urzeitgestein, verharschtes Vulkanfeuer. Vogelfelsen, schwarzbraun aus weißer Brandung, Geflacker, Gekreisch. Ein Delphin sprang, viele Tauchervögel klatschten in die Flut. Das Land glitt näher, man ging nicht mehr von Deck. (Wir waren sechs Tage auf See.) Jetzt eine Stadt, an Bergwände geklebt, hinter den Eisengerippen moderner Docks und Werften, hinter senkrecht ins Wasser gestellten Speichern und Fischereikontoren die kleinen Holzhäuser aus dem Rotbraungrün der Küste, viereckig, hell, weiß, rosa, gelb gestrichen, dunkle Dächer, Veranden. Hundert Meter hinter solcher Stadt beginnt das Ödland. Die Schneegruft in den schwarzen Bergen haucht eine schwere Einsamkeit. Aber Sturzbäche springen und kullern herab, wie Perlschnüre schaumweiß durch die Felsen und tiefer durchs braunrote Kraut gezogen, durch den Marmorteppich der Flechten, durch die feuchten, glänzenden Moospelze, durch Birken- und Kieferngestrüpp staubsprühend ins Fjordwasser hinab. Ein Windstoß jagt alle Schleier hoch, reißt eine nackte Lichtflut aus dem Himmel, schmeckt nach dem Ozean und nach den Sommerwäldern, salzig und süß zugleich, nach Erdbeeren und Fischtran, nach Whisky und frischer Sahne, nach Lederzeug, Buchweizen, Rentierkäse, Wacholder und verliebtem Dunkelhaar, nach der Küste des Nordmännerlands und seiner sommerlich umblühten Erde.

Wir sind in den letzten Tagen der Mitternachtsonne. Es wird nicht dunkel über den Bergen, und das Meer leuchtet verzehrend. Unser südliches Zeitgefühl gerät in Verwirrung, das Leben läuft hier nach anderem Takt. Der Westen steht nachts in einem blutroten Schein. Dann kommen die weißen Nächte mit ihrem seltsamen dämmerlosen Fahl, das keine Schatten wirft und gleichmäßig über Gebirg und Mooren fröstelt. Und im August bereits, wenn in den reifsten Nachtstunden die Luft in einem blaugrünen Tone schwingt, der sich von Nacht zu Nacht vertieft, beginnt über Tage das irrselige Farbenspiel des Herbstes, und die Jagd auf Schneehühner ist frei. Die Beleuchtungen, Entflammungen des Abends sind von sinnverwirrender Seltenheit. Orangen und bernsteinklar wölbt sich der Horizont auf dem verzückten Zartblau der Felsgrate, dahinter spürt man das Meer, von dem ein grüner gläserner Spiegelschein über die Himmelsmitte geistert. Aber das Hochmoor brennt im tollsten Zinnober, violettes Heidekraut und rostige Sumpfmoose durchflecken es, Erdnebel und Sommerfeuchte schleiern darüber hin. Die Schilflachen schlagen schwarzwimperige Augen auf, die südlichen Schneeberge spielen strahlende Iris hinein. Die Schneeberge! Vor wenig Sekunden waren sie flammende Feuerfahnen, dann matte kupferne Schildbuckel – jetzt stehen sie überirdisch weiß oder elfenbeinern, verzaubert, lautlos vor einer rieselnd amethystenen Luft, die Äther ist, Licht ohne Grenze, Weltweite, kühl von den Schauern der Unendlichkeit.

Droben, zwischen rasend umhergeschmissenen Granitblöcken, liegen die eisgrünen Gebirgsseen, in denen die Alplachse springen. In wegloser, gottseliger Einsamkeit liegen sie, eine Lumme rudert darauf, ein Rentier trinkt. Selten steigt mal ein Senn mit Fischgerät hinauf, oder ein Lappe gräbt sich in einer geschützten Bucht seine Erdhütte für kurze Sommerrast. Es war eine Expedition nach einer neuen Erzader, wir waren tagelang in diesem Gebirg, ohne eine Menschenseele zu treffen. Selten Rentiere und vereinzelt kreisende Raubvögel. Zweimal überquerten wir einen Gebirgsstrom mit reißendem Gefäll auf den kleinen zähen Kletterpferden, die sonst unser Zelt und Gerät trugen. Das Wasser hatte plus 3 Grad Celsius, aber die Gäule, bis zum Hals umschäumt, schnaubten vor Wonne und gingen mit großer Sicherheit von Stein zu Stein mitten durch die Strömung. Im Skjomental hauste ein Bär, er hatte bei der letzten Senne ein Schaf zerrissen. Wir spürten umher, bekamen ihn aber nicht zu Gesicht. Die Wildnis dieses Hochtals, wo es zur Gebirgsöde aufsteigt, war ungeheuer. Wir schlugen unser Zelt auf in einem Kessel (Fjeldburt), von dem der Urwald nach allen Seiten aufstieg. Durch Gestrüpp und Geschlinge ging's, knietief durch Farnkräuter und Büsche, knöcheltief durch Moose und Flechten. Eine Hochwiese lichtet sich auf, ganz überwuchert von köstlichen, herb duftenden Mültebeeren. Sie haben einen leichten Rauchgeschmack. Mültebeeren mit dicker Sahne mag man in den ewigen Jagdgründen getrost als Speise der Seligen servieren. Ha, wir lebten herrlich in Norwegen. Dank, Dank, Dank für diese Zeit, ich werde sie nie vergessen. Sie war ein verdoppeltes Leben.

Die norwegischen Frauen haben großen Charme und entzükkende Vornamen. Die dunkelhaarigen Frauen des Nordlands mit sehr hellen Augen sind reizvoller und bedeutsamer als die goldblonden. Manche haben schmale Fußgelenke von Rasse und Sicherheit. Ihre Körper sind sportlich trainiert, aber sie tanzen gern, sie haben die unverbindliche Natürlichkeit des Verkehrs unter Sportsleuten, vermischt mit verhüllter Passion und kühler Koketterie. Sie ziehen sich sehr gut an. Sie haben keine Gretchengrübchen, wenn sie lachen, sondern Smilehüller. Ihre Männer sind leicht jaloux.

Während in Tyskland ewig Regen fiel, war dieser Sommer im nördlichen Skandinavien, Lappland und Finnmarken von einer seltenen Gleichmäßigkeit und Sonnenwärme. Die Bauern haben alle Schober voll Heu und stopfen noch jede Luke voll, unter den Dächern der Ställe und auf den Böden. In manchen Jahren, wenn der Sommer verregnet ist oder alles verdorrt, wird große Not in den endlosen Wintermonaten, weil diese Ödbauern kein Geld haben zum Futterkauf. Dann magert das Vieh herunter, gibt keine Milch mehr, und die Schneeschmelze ist spät im Frühjahr. Diese Bauern auf ihren einsamen Höfen im Gebirge am Rand der weglosen Wildnis sind ein zähes, hartschwieliges Volk, ihr Leben ist wie das Gesicht ihrer Landschaft, wurzelverwuchert, krummstämmig, kräuterreich, von steinernen Felsmassen umstarrt. Manche dieser Bauern sind lebenssaftig, grantig in ihrer Art, saufen gern gegorenen Rhabarbersaft und ›Gjemmebrendt‹ – Heimbrand, einen aus jedem erdenklichen Dreck gebrannten Fusel. (Sein Wiederaufkommen ist die Folge der Prohibition, wie der riesige Wucher mit Schmuggelspirituosen und das hemmungslose Reichwerden der Apotheker.) Andere Bauern verfallen mit Haut und Haar der merkwürdig düsteren geduckten Religiosität dieser Landschaft. Die Lestadianer (der Begründer Lestadius war ein schwedischer Landpfarrer, der gegen den Suff und die Unzucht loszog, nicht ohne gewisse ethisch-soziale, halbrevolutionäre Tendenzen) halten ihre Versammlungen ab, in denen gewöhnlich wohl ein konventionelles Sektierertum getrieben wird. Aber in der Askese ihrer Lebenshaltung gehen sie zur letzten Konsequenz. Sie dürfen weder Schmuck noch bunte Kleider tragen, sich nicht photographieren lassen, nicht tanzen und keine Blumen auf den Gräbern ihrer Angehörigen dulden. Manchmal, in dunklen Winternächten, steigern sich wohl auch solche ›Moeten‹ im trüben Funzellicht einer Bauernstube zu dem Geschrei der Ekstase, dem Erlebnis des ›Schauens‹, des ›Spürens, Riechens und Schmeckens Christi‹ und der lauten öffentlichen Beichtbuße. Aber im großen ganzen hat man den Eindruck, daß diesen ›Erweckten‹ alles Weckende fehlt, daß diese Armutsreligion noch drückender wirkt als die Armut. Den trotzköpfigen, ungebrochenen Bergbauern, den halb-heidnischen wandernden Lappen in ihren gelbrot befransten Rentierkleidern, denen begegnet ums Dämmern zwischen den unheimlich verknorzten Krüppelhölzern, zwischen den Felsfratzen und Wurzelarmen öfters ein haariger, plumptatziger Troll, dann und wann auch der Nebelspuk, aber sie haben ihre uralten Zeichen dagegen und ihre kräftigen Nacken und ihre braune, windgegerbte Haut.

In einer Augustnacht lagen wir auf diesem Hügel voll Blaubeergestrüpp und Farnkraut, die Buschbirke des Nordens und viel Wacholder wuchs da, auch Kiefern und Erlen, es war am Abhang eines mächtigen Berges, Holzmassen verfaulten im Urwald, es war über dem Spiegel eines großen Fischsees, eine Lumme schnatterte tief im Uferschilf. Es war urweltlich still, der Himmel hoch und violett, Schneeberge silberten. Plötzlich, wie ein Sensenstrahl, wie ein Blinkfeuer, sauste ein Meteor vom Himmel. Da bemerkten wir zum ersten Mal die vielen Sterne, ganz dünn und flimmernd. Bald werden die Nächte dunkler, bald ist Herbst, dann fauchen die großen Stürme, Schnee fällt früh, die Moore gefrieren, der Atlantik rollt mächtig in den Ofotenfjord, brandet mit gelbem Schaum an den Schären, und Nordlichter wandern farbfeurig durch die achtzehnstündige Nacht. Jetzt ist noch Schneehühnerzeit. Aber in einer Nacht kratzte und winselte schon der Föhn an unserer Jagdhütte (Pans Hütte, in der ich die köstlichsten Tage dieses Sommers verlebte), daß man von Gnomen und vom Bergtroll träumte. Und als ich abfuhr, an der Küste, in den Fjorden, schwammen die Herbstquallen ums Schiff, unzählige breite, durchsichtige Schirme, zartfarbig, lichtrot und violett, und viele braun und gelb wie das Dach großer Pilze.

Um diese Erzählung habe ich mich viele Monate gedrückt, weil ich fühlte, daß man über die nordische Landschaft mit Worten fast nichts aussagen kann. Vielleicht ginge es auf norwegisch. Diese Sprache, sachlich und knapp geformt, hat einen ungeheuren Schatz verschiedener Bezeichnungen für Berg-, Wald- und Küstenformationen, unübersetzbare Prägungen. Wenn einer von uns dort gelebt hat, über Monate – er kann nichts aussagen, und wenn er Bände mit Impressionen füllt.

Die nordische Landschaft ist von ihrem Geheimnis durchtrunken bis ins kleinste blühende Moossternchen, bis in die letzte kahle Granitkuppe. Und wie lebt es erst in ihrem Getier, den abergläubisch gehegten Elstern, den Schnee-Eulen und Lemmingen der Gebirgsödnis, den silbergrauen Rentieren mit dem weitausbuchtenden Geweih! Man müßte diese Erde mit seiner Hand gerodet und lang aus ihrem Schoß gelebt haben. Rührt man sie flüchtig an, muß man vor ihrer tiefen Gewalt verstummen. Ihr Dichter heißt Knut Hamsun.

Sprache, Strom und Leben
Auszüge aus einer Stegreif-Ansprache, gehalten am 31. August 1952
im Gasthaus zum Schiff in Nackenheim am Rhein

Mir ist heut morgen im Halbschlaf ein merkwürdiger Vergleich eingefallen zwischen der Sprache, wie sie durch das Leben eines Schriftstellers zieht, und einem Strom wie dem Rheinstrom, der aus Quellen kommt, die ganz verschieden sind von dem, was wir hier in Nackenheim sehen. Der durch die verschiedenartigsten und merkwürdigsten Landschaften zieht, der große Biegungen und Windungen macht, der kanalisiert wird, der sich durch Engen bricht, der sich seine Bahn sucht, sein Bett, und wieder enger wird und wieder weiter und schließlich irgendwo mit großem Delta, mit großem Auseinanderlaufen seiner einzelnen Arme, in ein Meer, in die Nordsee mündet. Und so ist unser Sprachstrom, in dem der Dichter nicht etwa schwimmt, sondern selber das Wasser ist, die Welle, der Stoff.

Dieser Sprachstrom ist unser Leben. Aber nicht etwa die großen Dinge, die sich darin spiegeln, sind wichtig. Nicht etwa der Rheinfall bei Schaffhausen oder Xanten oder eine Kaiserpfalz oder eine wunderbare Burg oder der Kölner Dom, nicht die großen und mächtigen Dinge, die auch da sind und ihre Bedeutung, ihren Akzent haben. Entscheidender und viel wichtiger ist das einfache Leben dieses Stromes selbst. Das ist das, was hier bei uns an der Au vorbeifließt, das ist das, was durch den Altrhein in kleinen Bächen geht, wo die Fischreiher drin stehen, wo die Weidenzweige hineinhängen, wo die Algen drin treiben, das ist das, wo auch mal ein totes Tier drin schwimmt, ein Hund, eine Katze, und wieder untergeht und doch dann wieder Speise wird für die davon lebenden Fische und nicht wirklich zugrunde geht. Dieses Ganze eines Stromes und vor allen Dingen sein einfaches und schlichtes Leben hier draußen, direkt vorm »Schiff«, da wo wir sind, wo die Pappeln stehen, wo die Ufer sandig und einfach sind, wo die Straße entlang läuft, wo die Schiffe anlegen.

Diese Art von Strom, das ist das Leben, das ist das, was der Schriftsteller eigentlich in sich trägt. Das ist die Sprache, das ist die Wirklichkeit, und das ist gleichzeitig auch das Bild des geheiligten Ganzen, das ist das, was von einer Quelle bis zu einer Mündung geht, nach einem geheimen Ruf und Gesetz, das wir nicht kennen.

Wir wissen zwar, ein Kind wächst auf im Mutterleib, und es hat in seinen Schädelwänden unendlich feine kleine Löcher, dadurch gehen die Nervenstränge, und es hat eine so fein ziselierte Wirbelsäule. – Wir wissen, so wächst es auf. Wir können das alles erklären, wir können es auseinandernehmen, aber wer macht es?

Niemand macht wie in einer Fabrik die Bohrungen, niemand setzt das alles zusammen, niemand macht es wirklich, niemand macht es bewußt. Es gibt Worte, wie »der Haushalt der Natur«. Sie sagen alle nichts. Da ist, was wir wissen, da ist aber auch, was wir nicht wissen, was wir nur ahnen, glauben und fühlen können, dieses Dasein einer großen, schöpferischen Macht, einer heiligen Macht in diesem Leben, die uns erlaubt, zu sein auf dieser Erde – die einen Strom und einen Quell aus dem Felsen ruft, den Strom ins Meer münden, die Wässer wieder in die Luft aufsteigen läßt, diese ganze Erde in einem großen Gleichklang umschließt und uns Menschen darauf hat wachsen lassen, damit wir unser Leben in Glück oder Unglück, in Leid oder Freude, wie es uns gegeben ist, erfüllen.

Aber was mir heute das Herz bewegt, das ist nicht, was ich irgendwo anders in der Welt erlebt habe. Das sind auch nicht mehr die bitteren und traurigen Zeiten, in denen ich aus meiner Heimat fort mußte. Heute ist nur noch dieses Gefühl da, hier bist du geboren. Das ist kein Zufall, genau so wie der Tag und die Stunde der Geburt kein Zufall ist, wie der Augenblick, wo eine Mutter ihr Kind auf die Welt bringt, einen ganz bestimmten Sternenschein auf sich hat, den eben kein anderer hat, und man deshalb mit Recht Geburtstag feiert, nicht aus irgendeiner Gewohnheit heraus, sondern weil sie etwas bedeuten. So bedeutet auch der Ort etwas, wo ein Mensch geboren ist.

Und wie ich heute dieses Haus wieder betreten hab', das nur vielleicht äußerlich anders aussieht, so genau weiß ich's nicht mehr, ich weiß nur, es hat vielleicht weniger fein ausgesehen, aber es ist doch noch das Haus. Und da ist mir eingefallen, eine bestimmte Erinnerung, die hab' ich, die ist ganz klar, obwohl ich noch weniger als vier Jahre war.

Das war ein Fenster, das war ein Schlafzimmer, das war der Moment, wo die Mutter das Licht ausmacht, und ich weiß nicht mehr, war das damals Gaslicht oder war es schon elektrisch oder sonst was, aber es war der Augenblick, wo das Licht ausgedreht wird, und das Fenster wird dämmrig, und dann steht noch dieses Fenster, und man guckt aus seinem Bettchen und stellt sich nochmal auf und guckt durch dieses Fensterviereck, und da ist ein Stück Weinberg. In diesem Weinberg schwirren unzählige Glühwürmchen, Glühkäfer, man sieht nur so ein Funkeln und Schwirren da drin, und man hat das Gefühl, man sieht jetzt wirklich ein Zauberreich, ein Feenreich. Es ist nichts anderes als ein kleines einfaches Stückchen Weinberg.

In diesem Weinberg hab' ich als kleiner Bub dieses zauberische Schwirren der kleinen Glühwürmer gesehen, und vielleicht, wenn man mich heute einen Dichter nennt, vielleicht wird man es durch so was, durch so ein Bild, durch so einen Blick, durch so einen Augenblick, durch so etwas in einen Hineingestrahltes, durch dieses Wunder des Lebens, das ich nun gerade in diesem Ort geschenkt bekommen habe.

Taunuswiese

Die Wiese, an die ich denke, ist langgestreckt und nicht allzu breit. Sie zieht sich etwa drei Kilometer auf der Talsohle hin, von Erlen- und Haselgebüsch gesäumt, rechts und links steigen die Waldhänge an, Mischwald, in dem Buche und Fichte vorherrschen. In ihrer Mitte windet sich ein quellklarer Bach, auch er da und dort von Weidengesträuch gesäumt oder von leuchtend gelben Sumpfdotterblumen und lichtblauen Vergißmeinnicht. Auf seinem Grunde sieht man die glattgespülten Kiesel, auch schimmernde Quarzsteine oder feingemahlenen Sand. Der Bach ist zu schmal, um ein Forellenwasser zu sein, aber Stichlinge flitzen silbern darin umher, und, wenn es Frühling ist, die Männchen in bunter Farbenpracht. Ist man geschickt, kann man sie mit einem Kescher fangen, und in dem Einmachglas bewundern, das schon so manche Beute gesehen hat. Doch weiß man, daß sie sich daheim im Aquarium nicht vermehren, und läßt sie nach einigem Anschauen wieder frei.

Am Eingang der Wiese steht vielleicht ein hölzernes Schild, mit der verblaßten Aufschrift: Betreten verboten. Man betritt sie zehn Meter weiter aufwärts, wo es kein Schild mehr gibt, und der leichte Knabenschuh streift zwischen ihren saftigen Gräsern hin, die sich bald wieder aufrichten. Da und dort ist sie etwas versumpft und wird ohnehin nicht allzuviel Heuwert haben.

Im Frühsommer, vor der Heuzeit, ist sie von Wiesenschaumkraut, Trollblumen und üppigen Knabenkräutern durchwachsen, auch Lichtnelken öffnen sich, eine Vielzahl von Schmetterlingen umschwebt und umflattert das Geblüh.

Da gaukelt der kleine Aurorafalter, mit orangeroten Ecken an den weißen Oberflügeln, da gibt es Schwalbenschwanz, Trauermantel und Admiral, da lauert man auf den seltenen Schillerfalter, den kleinen und den großen, mit dem schönen changierenden Glanz seiner schwarzbraunen und weißgestreiften Schwingen. Manchmal legt man alte Käsestücke aus, um den Eisvogel zu ködern – nicht den fischenden Edelstein der einsamen Bäche und Teiche, sondern den dunklen Schmetterling, der den Schillerfaltern verwandt ist: Seine majestätische Schönheit hindert ihn nicht, auf Käse und Kot zu fliegen.

Mit der Umsicht des ersten Sammlers wird das Gazenetz geschwungen, und von jeder Spezies nur ein möglichst tadelloses Exemplar gefangen. Zu Hause werden sie gespannt, und dann in den mit Kork ausgelegten Glaskasten gesteckt, unter jeden ein Zettel mit den lateinischen Familien- und Gattungsnamen geklebt. Schaut man sie später an, sieht man vor den Augen den grünen Schimmer der Wiese.

Dieses Grün, vom Waldrand her gesehen, scheint einfarbig wie ein matter Smaragd. Gegen Abend wird es dunkler, tiefer, moosiger. Vom Schilfteich am Wiesenende klirren und läuten die Unken. Manchmal steht ein Rudel Rehe in der samtgrünen Wiese, man schleicht indianerhaft zwischen den Büschen entlang, um sie beim Äsen aus der Nähe zu sehen. Aber der Wind steht schlecht, plötzlich verhoffen sie, wenden die feinen Köpfe, daß man kurz die dunklen, wachsamen Augen sieht, und verschwinden in leichten Sprüngen.

Im Herbst wird die Wiese fahler, gelblicher und ist von den Kelchen unzähliger Herbstzeitlosen bestanden: Den Heranwachsenden scheint sie mit Hölderlins Asphodeloswiese vergleichbar. Die Nebel des Erlkönigs geistern über sie hin.

Die Wiese, an die ich denke, mag in der Nähe des kleinen Ortes Neuweilnau liegen, oder in der Gegend von Soden – überall, wo sich die Talsohle zwischen den dicht bewaldeten Berghängen hinzieht. Es ist die Taunuswiese, die Kindheitswiese, das wehende Gras, der klare Bach der Erinnerung. Die Taunuswiese.

Mainz, versunkene Stadt

Die Stadt, an die ich denke und von der ich sprechen will, liegt auf dem Grund der Gewässer, tief unter der Flut. Wieviele Faden tief, das könnte kaum ein alter Seemann berechnen. Aber da schon am »großen Bassin« der Badeanstalt Watrin, knapp einen Laufsteg vom Ufer weg, zu lesen stand: »Vorsicht! Nur für Schwimmer! Fünf Meter tief!« – so muß die Flut, in der die alte Stadt versunken ist, mindestens zehnmal so tief sein. Denn in Watrins großem Schwimmbassin konnte man, mit einem Kopfsprung (oder »Schlubbert«) vom hohen Trampolin, leicht auf den Grund tauchen und einen Stein heraufholen; es lag eine ganze Sammlung solcher Steine, vom Rheinstrom glattgespült, auf dem Fensterbrett meines Knabenzimmers. Von unserer alten Stadt aber unter der Flut holt kein Mensch mehr einen Stein herauf, und wenn er die Flossen eines Froschmanns hätte oder ein atomgetriebenes U-Boot besäße. Sie ruht in der Tiefe der Erinnerung, auf dem Grund der unauslotbaren Empfindungen, die man Liebe nennt oder Gedenken. Auch Furcht, auch Ehrfurcht, auch Trauer. Diese aber bilden den Quell, aus dem die Sprache schöpft.

Es ist eine Flut, so mächtig wie die, welche einst das ganze mittelrheinische Becken bedeckte, und von der unser »Großer Sand«, die Schleifstätte der Rekruten, Zeugnis ablegt – auch der schöne Muschelkalk, den man in der Umgebung findet. Aber sie ist von einer vollkommenen Durchsichtigkeit, klarer als die Luft, und nicht nur einmal im Jahr, sondern täglich hört man zu den geheiligten Stunden die Stadtglocken brausen. Spiegelklar, wie durch ein scharfes Fernglas, sieht man die alten Gassen, die alten Plätze, die alten Häuser und Kirchen, und es schwimmen keine Fische, es weht kein Tang zwischen ihren Mauern: aus und ein gehen Menschen – Du kennst sie alle, sie sind Dir ganz vertraut – auch wenn Du sie nicht hören kannst, weißt Du, wie ihre Stimmen klingen, wie ihre Mundart lautet – und es ist gleich, ob sie vor fünfzig Jahren gelebt haben, als Du jung warst, oder vor hundert und aberhundert, oder ob sie morgen erst leben werden. Denn sie sind das Volk, das Volk Deiner Stadt.

Da gehen sie ein und aus, rasch und langsam, geschäftig oder der Muße hingegeben, dem Gewerbe nach oder zum Abendschoppen ins Wirtshaus, und die Namen der Gassen und Plätze, die ihnen selbstverständlich sind, klingen wie der Tropfenfall der Geschichte, wie das Raunen der Sage, der Widerhall der Legenden: da ist die Golden Luft, der Kästrich, die Umbach (in die man auch fallen kann, denn wenn jemand ohnmächtig wurde, hieß es: der is in die Umbach gefalle) – da ist der Flachsmarkt, die Heidelbergerfaßgass, die Reicheclarastrass, da ist die große, die mittlere, die hintere Bleich, wo man früher wirklich einmal die Wäsche aufhing, noch bevor dort nah beim Schloßplatz die prächtige Barockkirche St. Peter gebaut wurde und das Kurfürstliche Schloß, und dann zerstört, und dann wieder gebaut – da gibt es den Brand und die Mitternacht, das Kapuzinergäßchen, die Schlossergass, und in der Korbgasse und im Seilergäßchen lebten noch wirklich die Korbmacher und die Seiler, man konnte sie in Gewölben ihr Geflecht binden sehen und betastete die langen, gedrehten Seile, die in dicken Bündeln auf der Straße hingen – so wie man am Fischtor zusehen konnte, wie die frischgefangenen Rheinsalmen oder eine Ladung blankschuppiger Seefische in den Hof der Fischhandlung unseres Onkels Wallau geschafft wurden. Der Mittelpunkt aber war der Markt, groß, langgezogen, reich besetzt, dicht bevölkert – vom Fischtorgäßchen, bei dem auch der Fischmarkt lag, weiter am Dom vorbei und am Liebfrauenplatz, um den herrlichen alten Marktbrunnen herum, bis zum Höfchen hin, wo die Stände und Körbe im Frühling überquollen von Gemüsen und wo es so frisch nach Kräutern und Früchten, aber auch herzhaft nach Zwiebel und Handkäs roch. Ob es wohl heute noch so urtümlich-mächtige, durch Körperfülle und Zungenfertigkeit gleichermaßen imponierende Originalgestalten gibt, wie die Marktweiber von dazumal? Sie kamen von Mombach oder Budenheim, noch mit dem bespannten Fuhrwerk, einige wohl auch mit der Pferdebahn, die mit lautem Hufklappern, Achsenrattern und Klingeln vom Kaisertor durch die schmalen Straßen bis zum Neutor trabte, sie kamen von Gonsenheim, Finthen und Bretzenheim mit der Dampfbahn, die so langsam fuhr, daß die Buben aus ihren Fenstern heraus reife Kirschen von den Bäumen pflückten, und die schnaufend und prustend am Münsterplatz anhielt: Von dort marschierten die Marktfrauen, mit wiegenden aber festen Schritten, den großen schweren Korb überm wohlfrisierten, festgeflochtenen »Nest« auf den Kopf gestellt, von einem ringartigen, weichen Tragkranz unterstützt, die Hände in die Hüften gestemmt oder die Arme leicht schlenkernd, immer ein Witzwort auf den Lippen oder auf einen Anruf hin zu einer raschen, schlagfertigen Antwort bereit – so schritten sie dahin, die Große Bleich entlang und dann durch die engeren Straßen bis zu ihren Marktständen. Sie waren wohl freundlicher und gesitteter, als man sich die Pariser Hallenweiber vorstellt, aber auch gegen sie hätte es im Falle einer Revolution keinen Widerspruch gegeben. Wie sie tratschen konnten, wie sie lachen konnten – und wie sie schimpfen konnten! Das reizte natürlich die Jugend, ihre homerische Sprachgewalt herauszufordern. Schon in der Dampfbahn, mit der wir im Frühling zur Schule fuhren, versuchten wir, unter den Bänken hinter sie schleichend, ihre über dem respektablen Hinterquartier zur Schleife gebundenen Schürzenbendel aufzuziehen. Durch die dicken Röcke spürten sie das nicht, aber wenn sie dann aufstanden und die Schürze herunterfiel, dann konnte man etwas hören, wovon die hessische Dialektdichtung von Niebergall über Lennig bis Zuckmayer ein schwacher Abklatsch ist. Viel toller trieben es die Wallau-Buben, Carl und Adam, unsere Vettern von der großen Fischhandlung, die am hellen Tag mitten auf dem Markt mit beiden Füßen in einen vollen Eierkorb sprangen und gleichzeitig ihre vier Händevoll Rheinsand in den daneben stehenden Handkäskorb schmissen. Der ganze Markt einschließlich zweier behelmter Schutzmänner rannte hinter ihnen her. Ob es heute, hier droben, noch so böse Buben gibt? Drunten, in Vineta, springen sie immer noch, jeden Dienstag und Freitag, in die Körbe. Dort flanieren auch noch die jungen Leute, Gymnasiasten der oberen Jahrgänge, Studenten auf Ferienurlaub mit Band und Mütze, aber auch Referendare, Gerichtsassessoren, Kaufmannsstifte, Geschäftsreisende, unverheiratetes Volk eben, am Sonntagmorgen halb zwölf über die Ludwigstraße, vom Höfchen langsam auf der einen Seite bis zum Schillerplatz, dann auf der andren zurück. Auf dem Schillerplatz, neben dem Denkmal, vis-à-vis vom Gouvernement, spielt eine Militärkapelle forsch und mit graziösem Schwung in dem kleinen Pavillon: einen Marsch, eine Ouvertüre, ein Potpourri. Man schlendert mit einer lässigen Steifheit, so als ginge man nur zufällig da herum, und doch so als werde man heimlich beobachtet und dürfe sich's nicht merken lassen, daß man es weiß. Man lacht etwas zu laut, spielt sich weltläufig auf, mondän und unbefangen. Man tut als bemerke man kaum die gelegentlich vorbeitrottenden Mädchenpaare, manche davon nicht ganz eindeutigen Rufes, sie gehen Arm in Arm, sie gucken frech und kichern, man weiß, wie sie heißen, aber man traut sich nicht sie zu grüßen oder gar sie anzusprechen. Geht ein »besseres« Mädchen vorbei, hält es die Augen gesenkt und trippelt in ihrem langen engen Rock oder, wenn sie noch jünger ist, im kurzen mit Steckelbeinen ganz rasch dahin, weiß aber genau, daß man ihr nachschaut. Man versucht sich in zynischen Bonmots, mein Gott die Weiber, man kennt das Leben, uns ist nichts Menschliches fremd. Man träumt, man flaniere auf einem Boulevard, in Paris, man sei ein Spieler, ein Verführer, ein Lebemann oder wenigstens ein ›Bohemien‹, wie unser großes Vorbild, der wulstlippige Student H. W. Eppelsheimer, um den sich, wenn er in den Ferien hier ist, immer eine Gruppe neugieriger Primaner drängt, denn es heißt, er lebe in Schwabing ganz wild und gäbe sich einer ausschweifenden Erotik hin – da stimmt die Kapelle, zum Abschluß, den Präsentiermarsch an, es ist ja schon halb eins! Man beginnt zu laufen, zu Haus wird die Suppe aufgetragen, und um zwei muß man in die Andacht.

Verhaßte Spaziergänge, im guten Anzug am Sonntagnachmittag: »Am Rhein entlang« – es ist Herbst, die Blätter der Platanen liegen gehäuft auf der Promenade, man kann sie mit den Stiefelspitzen in immer größeren Haufen vor sich her schieben, so wie man es gerne bei der Fronleichnamsprozession mit den auf die Straße gestreuten, schon etwas angewelkt duftenden Gräsern und Blumen tut. Jetzt duftet es bitterlich von den Laubhaufen, und das Rheinwasser, rasch und klar vorüberströmend, noch frei von Dieselöl, mischt seinen scharfen, sauberen Hauch hinein. Zur Ingelheimer Au, über die Drehbrücke beim alten Zollhafen, geht's an dem hübschen Favoritenschlößchen gottseliger Kurfürsten vorbei oder nach Osten, an den verschiedenen Toren entlang, an der Straßenbrücke, der Stadthalle, dem Fischtor, man sieht den unheimlich-anheimelnden Holzturm, in dem der Schinderhannes gesessen hat, man lugt voll Sehnsucht auf den Halleplatz, auf dem im Frühling und Herbst die märchenhafte »Mess« ihre bunten Buden aufschlägt und das Rasseln und Schmettern der Karussellwerkel auf den »Dippemarkt« hinüber schallt, wo Hausfrauen und Köchinnen um das oder jenes Geschirr feilschen, ach, der brenzlige Geruch der »Waffeln«, der süßfade Geschmack des »Messklumpens«, einer grellroten oder giftgrünen Zuckerstange, die man langsam spitzlutscht – aber im Winter ist dort, wenn's die Witterung erlaubt, die Eisbahn zu finden, blanke Fläche, über die der Schlittschuh zischt und von der seine Schneide einen mehligen Eisstaub abkratzt, man läuft mit überkreuzten Händen zum Takt der Musik oder versucht sich in ungeschickten »Bogen«, während am Eingang Bäckerfrauen ein schwellendes, in der Mitte geteiltes Backwerk ausbieten, das man »Buweschenkel« nennt, die dickeren hießen »Boppeschenkel«, es wäre ein Traum für den Dr. Freud gewesen. Und dann kommt der alte Floßhafen, der Winterhafen, in dem mancher Schlepper oder Lastkahn vor Anker liegt und von dem in der Sylvesternacht um zwölf, zum Dröhnen der Domglocken, das Tuten, Pfeifen und Bimmeln aus Dampferschloten und von Schiffsglöckchen erschallt, während fauchende Raketen zum Nachthimmel steigen und mit taubem Knall ihre farbigen Lichtsplitter versprühen. Das ›Schifferviertel‹ wird beim Spaziergang ausgelassen, obwohl es da – gleich hinterm Dom und dem Leichhof oder der Augustinerstraße – die interessantesten alten Gäßchen gibt. Aber die besseren Leute umgehen sie lieber. Dort gibt es, sagen die Eltern, ›Schlechte Kerl‹, Lumpen, die schon bei Tag betrunken sind und mit dem Messer stechen. Besonders im Dunkeln müsse man sich vor dieser Gegend hüten, sagen sie, dort sei es nicht geheuer. Hätten sie eine Ahnung, wie oft man sich, gerade bei Dunkelheit, von ihren Warnungen angestachelt, in seinen ersten langen Hosen schlotternd, dort hingeschlichen hat – daß man die Bierkneipen in der Schlossergasse kennt, mit ihrem Fuselgeruch und ihren scheppernden Orchestrions, die ›Schiffige‹ aus Holland, Köln oder Straßburg, in ihren dunkelblauen Strickjacken und Sweaters, manche mit tätowierten Armen und goldenen Ohrringen (nur eine Messerstecherei hat man leider nie erlebt) – ja sogar das berüchtigte Kappelhofgäßchen, wo in schmalen, groß numerierten Fachwerkhäusern das Laster haust und die roten Laternen blühn. So bunt ist die Stadt, so voll von dichtgehäuftem Leben, zwischen ihrem rötlichen Sandstein, dem matten Schiefergrau ihrer Dächer. Eng und weit, wuchtig und leicht, von bürgerlichem Ernst getragen, von frommer Weihe, vom Wandel der Geschlechter, von klingender, kindlicher Heiterkeit; auch von kindlichem Grauen besucht, Gespensterangst, unheimlich grölenden Stimmen in der Nacht, dem Fauchen eines Zugs vom Bahnhof, das wie der Maulhauch eines mörderischen Ungetüms immer näher kommt, bis ins Bett hinein – und von mancherlei drohenden, unförmigen Gestalten bei Tag, den ›Erwachsenen‹, die nie gespielt hatten, die nicht lachen konnten, unter deren pflichtbeschwertem Schritt die Stadt ein kaltes klirrendes Gefängnis wurde, eine einzige, trockene, muffig riechende Schulstube. Und doch war sie vom guten Wein durchtränkt, der ihren Handel und ihre Lachgeister belebt, von Musik durchweht, deren Pflege ihre schönste Erbschaft ist: Im Saal der »Liedertafel« in der Großen Bleich, bei den Symphoniekonzerten des Städtischen Orchesters, in Kammer- und Hausmusik wird dem Heranwachsenden der Grund einer Musica viva gelegt, die das Leben begleitet. Aber auch im Dom, in dem wir gefirmt wurden, erklangen die Chorwerke alter Kirchenmusik. Und in der Augustinerkirche, in der sonntags die Schulmesse gelesen wurde, predigten abwechselnd unsere Gymnasialpfarrer, Professor Sartorius und der spätere Domkapitular, der geistvolle Professor Mayer: Man ärgerte ihn wohl oft in der Religionsstunde, man brachte ihn durch heimtückisch ausgedachte Fragen in Verlegenheit, man konnte nicht anders, es war wie ein tierischer Zwang, aber man hatte ein schlechtes Gewissen dabei, wenn seine klugen, freundlichen Augen hinter der Brille trüb und hilflos wurden. Manchmal, bei festlichen Konzerten der Liedertafel oder im Theater, erschien in der Mittelloge eine schlanke, schmalköpfige Männergestalt, ein sehr ziviler Herr im dunklen Anzug, höchstens mit einem unauffälligen Ordensband geschmückt, er wurde stehend begrüßt, das Orchester spielte die deutsche Fürstenhymne, die der englischen gleicht, der schlanke Herr verneigte sich vor der Ehrfurcht des Publikums, wie es schien in einer scheuen, fast gequälten und ungemein sympathischen Haltung, bevor er sich in seinen Sessel zurücklehnte: Das war Ernst Ludwig von Hessen und bei Rhein, »unser Großherzog«, Schirmherr der Künste, Schwager des letzten Zaren, jedem Waffengerassel und Kriegsgeschrei abhold, einer der vornehmsten Fürsten dieser Zeit. Man liebte ihn, man freute sich, ihn zu sehen, vom Sperrsitz der feinen Leute bis zur Galerie hinauf, er wurde den Kindern mit Stolz gezeigt. Aber auf der Straße zeigte man uns auch manchmal einen kleinen, älteren Mann, in Havelock und Schlapphut, und sagte mit großem Respekt: Das ist der Dr. David, unser Reichstagsabgeordneter – mit Stolz sagte man das, obwohl er Sozialist war, nämlich eine führende Persönlichkeit der klassischen deutschen Sozialdemokratie, in deren Geschichte er neben August Bebel einen Ehrenplatz einnimmt. »Unser« Großherzog – »unser« Dr. David – der eine regierte in Darmstadt, der andere hielt seine Reden, gewiß nicht fürstenfromme, in Berlin – aber sie gehörten uns, gehörten unserer Stadt, deren großes, altes Herz Hoch und Niedrig, Reich und Arm in seiner Lebensfülle umschloß. Die Stadt selbst war damals noch vom alten Festungswerk umschlossen, das sich von der Zitadelle im Osten übers Gautor, Binger und Gonsenheimer Tor im Halbkreis nach Westen zog, doch hatten die hohen Wälle wohl keine andere militärische Bedeutung mehr, als daß manche unserer mehr preußisch gesinnten Lehrer sie uns bei Schulspaziergängen als Zehnjährige erstürmen ließen. Auch ergaben sie im Winter gute Rodelbahnen. Lag aber nur wenig oder sehr dünner Schnee, dann ging man in eine der steileren Gassen, am liebsten die Gaugass, und zog »scharfe Schleifen«, die glatter waren als jede Eisbahn und auf denen man, einen Fuß vorangestellt, viele Meter weit dahinschlidderte. Bis man von einem wütenden Herrn oder einer älteren Frau, die darauf ausgerutscht waren und sich aufs Rückenende gesetzt hatten, verjagt wurde. Laut höre ich ihr Schimpfen und Drohn, laut unser Johlen und Lachen aus der Flut herauf. Mein Blick folgt jenem alten Spazierweg »Um die Tore«, der am Linsenberg beginnt und, an der Steinfratze des Gautors vorbei, in der »Anlage« überm Neutor endet, wo man, die Arme aufs Geländer gestemmt, in eine weiße Dampfwolke gehüllt, die Züge aus dem schwarzen Loch des großen Tunnels herauskommen sah. Und man hört, von einem der infanteristischen Übungsplätze da draußen, das dünne Trommeln und Pfeifen – »He Mutter die Landwehr kommt« – der Exerziermusik. Das sind »die Preuße«, sagt man, obschon es gewöhnlich wohl hessische Bauernbuben und Bürgersöhne bei den 117ern, dem »Leibregiment« der Großherzogin, waren, und schauert leise bei dem Gedanken, daß man auch einmal bei ihnen dienen müsse. Man weiß noch nicht, daß es einen August 1914 geben wird, wo man, atemlos und ahnungslos, von Kaserne zu Kaserne rennen wird, um als Freiwilliger angenommen zu werden. Man weiß noch nichts – man darf Gott danken, daß man nichts weiß, als was in schöner, lebendiger Gegenwart greifbar um uns ausgebreitet liegt. Man hört, aus den Gärten beim »Schützenhaus«, oberhalb der Wallstraße und der Gonsenheimer Hohl, an einem Maiabend die Nachtigallen flöten. Man ist sechzehn Jahre. Man schlendert zur Stadt zurück, ruhelos. Man steht am niedrigen Steingeländer der Mathildenterrasse, die schon zu Römerzeiten eine die Stadt beherrschende

Bastion war, unweit vom alten Pulverturm – es ist schwül, der Himmel hängt tief, es riecht nach Regen, der kommen will, vielleicht wird's ein Gewitter – das Band des Rheinstroms hat einen matten, bleiernen Glanz, der Streif der Taunusberge ist ganz nah, tief dunkelblau über die Stadt getuscht, darüber noch ein schmaler, gelber Lichtstreif. Die Dächer und Türme aber fast schon im Dämmergrau versunken. Ein trüber Dunst zieht sich darüber zusammen, wie vom Schwelen der »Newwelinge«, der um einen Stock gewundenen Wachsringe, auf dem Friedhof am Allerseelentag. Versunken im Dämmergrau. Verschüttet in Nacht und Donner. Begraben unter der Flut. Die Städte der Kindheit sind verschwunden. Auch wenn sie verschont blieben, sind sie nicht mehr die gleichen, sie sind vom Wandel berührt wie wir selbst, man findet sie nicht wieder, es führt kein Weg zurück. Jede Stadt ist Vineta.

Das Ziel der Klasse
Geist und Praxis des Humanismus
Festrede
zum vierhundertjährigen Bestehen des
Humanistischen Gymnasiums in Mainz,
gehalten am 27. Mai 1962

Als ich mich an meinen Schreibtisch setzte, um das Konzept zu dieser Festrede abzufassen, da dachte ich mir, dies werde nun eine ganz leichte Arbeit sein, sie müsse mir von selbst in die Feder fließen, die Fülle der Erinnerungen würde mich überfluten, die Kindheit und Jugend lebendig vor mir aufstehen und mir ins Ohr flüstern. Aber so war es nicht. Es ist ein schweres Beginnen, in den Quellspiegel der eigenen Entwicklung zu schauen und ihn klar zu sehn, ohne Trübung, ohne Täuschung und ohne falsche Verklärung. Alles aus dieser Zeit steht lebendig vor mir, ich sehe Gestalten, große und kleine, Mitschüler und Lehrer – mit jedem ihrer Züge, ihrer Kleidung, ihren Bewegungen bin ich vertraut – ich höre Stimmen mit ihrem eigenen, unverwechselbaren Tonfall, das Spielgeschrei des Schulhofs und die nasale Strafpredigt eines Klassenlehrers, ich weiß um die Gedanken, die Träume und die nie ausgesprochenen Geheimnisse der frühen Zeit. Und doch ist sie unendlich ferngerückt und wie durch eine gläserne Wand oder eine undurchdringliche Luftschicht von mir getrennt. Auch befällt mich, wenn ich sie beschwören und bannen will, ein Gefühl des Alleinseins: wer ist noch da von denen, die sie mit mir erlebt haben, die wirklich wissen, wovon ich rede, die beim Nennen eines Namens, bei der Erwähnung einer Straße, eines Menschen, einer Begebenheit, die selben Bilder sehn, die gleichen Laute hören? Es sind sehr wenige, und auch die werden, wie ich, beim Versuch, zu ihren Ursprüngen zurückzukehren, vor einer magischen Wand stehen, die aus den unfaßbaren, unbegreiflichen Elementen von Tod und Leben, Zeit und Ewigkeit gebildet ist. So will ich sie denn durchstoßen und mich in den Strom werfen, den bodenlosen Strom des Erinnerns und Gedenkens, der uns zum Ufer, zum Gegenstand dieser Feier, zur großen Vergangenheit und zum heutigen, in die Zukunft weisenden Tag tragen soll.

Ich stehe hier an einem Ort, auf der Bühne unseres Mainzer Stadttheaters, auf der ich vor mehr als einem halben Jahrhundert, mit heißen Backen, mit Herzklopfen, mit Schauern und Entzücken, das erste Weihnachtsmärchen gesehen habe, und dabei frage ich mich, ob wohl heute noch ein Kind, vorzeitig der Television ausgesetzt, dieses Wunder der Darstellung des Menschen durch den Menschen, diesen Zauber der lebendig gewordenen Märchenwelt mit solcher Hingebung empfinden kann? Ich stehe auf einer Bühne, von der ich später die ersten dramatischen, künstlerischen, musikalischen Eindrücke empfangen habe, um von einer Schule zu sprechen, die ich durch alle Altersstufen und Klassen, vom ersten Tag der Vorschule bis zum letzten eines vorzeitigen Notmaturums besucht oder wie man von der Schule in echtem Doppelsinne sagt: »durchgemacht« habe. Das Abitur erwarb ich, ein halbes Jahr vor dem eigentlichen Zeitpunkt der Reifeprüfung, als Oberprimaner, in einem ungewöhnlichen, für unser ganzes Jahrhundert entscheidenden Augenblick: in den erregten Tagen des August 1914, unmittelbar nach dem Ausbruch des Ersten Weltkriegs, bereits in der Uniform des Kriegsfreiwilligen. Fast alle meine Mitschüler trugen schon die Uniform, und wir blickten voll Mitleid auf die wenigen, die sie ihrer Berufswahl oder eines körperlichen Mißgeschicks wegen nicht oder noch nicht hatten anlegen dürfen. Es war, bei aller Schlichtheit und Kürze des Vorgangs, zu dem wir aus den Kasernen beurlaubt waren, eine feierliche Stunde. Unser gesamter Lehrkörper hatte sich eingefunden, all die gestrengen Herren, die wir zwölf Jahre lang gefürchtet hatten, aber sie schauten uns jetzt mit anderen Augen an, sie hatten nichts Gestrenges und Fürchterliches mehr. Auch wir warfen einander Blicke zu, die anders waren als noch vor kurzer Zeit, stolze, triumphierende, anfeuernde. Was kann uns denn passieren? Durchfallen lassen sie uns heute nicht. Und wir fühlten uns schon weit entfernt von der Schule, wir ahnten andere Prüfungen und andere Gefahren, wir waren durch die wenigen Entscheidungstage, durch die Gewalt der Ereignisse, durch den Ernst des Schicksals, das ein Volks- oder Völkerschicksal war, verändert, die Kindheit und ihr unbefangener, leichter Sinn war von uns abgefallen. So sahen auch wir mit anderen Augen auf unsere Lehrer, von denen wir so plötzlich befreit waren, und wie oft hatte man diesen Augenblick herbeigesehnt! – aber als wir ihnen jetzt zum Abschied die Hand drückten, gab es wohl keinen, der sich eines warmen Empfindens, einer heimlichen Rührung hätte erwehren können.

Die Lehrer von damals waren, so glaube ich, anders als die Lehrer von heute. Auch hat sich wohl inzwischen die steife, autoritätsstrenge Schuldisziplin aufgelockert, die zwischen Lehrern und Schülern eine kaum überbrückbare Kluft verursachte. Lehrer, die wie am Alten Gymnasium der unvergessene Professor Hammesfahr und bei uns am Neuen der junge Professor Kübel mit einem Kreis ihrer Schüler auch außerhalb der Schule verkehrten oder sich beschäftigten, waren eine seltene Ausnahme. Im großen ganzen waren die Fronten streng geschieden, hie Lehrer, hie Schüler, hie Jugend, hie Alter, in zwei mehr oder weniger feindliche Lager geteilt. Den meisten Lehrern kam es mehr darauf an, ihr spezielles Fachwissen zu vermitteln und darin möglichst gute Leistungen zu erzielen, als an der organischen Ausbildung und Formung eines jugendlichen Geistes und Charakters mitzuwirken. Den Schülern ging es durchweg darum, ohne grobe Anstände durchzukommen, sich nicht erwischen zu lassen, auf der Schulbank einen möglichst unauffälligen oder gesitteten Eindruck zu machen, um sich draußen und hinterher desto wilder und toller austoben zu können. Man führte also eine Art von Doppelleben, das von allen möglichen Listen, Schlichen und Tricks gewürzt wurde, man kam sich immer ein wenig vor wie ein Indianer auf dem Kriegspfad, nur daß man es bis zum Skalpieren der Blaßgesichter niemals brachte, sondern gelegentlich, eher umgekehrt, kräftig gezaust wurde und einige Haare lassen mußte. Das durchschnittliche Verhältnis zwischen uns und unseren Pädagogen war das von Räuber und Gendarm, nur daß die Lehrer nicht mitspielten, sondern ziemlich humorlos wurden, wenn sie uns bei einer Gaunerei, etwa dem »Spicken«, wie wir das Abgucken nannten, oder Vorsagen oder bei irgendeinem Lausbubenstreich erwischten. Gerade die Begabteren, denen der Lernstoff leicht zuflog, so daß sie von seinem Wiederkäuen gelangweilt wurden, waren oft die Aufsässigsten oder Leichtsinnigsten, und sollte noch einer meiner braven Lehrer am Leben sein und heute zuhören, so wird er wohl jetzt voll Einverständnis mit dem Kopf nicken. Dabei waren diese Lehrer von dazumal, die wir respektlos unsere Pauker oder Magister nannten, eine recht interessante Gesellschaft, es fanden sich unter ihnen einige wirklich gelehrte und bedeutende Köpfe, wie zum Beispiel mein verehrter Klassenlehrer in den letzten Jahren, der Altphilologe und Altertumsforscher Professor Körber, von den Schülern natürlich mit Spitznamen Corpus genannt, ja und das Merkwürdige ist, daß man ihn zwar verehrte und ihn sogar als geistige Persönlichkeit empfand, ihn aber trotzdem ärgerte, plagte und betrog, weil auch er nicht verstand, diese unheilvolle Kluft, die unüberschreitbare Schranke zwischen den Generationen, wie sie durch krampfhafte und ihrer selbst unsichere Autorität errichtet wird, zu überbrücken. Ich hätte mich ohrfeigen können, wenn ich ihn kränkte, und er kränkte sich wirklich über unsere Dummheiten oder unsere Faulheit, und ich tat es doch, wie von einem unwiderstehlichen Reiz angestachelt. Gott sei Dank hatte ich Gelegenheit, ihn noch vor seinem Tod, auf einem Urlaub, als junger Frontoffizier, um Verzeihung zu bitten, die er mir lachend gewährte. Das waren, wie auch der verdiente Professor Schrohé und der spätere Domkapitular Professor Mayer, die ungewöhnlichen, die geistig hervorragenden Erscheinungen im Lehrerkollegium; die anderen waren zum großen Teil, besonders soweit sie damals schon älter waren, ein Club von Originalen, von schrulligen, kauzigen, eigenartigen, pittoresken Persönlichkeiten, wie man sie – so fürchte ich wenigstens – heute wohl kaum mehr im nüchternen Umkreis einer modernen Lehranstalt finden dürfte. Sie unterschieden sich schon durch ihre Kleidung von anderen Leuten, trugen altmodische Mäntel, sogenannte Havelocks, Schlapp- oder Schornsteinfegerhüte und

Ziehharmonikahosen, dick aufgewickelte Regenschirme, die sie in der Pause vergaßen, und was für eine Versuchung für einen normal veranlagten Schüler, das Glas mit roter Tinte, ohne Korkstöpsel, darin einzumontieren! Sie sprachen zum großen Teil einen zur Nachahmung herausfordernden Dialekt, da damals viele Lehramtskandidaten im Großherzogtum Hessen aus Oberhessen kamen, wo man jedes e wie ä und überhaupt alles durch die Nase ausspricht, quäbus räbus cognätäs, so pflegte unser Lateinlehrer Matthes (Matthääs) uns den Cäsar näherzubringen; sie rochen auch anders als andere Menschen, wobei ich nicht an unseren besonders gefürchteten Gesangs-, Turn- und Zeichenlehrer Adam Götz erinnern will; sie rochen nach Kampfer, Mottensalz, Lavendelkräutchen, wie man sie gern in die Wäscheschränke legte, nach Rauchtabak oder aber auch, im besonderen Fall unseres Mathematiklehrers Vogt, seines leiblichen Umfangs wegen das Fäßche genannt, nach Wein, da er sich nämlich in jeder Pause rasch in eine nahegelegene Wirtschaft im Gartenfeld begab. Weißgott ein ehrbarer und herzerfrischender Geruch, mit dem man nicht früh genug vertraut werden kann. So sorgten sie für unsere nähere Bekanntschaft mit den realistischen, den skurrilen und manchmal auch den makabren Zügen des Menschengeschlechts, und sie genierten sich nicht, sie hatten den Mut dazu, oder aber die Unbefangenheit, sie hatten das Recht und die Macht und sogar den Spaß an ihrer eigenen Originalität. Und wieviel Spaß haben sie uns – nolens volens – damit bereitet!

Diese Originalgestalten verteilten sich gleichermaßen auf das alte Herbstgymnasium, den ehemaligen Kronberger Hof in der Gymnasiumstraße mit dem schönen, frühbarocken Giebel und Erker, und auf das neue Ostergymnasium in der Kaiserstraße, am früheren Forsterplatz mit seinen alten Pappelbäumen, wo später das 117er Ehrenmal errichtet wurde. Außer diesen Bäumen gab es dort nichts Altes, die ganze Gegend trug den baulichen Charakter der Gründerzeit und der Jahrhundertwende, und ich beneidete meinen Bruder, unseren Freund Ludwig Bamberger und einige meiner Vettern, daß sie ins Alte Gymnasium gehen durften, während ich bereits aus Gründen der Wohnlage dem Neuen zugeteilt worden war. Man begriff zwar noch nichts von Renaissancehöfen, Barock oder Gotik, aber man liebte das Anheimelnde und Ehrwürdige der alten Stadtteile und spürte, daß – wie mein Bruder oft sagte – das eigentliche, schöne Mainz erst jenseits der Großen Bleiche anfing. In die Seminarkirche im Augustinergäßchen gingen wir aber am Sonntag alle vereint, und es ist ein Trost, daß wenigstens dieser kleine Teil des alten Mainz erhalten geblieben ist.

Lassen Sie mich noch einen Augenblick bei unseren Originalmagistern verweilen und einige von ihnen in die Erinnerung zurückrufen, ohne daß ich der Versuchung erliegen will, den ganzen Rest meines Vortrags mit ihren Porträts und ihrer Nachahmung auszufüllen, was gar nicht so schwer wäre. Da war vor allem der Kater Munier, Dr. Moritz Munier mit richtigem Namen, von den Buben nur als der Kater oder auch der Kater Wuhu bezeichnet, weil er – von einem ständigen trockenen Husten geplagt oder aus nervöser Angewohnheit, seine Sätze immer nach ein paar Worten durch ein aus seinem dichten Bart hervorgemummeltes »Wuhu« unterbrach: »Die Fleddermais – Wuhu – sin sehr indressande Diere – Wuhu – besonders wege ihres iberaus gut ausgebildede Tastgefihls – Wuhu – un weil sie auch im Zustand des Starrschlafs – Wuhu – ihren Kot ablasse könne – das is nit zum Lache, das is alles nadierlich. Wuhu.« Er lehrte Zoologie und Botanik, und ich glaube, daß er ein ausgezeichneter Zoologe war, ich selbst habe viel bei ihm gelernt; sein Bart, der auch den größten Teil seines Gesichtes bedeckte, schwarz, später graumeliert, war noch viel länger als der des alten Darwin, von dessen Entwicklungslehre er, wie man aus manchen seiner gescheiten und versponnenen Bemerkungen schließen konnte, sehr viel hielt, obwohl er, als Vorstand der altkatholischen Gemeinde, ein religiöser Mann gewesen sein muß. Wenn man im Sommer zur Badeanstalt am Feldbergplatz lief, kam man an seinem Haus vorbei, das wir die »Katerburg« nannten, es war immer mit einem großen eisernen Tor verschlossen. Niemand hatte es je von innen gesehen, und es ging das Gerücht, daß er dort einige wilde Tiere als Lebensgefährten halte. Einmal brachte er tatsächlich einen lebenden Fuchs mit in die Klasse, den er aufgezogen hatte, nicht ohne den Schülern vorher warnend zu erklären, daß der Fuchs sein Wasser läßt, wenn er über irgend etwas erschrickt. Die Buben ließen sich das nicht zweimal sagen, krach flog ein Buch herunter, der Fuchs erschrak, und das Klassenzimmer mußte für einige Tage geräumt werden. Einen besonderen Spaß hatte der Kater am Einschreiben von ungezogenen Schülern ins Klassenbuch, worin damals eine Art von Strafwarnung oder Vorstrafe bestand, und er bediente sich dabei allerlei verkauzter Wendungen: wenn man sich zum Beispiel nicht enthalten konnte, beim Bestimmen einer Taubnesselpflanze, während der Kater sich auf dem Katheder ausführlich über Lippen- und Schmetterlingsblütler, Insekten- und Windbestäubung oder Sporenfortpflanzung erging, die Pflanzenstiele mit dem Taschenmesser in winzige Rudimente zu zersäbeln und zu einem Brei zu zerdrücken: »Zuckmayer macht Spinat«, stand dann als Tadel im Klassenbuch. Der Kater war ein Naturapostel von ganz besonderen Grundsätzen, er kleidete sich nur in Baumwollstoffe, von der Wäsche bis zu dem hochgeschlossenen grauen Rock, aus dessen langen, tiefen Schößen er ein winziges Notizbuch hervorzuangeln pflegte, um es sich dicht vor die Augen zu halten, und er trug nur aus Stroh oder anderen Pflanzenfasern geflochtenes Schuhwerk. Das Lustigste aber war sein Gang. »Der Mensch – Wuhu –«, pflegte er zu dozieren, »hat nur eine gewisse Menge von Gelenkschmiere in seine Kniegelenke, Wuhu, damit muß ma spare, indem ma sich eine elasdisch-feddernde Gangart angewöhnt. Wuhu. Guckt zu, ihr Buwe, wie ein vernünftiger Mensch gehe muß«, und bei jedem Schritt tief in die Kniekehlen einknickend, ging er vor uns in der Klasse auf und ab. Was wir ihm dann natürlich, an die Wandtafel oder ans Lehrskelett gerufen, entsprechend nachtaten. Der liebe, alte Kater, ich sehe ihn noch vom Rhein her durch die obere Schulstraße stapfen und Gelenkschmiere sparen!

Es muß auch des Professors Nover vom Alten Gymnasium gedacht werden, den mein Bruder längere Zeit als Klassenlehrer hatte, er war eine Seele von einem Menschen, ein Enthusiast der schönen Künste und ein ebensogroßes Original. Seinen Spitznamen »der Schesdus« hatte er von einem, in seinem Deutschunterricht immer wiederkehrenden Satz: »Bei der Deklamation eines Gedichtes«, pflegte er zu sagen, »darf der Vortragende den dem Sinn entsprechende Gestus (Schesdus) ausführe, zum Beispiel:

> Doch der Sägen (Ausbreiten der Arme)
> kommt von oben! (Zeigefinger zum Himmel).«

Der Unterricht in Deutsch und Geschichte war in unserer Zeit leider recht mangelhaft und blieb durchweg im Schema stecken, ohne uns das Wesen der Dichtung und der Weltvorgänge wirklich zu erschließen. Monatelang kamen wir nicht über einige frühe Kapitel von ›Dichtung und Wahrheit‹ weg, weil wir alle Einzelheiten der Kaiserkrönung in Frankfurt und die Namen sämtlicher dabei anwesender Fürstlichkeiten auswendig lernen mußten, auch hörte die deutsche Literatur bei uns mit der Klassik auf, und als ich einmal die Namen Heine und Hebbel erwähnte, wurde ich fast hinausgeschmissen. Dabei las ich insgeheim schon Ibsen, Gerhart Hauptmann und Wedekind. Und die deutsche Geschichte bestand aus einer Aufreihung von Kriegs- und Feldzugsdaten, das heißt eigentlich nur aus Siegen, wobei uns die des alten Fritzen von unserem preußisch gesinnten Professor Wissmann »mit klingendem Spiel und fliegenden Fahnen« besonders eingehämmert wurden. Kein Wunder, daß man sich einen Krieg nur mit diesem schönen und erhebenden Ausgang vorstellen konnte.

Auch die lebenden Sprachen kamen bei unsrem damaligen Unterricht nicht allzu gut weg, dessen Hauptgewicht eben auf der wahrhaft gründlichen Ausbildung in den klassischen Sprachen lag, im Französischen lernten wir keine Konversation, das Racine-Übersetzen und Grammatikpauken machte einen später nur unsicher, und ich halte heute noch unseren Professor Scholl, mit Spitznamen der Gnom genannt, auch ein Original, das klein, glatzköpfig, mit weißem Zwergenbart und bald das eine bald das andere Bein hinter dem Katheder hervorstoßend, uns mit seinem Zorn und seinen Ankündigungen eines schlimmen Endes, das wir alle nehmen würden, überschüttete, für den Hauptschuldigen, daß ich erst nach meinem vierzigsten Jahr, und zwar unter Not und Zwang, Englisch gelernt habe. Denn der Gnom pflegte, um uns an die richtige Aussprache des th zu gewöhnen, seinen Schülern den langen Bleistift, den er in der oberen Rocktasche trug, in den Mund zu stecken und damit die Zungenspitze herunterzudrücken: »Thhh – Thhh –«, und dann kam der nächste dran, mit dem selben Bleistift. Dabei konnte einem der Appetit auf diese Sprache für längere Zeit vergehen. Stundenlang könnte man noch von den Originalen und Sonderlingen unter unseren Gymnasiallehrern weiter erzählen, leider muß ich es mir aus Zeitgründen verkneifen, so von Prof. Schmitt, der Tante Bertha, oder von einem unsrer Klassenlehrer, dem kleinen Professor Dippel, der seine erste Stunde mit den Worten einleitete: »Mein Name ist Professor Dippel, D-i-Dippelche-pépé-e-l, wer lacht da?!«, denn er verlangte todernste Gesichter zu seinen Späßen, oder auch von weniger erfreulichen Erscheinungen wie von unsrem Vorschullehrer Grünschlag – nomen est omen –, und dem schon erwähnten Adam Götz, der seine Zöglinge wegen Mangels an Gehör in der Gesangstunde oder an Augenmaß beim Zeichnen barbarisch auf den Kopf haute, doch will ich lieber kurz zweier besonderer Vorbilder gedenken, des damals noch jungen, modern empfindenden, geistig interessierten Mathematik- und Physiklehrers Professor Kübel, der mich, so schlecht ich in seinen Fächern war, in einer sehr prekären Lage, die mir beinah den Ausschluß aus der Schule eingetragen hätte, in Schutz genommen und durch seine Fürsprache gerettet hat; ich wollte, er säße heut noch lebendig und gesund unter den Festgästen – vielleicht ist es so –, um meinen Dank entgegenzunehmen. Gedenken möchte ich auch eines besonders verdienten und mir in der Erinnerung nahestehenden Lehrers, des Professors Krämer; er war ein forscher, strammer Herr, Reserveoffizier und Corpsstudent mit Schmissen, aber ein prächtiger Mensch und ein kluger, vornehmer Erzieher, für den später, als er als Hauptmann im Ersten Weltkrieg in der Front stand, seine Soldaten durchs Feuer gingen, weil sie wußten, daß er es jederzeit auch für sie tat. Genug der persönlichen Erinnerungen. Ich habe sie nicht nur aus Lust an der Porträtierung und am Anekdotischen aufgerollt, sondern um das charakteristische Bild einer humanistischen Lehranstalt im frühen Jahrhundert zu entwerfen, das sich wohl in vielen Zügen vom heutigen unterscheidet. Damals war die Zeit der gestrengen Herren, der Originale und der Persönlichkeiten, aber auch einer gewissen Jugendfremdheit, fast Jugendfeindlichkeit von Seiten des Lehrstandes. Er betonte bewußt das Alte, Erwachsene, Gravitätische und erwartete von den Jungen, sich so zu benehmen, als seien sie selbst schon alte Leute in kleinerem Format. Der Typus des der Gegenwart, dem modernen Leben aufgeschlossenen Lehrers, der mit der Jugend jung sein kann und will, existierte damals noch kaum und wirkte in dieser Umgebung befremdend oder verwirrend. Oder aber, es war nicht Sitte und Gepflogenheit, sich der Jugend in irgendeiner Weise gleichzustellen, was ja, für mein Gefühl, das dauernde Bestreben nicht nur aller Lehrenden, sondern auch der geistig, literarisch, künstlerisch Führenden in jedem Volk sein muß: wer lehrt, muß immer noch lernen, und zwar nicht nur Wissensstoff, sondern Lebensstoff. Das Material aber, die sich stets erneuernde Materie des menschlichen Lebens, ist immer die jeweils junge und jüngste Generation. Ich rede damit keiner Verhätschelung der Jugend das Wort: Jung zu sein ist weder ein Verdienst noch ein Vorrecht, gewiß aber ein Vorzug rein biologischer und vitaler Art, durch die Frische der Auffassung, die unverbrauchte Kraft der Erlebnisfähigkeit, die Naivität, die sich manchmal darin äußert, daß man sich, mit etwa sechzehn Jahren, ungeheuer alt vorkommt und viel älter empfindet, als jemals im späteren Leben. Dieser Vorzug der Frische und der Naivität schließt eine erhöhte Verantwortung in sich ein, eine Selbstdisziplin, auf deren Freiwilligkeit es ankommt, der eignen Lebensentwicklung, dem Geist der Epoche und der menschlichen Gesellschaft gegenüber. Dem Lehrer aber und dem öffentlich Wirkenden, der mit der Jugend umgeht, ist es anheimgegeben und anvertraut, dieses Bewußtsein von Verantwortung und Zugehörigkeit, über den privaten Umkreis und das persönliche Wohlergehen hinaus, in den Jugendlichen zu wecken, und das kann er nur, indem er sein eigenes Lebensgefühl frisch und jung erhält, um dem Jüngeren als lebendiger Gefährte und nicht als abstrakter Prädikant und Fremdling zu erscheinen.

Es erhebt sich nun die Frage, und sie ist in den letzten Jahrzehnten oft genug gestellt worden: inwieweit ist das humanistische Gymnasium, das Lehr- und Denksystem, auf dem sein Bildungs- und Erziehungsplan aufgebaut ist, noch jung, lebensfähig und der heutigen Zeit gemäß?

Ich möchte diese Frage, bevor ich versuche, mich mit ihr auseinanderzusetzen, generell aus meiner persönlichen Überzeugung und Erfahrung heraus beantworten: so lange wir das erhalten wollen, was uns als höchster Wert des irdischen Lebens erscheint, Freiheit des Denkens, des Forschens, des Gewissens, können wir auf den Geist des Humanismus und auf die Grundlagen der humanistischen Bildung niemals verzichten. Der Humanismus ist selbstverständlich wie alles, was in der Welt durch Wachstum Sinn und Bedeutung gewinnt, sehr alt und von alter Tradition getragen, er ist viel älter als unsere vierhundertjährige Schule, die ihrerseits auf noch viel ältere Ursprünge zurückgeht: nennt sie sich doch heute Rabanus-Maurus-Gymnasium, in ehrfürchtiger Erinnerung an jenen frühen Erzbischof aus Winkel im Rheingau, einen Schüler Alkuins, des angelsächsischen Gelehrten, den Karl der Große an seinen Hof geholt hatte, und man bezeichnet ja diese Epoche als die karolingische Renaissance, also eine Art von Vorstufe des Humanismus. Hrabanus Maurus, der »Praeceptor Germaniae«, der im neunten Jahrhundert von unserer Stadt aus das Schul- und Erziehungswesen für ganz Deutschland begründet hat. In diesen frühen Jahrhunderten, noch über die Zeiten der Reformation und Gegenreformation hinaus, bis zu denen des Kurfürsten Emmerich Joseph im späten achtzehnten Jahrhundert, stand das Schulwesen natürlich unter Einfluß und Leitung der Geistlichkeit und der geistlichen Orden, die im Mittelalter und später noch, von der Landwirtschaft bis zur Literatur, die Träger der Kultivation und des kulturellen Lebens waren. Der eigentliche Geist des Humanismus aber, im historischen und im philosophischen Sinn, beginnt mit Namen, die außerhalb der kirchlichen Welt stehen und ihr zum Teil sogar entgegengesetzt sind. Zwar hat sich Desiderius Erasmus von Rotterdam, Freund des Thomas Morus und Urbild des nordeuropäischen Humanisten, nie der Reformation angeschlossen, er war für Erneuerung, aber nicht für Spaltung der Konfession, und er empfand, wie später die bedeutenden Köpfe unter den Jesuiten, den Humanismus als durchaus katholikós, also umfassend, universal, dem Welt-Ganzen verpflichtet. Ihm, dem Erasmus, dem großen Gelehrten und Schriftsteller, der – in seinem »Lob der Narrheit« – die menschliche Natur wie kaum ein anderer vor ihm und nach ihm durchschaut hat, ging es um religiöse Toleranz und Laienfrömmigkeit, im Gegensatz zum autoritativen Dogmatismus der ausgehenden Scholastik, er empfand Bibel und griechische Philosophie als »universale Offenbarung«, er proklamierte und begründete dadurch das Ideal der individuellen Bildung, er fand »die humane Ethik der antiken Philosophie in der Bergpredigt bestätigt«. Dieser Humanismus, der in seinen kämpferischen Anfängen für uns mit Namen wie Ulrich von Hutten, Reuchlin, Pirckheimer verbunden ist, aber auch mit Dante und Petrarca, Plethon, Lionardo da Vinci, Giordano Bruno, und dessen neuzeitliche Gipfelhöhe die deutsche Klassik bezeichnet, mit Herder, Lessing, Goethe, ist universal und überkonfessionell, er verbindet das Mittelmeer mit dem Norden, er trägt Griechenland in die neue Welt hinüber. Doch brauchen wir, wir Mainzer, uns gar nicht so weit weg zu begeben, wir brauchen nicht an Rotterdam, ans elisabethanische London, an Florenz und Weimar zu denken, sondern nur an eine kleine Ortschaft im Umkreis unserer eigenen Heimat, Kues an der Mosel, wo der Mann geboren wurde und lange Zeit gewirkt hat, der an der Schwelle zwischen Scholastik und Humanismus stand und dem Forschungsgeist der Neuzeit um Jahrhunderte vorauseilte: Nicolaus Cusanus. Er starb etwa zehn Jahre, bevor

Kopernikus, und genau hundert Jahre, bevor Galilei geboren wurde, aber er hat bereits in seinem Werk ›De ludo globi‹, wenn auch in sehr verschlüsselter Form, die Erkenntnis von den Umdrehungen der Erde, von der Bewegung der Planeten hypothetisch vorausgeahnt. Doch gebot ihm Weisheit und hoher Opfersinn, diese Erkenntnis nicht den Mißverständnissen und der Verwirrung preiszugeben, die sie beim damaligen Stand der Bildung und des Wissens in breiter Öffentlichkeit verursacht hätte, sondern die Ergebnisse seiner Forschung den Händen und dem Geiste derer anzuvertrauen, die sie der Nachwelt überliefern konnten, ohne daß das feste Gefüge seiner Zeit, die Integrität und Integration des christlichen Glaubens, daran zerbrochen wäre. Beschäftigt man sich heute mit seinem theologischen und philosophischen Werk, zum Beispiel mit der »Coincidentia oppositorum«, der Lehre vom »Zusammenfallen der Gegensätze«, das es zutiefst nur in Gott, das heißt in einer außer- und überhalb der zeiträumlichen Begriffe waltenden Unendlichkeit, geben kann, so mutet es uns außerordentlich und überraschend modern an, ja man muß an Max Planck und manche andere der neueren Kernphysiker denken, für die der Glaube wieder zu einer natürlichen Ergänzung ihres Forschens und Denkens wurde und keinen Gegensatz zur wissenschaftlichen Erkenntnis bedeutet, da das Gesetz der Kausalität und damit der absoluten Logik in der von ihnen erschlossenen Welt zweifelhaft geworden ist. Denn das scheinbar Sinnlose und Ungeheuerliche, das in der Uferlosigkeit wissenschaftlicher Entdeckungen und ihrer Folgen für das Menschengeschlecht zu drohen scheint, muß nicht unbedingt und notwendig zu Wahnsinn und Verzweiflung führen, es kann auch einer Erhärtung des Glaubens, des Schöpferglaubens, und der Erhöhung des Menschenbildes, als eines Ebenbildes der Schöpfermacht, den Weg weisen. Für Nikolaus Cusanus gab es noch die Idee einer intakten Schöpfung, und keine, wie immer beweisbare Schöpfungs- oder Entwicklungslehre konnte ihren göttlichen Ursprung erschüttern. Christus war für ihn Bindeglied zwischen dem unerfaßlichen Gott und der erfaßlichen, begreifbaren Welt, also Verkörperung des Logos. Mensch, Ding und Natur sah er als »Mikrokosmos«, nämlich Abbild des Universums, dessen Wesen Ordnung in einer stetigen Stufenfolge vom Höchsten zum Niedrigsten bedeutet und das er für mathematisch ausdrückbar erklärte. Seine Untersuchungsmethode ist der einer späteren Dialektik erstaunlich verwandt, in gewissem Sinn hat er auch diese vorweggenommen (De docta ignorantia). Auch hat Nicolaus Cusanus, von einer kritischen Sichtung des Korans abgesehen, in seiner Schrift ›De concordantia catholica‹ einer Annäherung und Einigung zwischen westlichem und östlichem Christentum das Wort geredet, was in erstaunlicher Weise an heutige Bestrebungen und Gedankengänge erinnert. So trägt uns der Strom der Geistesgeschichte, wenn wir ihn zu seinen Ursprüngen und in die Vergangenheit verfolgen, plötzlich mitten in den gegenwärtigen Tag, denn für das Wehen des Geistes bedeutet ein halbes Jahrtausend nur einen Atemhauch. Von den Lateinschulen der karolingischen Zeit und des Hrabanus Maurus zieht sich ein großer Bogen bis zu Goethes »pädagogischer Provinz«. Das menschliche und geistige Ziel des Unterrichtens und Lernens ist immer das gleiche geblieben. In den Grundprinzipien des »Gymnasium Emmericianum«, dem Ergebnis der großen Schulreform in der Aufklärungszeit, das wohl die eigentliche Basis für unser späteres und heutiges Gymnasium bildet, heißt es über das doppelte Ziel des Unterrichts: »Daß die Jugend alles darin erlernen kann, so ihr zum ewigen Heile notwendig und zu der zeitlichen Glückseligkeit gehöret.« Das kann ohne weiteres noch heute gesagt werden, wie nun auch der oder jener über das »ewige Heil« denken möge. Denn wer sich das nicht in der Transzendenz vorstellen kann, der muß es wenigstens als einen »Überbau« verstehen, die über das rein materielle Interesse hinaustragende Heilkraft und Souveränität des Geistes, des geistigen Lebens und seiner fortschreitenden Entwicklung. Und wenn Goethe, der Großmeister eines luziden und universalen Humanismus, nach griechischem Vorbild den »Menschen als das Maß aller Dinge« bezeichnet, so ist das in seinem Betracht natürlich der beseelte Mensch, die gebildete und geformte Persönlichkeit, nicht ein mechanisch-funktioneller homunculus, wie man ihn in der Partei-Retorte zu erzeugen meint.

Hier aber muß gesagt werden, und ich hoffe, daß niemand bei der Nennung dieses Namens wie bei der des Gottseibeiuns erschrickt: auch Karl Marx war Humanist. Der Mitverfasser des Kommunistischen Manifests, der Begründer des wissenschaftlichen Sozialismus, kam aus dem Schoß des humanistisch gebildeten Bürgertums, und man liest nicht ohne Lächeln und Sympathie, wie sein Vater, der jüdisch geborene und evangelisch getaufte Rechtsanwalt Marx aus Trier, und sein späterer Schwiegervater, der sehr konservative und vornehme Baron von Westphalen, miteinander Schach spielten, wobei sie sich in klassischem Latein zu unterhalten liebten oder altgriechische Verse zitierten. Was Karl Marx zu seinem Forschen und seiner Lehre antrieb, war im Urgrund utopischen, ja chiliastischen Charakters, nicht anders als bei den Phantasie- und Denkgebäuden des Thomas Morus und dem »Sonnenstaat« des Campanella, der Drang zur Verwirklichung einer humaneren Welt, statt zur Idealisierung der bestehenden. Erst die Erstarrung dieser Lehre im totalitären Dogmatismus hat sie dem humanen und dem humanistischen Gedanken entfremdet. Der Humanismus nämlich darf sich nie an einem bestimmten ideologischen Punkt zur Ruhe begeben und Schluß machen, sonst ist er tot. Er verlangt das unablässige Weiterwandern auf dem schmalen Gedankengrat zwischen dem Erkenn- und Erforschbaren und dem Unerforschlichen. Es kann daher eine Staats- und Lebensdoktrin nicht mehr humanistisch sein, bei der das Forschen und Streben, das Bezweifeln und Untersuchen, die freie Wahl der Zu- oder Absage zu einzelnen Thesen und Theorien nur unter dem Vorzeichen eines angeblich unumstößlichen ideologischen Dogmas möglich ist. Die Religion muß auf bestimmten Glaubensdogmen bestehen, die Forschung, das Denken, die menschliche Vernunft muß in ihren eigenen Bezirken grünes Licht haben, das rote bedeutet hier wie auf der Straße »Stop«, auch wenn es einmal als Fanal der Freiheit entzündet worden war. Und der Glaube ist heute zu einer Sache der persönlichen Gewissensentscheidung geworden, in dessen Zeichen niemand mehr seiner Menschenrechte beraubt wird.

Selbstverständlich bleibt es ein gesellschaftliches Ziel, allen Menschen, unabhängig von der sozialen Stellung oder vom Einkommen ihrer Eltern, je nach Fähigkeit, Begabung, Neigung die gleichen Erziehungs- und Bildungsmöglichkeiten zu garantieren. Von diesem Ziel sind wir, hier wie in anderen Ländern, noch weit entfernt. Aber das sozial höchst-entwickelte und ökonomisch gerechteste Erziehungssystem entwertet den humanistischen Gedanken, sobald es an eine bestimmte programmatische Voraussetzung, welcher Art auch immer, gebunden ist, und wenn es die Jugend nicht zu dem erzieht, was wir als die Grundlage unserer Kultur und unserer Existenz betrachten: das freie Denken, das freie Forschen, das freie Erkennen, aber auch die Freiheit zum Glauben, zum überlieferten und durch eigene Wahl erhärteten Bekenntnis. Denn auch dazu gehört in Zeiten, in denen der platte Positivismus zur Vulgärphilosophie der Welt zu werden droht, ein gutes Maß an innerer Freiheit, ja an persönlichem und geistigem Mut. In den gesellschaftlichen Engpässen und Untiefen einer Zeit, die das intellektuelle Leben immer mehr ins Spezialistentum treibt und das innere, das seelische Erlebnis der Verkümmerung aussetzt, müssen wir uns an die großen Leitsätze von zeitlosem Bestand halten, die dem Menschengeist Richtung weisen und Grenzen setzen. So darf ich an den Satz von Goethe erinnern, der heute gilt wie vor hundertfünfzig Jahren: »Das schönste Glück des denkenden Menschen ist, das Erforschliche erforscht zu haben, und das Unerforschliche ruhig zu verehren.«

Haben wir uns nun mit dem Geist des Humanismus beschäftigt und ihn als die Grundlage unserer Wertsetzungen erkannt, so müssen wir noch kurz von den Schwierigkeiten seiner Praxis sprechen, das heißt von den Problemen, die die Durchführung des humanistischen Lehrplans den heutigen Schulen stellt. In der Schulreform des Freiherrn von Bentzel-Sternau, unter dem Kurfürsten Emmerich Joseph ums Jahr 1773, heißt es: »Die Lehrgegenstände sollen sein: Deutsch, Lateinisch, Griechisch,

Französisch, Poesie und Rhetorik, Naturlehre mit Experimenten, Land- und Stadtwirtschaft und Handelswissenschaft.« Geographie und Geschichte kommen dann noch als gleichberechtigte Gegenstände hinzu. Es kündigt sich damit schon eine gewisse Säkularisation des humanistischen Schulwesens an, eine Hinwendung zum Geist der Epoche und zum praktischen Leben.

Gewiß hatte der damalige Schüler sein gerüttelt Maß zu büffeln, ja die Studienperfektion wurde vielfach übertrieben, noch zu Zeiten unserer Eltern verlangte man den lateinischen Aufsatz und den Vortrag freier Reden in fließendem Latein. Heute aber ist der Wissensstoff, den ein junger Mensch braucht, um seiner Umwelt, dem Leben seiner Zeit einigermaßen gewachsen zu sein, ins Unermeßliche angestiegen. Was da an Mathematik, Physik und Chemie, Mechanik, Biologie, aber auch an Erdkunde, Erweiterung des geschichtlichen Weltbildes und Literatur aller Zweige hinzugekommen ist, davon hätten sich die Zeitgenossen des jungen Goethe oder Humboldt nichts träumen lassen. Das muß bewältigt werden, ohne das jugendliche Fassungs- und Lernvermögen zu überlasten, und es wird daher nicht ohne neue Schul- oder Lehrplanreformen abgehen. Jedoch sollte das keinesfalls auf Kosten jenes ewigen Vorrats geschehen, den uns die gründliche Befassung mit den klassischen Sprachen auf den Weg gibt. Gewiß, es sind tote Sprachen, aber sie statten uns mit lebendigen Kräften aus, die wir nicht mehr verlieren: Wer einmal, wenn auch widerstrebend, lateinische Grammatik und Syntax gelernt hat, wird sein Leben lang wissen, was Logik, Bau, Konstruktion und Klarheit einer Sprache, des menschlichen Sprachausdrucks überhaupt bedeutet, mehr – er wird begreifen oder ahnen, daß in Grammatik und Syntax das Ethos und das Gewissen der Sprache beschlossen ist, ohne das es keine Rechtsprechung und keine Wahrheitsfindung gibt. Ähnlich verhält es sich mit dem Griechischen in bezug auf die Poetik und auf das musische Element der Sprache. Wie diese entscheidende Bildungsgrundlage mit den Erfordernissen des zeitgenössischen Lehrplans vereinigt werden kann, ist eine andere Frage. Es müßten sich geniale Köpfe damit beschäftigen, vielleicht erstehen sie aus der heute noch lernenden Generation, wie man das klassische Bildungsgut, ohne es zu einer nebensächlichen Spielerei zu degradieren, mit moderner Naturwissenschaft und philosophischer Propädeutik in einem neuen Lehr- und Lernsystem vereinigt. Vom Wahlsystem, das die amerikanische Erziehung entwickelt hat und das die amerikanischen Pädagogen uns nach dem letzten Krieg so gerne einreden wollten, halte ich persönlich nichts, ich habe es aus der Nähe und in akuten Fällen kennengelernt, und ich glaube, es hat in Amerika selbst zu einer Krise der Bildung und des Wissens geführt, praktisch Bankrott gemacht und sich überlebt. Wie man es anders machen soll, müßte durchdacht und erprobt werden, vielleicht durch Teilung der Lehrgänge in einer bestimmten Altersstufe, nach Begabung und Neigung, wobei die Erzieher beratend und klärend mitzusprechen hätten, vielleicht durch eine Art von Arbeitsgemeinschaften für die höheren Klassen, nach Art des akademischen Seminars. Ich bin mir der Laienhaftigkeit dieser Anmerkungen bewußt, ich bin kein Pädagoge, und ich habe selbst seit achtundvierzig Jahren keine Schulbank mehr gedrückt, aber der Stoff hat mich hingerissen, geht es doch hier um die Lebensfrage, um die Zukunft, nicht nur unseres Volkes, sondern der Völker überhaupt. Sie würden vielleicht auch ohne das weiter existieren, was wir im umfassenden Sinne Bildung nennen, Geistes- und Herzensbildung, aber dann wäre das eine Existenz ohne Glück und Gnade, vor allem ohne jenes »höchste Glück der Erdenkinder«, die Persönlichkeit. Nicht zum Kult, sondern zur Würde und zum Vorbild der Persönlichkeit, des durch Selbstformung beispielgebenden Menschen, dürfen wir uns bekennen. Und zu dieser Würde, zu dieser geprägten Form des Menschentums, verhilft uns nicht die Erziehung allein, sondern einzig die Bildung. Wir können mit wohlerzogenen oder disziplinierten Menschen alltäglichen Umgang pflegen, doch nur die Begegnung mit einem gebildeten Menschen hebt uns über den Alltag hinaus. Gewiß – das reine Erziehungsprinzip, dessen Ziel, im Gegensatz zur universalen Bildung, darin besteht, den

Menschen für eine bestimmte Art des Zusammenlebens und des gegenseitigen Verhaltens abzurichten, könnte theoretisch zu einer durchaus bewohnbaren, zu einer sauberen und hygienischen, zu einer körperlich und moralisch keimfreien Welt führen. Ihr aber, Ihr jungen Menschen, zu denen ich jetzt spreche, Ihr sollt und Ihr werdet in einer Welt leben, in der es alle Keime und Keimlinge, Schößlinge, Knospen, Sprossen, Triebe und Austriebe gibt, wie sie der Vielfalt und dem Reichtum der Schöpfung entsprechen, die guten wie die bösen, denn es gibt die einen nicht ohne die andern, und Bildung soll Euch eine Waffe sein, die guten zu fördern und zu kultivieren, die schlechten und schädlichen zu bekämpfen. In jeder menschlichen Seele und in allen großen oder kleinen Körperschaften dieser Welt gibt es beides: eine *vox angelica*, die Engelsstimme, und eine *vox diabolica*, die Stimme des Bösen. Uns zu entscheiden und zwischen beiden die *vox humana*, die Menschenstimme, zu erwählen und zu erlernen, dazu sind wir geboren.

So sage ich Euch als Conclusio dieser Ansprache, die dem Geiste des Humanismus galt: Es gibt gar nichts Altes oder Neues auf der Welt, es gibt immer nur das Junge, und der Humanismus, heute, ist genau so jung wie Ihr selber. Darauf aber kommt alles an: ob Ihr jung seid, nicht blasiert, nicht vorzeitig von Skepsis angemüdet, sondern wagemutig, das Unmögliche begehrend, dann schenkt Euch der Humanismus, nicht anders als uns und als denen vor vierhundert Jahren, das Abenteuer des Geistes der freien Forschung, des freien Denkens, des hohen Flugs. Es kommt nicht darauf an, ob wir zum Mars fliegen, aber es kommt darauf an, daß unser Geist ins Unendliche fliegt, immer wieder in die unerforschlichen Räume der Phantasie, und daß unsere Seele, unser Gefühlsvermögen, in Ehrfurcht vor dem Unendlichen zu erschauern und aufzublühen vermag. Das ist die Forderung, und sie schließt alle geistigen und sittlichen Forderungen in sich ein, die wir, die Älteren, verpflichtet sind, an Euch, die Jüngeren, zu stellen und sie Euch soweit wir das vermögen, vorzuleben.

Und nun bitte ich Sie, zum Abschluß, mir noch einmal dorthin zurückzufolgen, wo ich begonnen habe, nämlich zu diesem brennenden Augusttag des Jahres 1914, an dem wir, meine Klassenkameraden und ich, die Schule verlassen hatten. Wir hatten keine Angst, nicht vor den Lehrern, nicht vor den Prüfungsfragen, sondern nur die eine: Der Krieg könne zu Ende gehen, bevor wir selbst dabei gewesen sind. Denn bis Weihnachten, so hatte der Kaiser gesagt, seien alle wieder siegreich zu Hause. Nun – noch vor Weihnachten war ich, waren die meisten von uns im Feld, um erst nach vier Jahren besiegt und ernüchtert zurückzukehren. Aber es kehrten nur wenige zurück. Viele meiner liebsten Schulkameraden sind draußen geblieben, einen davon habe ich selbst, als Achtzehnjähriger, draußen sterben sehen, ein anderer, der den Ersten Weltkrieg als aktiver Infanterieoffizier überlebt hatte, ist im Zweiten gefallen. Und ich bitte Sie, mit mir in Liebe und Ehrfurcht dieser unserer Toten zu gedenken, die in gutem Glauben für ihr Vaterland das Leben geopfert haben, und all derer, der Schüler und Lehrer, die in Kriegs- und Friedenszeiten von uns gegangen sind und diesen Tag der Besinnung, der Erinnerung und der Hoffnung nicht mehr mit uns erleben können. Euch aber, den Jungen, die Ihr an der Schwelle des Lebens steht, Euch rufe ich zu: Mögen Euch ähnliche Schicksalsschläge, wie sie zweimal über die Menschen unseres Jahrhunderts hereingebrochen sind, erspart bleiben, möge Euch der Geist des Lebens gnädig sein, möge Euch der Geist der Humanität, des Humanismus, dem unsere vierhundertjährige Schule geweiht ist, in eine glückliche Zukunft geleiten. So sage ich: Gottbefohlen, und unserem Jubilar, dem Mainzer Gymnasium, ein frohes und ernstes

VIVAT CRESCAT FLOREAT

Die drei Säulen des Lebens
Ansprache, gehalten am 22. Oktober 1971 anläßlich der
Namensgebung des Schulzentrums auf dem Lerchenberg in Mainz

Der Herr Bürgermeister hat in seiner Rede so schön und für mich auf so ehrende Weise erklärt, wieso, warum und aus welchen Gründen man diese Schule Carl-Zuckmayer-Schulzentrum genannt hat. Aber ich muß trotzdem sagen, wie ich da draußen vorhin in goldenen Lettern meinen Namen am Eingang einer Schule sah, habe ich zu meiner Frau gesagt: »Das hätte ich mir nie träumen lassen, daß einmal eine Schule nach mir benannt wird.« Nicht nur diese, es gibt eine in Nackenheim und eine in Nierstein, sogar in Berlin-Wedding. Es werden also Schulen des öfteren nach mir benannt, und nach dem, was Herr Bürgermeister Delorme aus meinen »Erinnerungen« zitiert hat, frage ich mich warum.

Ist das der Lohn dafür, daß ich der schlechteste und aufsässigste Schüler des Mainzer Ostergymnasiums und vielleicht überhaupt der Stadt Mainz seit zweitausend Jahren gewesen bin? Ich bin allerdings nie sitzengeblieben und bin am Schluß des Schuljahres gerade immer noch durchgerutscht, worin ich heute eine ganz besondere Art von Heimtücke sehe. Ich muß dabei an den Maria-Theresien-Orden denken. Der Maria-Theresien-Orden war eine ganz hohe Auszeichnung der alten kaiserlich-königlichen österreichischen Monarchie. Den bekam man, wenn man ohne oder sogar gegen den Befehl eines höheren Kommandos eine besondere militärische Leistung vollbracht hatte. Also ein typisch österreichischer Orden hätte nie ein preußischer sein können, obwohl das preußische Traumspiel, Kleists ›Prinz Friedrich von Homburg‹, eigentlich genau diesen Sinn verwirklicht. Auf die Schule und mich übertragen, würde ich sagen, ich werde zum Namenspatron von Schulen gemacht, weil ich trotz und gegen die Schule ein passables Deutsch zu schreiben verstand und es schließlich zum Dr. h. c., heißt Dr. ohne Examen, gebracht habe.

Wie ich vorhin durch Bretzenheim gefahren bin, da guckte ich 'raus, und auf einmal sehe ich: Bert-Brecht-Straße! Zu meiner großen Freude, denn Bert Brecht war nicht nur für mein Gefühl der stärkste Dramatiker unserer Zeit, sondern auch ein persönlicher Freund von mir. Und da fiel mir ein, was Brecht über die Schule gesagt und geschrieben hat. Es sind sehr scharfe Worte. Bert Brecht hat geschrieben: »Man geht in die Schule, damit man lernt, einen Feind zu überlisten.« Der Feind ist bei ihm natürlich der Lehrer. Er führt das des näheren aus, und zwar weniger scherzhaft als genau. Er sagt: Nicht der Lernstoff, sondern die Person des Lehrers ist Gegenstand des Lernens in der Schule, weil der junge Mensch außerhalb des familiären Kreises hier zum erstenmal ein menschliches Wesen in den Blickpunkt bekommt, das mit Autorität ausgestattet ist, das ihm fremd ist, dessen Verhaltensweise unbekannt ist und in dem man infolgedessen vielleicht instinkthaft einen Feind vermutet.

Worin liegt dieses feindliche Prinzip? Liegt es wirklich nur darin, daß ein einzelner, ein mit Autorität ausgestatteter einzelner einer Gruppe gegenübersteht, die ihrerseits wieder eine Einheit wird in ihrem Verhalten gegen diesen einzelnen? Oder ist es eine sich immer wiederholende Spannung zwischen den Generationen, zwischen der älteren, die aus ihrer Erfahrung und ihrer Pflicht heraus Autorität verlangt, und der jüngeren, die sich zunächst der Autorität widersetzt und sich frei entfalten will? Ich weiß es nicht, ich glaube nur eins: Ich glaube, die Zeiten haben sich gründlich geändert. Ich glaube tatsächlich, daß die Zeiten jener alten Magister, die wir bezeichnenderweise auch Pauker oder Steißtrommler nannten, daß die Zeiten dieser merkwürdigen Käuze und damit leider auch sehr vieler liebenswerter Originale endgültig und tatsächlich vorüber ist. Ich glaube, daß heute zwischen Lehrern und Schülern ein ganz anderes Verhältnis möglich ist, ich glaube, daß dieses feindselige, von vornherein auf die Gegnerschaft ausgerichtete Verhältnis der heutigen Lehrerschaft nicht mehr entspricht, aber auch nicht mehr der heutigen Schülerschaft.

Wenn ich diese jungen Leute sehe, die hier so wunderschön variiert haben, eine einfache schlichte Volksmelodie, wenn ich heute morgen eine Sängergruppe des Gutenberg-Gymnasiums vor dem Hilton-Hotel singen hörte, so sehe ich frische, aufgeschlossene lebendige junge Menschen; sie hatten nichts Geducktes, sie hatten nichts vom unterdrückten Schüler, dem der obrigkeitliche Gefängniswärter gegenübersteht. Ich glaube, daß dieses Verhältnis ganz anders geworden ist, und daß es nicht nötig ist, die Schule in Zukunft noch als Schreckensburg, eine Stätte der Tyrannis, der Zwingherrschaft zu betrachten. In meiner Zeit hat man viel gelacht über die Schule, man hat sie am liebsten »von hinne« gesehen, und hinterher erinnert man sich an das Heitere. Im Moment selber gab es mehr zu seufzen als zu lachen. Ich glaube, heute sind wir so weit, daß es vielleicht sogar Spaß machen könnte, in die Schule zu gehen, daß es nicht unbedingt eine Last sein muß, wie ich von meiner Schulzeit geschrieben habe; daß es vielleicht ein Vergnügen sein kann, nicht nur, daß die jungen Menschen, die auf diese Weise zusammenkommen, hier noch dazu vielleicht aus verschiedenen Stadtteilen, sich treffen, sich kennenlernen, sondern daß auch mit dem Lehrer eine Beziehung möglich ist – wenn der Lehrer ein aufgeschlossener und lebendiger Mensch ist –, die an etwas wie Freundschaft erinnert.

Ich kenne die Klagen der heutigen Lehrer, ich habe sie wenigstens in vielen Großstädten gehört, daß zuwenig Lehrkräfte für zu viele Schüler da sind, daß der einzelne Lehrer zuwenig Möglichkeiten hat, sich mit dem Individuum, mit dem persönlichen einzelnen Schüler zu beschäftigen und zu befassen. Ich hoffe, das wird in der Zukunft und vielleicht in einem so großzügig geplanten, so großzügig gedachten Unternehmen, einer solchen Anlage wie hier auf dem Lerchenberg, anders sein. Zumindest die Aufgeschlossenheit, die Freiheitlichkeit der Lehrer scheint mir durch den ganzen Tenor, durch die innere Haltung der Stadt Mainz – nicht nur des traditionellen alten, auch des neuen fortschreitenden – bereits gegeben und in der Grundlage garantiert. Ich bin mir klar, wenn ich über eine Schule spreche und über Schulen überhaupt, daß ich es als Laie tue, und daß ich hier nicht aus Erfahrung sprechen kann, wie sie die Pädagogen haben. Ich selber hatte nie eine pädagogische Ader, ich habe nicht gelehrt, ich habe auch keine Lehrstücke geschrieben, ich hatte gar kein Talent zum Lehren, mit Ausnahme vielleicht zum Abrichten von einem Hund. Jedenfalls mache ich mir trotzdem Gedanken, wenn schon Schulen nach mir benannt werden.

Wie kann eine Schule aussehen, die gegenwärtig ist und einer zukünftigen Generation Vorbereitung sein soll. Gibt es eine Möglichkeit, daß die Schule außer der Übermittlung von Fachwissen, von einfachem Lernstoff, dem Menschen eine Hilfe, eine Basis, eine Grundlage für sein Leben und Überleben gibt? Ich glaube, daß zumindest diese Möglichkeit, diese Hypothese absolut angenommen werden kann, und daß man sich überlegen darf, was sind die Grundsätze, nach denen eine solche Schule, eine Schule des Heute und des Morgen, geführt werden soll. Ich will nicht auf Einzelheiten von Lehrplänen eingehen, wovon ich, wie gesagt, nichts verstehe, oder nur wenig. Ich will nur soviel sagen: Ich glaube, daß eine allgemeine Schulung des Menschen in Verstand und Empfinden für das Leben in heutiger Zeit und Gesellschaft auf drei Grundlagen, man könnte sagen: auf drei Säulen, man könnte auch sagen: auf drei einander überschneidenden Kreisen, angelegt werden muß. Der erste wäre kurz gesagt die Sprachen, der zweite wäre die Natur, das Naturverständnis, in weitestem Sinne Naturwissenschaften, und das dritte wäre etwas, was ich nennen möchte: Lebenskunde. Das klingt vielleicht etwas verschwommen, ich werde aber auch versuchen, es zu präzisieren.

Der erste Punkt Sprachen trifft, was die Gymnasien anbelangt, natürlich auch wieder schon auf eine Problematik. Ich weiß, daß es sehr verschiedene Meinungen gibt, was die alten Sprachen anbelangt. Es ist möglich, daß bei dem, was das moderne Leben an Wissenschaft vom Menschen heute verlangt, es eine zu große Belastung wäre, so in den alten Sprachen erzogen zu werden, wie das zu unserer Zeit der Fall war. Trotzdem sage ich mir, gut, man kann Jus oder Jura studieren, auch wenn man nicht lateinisch deklinieren kann, aber ein Mediziner, ein Arzt ohne Latein scheint mir vorläufig – und mit vorläufig ist doch noch eine ziemlich lange Zeit in die Zukunft zu meinen – kaum denkbar. Oder aber wie soll Philosophie ohne Griechisch gelernt werden oder Poetik? Nun, das sind vielleicht Wahlfächer. Es ist vielleicht so, daß das besondere Anlagen, besondere Neigungen voraussetzt und daß Schüler in einem gewissen Alter doch schon selber empfinden und entscheiden können, nach welcher Richtung ihre Interessen gehen. Man hat ja schon solche Wahlsysteme geschaffen. Es ist also möglich, daß auf diese Weise auch dafür eine Lösung geschaffen wird, die dieses große Kulturgut alter Sprachen nicht einfach vergehen oder ein paar speziellen professoralen Käuzen überläßt.

Lebendige, moderne Sprachen, das ist ganz selbstverständlich. Es ist gar kein Zweifel, daß ein junger Mensch, der dem heutigen Leben gewachsen sein will, mindestens ein bis zwei moderne lebende Sprachen, westliche oder östliche, aber jedenfalls Sprachen, die ihrerseits die Brücke zur Welt bilden, lernen muß. Entscheidend aber ist für alles die eigene Sprache. Wer nicht gut deutsch kann, dem helfen auch die fremden Sprachen nicht. Vielleicht hat so ein Mensch Sprachtalent, aber keine Sprachseele, denn die empfängt man von der eigenen Sprache, für uns von der deutschen, die am meisten gepflegt werden muß.

Es geht nun von der Sprache ganz leicht über in die Natur, denn hier kommt es auf die Menschennatur an und auf die ihn umgebende Natur. Ich denke jetzt nicht an das Primat, das heute die Physik vor allen anderen Naturwissenschaften zu genießen scheint, vielleicht zu Recht, weil Physik, Mathematik, auch physikalische Chemie, die Grundlage aller technologischen Anstrengungen und der gesamten Technologie überhaupt ist. Ich denke an die gesamte Natur. Ich meine damit Zoologie, Botanik, Biologie, selbstverständlich aber vor allem die Möglichkeit, die Natur als etwas von uns Untrennbares anzuschauen. Als etwas, von dem der Mensch ein Bestandteil ist. Etwas, womit der Mensch brüderlich verbunden ist, was ihn aber nicht nur praktisch ernährt, sondern ohne das er nicht da wäre und ohne das er auch nicht weiter existieren kann.

Naturverständnis, Naturanschauung, die nach Möglichkeit nicht im Schulraum, sondern in der freien Welt geschehen soll. Soweit es irgend geht, soll man junge Menschen hinaus in die Natur lassen und soll ihnen Anleitung geben, wie sie die Tiere, wie sie die Pflanzen, wie sie die Mineralien und die Ströme verstehen können auf der Erde. Diese Naturverständigung ist eine unabdingbare Voraussetzung für etwas, was das menschliche Leben außer dem rein verstandesmäßigen Wissen und außer dem beruflichen Streben begleiten muß. Das ist der Sinn für Schönheit, und es ist der Sinn für Ehrfurcht. Beides, Schönheit und Ehrfurcht, wird auch durch große Kunstwerke erweckt, auch wenn man nur einmal im Leben die Sixtinische Kapelle sieht oder eines der größten Gemälde unserer Welt. Wenn man vor Kunstwerken der Gegenwart steht, die einen jungen Menschen unmittelbar ansprechen, so kann dieser Sinn auch angeregt werden. Ursprünglich aber kommt er aus dem Betrachten der Natur, und zwar nicht im romantischen, schwärmerischen Sinn, nicht in dem Sinne, daß man bei einem Sonnenuntergang in eine besondere feierliche oder wehmütige oder sonstige Stimmung gerät. Das ist keine Sache der Stimmung, es ist eine Sache des genauen ernsthaften Anschauens.

Wer sich einmal mit einer Metamorphose befaßt hat und das Imago, das zum Schluß herauskommt, den vollkommenen Schmetterling, ein besonderes Exemplar in seiner völligen Schönheit aus einem Ei, einer Raupe, einer Puppe hat werden sehen, wer sich diesen Vorgang vorstellt, der weiß bereits etwas vom Leben, der hat bereits eine Ahnung, was das Leben in uns angelegt hat, und daß wir selbst auch Gegenstände einer Metamorphose sind, die sich immer wiederholt, einer Entwicklung, die nie aufhört und an der wir in unserer Weise im Sinne der Vergangenen für die Kommenden weiter mitarbeiten.

Ich glaube, ich habe hier ungefähr angedeutet, was ich mit Naturverständnis meine, ohne auf wissenschaftliche Einzelheiten einzugehen. Ich glaube, es wäre von größter Wichtigkeit, wenn die Jugend in frühem Alter mit einer Wissenschaft vertraut wird, die es vor fünfzig Jahren, wenigstens dem Wort nach, noch nicht gab, und die heute eine der allerbedeutendsten für das Leben und Überleben des Menschengeschlechts geworden ist, das ist die Verhaltenslehre, die Ethologie. Es gab zwar Vorläufer der heutigen Verhaltensforschung. Oscar Heinroth hat im frühen Jahrhundert in diesem Sinne gearbeitet und ist dem vorausgegangen – wie es ja immer Vorläufer einer großen Idee gibt –, aber heute, unter der Führung von Konrad Lorenz mit Wissenschaftlern wie Eibl-Eibesfeldt, Otto König, Ardrey in Amerika und vielen anderen, ist diese Wissenschaft, vom Tier ausgehend, eine Anweisung zur Erkenntnis des Menschenlebens und der wesentlichen Triebkräfte und inneren Forderungen des Menschen geworden.

Konrad Lorenz hat gerade eine noch fast nicht bekannte wissenschaftliche Schrift veröffentlicht, die den Titel hat: ›Die acht Todsünden der Zivilisation‹. Eine solche Schrift wäre vielleicht für Schüler noch zu schwierig zu lesen, weil sie sehr viel biologische Vorkenntnisse verlangt. Andererseits in ihren Grundsätzen und Zusammenfassungen: diese Dinge gehören in die Schule. Die Schule ist nicht nur ein Lehrort fürs Leben, sondern in unserer Zeit – das ist ein sehr ernstes Wort – eine Stätte zum Lernen des Überlebens. Leben zu bleiben – nicht nur als Individuum, sondern als Menschengeschlecht. Das ist eine ungelöste Frage, der wir in den kommenden Jahrzehnten, in die ihr hineinwachst, gegenüberstehen, und man kann nicht früh genug die jungen Menschen auf klare, verständliche Weise dazu aufrufen, an dieser Aufgabe mitzuarbeiten und vor allem von innen heraus sich dieser großen Lebenseinheit, die zwischen Natur und Mensch und Kosmos besteht, zuzuwenden. Denn der Mensch ist ein dualistisches Geschöpf. Er ist einerseits vom Verstand, von der Ratio geleitet, er hat die Fähigkeit des Nachdenkens und das Gedachte in Worte zu fassen, welche das Tier in diesem Sinne nicht hat. Andererseits ist er wie jedes Tier von Triebkräften gesteuert, von ungeheuren, aufgestauten, durch Jahrhunderte und Jahrtausende und Jahrmillionen entwickelten, ganz bestimmten Triebkräften. Die Biologen und Physiologen sprechen von den Regelkreisen, von Homöostasen, welche das menschliche Leben zum Teil bestimmen, nur daß der Mensch die Möglichkeit hat, diesen triebgebundenen Bestandteilen seines Wesens und seiner Handlungen seine Kontrolle durch Verstand und durch Gefühl entgegenzusetzen.

Ich komme auf diesem Weg zu dem, was ich mit Lebenskunde meine. Der Mensch ist nämlich nicht nur ein Verstandesgeschöpf, der Mensch ist nicht nur vom Intellekt geprägt, das menschliche Wesen besteht nicht nur in den Leistungen seines Intellektes und seiner Vernunft, obwohl sie ihm natürlich die Möglichkeit des Fortschritts und der Lebensbemeisterung geben. Der Mensch ist auch ein Triebwesen und ein Gefühlswesen. Es ist Mode geworden, in den letzten Jahrzehnten – wir haben sie aber auch früher, schon vor fünfzig Jahren gekannt, zum Beispiel in der Literatur –, nur das Verstandesmäßige gelten zu lassen – also das Kritische – und das Gefühlsmäßige, das Emotionelle, als Sentimentalität abzulehnen. Das ist ein Irrtum, das ist ein Aberglaube. Gefühl und Sentimentalität sind sehr verschieden. Sentimentalität ist nur das Falschgefühl, die Selbstbemitleidung, die Weinerlichkeit. Aber echtes Gefühl, wahres Gefühl, Empfindungskraft ist genausowichtig wie die Kraft des Gehirns und wie die anderen Äußerungen des Zentralnervensystems. Die menschliche Seele ist mit seinem Körper aufs engste verbunden, aber sie hat die Kraft zur Erhebung, sie hat die Fähigkeit zur Trauer, zur Traurigkeit, zum Mitleiden, aber auch die Kraft, sich selbst und andere zur Erhebung zu führen. Diese seelischen Kräfte sind meiner Meinung nach genauso ein Gegenstand des Lehrer-Schüler-Verhältnisses und des ganzen Schulprogrammes wie die geistigen und intellektuellen.

Ich würde sagen, zu dem, was ich Lebenskunde nenne, gehört auch die Geschichte, denn Geschichte, ob es nun alte und älteste ist oder junge und jüngste, muß sich immer auf den jetzt lebenden Menschen beziehen. Sie darf nicht ein mechanisches Auswendiglernen von Daten und Vorgängen sein – was früher Schlachten und Regierungszeiten waren –, sie muß etwas sein, was einem immer klarmacht: So haben Menschen reagiert, das ist es, was geschieht, so hat sich das abgespielt, also kann es auch jetzt sein. Die Geschichte muß immer von dem Punkt Gegenwart ausgehen, von dem, wo das eigene Herz schlägt und wo das Auge sieht. Sie darf nie ein abgetrenntes Gebiet sein, das ins Museum gehört. Nicht museale Geschichte, lebendige Geschichte, die es ermöglicht, die heutige Geschichte, auch die politische Welt zu verstehen und einmal daran mitzuwirken. Das ist die Aufgabe des Geschichtsunterrichtes in den Schulen, und das gehört meiner Meinung nach auch zu diesem Gebiet Lebenskunde, welche ebenso musische Bedürfnisse des Menschen – ebenso seinen Bedarf an Schönheit, ein Bedürfnis nach Schönheit, nach Ehrfurcht, nach inneren Gütern und nach Freude, nach wirklicher Freude, nach Spielfreude – befriedigen muß.

Ich möchte noch etwas sagen. Ich glaube auf das Lehrer-Schüler-Verhältnis zurückkommen zu können, indem ich sage, der Lehrer ist dann für den Schüler keine fremde, unbekannte, feindliche Gewalt, wenn er es versteht, einer zu sein, der im Sinne des Gesellschaftsspieles mitmacht – ein Mitmachender. Er muß die Spielfreude, auch die Neugier der Kinder, als schönes Spiel verstehen und muß verstehen, versuchen, mit den Kleinen mitzuspielen und mit den größeren gemeinsam zu denken. Das gemeinsame Denken, nicht daß einer dem anderen etwas vordenkt, das Denken, gegenseitig sich zu beweisen, das Denken des Jüngeren, vom Älteren geweckt, das ist ein wunderbares, das wäre ein herrliches Vergnügen. Und das Spielerische, aus dem ein großer Teil unserer Lebenskräfte oder auch der Naturkräfte besteht, denn die Natur ist voller, bis zu einem gewissen Grad vielleicht teleologischer, und trotzdem zweckloser Spiele, dieses Spielerische darf man nicht vergessen. Es muß ein Spiel da sein, das einen freut, das In-die-Schule-Gehen muß so sein, als wenn man auf den Spielplatz und auf den Fußballplatz oder zum Schwimmen ginge.

Man muß sagen, hier gibt's was Schönes, da kann es auch lustig sein, und dann wird das Lernen zum Spiel. Die Sprache sagt ja auch nicht per Zufall: Es lernt einer spielend, wenn einer gut lernt. Das soll man verwirklichen. Das Lernen soll keine Qual und keine Last sein, es soll spielend gelernt werden, und denen, die es etwas schwerer haben, denen soll man Brücken bauen. Ich glaube, damit ist einiges umrissen, was man so ganz von weit weg in großen Zügen über Schule oder das, was man sich selber darunter vorstellt, sagen kann.

Ich sagte, der Mensch ist ein dualistisches Wesen, aus Verstandeskräften, aus Triebkräften von zwei Seiten her gebaut, aber er ist ein Wesen, welches zur Einheit drängt, wie alles in der Welt. Alle Entwicklungen, alle Metamorphosen, die gesamte Evolution des Kosmos und der Erde drängt immer wieder zur Einheit. Créer c'est unir – das hat der große Anthropologe und Priester Teilhard de Chardin gesagt: Schaffen heißt vereinen. Hier in diesen Räumen, die jetzt Schule werden sollen oder schon sind, soll eine Vereinigung stattfinden, keine Trennung, es soll geeint werden jung und alt, es soll geeint werden Spielfreude und Ernst des Wissens. Auf diese Vereinigung kommt es an. Und ich möchte zum Abschluß sagen, die größte Leistung des Menschengeschlechtes wird nicht die sein, nach dem Mond auch noch auf den Mars oder die Venus zu fliegen, sondern die größte und höchste Leistung des Menschengeschlechtes – und darauf soll die Schule hinzielen, so weit sie kann –, diese größte und höchste Leistung des Menschengeschlechtes wäre die: mit allen Mitmenschen aller Art ohne Haß zusammenleben zu können.

Pro domo

Selbstanzeige und Ankündigung

Ein deutscher Autor, hauptsächlich als Dramatiker bekannt geworden, dessen bisheriges Werk unpolitisch war, und dessen künftiges Werk erst recht nicht politisch im Sinne parteimäßiger, ideologischer oder staatlicher Abgrenzungen sein wird, macht den Versuch, »den eignen Standort in Beziehung zu den Welt- und Zeitgeschehnissen, soweit sie uns zu Mitwissern, also Mitschuldigen, haben, zu bestimmen und aufzuklären«.

Er tut dies, in seiner Schrift ›Pro domo‹, – »vor- und rückschauend auf einer fühlbaren Lebensgrenze oder -schwelle« –, indem er von seiner Abstammung, der deutschen seines Vaters und der deutsch-jüdischen seiner Mutter, von seiner Vorkriegsjugend, seinem Erlebnis als Kriegsteilnehmer und seiner geistigen und menschlichen Entwicklung in der Nachkriegszeit ausgeht, – und im Bewußtsein, für die Überlebenden seiner, der sogenannten Kriegs-Generation zu sprechen, welche, wenn auch derzeit zurückgedrängt und anscheinend überrannt, ihren Glauben an die bestehende und obsiegende Kraft übergeordneter Werte nicht aufgibt, und keineswegs vor dem pragmatischen Dynamismus der Gegenwart, in welcher Gestalt er immer auftreten möge, die Waffen streckt.

Die Schrift gipfelt in der Erkenntnis, daß es ein weltbürgerlich aufgeschlossenes, freiheitliches, geistig und menschlich verantwortliches Deutschtum auch heute noch gibt, welches nach der unerschütterlichen Überzeugung des Autors, in einer näheren oder ferneren Zukunft, das Wesen und die Haltung Deutschlands wieder bestimmen wird.

In einer weiteren Schrift, die den Titel ›Summa‹ trägt, wird sich der Autor auf einer übernationalen Ebene, mit den in der heutigen Jugend wirksamen Mächten und Einflüssen auseinandersetzen, und den Versuch einer neuen und produktiven Zielsetzung unternehmen.

Für Alice Zuckmayer

I Pro domo

»Pro domo« zu reden, hat im gewöhnlichen Betracht einen kleinen Beigeschmack von Ungehörigkeit. Betrachtet man aber den besonderen Sinn dieser Wendung, so verliert sie sofort das Anrüchige einer allzu privaten oder gar eigensüchtigen Apologetik. Wer für sein Haus spricht, vertritt mit seiner Person und seiner Überzeugung, seinem Wort und seinem Herzen die elementarste Wesensform des irdischen Da-Seins, das Ich als Lebensganzheit und in bewußter Abgrenzung, welche sein Ausstrahlen und seine Wirksamkeit ins Allgemeine erst schafft und begründet, – gleichzeitig aber die unmittelbare und natürliche Bindung zum Nächsten hin, die Familie, die Keimzelle aller menschlichen Gemeinschaft.

Das Haus ist in tausend Sinnsprüchen als der Inbegriff dessen gedeutet, was man mit seinen Lebenskräften aufbaut, erhält, sauber hält, betreut, verwaltet, und was seinen Herrn zu seinem Diener und Schützling macht, ihn umhegt und bedacht, umpflichtet und bindet, befreit, und doch im Bann seiner Schwelle gefangenhält. Hausen, Behausung, Hausstand, – und Haus im Sinne von Abstammung und Nachkommenschaft, oder auch im Sprachgebrauch des Orientalen als Bezeichnung für die weiblichen Familienglieder, – Haus halten, Häuslichkeit, in einem Denk- oder Lebenskreis zu Hause sein, und schließlich das astrologische Haus in den Sternen, – all das deutet auf die tiefe und wurzelhafte Verbundenheit des Menschen mit jener selbstgeschaffenen Erdenstatt, die er nicht auf eigenen Füßen betritt und verläßt, in der er liegend das erste Licht erblickt, und aus der man ihn einst hinausträgt. Ja, noch der entseelte Menschenleib will in einem Haus verwahrt sein, das man aus Brettern macht und mit einem Dache beschließt.

So rede ich »pro domo«, und nicht für meine Sache allein, – sondern im schauernden Bewußtsein jener unzerreißbaren Bezogenheit und Verspanntheit mit Gewesenen und Zukünftigen, die doch im wirkenden Gleichnis unseres Lebens alle seiend und allzeit gegenwärtig sind, und deren sonnenhaft strahlende Mitte im Raum und in der Zeit ein jedes Einzel-Wesen, solange es atmet, auf rätselvolle Weise bedeutet. Von dieser weltbezogenen Mitte aus, – vor- und rückschauend auf einer fühlbaren Lebensgrenze oder -schwelle, – sei mir erlaubt, für mich und mein Haus zu sagen, wie sichs mir darstellt.

Mein Vater ist Arier, – ich gebrauche diesen einer ernsthaften anthropologischen Forschung vermutlich nicht stichhaltenden Tagesbegriff mit allem Vorbehalt und nur um der Kürze willen, – aus mainfränkischem und süddeutschem Geschlecht, – eine seiner weiblichen Vorfahren war Italienerin und stammte aus Mailand. Meine Mutter, von kindauf christlich erzogen, entstammt einer jüdischen Familie, welche schon seit Jahrhunderten, vermutlich seit dem sechzehnten, in unserer rheinischen Heimat lebte, und bei der ein französischer Einschlag anzunehmen ist. – Ich selbst bin also nach derzeitigen Rassebegriffen ein »Mischling«, – man gebrauchte diesen Ausdruck bisher nur für Abkömmlinge von Weißen mit Andersfarbigen, – gehöre also einer Menschensorte an, auf der heutzutage Gottes Zorn mit besonderer Wucht zu lasten scheint, denn Keiner der Originen will von ihr etwas wissen, wenigstens in meinem Vaterlande lehnt man sie beiderseits, als im Grunde nicht existenzberechtigt, ab. – Ich muß offen gestehen, daß mich dies in meinem eigenen Existenzbewußtsein wenig berührt, obwohl ich mich damit auseinanderzusetzen habe, – und daß ich weder von einer Spaltung noch von einer sondergearteten Ungleichheit oder Kompliziertheit in meinem kreatürlichen Wesen jemals etwas verspürt oder beobachtet hätte. Ich glaube auch kaum, daß ich ausgeprägte Merkmale von Degeneration zur Schau trage, falls man nicht die künstlerische Neigung als solche auffassen will, – und ich kann mich, bei gründlicher Selbstanalyse, nicht als Produkt nordisch-germanischer, kelto-romanischer oder semitischer Rassen betrachten, sondern lediglich als von meiner heimatlichen Landschaft, ihrem besonderen Menschenschlag, ihrer Überlieferung, ihrer Sprache, ihrer Kultur und ihrem Wesen vorgeformt.

Ein Anhänger der heutigen Rassetheorien fragte mich einmal, ob ich, als Künstler, als Mensch von besonderer seelisch-nervlicher Reizbarkeit oder Empfindungsstärke, nicht unter dem geheimen Widerstreit jener ungleichen oder gar divergierenden Zusammensetzung zu leiden habe. Ich antwortete ihm, dem Sinne nach, – daß ich, wie jeder Erdgeborene, darunter leide, ein Mensch zu sein, im gleichen Maße, in dem es mich beglückt und beseligt. – Eine spezifisch andere, besondere Art von Leiden, welche aus meiner Abstammung zu erklären wäre, scheint mir nicht beschieden. – Tatsächlich empfand und empfinde ich mich von frühester Kindheit an und durch alle Lebensstufen hindurch, nach Art, Sprache, Umgang, Erziehung und Neigung, immer und einhellig als einen Deutschen, von der ausgesprochen regionalen Prägung des südwestlich-rheinhessischen Schlags, bei der die katholische Tradition meiner väterlichen Familie und die selbstverständliche Zugehörigkeit zum Katholizismus eine wesentlich formende Rolle spielte. Da auch die Eltern meiner Mutter schon der christlichen Religion angehörten, war ihre andersrassische Abstammung während meiner Jugend sozusagen vergessen, – in meinem Bewußtsein jedenfalls spielte sie keine Rolle, und sie hat für mich überhaupt erst durch die seltsamen Vorgänge der letzten Jahre eine gewisse schicksalhafte Bedeutung bekommen.

Der Antisemitismus hatte in meiner Heimat keinen Boden. Er beschränkte sich auf eine enge, größtenteils zugewanderte oder preußisch durchsetzte Beamtenschicht, und auf einen gewissen, mehr rhetorisch aufzufassenden und nicht bösartig gemeinten Gassenhumor. Gesellschaftlich war er, wie überhaupt in Süddeutschland, kaum mehr vorhanden. Beim Friedens-Militär mag er noch mancherlei peinliche Kasernenhofblüten getrieben haben, – bei der kämpfenden Truppe im Feld, wo nur noch »der Mann etwas galt«, verschwand er gänzlich. (Wenn zum Beispiel bei meiner Formation einer unserer tapfersten und besten Telephonisten, der Sally Stern hieß, von seinen Kameraden gelegentlich »Judd« oder »Jüd« gerufen wurde, so hatte das nur einen gutmütig scherzhaften, niemals ablehnenden, ausschließenden oder feindseligen Charakter.) Ein Antisemitismus aber, der sich auf Abstammung, auf die Religion oder Rasse der Voreltern oder gar eines Vorelternteils bezogen hätte, war vollständig unbekannt. Früher als anderwärts waren in diesem Landstrich, wohl noch unter napoleonischem Einfluß, die Gettos verschwunden, rascher und umfassender hatte sich Angleichung, Vermischung und Einbeziehung ergeben. Die natürliche Aufgeschlossenheit des Strom- und Grenzlandes, das leichte und schmiegsame Temperament seiner Bevölkerung, mochte dazu beigetragen haben. So gab es also weder in meiner Familie noch in meiner Umwelt, weder in meiner Erziehung noch in meinem späteren Lebensgang jemals irgendeine Sonderheit oder auch nur einen Gedanken an Abgrenzung, an Unterschied vom allgemeinen Volkstum. Heute bin ich mir darüber klar, daß man sich in meiner Lage, – so einhellig und selbstbeschlossen man die eigne Person auch begreifen mag, – der Mitverantwortung für seine Ursprünge nicht entziehen darf, und zum mindesten den Versuch wagen muß, zur Klärung und Überwindung ihrer Verhängnisse beizutragen.

Ich habe bis zu meinem Jünglingsalter, das heißt bis ich in den Krieg zog, meine vier Großeltern noch ›gehabt‹, lebte mit ihnen in derselben Stadt, und kann also ziemlich genau beurteilen, was an Einfluß und Überlieferung von ihnen auf mich überging und geblieben ist. Da es sich bei dieser Schreibübung nicht um eine Autobiographie handeln soll, und nicht um Jugenderinnerungen, sondern lediglich um den Versuch, den eignen Standort in Beziehung zu den Welt- und Zeitgeschehnissen, soweit sie uns zu Mitwissern, also Mitschuldigen, haben, zu bestimmen und aufzuklären, – will ich mich hier nicht auf die Porträtierung meiner vier Großeltern einlassen, so verlockend mir das wäre, da ihre Erscheinungen für mich die lebendige Brücke ins vorige Jahrhundert und zu unsren menschlichen und geistigen Quellen hin bedeuten. Es mag die Andeutung ihrer persönlichen Essenz genügen, wie ich sie mir mit ein paar Worten jederzeit erwecken kann: die lebensheitere und weitherzige Frommheit der Mutter meines Vaters zuerst, welche mit ihren tiefblauen Augen unter dem Silberscheitel in meiner Vorstellung das schönste und lieblichste Bildnis einer alten Frau geblieben ist. Ihre Verbundenheit mit Kirche und Klerus, mit Dom und Kapelle, für welche sie Altardecken stickte, hatte nichts Muckerisches oder Zelotisches, die Religiosität war ein natürliches Korrelativ zur Realistik des täglichen Lebens, eine selbstverständliche und naive Bezogenheit zum Übersinnlichen, es war an ihr nicht eine Spur von Langweiligkeit, Mißmut oder Vergilbung, wie man sie leicht bei frommen Mütterlein findet, und ihr Beispiel ist es vor allem, das trotz aller späteren Geisteskrisen mein Verhältnis zum Katholizismus grundlegend auswiegt: von Kind auf hatte ich den Eindruck, daß es für einen gereiften Menschen einfacher und seelenvoller Natur ein Glück bedeutet und eine schöne, klare Bestimmung: katholisch zu sein.

Die würdige Altmännlichkeit und gesund-primitive Daseinsgeradheit ihres Mannes, des weißköpfigen Justizrats mit dem kleinen Spitzbärtchen und -bäuchlein, hinterließ mir weniger bedeutsame Eindrücke und ist etwas gedämpft durch eine zunehmende Alters-Stumpfheit, – während die kindlich redselige Mitteilsamkeit, Fabulierlust, stete Aufgeschlossenheit und oft fast tarasconnesische Phantasiefreude meiner Muttersmutter alle Keimkräfte der Seele, des Herzens, des Außerlogischen, sogar des Bildnerischen und der traumhaften Produktivität, wie mit einem warmen Sprühregen beschenkte. Ihr Mann jedoch, mein Großvater mütterlicherseits, getaufter Jude und evangelischer Kirchenrat, Selfmademan der Gründerzeit und Bismarckianer, ragt wie ein harter und störrischer Felsblock in die blühenden Traumgefilde dieser Kindheit, respektabel und unbequem, doch nicht zu missen und unverrückbar. Ihn lohnt es, gründlicher zu betrachten, – stellt er doch, von seiner persönlichen Eigenart abgesehen, einen Typus dar, der heute dem Untergang verfallen scheint und in seiner Daseinsberechtigung allseitig angezweifelt wird: den Juden deutscher Nationalität, den Vertreter einer bewußten, ebenso überzeugungs- wie naturgewachsenen, Assimilierung.

Seine Art und sein Wesen, in dem sich das Groteske mit dem Bedeutenden sonderbar vermischte, erweckte bei Kindern mehr Furcht, Respekt oder Neugier, als Wärme und Zärtlichkeit. Man hatte stets etwas Angst vor ihm, obwohl sein derber Humor mancherlei Lachstoff ergab, und darüber hinaus flößte er eine leicht befremdete Achtung, sogar Bewunderung ein, trotz aller Kanten, Ecken und Unschliffe seiner Natur, und seiner oft sehr rücksichtslosen Pädagogik. Tatsächlich entsprangen diese Züge größtenteils einem erzieherischen und selbsterzogenen, ein wenig überstrafften Willen zu einem harten deutschen Mannes-Ideal, dessen unsentimentales Ethos Recht und Gerechtigkeit hieß. Mit dem Älterwerden wuchs mein instinktives Verständnis für das Leistungshafte, das charakterlich und geistig Tapfere, die eigenwillige Potenz seiner Persönlichkeit, gleichzeitig auch für seine kompromißlose und gefühlsarme Vereinsamung, – ich begriff in seiner oft höhnisch-verletzenden Ablehnung alles Spielerischen, Herzlichen und Kindhaften eine Neigung zu Größe, Klarheit, Bedeutung, – und beobachtete ihn, dessen ganzes Wesen dem meinen so völlig entgegengesetzt schien, mit einem distanzierten und fast objektiven Interesse. Ja, ich erbat mir eines Tages die Aufzeichnung seiner Lebenserinnerungen, welche ich auch in seiner steilen, dickbalkigen, und von den Schnörkeln des neunzehnten Jahrhunderts unverzierten Handschrift besitze. Sein Leben war hart, streng und gradlinig verlaufen. Als Knabe hatte er durch eine Seuche beide Eltern verloren, und war als Ältester einer vielköpfigen Geschwisterschar, in undenklicher Armut, frühzeitig vor kaum lösbare Pflichten gestellt. Mit fünfzehn schickte man ihn zu Verwandten nach Amerika, er durchlebte eine schwere und stürmische Überfahrt auf einem kleinen, schlecht gebauten Segler, und fand drüben nur eine kühle und wenig förderliche Aufnahme. Nach rauhen Jahren trieb ihn das Heimweh und eine schon damals wirksame, patriotische Verbundenheit mit dem Schicksal des aufstrebenden Deutschland, zurück, er verzichtete auf die Chancen des amerikanischen Erfolgs, und kam, im Jünglingsalter, so arm wie er gegangen war, wieder nach Hause. Sein weiterer Weg ist von unablässiger Arbeit, Selbstbildung und Strebsamkeit gezeichnet, und führte ihn von Stufe zu Stufe, im Zug des allgemeinen Aufschwungs nach dem Siebziger Krieg, zu Anerkennung, Sicherung, ja Reichtum. Als Gründer und Leiter einer bedeutenden Fachzeitung, welche den Haupterwerbszweig unserer Heimat, Weinbau und Weinhandel, betraf, eroberte er sich eine unbestrittene und verantwortliche Stellung in der Volkswirtschaft. Mit seiner Familiengründung fiel sein Übertritt zum Christentum zusammen, womit er die natürliche Konsequenz seiner Lebens- und Zeitauffassung zog.

Manchmal in jungen Jahren wollte ich ihn seines Renegatentums, seiner entschiedenen und heftigen Ablehnung alles Jüdischen wegen, innerlich verachten, – später wurde mir klar, wie falsch, vermessen und ahnungslos eine solche Betrachtung war, – ich lernte die menschliche und historische Notwendigkeit seines Verhaltens begreifen, – jenen radikalen Bruch mit einer Abgrenzung und Sonderung, die ihm als überlebt und abwegig erscheinen mußte, jenes auch äußerliche – und erst recht religiöse – Verwachsenmüssen mit dem Volk, dessen Schicksal und Lebensform man teilte, – und ich beuge mich vor der tiefen Tragik, die ihn, würde er heute leben, wie unzählige seinesgleichen, vor einen Abgrund völliger Ratlosigkeit und Verzweiflung stellen müßte. Es ist dies eine Tragik, die den »Mischling« weniger treffen kann, in dessen biologischer Substanz die Entscheidung bereits gefallen ist, und den man zwar in seiner Existenz, doch nicht in seinem Wesen zu erschüttern vermag, – aber sie vernichtet mit sinnloser Härte den Juden deutscher Nation, den ›bodenständigen‹ insbesondere, wie er in unseren Breiten seit langer Zeit zum Volksganzen gehörte.

Es erhellt wohl aus dem hier Gesagten, daß ich selbst, der ich niemals eine religiöse oder sonderartliche Beziehung zum Judentum kannte, kaum imstande bin, seine heutige Lage und seine Bestimmung in der Welt abschließend zu deuten oder zu beurteilen. Mir schien es mein Leben lang immer selbstverständlich und fraglos, daß eine möglichst vollständige Verschmelzung und Auflösung der Juden in die Völker und Nationen, die sie als die ihren empfinden, der gesunde und zeitgeschaffene Weg sei. Ob es irgendeinen weltgeschichtlichen Sinn hat, wenn jetzt im Zug keineswegs sinnbedingter Vorgänge eine neue Aussonderung oder gar eine eigne Volkwerdung der Juden, von anderer Seite oder auch von ihnen selbst, angestrebt wird, – und ob sich damit die Notwendigkeit eines tieferen, eingeborenen Schicksals erfüllt, kann ich durchaus nicht enträtseln, und es dürfte wohl kaum möglich sein, eine solche Entwicklung vorschauend zu überblicken. Der Ernst und der notgezeugte Fanatismus jener jungen Menschen, welche an die Rückkehr in ein Stammland glauben, mit dem sie keine unmittelbare Wurzel mehr verbindet, nötigt jedenfalls alle menschliche Teilnahme und Achtung ab, aber es fällt schwer, sich unter einem jüdischen Nationalismus (zu all den übrigen Nationalismen) etwas Fruchtbares und Zukunftheischendes vorzustellen. Mir schiene es eher eine Aufgabe und ein Ziel des heimatberaubten, entwurzelten Judentums zu sein, in äußerster, strengster Selbstzucht, in einer fast ordenshaften Auslese, in rücksichtsloser Erkenntnis jeder etwaigen Mitschuld an dem Erlittenen, eine Art von übernationalem und leistungshaftem Adel auszubilden, und dadurch der Verfolgung und dem Unrecht die Spitze abzubrechen. Aber vermutlich wäre das auch nur auf einer ethisch-religiösen Grundlage und, praktisch, durch eine gegenseitige Hilfe möglich, die an jeden einzelnen die höchsten moralischen Anforderungen stellt. So könnte vielleicht, auf lange Sicht hin, aus all dem unbegreiflichen Elend doch noch dem Menschengeschlecht ein positiver, ein überzeitlicher Wert erwachsen. Aber die Not der zeitlich Betroffenen und das Beschämende einer Haltung, die das verantwortet, wird durch solche Betrachtungen nicht gemildert. –

Meinem Großvater blieb dieser Absturz erspart, er starb kurz nach dem Weltkrieg, dessen Beginn er in voller patriotischer Teilnahme erlebte. Noch sehe ich den kleinen, untersetzten Mann, den Bismarckschlapphut in die Stirn gezogen, den schweren Gehstock mit der Elfenbeinkrücke in der Hand, von seinem ihm seltsam ähnelnden Rattenpinscher »Pitt« begleitet, in einem breitwuchtigen und doch nicht sehr sicheren Gang, die Mainzer Schulstraße entlang stapfen... Bei jenen Spaziergängen »Um die Tore«, dem traditionellen Kinderausführweg an den Festungswerken vorbei, oder »Am Rhein entlang«, unter den fleckrindigen Stämmen der Alleeplatanen, deren Laub man zur Herbstzeit in riesigen Haufen vor seinen Stiefelspitzen herschob, – lehrte der Großvater uns nicht, wie sichs der gläubige Leser neudeutschen Schrifttums vorstellen mag, das Aussaugen und Übervorteilen unserer Mitmenschen, noch trug er uns aus den Protokollen der Weisen von Zion vor, – sondern er begann plötzlich in einer harten und lehrhaften Art von Politik und Gesetz zu sprechen, von Kaiser und Reich, warnte den Sechsjährigen vor der Sozialdemokratie und den Ultramontanen, schimpfte über August Bebel, und nannte die »Roten« samt den »Schwarzen«, worunter man sich wohl noch Indianer und Buschneger vorstellte, Schädlinge und Idioten. Vom alten Kaiser Wilhelm, seiner Krönung in Versailles, und von Bismarck, dem Schmied und Baumeister des deutschen Reiches, – sprach er mit einem Ton von Begeisterung, der ihm sonst fern lag, – während Wilhelm der Zweite schlecht weg kam und mit dem in seinem Munde schimpflichsten Ausdruck »Phantast« belegt wurde. Phantasie, Verträumtheit, musische Schwärmerei, kamen für ihn den lebensgefährdenden Lastern, der Trunksucht, der Ausschweifung, der Selbstzerstörung gleich. Musiker, Künstler, in seinen Augen Spaßmacher für anderer Leute Geld, waren für ihn die Letzten der Menschen, wie für seine Frau die Ersten und Edelsten. »Musikante, Komödiante, Schnorrante«, – wie oft habe ich ihn mit solchem Abscheu von diesem »Gesindel« sprechen hören, daß es fast bewundernde Zuneigung dafür wecken mußte, – und darüber hinaus war alles ihm verhaßt, was auf Schaustellung, Selbstverherrlichung, Eitelkeit, Flachheit, oder gar Unehrlichkeit und Verlogenheit basierte. Drei Berufsklassen gab es, die, wie er sich ausdrückte, sein Haus nicht betreten durften: Schauspieler, Pfaffen und Leutnants. (Mit den Letzteren war der in der Friedenszeit sich herausbildende Typus des geckenhaften und standeseitlen, auf Taille gearbeiteten Paradeoffiziers gemeint, wie sie damals vielfach in gutsituierte Bürgerhäuser heirateten, um ihre Gage aufzumöbeln. Die kamen für ihn gleich nach dem Schauspieler, ... aber über seinem Schreibtisch hing das Bild des General Moltke.)

Sein heftiger Widerwille gegen diese Stände brachte mich als Knaben sogar zeitweilig auf die Idee, Schauspieler oder Offizier werden zu wollen, – bis zum Pfarrer habe ich mich nie verstiegen. Überhaupt hat kein anderer Einfluß in meiner Jugend wie der dieses unantastbaren und prinzipienfesten Pädagogen Opposition und Widerspruch geweckt, – und ich glaube auch, daß das abschreckende Vorbild seiner bis zum Geiz getriebenen Sparsamkeit, die mir erst später aus seinem Werdegang verständlich wurde, – das Exempel des Mannes, der von den Früchten seiner enormen Lebensarbeit »nichts hat«, weil er »sich nichts daraus macht«, – an meinem mangelhaften Erwerbssinn und meinem Widerwillen gegen Sparkassen und Versicherungsgesellschaften mitschuldig sind. Allerdings haben dann die Erlebnisse des Kriegs und der Inflation das ihrige dazu getan, – aber auch da wuchs zu besonderer Plastik das Bild vom schneeballhaften Wegschmelzen jener von meinem Großvater so schwer erworbenen und selbstlos gehüteten Schätze. –

Um der Deutlichkeit willen möchte ich noch hinzufügen, daß mir in all diesen menschlichen und geistigen Zügen meines Großvaters nicht etwa spezifisch »jüdische«, höchstens Generations-Eigenschaften ausgeprägt erscheinen, und daß zum Beispiel die betonte Härte und Kunstfeindschaft von der allgemeinen Haltung des deutsch-jüdischen Bürgertums eher abstach. Denn dort, – und nicht nur bei denen, die es sich zur Berufsaufgabe gemacht hatten und deren Wirksamkeit die deutsche Kunst in der wilhelminischen Epoche ihre stärkste Förderung verdankt, – sondern im normalen jüdischen Bürgerhaus, war eine schöne und kultivierte Kunstpflege angesiedelt, welche im besten Sinn deutschen Charakter hatte, – vorzüglich in unserer hessischen Heimat, wo gerade diese Kreise, in anfeuernder

Konkurrenz mit dem liebenswertesten deutschen Fürsten, dem Großherzog Ernst Ludwig, die privaten Musikvereinigungen, das Theater, die Malerei und das Kunsthandwerk aller Art, aufs lebendigste unterstützten.

Wenn wirklich den Juden ein besonders ausgeprägter Erwerbssinn eignet, (dessen historisch-psychologische Wurzeln hier nicht untersucht werden können), so bestimmt auch die Fähigkeit, von dem Erworbenen in kultureller, ästhetischer und caritativer Hinsicht, einen besonders produktiven und noblen Gebrauch zu machen, – und es scheint notwendig, heutiger Legendenbildung gegenüber, dies zu bezeugen, soweit man es selbst noch erlebt hat. Denn die jetzige deutsche Jugend hat keine Gelegenheit mehr, sich darüber ein eigenes Urteil zu bilden. Und ich bin fest überzeugt, daß sie einem verantwortlichen Außenseiter, der sich dem wahren Deutschtum verpflichtet weiß, auf Dauer und Sicht mehr Vertrauen schenken wird als einer absichtsvollen und zeitgebundenen Dogmatik. Daß ich in diesem Punkte weniger »pro domo« spreche, als vom Standpunkt einer übergeordneten menschlichen Gerechtigkeit, die man vor allem im eignen Volk gewahrt wissen möchte, dürfte aus diesen Ausführungen klar genug zu Tag treten. –

Als im Jahre 1918 eine französische Fliegerbombe vorm Haus meines Großvaters krepierte, zwei junge Menschenleben hinraffend und den Greis verschonend, erlebte er dies nicht mehr bei klarem Bewußtsein. Aber in jeder Äußerung blieb er bis zum Tod den Grundzügen seines Wesens und Charakters treu. Das Ziel seines Lebens war nicht Reichtum und Macht, – sondern Ehre und Ansehen, in einem großbürgerlich-kaufmännischen, rechtlichen und nationalen Sinn. Auch der Geldbesitz schien ihm nur ein Mittel zu diesem Bestreben, dem er jede andere Bindung hintanstellte. –

Die Bedeutung des Elternhauses gehört nicht auf dieses Blatt, – ihr wäre bei einer Schilderung des persönlichen Lebenslaufs der breiteste und grundsätzlichste Raum, und der lebendigste Dank, einzusetzen. Soviel sei nur gesagt, daß auf der Grundlage vornehmer und bürgerlich-stabiler, freiheitlicher und pflichtgebundner Gesinnung, wie mein Vater sie durch sein Beispiel und seinen Charakter baute, genährt und gelockert durch die herzensgescheite, kindlich-lautere, warmblütige Regsamkeit der mütterlichen Natur, alles Dunkel und alle Wirrsal der Jugendjahre, die in jedem Leben die gefährdetsten sind, von glücklichen und behutsamen Sternen überstrahlt wurde. Und daß mir, vom Sein und Wirken beider Eltern her, in vollstem Umfang die Erkenntnis geschenkt wurde: was Vater-Land und Mutter-Sprache bedeuten.

Das hier Erwähnte mag hinlangen, um die Einflüsse von Stammes- und Familienseite her anzudeuten, unter denen sich die Entwicklung des Weltbildes und der überpersönlichen, der geistigen Grundhaltung einer Vorkriegsjugend vollzog, – und ich kann, über all die tausendfältigen Phasen des Schwimmens mit und gegen den Strom, des bewußten und unbewußten Erwachens, des Aufbrechens von Trieb, Geschlecht und seelisch-vulkanischen Gewalten, der religiösen und geistigen Krisen, der Zeiten verträumter Frömmigkeit und wilder, verzweifelter Gottesleugnung, der scheinwerferhaft plötzlichen Illuminationen aus den Lichtquellen der Künste, der Dichtung, des kindlichen Glücks und der kindlichen, also ernstesten und echtesten Tragik hinweg, – den Sprung machen zur großen, entscheidenden Lebensumwälzung, welche von außen und innen gleich gewaltig ins Wesen und Werden eingriff: zum Ausbruch des Weltkriegs im August 1914, den ich als Siebzehnjähriger erlebte.

II Pro patria

Die nationale Begeisterung jenes ersten August hat mit dem Nationalismus von heute überhaupt nichts zu tun, jede Verwechslung oder Gleichsetzung ist fälschend und irreführend. Auch die Phraseologie beider Vorzeichen, welche entweder von »Erwachen« und »Aufbrechen« des Volkes, oder aber simplerweise von Massensuggestion und künstlicher Aufpeitschung spricht, kommt an die eigentlichen Gründe und Hintergründe jener schicksalumwitterten Revolutionstage in keiner Weise heran.

Tatsächlich hatte die ungeheure Kriegsbegeisterung von 1914, trotz exakten Klappens der wohlvorbereiteten Maschinerie, wie Aufmarsch, Transportwesen, Wachdienst, Stellungsbefehlen, und trotz der Übereinstimmung zwischen Massen und Obrigkeit, revolutionären Charakter, – zumindest die Stimmung und Haltung der Jugend gründete sich auf eine revolutionäre Seelenlage. Auch in der Luft und in den Dingen schien eine gewaltige Spannung angespeicherter Kräfte zu umwälzender Entladung zu drängen, – wenn die Glocken läuteten, hatte es etwas Wildes und Aufrüttelndes, als stürmten sie von selber, und in den Stimmen und Schritten, deren Gebraus Tag und Nacht durch die Straßen wogte, schien sich ein längst erwarteter, ersehnter Polwind zu entfesseln. Dabei war die Bevölkerung keineswegs im Sinne heutiger »Propaganda« auf Krieg und Nationalerhebung vorbereitet, sondern die Gesamtmeinung der Öffentlichkeit eher gegenteilig beeinflußt, – aber die Wucht dieser Explosion sprengte in fast noch stärkerem Maße den Gedanken- und Empfindungskreis des ›Vorwärts‹-Abonnenten und ›Frankfurter-Zeitung‹-Lesers, als sie die Maximen des alldeutschen Verbandes oder der ganz unpopulären Kriegsparteiler etwa bestätigte.

Als wäre die Dumpfheit und Inhaltsleere eines großbürgerlich gesättigten Lebenszustandes wie durch Blitzschlag erhellt worden, schienen die Menschen ohne Unterschied der Gesellschaftsklasse von einem geradezu rauschhaften Drang nach befreiender Katastrophe, nach Größe, Tragik, Schicksal und Gottesurteil gepackt und erschüttert. Bei alledem hatte dieser Zustand natürlich, – womit ich keiner flachen Ausdeutung oder Scheinerklärung das Wort reden will, – etwas Krankhaftes, wie es jede Seelen- oder Erlebniskrise, auch die produktive des Liebenden und des Künstlers, kennzeichnet, – und übertrug sich bis zu einem gewissen Grade auf dem Weg der körperhaften Berührung und Ausstrahlung. Dies habe ich an mir selbst in voller Deutlichkeit erfahren.

Wir verbrachten in diesem Sommer die großen Ferien, die von Anfang Juli bis Mitte August dauerten, in Holland. Bei Abschluß des Schulsemesters dachte bei uns zu Lande noch kein Mensch an Krieg. Für mich war der Augenblick aus anderen Gründen von äußersten dramatischen Spannungen erfüllt, die teils aus der Entwicklung des Trieblebens, teils aus einem fast schon verzweifelten Kampf gegen die für jählings erwachende Seelen- und Geisteskräfte nicht mehr erträgliche Enge des Schulzwangs resultierten. Der Leser von Kleist und Jung-Schiller, von Büchner und Grabbe, aber auch von Wedekind und Hauptmann, Ibsen, Zola, oder Herman Bang und den ›Buddenbrooks‹, durchtränkt von einem noch knabenhaft gärenden Abenteurer- und Rebellenblut, steigerte sich voll jugendlicher Überhitzung in Träumen, nächtlichen Schreibereien und kindischen Schulrevolten zu einem leicht posierenden, doch tief erlebten Helden- und Märtyrertum, – und die Aufdeckung und Anprangerung, Bloßstellung und elterliche Abwürgung einer für damalige Jugendverhältnisse skandalösen Liebesgeschichte, – es handelte sich dabei nicht um meine Eltern, sondern um die des Mädchens, – brachte in dieses Faß voll ›Sausers‹ die Hefe des tragischen Weltschmerzes und des erotischen Pathos. Ich will hier nicht verschweigen, daß die Flamme meiner unstillbaren, Zeit wie Leben verächtlich überwindenden Leidenschaft zu einem jungen Mädchen aus reichem Bürgerhause jählings von einer nicht weniger flammenden, wenn auch kompakteren Zuneigung zu einem holländischen Dienstmädchen ergänzt wurde, vom dunklen und fast etwas spanischen Typus der Zeelandgegend, welches auf den zu ihrem Wesen recht gegensätzlichen Bibelnamen Sara hörte, und in meiner Erinnerung als hinreißend hübsche und handliche Erscheinung lebt. Zur Freude meiner Eltern, die darin eine Rückkehr zu Pflicht und Disziplin erkannten, begab ich mich täglich vormittags vom Badestrand weg zu meinen lateinischen und griechischen Exerzitien, um die Zeit, in der Sara mein Zimmer aufräumte. Sie räumte denn auch länger darin, als in der ganzen übrigen Etage.

Indessen ballten sich die Kriegswolken am europäischen Horizont, den wir vom friedlichen Holland und sommerlicher Lebensleichte her nur in schleierndem Nebeldunst sahen, und plötzlich riß dieser Dunst wirklich wie ein Fetzen auseinander, und enthüllte ein drohend-abgründiges, blutigfinsteres Geleucht. Ich erinnere mich mit exaktester Deutlichkeit an einen Abendspaziergang mit meinem Bruder auf den distel- und stichgrasbewachsenen Dünen, wir starrten lange in einen rostigen Sonnenuntergang, dem plötzliche Schattenschwärze folgte, und sahen ein Schiff, wohl einen Fischkutter, mit rotbraunen Segeln und einem teergeschwärzten Mast, lautlos und in gespenstischer Langsamkeit nachtwärts gleiten. In diesem Augenblick wußten wir Beide, – es war in den späten Julitagen und noch nichts wirklich entschieden, – daß der Krieg kommen werde, daß der Friede verloren sei, und unsre Jugend zu Ende.

Wir faßten uns an den Händen, und fanden im würgenden Bewußtsein dieser Unentrinnbarkeit die Sprache nicht, jeder wohl in aufsteigender Furcht um das geliebte Leben des Anderen, – wir spürten, als wir im Hotel die Zeitungen lasen, nichts von irgendwelcher Begeisterung oder nationaler Erregung, sondern lediglich Abscheu und Ekel vor dem Nicht-Begreiflichen, dem sinnlos Motorischen dieses Abgleitens der vernünftigen Welt ins Wahnwitzige, – und in der Nacht schrieb ich wild erregte Verse gegen den Krieg, in welchen ich den Ausbruch von Jubel und Fanatismus, der schon von den Großstädten gemeldet wurde, wie eine Art von ›schwarzem Tod‹, Pest, Pockenseuche, schilderte, die gleich einer dämonischen Brandung über die wehrlose

Menschheit hereinbrach und sie in die Tobsucht einer Teufelsfastnacht versetzte. Ich erinnere mich an die ersten Zeilen des Gedichtes, das dann über viele Seiten ging:

»Erst hingen sie
Wie fauler Tang den das Meer ausspie
Stumm durch die trostlosen Gassen hin –«

Wie es weiterging, weiß ich nicht mehr, es beschrieb die unklare Gelähmtheit vorm Ausbruch einer Massenbewegung, und war voller Abscheu und Entsetzen vor der jubelschreienden Begrüßung des Weltuntergangs.

Drei Tage später stimmte ich aus heilig entflammtem Herzen und in tiefstem opferbereitestem Ernst in diesen Jubel mit ein, empfand ihn als Lösung und Befreiung von allen drückenden Zeit-, Lebens- und Jugendnöten, als mächtigen Inhalt jeder nach Größe und Erfüllung dürstenden Seele, – und drängte mich zu den Waffen. –

Bei unsrer überstürzten Abfahrt aus Holland, mit dem letzten Zug, der die Grenze noch passierte, betrachteten uns die Einwohner mit einer Mischung von Mitleid und leiser Verachtung: wie Menschen, die sich freiwillig in ein Irrenhaus oder auf eine Pestinsel begeben. Sara weinte beim heimlichen Abschiedskuß, und auf ihre ängstliche Frage, ob ich, so jung ich sei, womöglich auch schon in den furchtbaren Orlog müsse, schüttelte ich energisch den Kopf und erklärte: Nie! Ich bin kein Mörder.

Das hätte ich auch gerade noch auf der von Aufregung nächtlicher Gepäckkontrolle, Spionenfurcht und wilden Gerüchten eulenhaft beflatterten Grenzstation sagen können, – aber schon auf der nächsten, die von feldgrauen Gestalten belebt war und den Zug mit hastig zu ihrer Truppe oder nach Hause eilenden Urlaubern füllte, – dann auf dem großen Kölner Bahnhof, der von Liedern, Marschtritten, Geschrei und Fahrgeräuschen dröhnte, und im kalt und bleiweiß aufdämmernden Morgenlicht am Rhein, auf dessen Brücken und Uferdämmen Landwehrbewachung in Zivil, die Gewehre unterm Arm, einherschritt, – ging es, nicht wie eine Infektion, – eher wie eine Strahlung, wie ein Strom von kosmischer Elektrizität, in mich ein, – vertrieb das leise Würgegefühl aus dem Hals und aus den Därmen, bündelte sich im Kopf zu glühend blitzhaften Funken, welche von Hirn zu Herz übersprangen und Leib wie Seele gleichermaßen in einen Zustand trancehaft gesteigerter, hellwacher Lebens- und Daseins-, oder Dabeiseins- und Mitlebenslust, ja Wollust, versetzten. Ich habe einen solchen körperlich-seelischen Zustand von Überhellung und Euphorie noch zwei- oder dreimal im Feld, vor Angriffen und in Entscheidungskämpfen, – ähnlich im späteren Leben einmal in einer großen und geradezu mörderischen Not, – sonst niemals in dieser Kraßheit und Intensität wieder erlebt. –

Die Ankunft im sommerlich verschlossenen und eingemotteten Elternhaus brachte mir außer der gesamten Erregung dieses Ausnahme- und Katastrophenzustandes noch eine mächtige und unerwartete Überraschung: ich hatte vor eben jenen drei Tagen meine wild formlosen Antikriegsgedichte der ›Frankfurter Zeitung‹ eingeschickt, und fand zu Haus einen Brief der Redaktion vor, der mir die Annahme der »hochbegabten Verse« und die Anerkennung des Feuilletonchefs mitteilte, – ein Ereignis, das ich seit meinem vierzehnten Jahr in kühnsten, herzrasenden Träumen erhoffte, und das mich in diesem Augenblick eher kalt ließ, ein wenig enttäuschte und kaum noch stolz oder froh machte, – außerdem war der vierzig Stunden alte Brief von einem Expreßschreiben eingeholt worden, in dem die Redaktion ihre Annahme oder vielmehr die Zusage des Abdrucks mit bedauernden, doch bereits markigen Worten zurücknahm, da, wie sie schrieb, die Zeitereignisse darüber, und auch über ihre, der Redaktion, bisherige Auffassungen hinweggebraust seien. Man habe jetzt der Idee des Friedens mit dem Säbel in der Faust zu dienen, – was mich damals auch restlos überzeugte. Ich griff nach ihm, und vertauschte ihn, wie man sagt, mit der Feder, am nächsten Morgen bereits, in der nächsten Kaserne, in der man Kriegsfreiwillige annahm.

Ja, es war revolutionärer Geist, der in den Barackenlagern und Zeltställen der Kriegsfreiwilligen, in den Rekrutendepots vom August 1914, lebte. Und es war wirklich die Blüte, die blühende Jugend einer Nation, welche sich dort darauf vorbereitete, gemäht und zerstampft zu werden. Die Jüngsten kamen, wie ich, von der Schulbank, das spielend erworbene Notabitur in der Tasche, – die meisten jedoch rekrutierten sich aus den verschiedenen Semestern der umliegenden südwestdeutschen Universitäten, hauptsächlich Heidelberg, aber auch Gießen, Marburg und den Polytechniken. Dazu kamen Angestellte, junge Arbeiter, Kaufleute, Angehörige freier Berufe, – auf dem Strohsack neben mir schnarchte ein Schauspieler vom Mainzer Stadttheater, auf dem andren ein junger Maschinenschlosser, dessen Vater in der Fabrik meines Vaters an der Metallwalze stand. Die Sprengung des Kastengeistes hatte damals nichts von prinzipieller und angeordneter Volksgemeinschaft, sie war nicht durch materielle Voraussetzungen oder Nöte und Interessen unterbaut, sie hatte wirklich einen schicksalhaft elementaren Zug, oder wurde zum mindesten von uns jungen Menschen so erlebt und gedeutet. Wir Bürgersöhne im geistigen Sturm und Drang empfanden uns erstmalig, endlich!, den Vorurteilen und aller Kleinlichkeit des Haus- und Familienstandes enthoben, – der Zug zu dieser Befreiung war längst – und eigenwüchsig, unbeeinflußt, ohne Kommando, bei uns vorhanden und hatte sich im »Wandervogel« und ähnlichen Bewegungen Luft gemacht. Jetzt hatte all das die Beschränkung auf Sonntagsvergnügen oder Feriensport verloren, es war Ernst geworden, blutiger und heiliger Ernst, und wir zögerten nicht, gerade darin, und nicht in der Erreichung von Eroberungszielen, den eigentlichen Sinn des Weltkriegs und unserer Begeisterung zu erkennen. Vielleicht lebte bei uns im Südwesten des Reichs das Gedankengut der 48er-Kämpfe und der Frankfurter Paulskirche noch stärker fort als anderswo, – aber ich hörte ähnliche Stimmungsberichte auch von den Kriegsfreiwilligenlagern bei München, Berlin oder Leipzig. Todmüde von Pferdetransporten, erstem Stalldienst, Geschützexerzieren und vor allem endloser Warterei, Abzählen und Appellen, – gingen doch noch die halben Nächte im Debattieren hin, ich höre noch die ausgesoffene, heisere Baßstimme des dicken Heidelberger Studenten, eines Troeltsch-Schülers, der uns den Geist der Zeit erklärte und immer wieder in die Prophezeiung gipfelte: so wie der Krieg 70 die deutsche Einigkeit gebracht habe, so werde der Krieg 14 das deutsche Recht und die deutsche Freiheit bringen, – Deutschland marschiere hinter siegreichen Fahnen in ein neues, menschenwürdiges Europa, und dem heimkehrenden Volksheer werde man das freie, allgemeine und geheime Wahlrecht nicht verweigern können. Ja, wir schworen unsren Fahneneid auf den Kaiser, aber wir schwärmten von einer reformierten, konstitutionellen Monarchie, deren eigentliche Leiter die Träger des deutschen Geistes zu sein hätten – in unsrer Baracke wurde in einer dieser Nächte das prachtvolle Jahrhundertfestspiel Gerhart Hauptmanns gelesen, und man belustigte sich über den deutschen Kronprinzen, der es, ein Jahr vorher, in Breslau hatte verbieten lassen. Die Debatten gingen nach allen Richtungen hin ins Uferlose, Religion und Soziologie, Griechentum und ethischen Idealismus mit unsrer ganz primitiven, jugendlichen Lust an Abenteuer, Gefahr, Kühnheit und unbegrenzten Möglichkeiten ehrgeiziger Träume blindlings vermählend. Selbst partikularistische Momente fehlten nicht ganz, – immer noch war, wenigstens bei der Generation unserer Väter, der »Preuß« ein notwendiges Übel im deutschen Gesamtbild, – und unter unseren Ausbildungskorporälen war ein sehr alter, forscher Weißkopf, der nicht nur den Krieg 70 mitgemacht hatte, sondern dessen Korporal damals noch aus der Zeit vor 66 stammte und gegen die Preußen gekämpft hatte. Von dem erzählte er uns wie von einer mythischen Figur, und von den lustigen, ein wenig hanebüchenen Zeiten der einstigen hessischen Armee, in der man noch »Hinum, Hanerum und Ganserum«, statt Rechtsum, Linksum und Kehrt, kommandiert hatte, und in der sogar, wie in den Kommandos »Allez, marche!« oder »Allez, vite!«, was man auf hessisch einfach Allewidd aussprach, noch gewisse napoleonische Traditionen lebten. Ja, wir schmetterten all die landläufigen Lieder, »Siegreich wollen wir

Frankreich schlagen«, oder »Wehe Dir, o Wehe Dir, Franzosentod!« – aber wir waren nicht haßerfüllt gegen unsre westlichen Nachbarn, wir bemitleideten sie eher ein wenig, da wir sie selbstverständlich für die prädestinierten Leidtragenden dieses Feldzugs hielten, und waren weit davon entfernt, sie kulturell oder menschlich gering zu achten. Unser Zorn galt dem »Zarismus«, dem Kosakentum, und wurde natürlich durch die Nachrichten vom ostpreußischen Einfall entsprechend geschürt, oder der zum Schlagwort erhobenen Einkreisungspolitik, die man England in die Schuhe schob, (»Gott strafe England!«) – und auch diese Abneigungen oder Ärgernisse wurden historisch, geistig und ideologisch motiviert. Selbst ins dienstliche Leben verirrte sich manchmal der entfesselte Geist, – und mit Staunen erinnere ich mich einer höchst merkwürdigen, aber typischen Szene auf dem Kasernenhof im August 1914: als ich nämlich, – der ich damals alles Kämpferisch-Soldatische mit Lust, alles Gamaschenhaft-Schikanöse mit äußerstem Widerwillen quittierte, – bei einer Übung des parademäßigen Stechschritts geringen Eifer an den Tag legte, und, vom diensttuenden Unteroffizier darüber zur Rede gestellt, vor dem ganzen Glied antwortete, ich glaube nicht, daß wir im Stechschritt die russischen oder flandrischen Schlachten gewinnen würden. Ich wolle lieber schießen lernen. Da begann dieser Unteroffizier plötzlich eine flammende Rede zu halten, in der er uns klarmachte, daß dieser Stechschritt eben den höchsten und eigentlichen Sinn des ganzen Feldzugs symbolisiere, die genialste Emanation des Deutschtums überhaupt, denn er bedeute fleischgewordene Philosophie, er sei mit seinem Vor-Schnellen und langsamen Nach-Ziehen des Beines und der damit verbundenen Verlagerung des Körpergewichts eine vollkommene Übertragung der Lehren Kants ins Dinglich-Leibhaftige, und für unsre Kriegstauglichmachung sei er noch wichtiger als die Ausbildung im Reiten und am Geschütz, wir hätten ja mit dem Geiste und nicht mit der Waffe allein zu siegen, ja, selbst wenn wir fallen sollten beim ersten Schuß, hätten wir den Stechschritt und den Parademarsch nicht umsonst geübt, – sondern uns dadurch zu ewigen Gliedern in der deutschen

Schicksalskette geschmiedet. (Diesen Unteroffizier traf ich nach dem Kriege wieder als abstrakten Maler, mit futuristischem Einschlag, und heute dürfte er der Entartetsten Einer sein, oder aber ein Fanatiker der »dynamischen Weltanschauung«.)

Es liegt auf der Hand, daß es von solchen Auffassungen nur ein Schritt war zu der hybriden These, Deutschland habe der ganzen Welt das Ethos des kategorischen Imperativs zu bringen, beizubringen, und es ihr, wenn nötig, durch seine Feldwebel und Zuchtmeister einzupauken. Und hier lag wohl, so glaube ich wenigstens, der entscheidende Unterschied zwischen den deutschen Kriegsbegeisterten und den andren, die sich in Frankreich, England und überall zu den Waffen drängten. Kein Volk im Jahre 14 glaubte ja, für materielle oder reine Gewaltzwecke zu kämpfen, – und im Gegensatz zu einem etwaigen Krieg von morgen, war dieser Glaube echt und ohne propagandistische Verlogenheit. Jedes verteidigte die höchsten Güter der Menschheit. – Aber während man in den westlichen Ländern für die Demokratie, das heißt: für das Leben – zu kämpfen glaubte – war die spezifisch deutsche Fiktion: es für den *Geist* zu tun. Darin scheint mir die seltsame Tragik des Deutschen zu Tage zu treten, und seine Unverständlichkeit für die gesamte andere Welt, (welche ihm aber nicht, wie etwa die reizvolle Dunkelheit des russischen Wesens, Wohlwollen und Neugier, sondern eine Art von ablehnendem Grauen einträgt). Das berühmte Clémenceau-Wort von der Verliebtheit des Deutschen in den Tod ist durch allzu häufige Anwendung schon reichlich abgeglättet. Der Tod ist ja auch, wie der Schlaf und der Traum, ein heimlicher Bruder des schöpferischen Lebens. – Aber die Leidenschaft zur vollkommenen Abstraktion, die besessene Fähigkeit, tatsächlich das »Ding an sich« anstelle der organischen Verschmolzenheit aller Dinge zu begreifen, – die Neigung zu unbarmherziger, ja selbstzerstörender Systematik, in gefährlicher Verbindung mit Selbstüberheblichkeit und einem überhitzten, keineswegs »erbgesunden« Willen zur Macht, – und die fatale, das heißt schicksalhafte, Diskrepanz zwischen Duckmäuserei oder Autoritätsgier im Gemeinwesen, – und reinster, freizügigster Geistes- und Seelengröße im Einzelfall, – woraus jene ewige Wertschwankung, jene Unsicherheit der Gesamthaltung, jener niemals harmonisch ausschwingende, sondern stets ins Extrem überschlagende Pendelrhythmus des nationalen Lebens sich ergibt, – darin eben scheint mir die besondere, außer-rationale Wesenheit des Deutschen zu liegen, sein Fluch und seine Gnade, welche wir als eine Art von Gotteslast mit uns herumschleppen, und in Liebe und Haß, wie unser eigenstes, eingeborenes Schicksal, zu gestalten, das ist: zu überwinden haben.

Gestaltung der Materie bedeutet ja stets die Überwindung ihrer formlosen oder gesetzlosen Kraft, – und ich kann sagen, daß ich in diesem Sinn das Erlebnis des Kriegs und seiner großen, lebensumwälzenden Chaotik in mir selbst »gestaltet« habe, obwohl ich mich bisher nie in Darstellung oder Formung damit auseinandersetzte.

Die trüben und finsteren Jahre folgten auf jenen blitzhellen, revolutionären Morgen geistig-seelischer Entflammung.

Als ich achtzehn wurde, noch im Vierzehnerjahr, hatte ich schon die ersten Toten wie Rübensäcke an der Straße liegen sehen, mit neunzehn ein Jahr als »gemeiner« Frontsoldat mit allem Dreck und aller Härte hinter mir, die auf jugendliche Zartheit und gleichzeitig Elastizität nur niederprasseln kann, aber auch eine Fülle von realer und innerer Erstarkung im Selbstbeweis und in der Kameradschaft, – mit zwanzig das erste Gas, die Schrecken der Somme-Schlacht, die Leichenfelder von Flandern, Dekorationen, Beförderung, die schmerzliche Fremdheit des Heimaturlaubs, die melancholische Animalität des »nackten Lebens«, im Kampf, im Suff, im Eros, – mit einundzwanzig Frontoffizier, abgebrüht gegen jede Art von blutiger Scheußlichkeit, dabei von lyrisch-pathetischem Fanatismus besessen, überzeugter Hasser und Verneiner dieses mit so viel idealistischer Gläubigkeit begonnenen Krieges, durchglüht von menschheitstrunkener Hoffnung auf eine Neugestaltung der Erde, – die Revolution herbeisehnend, unter der man sich, nun auf andere Weise, neuerdings die deutsche Wiedergeburt und den Aufschwung der Nation auf ihre geistverschworene Höhe vorträumte. Doch war bei uns, in der kämpfenden Truppe, von einem »Dolchstoß« in den Rücken oder einer inneren Zersetzung nichts zu verspüren, und der Frontsoldat hätte, wären wir nicht mit der Waffe oder vielmehr durch Übermacht besiegt worden, auch noch ein Jahr und länger, verzweifelter Träume und Hoffnungen voll, unter seinen Kameraden ausgehalten und auf den Tod gewartet.

Aber der Gedanke, daß der Tod fürs Vaterland süß und ehrenvoll sei, – ein Grundsatz, der uns schon im lateinischen Unterricht der Knabenzeit den starren, blicklosen Augen antiker Statuen zu gleichen schien, – wich immer mehr dem Bewußtsein, daß es die edlere, sinnvollere, höhere Pflicht der Jugend sei, den Bogen eines vollen Menschenlebens fürs Vaterland und für die Welt zu spannen, und, je geringer die Aussicht wurde, den Massengräbern zu entkommen, desto heißer, brennender, schmerzhafter, hob sich der Wunsch und der Wille dazu. Daher gilt meine tiefste und bitterste Trauer zeitlebens den jungen Kameraden, die noch in den letzten Monaten und Wochen des unglücklichen Krieges, ohne Rausch und Jubel, ihr Leben lassen mußten, – denn so hart und freudlos unsere Heimkehr war, – mit ihr begann trotz allem der gute, der wahrhafte Kampf um eine neue, menschenwürdige Heimat. In diesem Kampf sind wir immer noch, mögen auch unsre Stellungen schwer bedrängt und erschüttert sein, unbesiegt und ungebrochen.

Bevor ich dieses tödliche Kapitel beschließe, um zwischen Feuer und Asche den Anhauch einer Vita Nuova zu erspüren, muß ich noch ein persönliches Grenzerlebnis erwähnen, welches für meine Seelenformung in dieser Zeit von tiefer und grundlegender Bedeutung war. Im Herbst 1914, kurz vor meinem ersten Ausrücken in die Front, starb meine Großmutter väterlicherseits, und ich wohnte der Aufbahrung in ihrem Hause in der Eppichmauergasse und ihrer Beisetzung auf dem Mainzer Kirchhof bei. Das Bildnis dieser nach heftigem Leiden friedsam und im Genuß der Sakramente verstorbenen alten Frau, die heilige Stille auf ihrem todverklärten, unentstellten Antlitz, mit dem violetten Häubchen auf dem Silberscheitel und den von ihr selbst vorsorglich ausgewählten Sterbekleidern angetan, der zarte Duft von Blumen und Weihrauch und die Sanftmut ihrer im Tod gefalteten Hände, diese Erscheinung des Todes als einer milden Verklärung und Auflösung des erfüllten, zu Ende gelebten Lebens, begleitete mich, ich kann es nicht anders ausdrükken, wie Musik, wie eine unverlierbare und nur im Innern gehörte, niemals nachzusingende Melodie, durch die ganze Schreckenszeit des Kriegs und durch allen Lebenszwiespalt, den die späteren Jahre brachten. Mehr noch als durch Frauenliebe, durch den lebendigen Eros, war mir hier durch den Eros der Ewigkeit ein Bewußtsein von Harmonie, von einer göttlichen Bestimmung des Lebens geschenkt, und als ein Saatkorn künftiger Schönheit und Vollendung in meine Seele gelegt.

III Pro vita

Das neugeschenkte Leben war für die meisten von uns eine harte und prüfungsvolle Gabe. Wohlstand und gesicherte Einkünfte des Elternhauses waren durch die Kriegsfolgen in Frage gestellt und schwanden in den destruktiven Jahren der Nachkriegswirtschaft und der Inflation mehr und mehr dahin. Wer sich nicht zu einer zwangsläufig vorgezeichneten Berufswahl nötigen ließ, wer sein Leben aus eigner Planung und nach innerem Antrieb zu gestalten wagte, sah sich sehr bald der Ungewißheit eines erbitterten und rücksichtslosen Existenzkampfes gegenüber. Die Zeit, welche für Studium und ruhige, kontinuierliche Ausbildung, geistige wie fachliche, vorgesehen war, hatten wir versäumt, aller schulmäßigen Sitzgeduld waren wir längst entwachsen, die Härtung des Kriegslebens hatte uns über die Jahre hinaus gereift, und andrerseits an einem Brennpunkt jugendlicher Entwicklung gewaltsam zurückgehalten.

Wie es aber auch sein und was es bringen mochte, es war das Leben, das uns aus jeder Morgenhelle und jeder Dämmerung, aus jedem unsrer Konflikte, jedem Schmerz und jedem Widerstand mit einer stürmischen, übermächtigen Gewalt entgegen schlug, – und das Bewußtsein, daran teilzuhaben, in seinen Kraftstrom und seine Rhythmik einbezogen zu sein, um seinen Sinn und seine Formung kämpfen zu können, kämpfen aus eignem, aus freiem Antrieb und auf selbstgewähltem, gleichsam neu erschaffenem Boden, – erfüllte uns mit einem so hohen und so unerschütterlichen Mut, dem ebensoviel Gleichmut gegen die Gefahr, welche ja nie mehr an das Überstandene heranreichen konnte, wie kindlich unverbrauchter Übermut beigemischt war, daß wir die Unbilden der Zeit, Entbehrungen, Ärgernisse und Rückschläge geringachteten und im Grunde machtlos gegen unsre leidenschaftliche Begehr, sie zu bestehen.

Unter diesem ›Bestehen‹ aber war für den Kreis junger Menschen, der sich, – nun wieder in meiner südwestdeutschen Heimat, – heftig und wie von selber, wie durch heimliche Zeichen einander kenntlich und verwandt, zusammenschloß, – mehr verstanden, als die Eroberung eines Platzes an der Krippe oder einer gesicherten Existenz. – Es war im Gegenteil viel eher das Ungesicherte, die Auflockerung aller Konvention und jeder starren Bindung, der unbestechliche und produktive Zweifel an allem Überkommenen und Vorgeformten, das die hereingebrochene Katastrophe mitverschuldet oder nicht verhindert hatte, – es war das Bewußtsein, daß wir allein auf uns selber gestellt, allein verantwortlich und allein befähigt zu völliger Neuordnung und Neugestaltung seien, was uns mit einem geradezu aggressiven Lebensgefühl, und gleichzeitig mit unersättlichem Hunger nach Wissen und Erkennen, Aufhellen und Lichtmachen, Experiment und Wagnis, hauptsächlich aber nach allem, was über das Rationale und Zweckhafte hinausging, durchfeuerte.

Die enorme Elastizität der menschlichen Natur, und ihre märchenhafte Überwindungs- und Verwandlungsfähigkeit, hat sich mir kaum an einem andren, selbsterlebten Beispiel so überwältigend dargetan, wie in dieser stürmischen, übergangslosen Rückkehr einer todgeweihten, todentronnenen Jugend zum starken, kämpferischen Dasein. Müdigkeit und Ästhetenblässe der großbürgerlichen Intelligenzwelt war von uns weggeblasen. Wir liebten Wirklichkeit, wir suchten klare und scharfe Essenz im Sein und im Denken, wir hatten gelernt, Standort zu nehmen und Distanz zu schätzen, – und waren doch allem Rausch und Zauber der Phantasie, allem Überwirklichen, jedem Abenteuer im Körper und im Geiste, bereit und aufgeschlossen. Alles war Neuland, alles war neu zu erkennen, zu prüfen, zu entdecken. Wir waren dürftig ernährt und unsre Anzüge noch aus der letzten feldgrauen Montur geschneidert. Manche von uns hatten kaum die notwendigsten Subsistenzmittel und schlugen sich auf alle mögliche Weise durch, es war nichts los mit »sorgloser Studikerzeit« und Korporations-Romantik, und doch gewannen wir dem Leben jede Art von vitalem und spirituellem Reiz, von

Erregung und Buntheit ab, die es irgend zu geben hatte. Äußerer Not gegenüber hatten wir ein unerschöpfliches Reservoir an Humor und gegenseitiger Bestärkung einzusetzen, die innere steigerte unseren Einsatz und unsere Leistung. Fremd und verächtlich erschien uns unfruchtbare Verbitterung, Ressentiment und Nachtrauern hinter Verlorenem und Gewesenem. So schlecht die realen Aussichten, so gering die Chancen der beruflichen und materiellen Zukunft sein mochten, so wußten und glaubten wir doch: es wird eine neue Welt werden, und wir werden dabei sein, dazugehören.

Viel später erst, ja erst von jüngsten Ereignissen her, ließ sich erkennen, wie Wenige, wie vereinzelt, wie isoliert wir mit dieser Haltung waren. So wie ich sie hier schildere, repräsentierte sie vermutlich die Lebensform einer geistigen und menschlichen Auslese, die zur allgemeinen und gültigen Neuformung berufen war, und der durch die verhängnisvolle Entwicklung unserer politischen und sozialen Verhältnisse die Macht und der Boden entzogen wurde. Dabei möchte ich bemerken, daß ich keineswegs der Auffassung huldige, »Verhältnisse« und »Entwicklung« seien die tatsächlich bestimmenden, oder gar schuldtragenden, Faktoren für die Gestaltung einer Epoche und ihrer menschlichen, geistigen, politischen Konsequenzen. Da es mir aber hier auf Erhellung der heutigen Lage, nach vorwärts und nicht nach rückwärts gewandt, ankommt, und durchaus nicht auf eine historische Rechtfertigung oder Anklage, scheint es mir nicht am Platz, die Schuld- und Fehlerquellen nachzuweisen, die von außen und innen das deutsche Schicksal in zwangsläufige Bahnen lenkten. Wichtiger, notwendiger erscheint mir, anzuleuchten, was an positiven und überzeitlichen Kräften noch lebendig ist, aus welchen Wurzeln und unter welchen Sternen es wuchs, und in welche Richtung es treiben und ausschlagen möchte. –

Die »verlorenen Haufen« der Nachkriegszeit, die Freischärler und Zeitfreiwilligen, die man gelegentlich gegen revoltierende

Arbeiter einsetzte, die Desperados der Sabotage- und Feme-Organisationen, rekrutierten sich größtenteils aus Verärgerten und Hoffnungslosen, – zum Teil auch aus irregeleiteten Idealisten, deren umstürzlerische Leidenschaft von Rachegefühlen geschürt wurde und, ohne daß sie es selber wußten, rückschrittlich und lebensfeindlich gerichtet war, – hauptsächlich aber doch aus solchen, die sich in ihrem Ehrgeiz und ihren Standes-Ansprüchen enttäuscht sahen und dafür die Schuld überall außerhalb und innerhalb der Grenzen, nur nicht in ihrer eigenen Denk- und Empfindungsdumpfheit, suchten.

Ich kannte diese Männer. Ich habe mich oft genug mit ihnen herumgerauft. In meinem persönlichsten Kameradenkreis aus der letzten Kriegszeit war ein Neunzehnjähriger, der zu spät in die Front kam, um dort noch Leutnant werden und eine höhere Kriegsauszeichnung erwerben zu können. Als er zurückgekehrt war, mußte er bei jeder Mahlzeit von seinem Vater, einem Apotheker in Kiel, hören, daß er es ›zu nichts gebracht habe‹, und daß jetzt für die ›besseren Stände‹ sowieso alles aus und verloren sei. Da trat er dem Freikorps Oberland bei, weil man dort noch nachträglich befördert und dekoriert werden konnte, wenn auch im Kampf gegen eigene Landsleute, und hatte sich in kurzer Zeit in eine Haß- und Rachestimmung gegen alles Positive des neuen Staates hinein manövriert, die ihm vorher völlig fremd gewesen war. In den letzten Kriegswochen hatte er, unter der Wucht und dem Ernst des Erlebten, den Völkerfrieden herbeigesehnt, und war voller Pläne und Hoffnungen für eine neue, lichtere Zukunft. Nun war er verbittert, verzweifelt, hoffnungslos. Im Feld hätten wir uns für einander totschlagen lassen. Als wir uns wiedersahen, gab es keine Brücke mehr zwischen uns. –

Dagegen überstürzte und überschlug sich bei jener der neuen Zeit zugewandten und aufgeschlossenen Jugend, etwa an der Heidelberger Universität, wo ich die ersten Not- und Übergangssemester miterlebte, – der Drang nach geistiger Erkenntnis und lebendiger Auseinandersetzung damit in einer oft chaotischen Maßlosigkeit und in mancherlei tollen Aufschwüngen,

Sprüngen und Purzelbäumen. Hier war wieder, – ähnlich, wenn auch anders gelagert wie in den Freiwilligendepots von 1914, – dem Debattieren, dem Klären, der Verstiegenheit und der wirklichkeitsfremden Abstraktion, aber auch dem schönen, feurigen Bekenntnis zum Ethos der Wahrheit und der Mitverantwortung, Tür und Tor aufgetan.

Man hat diese jugendliche Kriegsgeneration, – die Lebens- und Seelenlage der Heimgekehrten, bisher niemals aus ihrer inneren Wirklichkeit, immer nur aus dem Ressentiment heraus, geschildert: entweder aus dem der Zerbrochenheit – von deren heftiger, und keineswegs oberflächlicher, Überwindung ich als Zeuge berichten kann – oder aus dem der nationalen und sozialen Enttäuschung. Der Typus jedoch, von dem hier die Rede ist, war der viel bedeutsamere, wenn auch zahlenmäßig geringere. Weder der einen noch der anderen Rückwirkung verfallen, – war er fest entschlossen, mit den geschaffenen Verhältnissen fertig zu werden und das Bestmögliche daraus zu machen. Mit einer Art von tapferer Gelassenheit nahm man das Unabänderliche, die reduzierten persönlichen Aussichten hin, um seinen Kampf- und Gestaltungswillen, seinen Expansionsdrang und seine unverbrauchten Lebenskräfte mit aller Leidenschaft dort einzusetzen, wo sich ein Weg, ein Ziel, eine Brücke zu neuer und besserer Wirklichkeit erspüren ließ. Gewiß, auch wir hatten ›nichts anderes gelernt‹, als Schießen, Erschossenwerden, oder die Kunst, sich knapp davor zu schützen. Aber wir *wollten* unter allen Umständen anderes lernen, – ganz anderes, – und wenn uns die hergebrachten Lehr- und Lerngebiete oder -methoden nicht mehr genügten, so hatten wir uns eben neue, lebendigere und weitergesteckte, zu erschließen oder zu erzwingen! Gewiß, Deutschland lag schwer darnieder, und wir litten unter jedem Unrecht, das man ihm tat, nicht weniger als die Mundpatrioten. Aber es war uns klar, daß es aus dieser Not nur einen positiven, niemals einen reaktionären und selbstverstockten Ausweg geben könne und dürfe. Daß unser Deutschland von 1914 ebensowenig alleinschuldig am Krieg gewesen war, wie jeder andere der beteiligten Staaten, vergaßen wir nie, – aber wir hätten es dumm und kleinlich gefunden, sich nun, weil sich die Sieger falsch oder töricht verhielten und jene schöne Hoffnung auf die verkündete ›Selbstbestimmung der Völker‹ im Keim erstickten, – auf den Standpunkt der verfolgten Unschuld oder in irgendeinen hinterhältigen Schmollwinkel zu stellen. Richtiger schien es uns, aus der nationalen Not und Schwäche nun eine Tugend zu machen, und zu beweisen, daß die besten und edelsten deutschen Kräfte, die des Geistes und der seelischen Tapferkeit, durch keinen Druck und keine Notlage zu ersticken sind, sondern sich immer wieder an ihrem eigenen Feuer heller und strahlender zu entfachen vermögen. Und dieses Feuer glomm und brannte in uns, alles mußte ihm Nahrung geben, alles war Öl und Zunder für seine lebendige Flamme. Der Schuß Abenteurertum, der auch in uns vom Krieg und unsrer Jugend her lebte, erschöpfte sich nicht in unfruchtbarer Landsknechtsromantik, Waffenverstecken oder Geheimbündelei. Wir suchten das kühnere Abenteuer im Geiste, und unsre Waffe war die eigne Ungebrochenheit.

Grenzenlos war der Heißhunger nach allem Spirituellen. Grenzenlos die gläubige Erwartung, welche sich an jede neue Erscheinung, jede Lehrer- oder Forschergestalt, jeden für uns neu zu erschließenden Wissenszweig, jede Debatte, Diskussion und Auseinandersetzung knüpfte. Man besuchte die Soziologenabende, die Vorträge über neue Kunst oder die Veranstaltungen wissenschaftlicher und künstlerischer Außenseiter wie eine frühchristliche ecclesia, wie eleusinische Mysterien oder wie ein platonisches Gymnasion. Mystizismus und schärfste Ratio kreuzten die Waffen, und aus jeder abgründigsten oder sensationellsten Stoffbefassung, aus dem Studium der Gnosis wie aus der Bildnerei der Geisteskranken, aus der Parapsychologie wie aus der wirtschaftlichen Standortslehre, aus der Welt-Eis-Theorie wie aus dem ›Untergang des Abendlandes‹, wurde die Hoffnung auf neue Heilskunde gehoben und mit leidenschaftlichem Ernst umkämpft.

Die Politik spielte dabei eine wesentliche, aber keineswegs entscheidende Rolle, – und der mangelnde Sinn für ihre Tatsachen, für ihre materielle und überrationale Wirklichkeit, für ihre äußeren und inneren Formkräfte, ist wohl der entscheidende Fehler, den wir, die Vertreter eines jungen und freiheitlich gesinnten, geistigen Deutschland der Nachkriegsjahre, uns vorzuwerfen haben.

Dabei waren wir keineswegs in irgendwelche Ideologien verstrickt oder verrannt, unsre Kritik hakte im Gegenteil dort am heftigsten ein, wo sich die führenden Mächte mit überkommenem Gedankengut zur Ruhe setzten und mutlos oder behäbig begnügten: beim Sozialismus. Meine Freunde, die sich der Politik als Lebensberuf zuwandten, gerieten sehr bald in – wie ich glaube – fruchtbare Gegensätze zum doktrinären Marxismus, sowohl von der radikalen, russischen, als von der verspießten, gewerkschaftlichen Prägung, und hofften, die deutsche Arbeiterbewegung über die Verewigung zeitbedingter Klassenkampfprinzipien hinaus zu einer neuen, eigenwüchsigen Lebendigkeit zu bringen, in der sich alle gesunden und fortschrittlichen Volkskräfte hätten vereinigen lassen. Frühzeitig faßten Theorien, wie sie später etwa die belgischen Politiker de Man oder Spaak vertraten, und die einen gelockerten, labilen, in Wesen und Wirtschaft den einzelnen Nationen angepaßten, europäischen Sozialismus erstrebten, in diesem Kreise Fuß. Die maßvolle Haltung, die Selbstzucht im politischen Leben Englands, begann uns, nach all der vorausgegangenen ekstatischen Radikalität, verständlich zu werden und beispielhaft einzuleuchten. Die gesunde Opposition der Labour-Party, die fortschrittliche Aufgeschlossenheit der englischen Jung-Konservativen, schienen uns fruchtbare Anregungen für eine künftige Entwicklung der deutschen Innenpolitik. Wir hofften, daß sich der vorhandene mächtige Apparat der sozialdemokratischen Partei und der Gewerkschaften durch innere Durchdringung und geistige Erneuerung reformieren und produktiv machen ließe. Aber das alles geschah auf einem Niveau, das von vornherein auf plumpe Anbiederung mit kleinbürgerlicher Verbitterung und völkischen Ressentiments, wie auf die Taktik der Verhetzung und Instinkt-Aufpeitschung, verzichten mußte und wollte, und das, von seinem geistigen Standard aus, keinen entschiedenen und natürlichen Weg zum Empfinden des Volkes und zu den Nöten der Masse zu suchen verstand, – während die verantwortlichen Leiter der deutschen Politik für solch unkonventionelle und zutiefst notwendige Strömungen und Erneuerungen kein Ohr hatten oder keine Zeit zu haben glaubten. So neigte sich damals schon die politische Waagschale nach einer andren, zäheren und unbedenklicheren Seite hin, – und es ist nur verständlich, wenn auch beklagenswert, daß ein Großteil von Talent und Gewissen sich bald von der Politik entfernte, in der man entweder bürokratische Versandung, oder aber ein schmutziges, unfaires Handwerk erblickte, und seinen leidenschaftlichen Formungs- und Erneuerungswillen den rein geistigen oder den musischen und künstlerischen Bezirken entgegenbrachte. –

Als wir, an einem Frühsommerabend des Jahres 1922, fackeltragende Corporationsstudenten, sehr junge und schülerhafte, durch die Straßen ziehen sahen und sie im Sprechchor brüllen hörten:

»Verreckt ist Walther Rathenau,
Die gottverdammte Judensau!«, –

waren wir, die eigentliche Kriegsgeneration, zutiefst entsetzt, erschrocken, empört und angewidert, – aber keineswegs entmutigt.

Keiner von uns glaubte ernstlich, daß sich in dieser grauenhaften Verrohung etwas dartue, was einmal politische Substanz, Treibkraft, oder gar »Idee« werden könne.

Man sah darin ein häßliches Beispiel der allgemeinen Verwirrung, aus welcher die politische und geistige Führung des Landes noch keinen Ausweg hatte zeigen können; man sah darin eine Nachkriegserscheinung, die sich aus Mangel an Brot und Religion, aus fehlender Vaterzucht, aus Stumpfheit und Verhetzung erklärte. Man sah darin ein Übel, – aber im Grund keine Gefahr, man wähnte, durch Rauferei oder Mißachtung seiner Herr werden zu können, und neigte eher zu dem Glauben, durch die Bewältigung von der Seele her, durch die charakterbildenden Kräfte der Kunst und des Wissens, seine Wurzeln ausrotten oder verwandeln zu können, statt durch eine tatkräftige und aktive Politik. Die paar wirklich politischen Köpfe, die den wahren Sachverhalt erkannten, standen allein. –

IV Pro arte

Mag sein, daß die Flucht aus der Politik, wie ich selbst sie damals erlebte, wieder einmal dem ›deutschen Laster‹, der Wirklichkeits-Scheu, entsprang. Andrerseits bedeutete sie eine Abkehr von unverantwortlichem Dilettantismus und nebelhafter Schwarmgeisterei. Allerdings dampfte auch überm Boden der Künste damals ein gewaltiger Nebel, und trieb, von mancherlei Windstößen bewegt, die bizarrsten und sonderbarsten Formgebilde. Aber es schien eher möglich, ihn mit der Kraft des eignen, ungetrübten Blickes zu durchdringen, und es war ein kühnes, herrliches und hoffnungsvolles Wagnis, inmitten seiner kreißenden Bewegung um Sicht und Klärung zu kämpfen. – Der sogenannte »Expressionismus« war ja im Grund nichts anderes, als der leidenschaftliche Wille zu reinem und unabhängigem Ausdruck einer neu erwachten Innerlichkeit. Er bildete niemals bestimmte Formgesetze aus, und schuf keinerlei »Schule«, er war eher der gemeinsame Nenner eines gewissen produktiven Seelenzustandes, und die meisten seiner Erscheinungen trugen den Charakter des Experiments, der Entwicklung oder des Übergangs. Dieses Gefühl, dieses Bewußtsein, im Beginn und im Anstieg einer allseitig offenen, unbegrenzten Entwicklung zu stehen, für deren künftige Melodie jede einzelne Note von entscheidender Bedeutung sein kann, gab aller künstlerischen Bemühung in dieser Zeit jenen Zug von gläubigem Ernst, von streitbarer Heftigkeit, und von fast religiösem, oft sektiererhaftem Prädikantentum. So verschiedenartig die einzelnen Äußerungsformen sich gebärdeten, – von der symbolhaften Mystik bis zur satirischen Groteske, von der Abstraktion bis zur nacktesten, krassesten Lebensenthüllung, vom strengsten Formalismus bis zur völligen Sprengung und Zerlösung jeglicher Formgesetze, – so entsprangen sie doch alle dem elementaren Drang nach Deutung, Gestaltung, Überwindung der vulkanisch erschütterten Zeit. Alles war Zeit, Gegenwart, erlebter Augenblick, und alles strebte nach Dauer, Ewigkeit, Bedeutung. Wie sehr auch Können und Bemeisterung vielfach hinter der großen Zielsetzung zurückgeblieben sein mag, wie vieles sich als Abfall oder Spreu erwies, was man damals als blühende Offenbarung begrüßte, – so billig und ahnungslos ist doch die Attitüde, mit der man heute diese Erscheinungen als Merkmale einer »Entartung« abzutun vermeint. Auch der, dessen eigener Weg in völlig andere Richtung wies, (und dem man später sogar häufig vorwarf, den literarischen Expressionismus mit seinen Bühnenstücken liquidiert oder erledigt zu haben), muß sich der Bedeutsamkeit, mindestens aber des heiligen Eifers jener wirrsäligen und entflammten Epoche bewußt bleiben.

Jeder Theater-Abend, jede Aufführung neuer Musik, jede Kunstausstellung, war ein Stadion, in dem um den Sinn des Lebens und um seine äußersten, kühnsten Grenzwerte gerungen wurde. An diesem Ringen fühlten sich Kunstschaffende, Kritik und Publikum gleichermaßen beteiligt, und man raufte sich um die Begriffsbildung der neuen Stile, daß die Federn flogen. Es war keineswegs leicht oder gar selbstverständlich, sich damals durchzusetzen, niemals hackte Kritik so scharf und unbarmherzig auf kaum erknospenden Ansätzen herum, nie wurde Gereifteres oder in sich Geschlossnes so heftig befetzt und beschmissen. Aber es gab ja die volle Möglichkeit der Abwehr, der Gegenwehr, des Widerstandes, – und was verrissen wurde oder durchfiel, war noch lange nicht verfemt, verboten, vernichtet. Der kleinste abseitigste Kreis, der rabiateste Einzelgänger, der Verlachte und Verspottete von heute, konnte der Sieger, der Triumphator von morgen sein. Man hatte sich zu beweisen, – und man konnte es, durch Leistung und Überzeugungskraft, wenn auch oft gegen banalste oder destruktivste Widerstände. An allen Ecken und Enden lebte die Bereitschaft zum Neuen, zum Ungewohnten, zum Lebendigen, und wer wirklich etwas zu sagen hatte und sich dessen bewußt war, brauchte auch bei Rückschlägen oder jahrelanger Bestrittenheit nicht zu verzweifeln.

Ich überschätze keineswegs die produktiven Kräfte dieser

Epoche, die man später gern als »Schmachzeit« bezeichnete, und ich will ihre Fehler und Mängel nicht beschönigen: aber ihr Sinn, ihr innerer Antrieb, ihr Geist, soweit er sich künstlerisch zu manifestieren suchte, war der Schönheit, der Wahrheit, der Menschlichkeit zugewandt, und dem schöpferischen Leben aufgeschlossen. Das Experiment, das an all den vielen Theatern blühte und wucherte, war mehr als eine Stilfrage, – und all die neuen Verlage, Zeitschriften, Büchereien, wollten mehr als einen guten Absatz finden oder auf gepflegte Weise unterhalten: mit einer unbändigen Entdeckerfreude und Empfangsbereitschaft suchte man das neue, das zeugende, das klärende und erlösende Wort. Und mit welcher Teilnahme, welcher Erregung, welch innerem Einsatz erlebte man damals die großen, bleibenden Werke der Weltkunst! – Heute ist man wohl gegen das Pathos der Erneuerung, der Befreiung besonders, ein wenig abgestumpft und müde geworden, was wirklich nicht zu verwundern ist: Schillers ›Tell‹ etwa wurde im Jahre 14 als nationales, im Jahre 18 als revolutionäres, in den Jahren 33 oder 38 als völkisches Freiheitsdrama gespielt, jedesmal ist Geßler der Vertreter des gegensätzlichen oder eben weggeräumten Prinzips, und Wilhelm Tell der Heros der siegreich »durchgebrochenen« Bewegung, – (was nichts gegen den grundsätzlichen Gesinnungs- und Gestaltungswert des Werkes selber besagt). Aber es gibt Erschütterungen tieferer und einmaliger Art, deren Gehalt, deren klare Bedeutung, sich nicht beliebig auswechseln läßt. So bleibt mir unvergeßlich, wie ich im Jahre 1918, kurz nach dem Kriegsende, im Frankfurter Opernhaus an der Seite eines Freundes zum ersten Mal Beethovens ›Fidelio‹ wieder hörte, – tränenüberströmt, – und ohne mich dieses Ausbruchs stärkster und mannhaftester Gefühle zu schämen, – vom großen ewigen Anhauch unserer göttlichen Bestimmung, welche Freiheit und Menschenwürde als höchste Lebensideale einschließt, gestreift, und wie von einem Gelöbnis, einer heimlichen Weihe, entflammt und besessen.

»Es sucht der Bruder seine Brüder,
Und kann er helfen, hilft er gern –«

Aus dieser klaren und edlen Melodik wuchs uns ein ebenso klarer, einfacher Leitsatz zu, – und wenn auch späterhin eine tiefere Befassung mit Musik in Bach, Mozart, Schubert, mehr unmittelbar schöpferische Gnade und reinere Gestaltwerdung erkennen mochte, – so bleibt doch Beethoven in ungebrochener und unversiegbarer Leuchtkraft bestehen, als Wecker, Mahner, Verkünder, an der Schwelle einer noch nicht angebrochenen, noch kaum erahnten Zeit und einer neuen, weltumspannenden Lebensliebe.

Wenn ich hier und im Ganzen öfters den Begriff des ›Lebens‹ aufwerfe, so sei damit keinem flachen Positivismus das Wort geredet, etwa im Sinne einer rhetorischen Antagonistik gegen den Tod, dessen endgültige Größe, dessen menschlicher Opferwert nicht angetastet werden soll, und dessen eisige Majestät uns durch jede Lichtstunde begleitet, – sondern das Leben sei in seinem vollen unteilbaren Umfang, in seiner unfaßlichen Ganzheit, in seiner zeugenden und mörderischen Gewalt, beschworen und geliebt, mit jener vollkommenen Hingabe an sein inneres Gesetz, die Nietzsche als ›amor fati‹ bezeichnet. Denn diese Liebe zum Schicksal bedeutet nicht achselzuckende Indifferenz oder widerstandslose Ergebung, sondern das freie Einverständnis, die bewußte Einbeziehung, den Einmut und Einklang mit dem höheren, dem überdimensionalen Sinn des Weltgeschehens. Nicht blinde Unterwerfung unter irgendein motorisches Massengesetz, unter die »Dynamik« des Daseins, sondern freie, selbstbestimmte Einwilligung, also Mitverantwortung im Tun und im Erleiden, ist der Schlüssel aller persönlichen Freiheit und schöpferischen Entfaltung, im Einzelwesen, in der Gemeinschaft, in der Kunst. Kunst wird in diesem Sinne zum ewigen Gleichnis der Natur – des Unsterblichen also im Spiegel der Vergänglichkeit – und Natur zum Gleichnis der heimlich wirkenden Gottheit. –

So sei jene Lust am Leben verstanden, welche uns trotz aller neurotischen Kriegs- oder Nachkriegsstörungen damals besaß, und immer wieder dem Unerreichbaren, dem Unmöglichen, dem Unbegrenzten entgegentrieb. Dorthin auch drängte jener wiedertäuferische Chiliasmus, der sich in der Kunst, im Drama vor allem, auszuwirken suchte, und in alle Sprachgebiete übergriff. Das Begriffliche schien zu abgebraucht, der musikalische Ausdruck zu schwach, die Sprachgrenzen der Völker und Länder zu eng, um die ausbrechenden Gewalten neuer Lebenselemente zu fassen. Rimbaud, Vorläufer der modernen Lyrik und ihres Weltgefühls, begann – oft in fatalen Mißverständnissen – Schule zu machen. Das: »Absurde! Ridicule! Degoûtant!«, mit dem er sein vorzeitig von ihm abgereiftes, jugendliches Geniewerk beiseite warf, um die afrikanische Sphinx, die barbarische Schicksalsgottheit herauszufordern, wurde zum Richtspruch über Maß, Formung und Zucht erhoben. Aber von den Überflüssigen, die sich am Bonmot eines Zeitgenossen berauschten: »Ich finde Europa zum Kotzen!« – (um es aber doch nur gegen Honorarvertrag, und nicht, wie Rimbaud dereinst, ins Ungewisse und Furchtbare hin zu verlassen), – sonderte sich rasch der wirklich produktive, der lebensfähige Kern, um sich in wahrer ›amor fati‹ an allen sachbedingten und selbstbeschworenen Widerständen zu erhärten. Aus der Bereitschaft zur Ekstase, zur Chaotik, zur Maßlosigkeit des inneren Erlebens, gebar sich der Wille zur Form, zur Klarheit, zur Selbstgestaltung. Unser geistig-seelischer Weg führte, aphoristisch ausgedrückt, von Dostojewski zu Goethe, – und dies war keinesfalls ein Rückweg! Der »Mensch als Maaß aller Dinge« löste, klärte, umgrenzte die Hingabe ans dunkel verwölkte, exzessive, gestaltlos wogende Meer der seelischen Affekte. Aus dem Nebel der Weltliebe hob sich die Kontur der irdischen Landschaft, – und Landschaft hatte in diesem Sinne, in welchem sie sich als Nährboden künstlerischen, dichterischen Schaffens darbot, keinerlei sentimentalischen oder stimmungshaften Charakter: man begriff sie als Wesensbestimmung, als formendes Grundgesetz der menschlichen Erscheinung und ihrer körperhaften und sprachlichen Plastik. – So band uns immer noch der Zug einer gemeinsamen Entwicklung, aus der sich allmählich die Abkantung, Kristallisierung der einzelnen Persönlichkeit ergab. Geschlecht, Eros, Frauenliebe, riß in den tiefen, den unerschöpflichen Strom, bereitete das echte, das leibhaftige Schicksal. Und über alledem wölbten sich die milden Himmel der Heimat, die uns mit dem Gleiten und Ziehn ihrer Flüsse und dem sommerlichen Dunst ihrer Gewässer, mit Wiesenheu, Herbstfeuer und Weingeruch, aus jedem Quell und mit all ihren Grazien, segnete und beschenkte, und die uns in unlöslicher Vermählung überallhin, auf jede Wanderschaft, in jede Prüfung und jede Not, begleitet.

Es sei mir erlaubt, an dieser Stelle, und als eine Art von Niederschlag aus den Traum-, Lebens- und Ahnungswolken jenes Frühbeginns, ein Gedicht, oder vielmehr eine monologische Szene aus dem Drama ›Kreuzweg‹ zu zitieren, das ich damals schrieb, und das, so undramatisch im herkömmlichen Sinne, so ungereift und wild-verworren es war, seinen Weg auf die erste Bühne Deutschlands fand und, trotz öffentlichen Fiaskos, auf die Gleichgerichteten eine gewisse Wirkung tat.

Das Stück spielte in einer imaginären Bauernkriegs-Zeit. Ein Mädchen war in einem verlassenen und zerstörten Dorf, gleichsam als Opfer, zurückgeblieben, und erschien mit zwei Eimern in einem Stall:

»Ich bin die niedrigste Magd.
Ich schreite von Stall zu Stall.
Alle Brunnenseile sind gerissen:
Aber ich muß die verlassenen Tiere tränken.

Ich bin von Gott zerstört.
Mein Name ist ausgelöscht.
Zu viel Schatten düstert auf der Erde.
Es können nicht alle Menschen Gottes Kinder sein.

Ich bin von Schmutz beleckt.
Meine Tränen trüben das Wasser.
Aber um die Berge des Westens diamanten

Die Abendstrahlen. Ohne Zahl
Sind Regenbögen tröstlich ausgespannt.
Der Äther wogt. Gestirne kreisen
Langsam einander zu: Wie feierliche Musik.

Einst werden alle kreisend verschmolzen sein.
Hymnische Chöre füllen den schwingenden Raum,
Suchen ist Finden. Rasen ist Ruh. Die Tiere
Wissen von dieser Zeit und wiegen die Häupter.«

★ ★
★

Zwischenspiel

Die Kartoffelkomödie

Als im ersten Frühling des Spanischen Bürgerkriegs die Geschichte vom »Potato-Jones« durch die Zeitungen ging, – jenem eigensinnigen englischen Handelskapitän, der die Blockade von Bilbao brechen wollte, um seine Ladung Erdäpfel anzubringen, – mußte ich, aus keinem andren Grund als aus dem der Namensverbindung, wieder sehr viel an die »Kartoffelkomödie« denken, und, so komisch es klingen mag: die Erinnerung an eine halbvergessene, kindliche und kindische Spielerei im Keller und auf dem Dachboden des Elternhauses spann sich auf sonderbar gründliche, wurzelhafte Weise mit der Planung eines neu fundierten dramatischen Schaffens, und mit einer tiefgreifenden, inneren Auseinandersetzung über die Notwendigkeit und die Zukunft der dramatischen Kunst überhaupt, zusammen. – Ich glaube ziemlich sicher, daß in den wirren und wilden Szenen der Kartoffelkomödie, mit denen wir bei den wenigen gleichaltrigen Zuschauern Gelächter, Gruseln und heimliche Schauer der Seele erregten, all das als Keim und Wurzel steckte, was man in einem Lebenswerk von Stücken aus Anlage, Anschauung und dramatischem Ur-Erlebnis allmählich auszuprägen, herauszumeißeln hat: denn es ist alles in uns angelegt, was den Inhalt und die Bestimmung unseres Lebens ausmacht, es tritt alles schon mit unserer körperlichen Erscheinung zu Tage, – und wir haben nichts Neues zu erfahren oder zu erfinden, sondern ewig Gegenwärtiges, allzeit Vorhandenes, neu zu gestalten, und aus dem Nebel der Ahnung ins Licht der Erkenntnis, der Faßlichkeit, zu heben.

Unwissend und noch dem kreißenden Leben der Vorgeburt sehr nahe, – ja, wie es in Kinder-Ausweisen heißt: »des Schreibens noch unkundig«, also nicht fähig zur Fixierung, – ließen wir in der Kartoffelkomödie, aus dunkler, traumverwandter

Ahnung und von naheliegenden Beispielen her, die dramatischen Konflikte gleich rudelweise los, es gab keine »Entwicklung«, sondern immer nur Hauptaktionen, und unsre Kartoffelhelden durchlebten heroische Kämpfe, grausame Passionen, Siege, Niederlagen und zärtliche Vereinigungen in Hülle und Fülle.

Jetzt möchte man wissen, was eine Kartoffelkomödie eigentlich ist.

Bevor ich aber mehr davon verrate, als daß es sich hier um ewiges Theater handelt, – erlaube man mir eine Abschweifung über das merkwürdige und höchst beachtliche Wesen der Kartoffel. Denn es ist ja kein Zufall, daß es nicht etwa Steckrüben, Krautköpfe, Gurken, sondern gerade Kartoffeln waren, die unsre spielende Phantasie so sehr zur Vermenschlichung anregten. Und ich bin überzeugt, daß die Bedeutung der Kartoffel weit über das rein Wirtschaftliche hinausgeht. Sie ist sicher viel mehr, als nur ein sogenanntes billiges Volksernährungsmittel, – es stecken, außer der chemisch bestimmbaren »Stärke«, tellurische Kräfte aus dem tiefsten, innersten Erdwesen in ihrer wuchernden Wurzelknolle, und, mit vielen andren Erscheinungen körperhafter und geistiger Art zusammen, gehört die Einführung der Kartoffel in Europa, die massenhafte Anpflanzung und tägliche Einverleibung dieser Frucht des Erdenschoßes, zu den Symbolen und Wirklichkeiten einer epochalen Lebenswandlung. Als einer jener Gentleman-Abenteurer, wie sie die englische Weltherrschaft begründeten, sie vom neuentdeckten Land herüberbrachte, ahnte er kaum, daß er seiner Heimat und dem ganzen Europa damit mehr schenkte, als die Kenntnis von etwas Eßbarem, – daß er die große, leibhaftige Erdverbindung zwischen den meergetrennten Kontinenten schuf. Nehmt eine frisch ausgemachte Kartoffel in die Hand, kratzt die Bodenreste von ihrer Haut, betastet, beriecht sie: man kann sich dem Geheimnis ihrer seltsam tierhaften, elementaren Eigenlebigkeit nicht entziehen. In mir jedenfalls erregte die Kartoffel immer den Eindruck eines Geschöpfs von besonderer, mehr als pflanzlicher Artung, – und alles was mit ihr zusammenhängt: jener eigentümliche herbscharfe Geruch ihres reifen Krautes – das Brenzeln der Kartoffelfeuer im Herbst – das muffige, modrig-warme Dünsten aus überwinterten Kartoffelmieten – und auch die Raupe des unheimlichsten und schönsten Nachtschwärmers, des Totenkopf, die an ihrer Pflanze lebt, – oder das Verhängnis des Colorado-Käfers, der sie in Riesenschwärmen überfällt und die Völker ganzer Landstriche dem Verhungern nah brachte – all das atmete stets die gleiche, märchenhafte, fast mythisch bedeutungsvolle Erregung.

Welches Abenteuer, wenn man Kartoffeln – gestohlene gar! – in der heißen Asche briet, – und wie unvergeßlich binden sich mit dem Eindruck bestimmter Länder, Belgien, Nordfrankreich, Westholland, die Gestalten der Kartoffelbrater, die wie anderwärts die Maroniverkäufer hinter glühenden Öfchen an den Straßenecken stehn, viereckig geschnittene Kartoffelstücke ins heiße, siedende Fett werfen, und mit breitem Daumen eine Ladung Grobsalz darüberstreuen, bevor sie das frisch gebackene Zeug, noch bruzzelnd, in ein Stück Papier schlagen.

Unverlierbares, heiteres und schmerzvolles, gnomenhaft bösartiges und heimlich hilfreiches Leben gewann die Kartoffel im Pandämonium des Weltkriegs: noch sehe ich uns, junge Soldaten, unter Führung eines Obergefreiten namens Möglich, der ein Hunsrücker Bauer war, ins nächtliche Kartoffelfeld des alten französischen Ferme-Verwalters schleichen, sehe die seltsam zarte, scharrende Bewegung von Möglichs riesiger Pratze, mit welcher er die reifen Erdäpfel unter dem Kraut herausklaubte, ohne die Staude umzuwerfen oder den Boden sichtbar zu zerwühlen, höre die komisch-bemitleidenswerten Wutausbrüche des Feldbesitzers am andren Morgen, wenn er nichts als Wurzeln fand, und gleichzeitig aus unsrem Quartier den Geruch frischer Bratkartoffeln verspürte. Und mein Eingeweide zieht sich zusammen, denke ich daran, wie wir in unsrer Not an der Somme, von Verpflegung abgeschnitten und ohne die Möglichkeit, Feuer zu machen, die jungen Kartoffeln roh gegessen haben, und wie dann ihre empörte Natur anfing, in unsrem Bauche herumzukrallen und ihn zu foltern, bis es das Blut aus den Därmen trieb und das Fieber durch die Adern jagte, und man mit »Ruhrverdacht« in einer dumpfigen Baracke lag –

Wer möchte zweifeln, daß die Kartoffelgeister ihr eigenes, selbstbestimmtes Leben führen? Vielleicht war es der Hauch dieses Lebens, der um die großen, aufgeschütteten Kartoffelhaufen im elterlichen Keller wehte, und jene fast magische Anziehung auf unsre Phantasie und unsren Spieltrieb bewirkte.

Es gab viele Sorten, sie hatten schöne, merkwürdige, und manchmal befremdliche Namen: die besten – nur zu bestimmten Jahreszeiten vorhandenen – hießen »Mäuschen«, und sahen, klein, langgestreckt, dünnhäutig und mit winzigen, knolligen Ansätzen gleich Beinchen oder Füßchen, wirklich sehr mausartig aus. Dann gab es dicke, schwärzlichbraune Winterkartoffeln, die im Schatten der Keller-Ecke lange fahlweiße Fäden trieben, wie die Bartfäden alter Flußwelse, – und dann kannte man eine Edelart, welche »Magnum Bonum« hieß, im Dialekt meiner Heimat sprach man es »Mangnum Boonum« aus, und das klang wie die Domglocken am Sonntag, und die Kartoffeln wurden »Kadoffele« genannt oder auch »Erdäppel« oder »Krummbiern«, was eigentlich »Grundbirnen« bedeutet. (Geht nicht, auch aus dem Vergleich mit Apfel und Birne, hervor, welche mehr als nutzhafte Schätzung diese Frucht im Wahrsinn des Volkes und der Sprache gewann?) Und jene für Kinder so anziehende Küchenarbeit des Kartoffelschälens, – wenn die kurze, breite Messerklinge immer wieder rundum fährt und den saftigen Leib enthäutet, und die Spitze des Messers vorsichtig eingesetzt werden muß, um der Kartoffel die »Augen« auszustechen, mit denen sie stumm und ein wenig tückisch in die Welt schaut.

Ich glaube, mein Bruder hatte zuerst die Kartoffelkomödie erfunden. Obwohl sechs Jahre älter als ich, neigte er in seiner versponnenen und verträumten Art zu den Phantasiespielen des Jüngeren, mehr als zu dem Herumtoben mit gleichaltrigen Kameraden. Natürlich zog uns der verschlossene, steiltreppige Keller, mit seinem schwärzlichen Gewinkel, wie auch das Gebälk des Dachbodens, die Rumpelkammer, der schon im Wort Gespenstisches anhaftet, und die feuchtseifig riechende Waschküche, besonders an. Diese Räume hatten, vor allem wenn sie unbenutzt und leer standen, fast etwas von dem mystisch geheimnisvollen Dämmerhauch aus weihrauchgetränkten, steinkühlen Domgewölben. Heimlich wurden dort die Kartoffeln gesichtet und gesiebt, und sozusagen der Begabungsnachweis von jeder einzelnen gefordert, bis sie für würdig befunden war, das Schicksal des Schauspielers zu erleiden und ihrer Lebensrolle, dem Gegessenwerden, ehrenvoll enthoben zu sein. Physiognomische und formale Eignung bestimmte dann ihren weiteren Entwicklungsgang.

Schon wurde eine alte Winter-Krummbier zum Kartoffelkönig gekrönt, – aus Goldpapier bekam er die Krone aufgeklebt. Fetzen eines ausrangierten Vorhangs ergaben den Purpurmantel. Die Nase wurde aus einer Karotte oder gelben Rübe geschnitten, und kunstvoll eingesetzt, kleine, schwarzglänzende Kohlestückchen oder farbiger Flußkies und manchmal auch die Glassplitter von grünlichen Bierflaschen, ergaben die Augen. Mit Wattebäuschlein aus der Hausapotheke und graublondem Putz-Werg wurden Bärte und Haare angezaubert. Die Kartoffelkönigin trug einen Schmuck aus Stanniolpapier, die Prinzessin hatte, für die Liebes-Szenen, einen Mund aus Apfelsinenschalen. Schmal und edel, wie die eines Azteken, wirkte die Kopf-Form des Kartoffelhelden, – rabenschwarzes Roßhaar kennzeichnete den Kartoffelschurken und seine Verwerflichkeit. Etwas Lustigeres, schon im Gesichts-Ausdruck, als den Kartoffelnarren, habe ich selten wieder gesehen. Auch gab es Kartoffelzauberer mit magischen Spitzhüten, viele Spielarten der Kartoffelhexen, höchst grausliche Kartoffel-Ungetüme oder -Gespenster, – und der Kartoffel-Tod, völlig abgeschält und schädelartig, mußte immer wieder neu hergestellt werden, da er vertrocknete und vergilbte. Kartoffelbürger mittleren Grades bevölkerten die Straßenszenen oder murmelten bösartig bei Kartoffelverschwörungen, – aber der Kartoffelgeneral trug, schon damals, viele aus Büchsenblech geschnittene Orden und Ehrenzeichen. Die böse Kartoffelschwester war, lange vor der Entdeckung des Vamps, rothaarig und gemein, Kartoffelpriester hatten runde, wohlgenährte Gesichter und lächelten gutmütig oder verschlagen. Staubtücher, Kleider- und Nähabfälle, weggeworfene Hüte, Schnürsenkel, Sackleinen oder buntes Papier, Briefumschläge oder Stanniol von Schokoladetafeln, – es gab nichts, was für die Kostümkammer und den Fundus des Kartoffeltheaters unbrauchbar gewesen wäre. Die Köpfe der Darsteller wurden von unten mit dünnen Holzstäbchen oder entwendeten Stricknadeln angebohrt, so daß man sie hinter der umgestürzten Kiste, welche die Rampe bildete, bequem bewegen konnte, und mit der Zeit wurde sogar ein raffiniertes, der Technik des vorgeschrittenen Puppentheaters verwandtes Fadensystem für die Gestikulation mit Armen und Beinen erfunden. Es gab eine Ur-Kartoffelkomödie, deren Schema den Stücken entlehnt oder verwandt war, die man auf dem Meßplatz im »Kölner Hännesje-Theater«, auf »Schichtl's Zauberbühne«, oder in den ganz primitiven Kasper-Buden sah. Aber die Einzelschicksale der verschiedenen, in diesem Schema festgelegten Figuren wechselten immer und stets, – die Variationen der Abenteuer, aber auch der Charaktere und der persönlichen Ausdrucksweise waren unendlich.

Hier, nämlich im sprachlichen Ausdruck, herrschte im Gegensatz zu der geradezu kultisch gebundenen Grundlinie des gesamten Vorgangs, welcher stets auf ein bestimmtes gottgewolltes Ende, Sieg oder Untergang, hinauslief, – die freie ungebundene Phantasie. Das ging so weit, daß oft im kindischen und hemmungslosen Spiel- und Ausdrucksdrange eine ganz eigene, nicht existierende Sprache für bestimmte Figuren erfunden wurde, die aber dann der Gestalt anhaftete und ihr Eigentum war. Unheimliche oder unerklärliche Laute aus dem Leben, das nächtliche Grölen eines Betrunkenen, oder das Lallen unseres taubstummen Nähmädchens und ihre heiseren Sprechrudimente, wurden zur Vorlage für jene dramatische Eigensprache, aus der dann auch wieder Lieder oder Schlacht- und Jammergesänge entstanden: – furchtbar hallte unser dumpfes »Hauli-Hauli-Hussassa«, beim Auftritt des Todes, durch die Dachsparren, und der entsetzt vor ihm Fliehende krächzte eben wie jenes Nähmädchen, in rhythmischer Wiederholung und unter tänzerischen Verrenkungen, einen ausgesprochenen, erahnten Totentanz, – sein Angst- und Abwehrlied: »Häbärägäh, häbärägäh, nenke denke mankäh!« Ach, ich weiß nicht mehr viel von alledem, und vielleicht hat es auch gar keinen Zweck, daß ich das hier und vor fremden Leuten erzähle, – aber ich wollte doch eben von den Ursprüngen und dem Sinn der dramatischen Kunst sprechen, und von den eignen Anfängen, Versuchen, Wegen und Planungen auf diesem Gebiet, und da finde ich keinen besseren Beginn, und keinen handgreiflicheren Beweis, als jenes Spiel und Beispiel der ersten produktiven Phantasie zu beschwören. – Denn ich bin sicher, es steckte alles darin, was ich jemals in die Lebens-Sprache dramatisch bewegter Menschen zu gießen und zu prägen versuchte, und noch versuchen werde. Und es handelt sich hier um die tiefste Notwendigkeit des dramatischen Schaffens überhaupt: um die nachformende Bannung des Lebens, der Schöpfung, ihrer Zwiespälte und ihrer heimlich bindenden und lösenden Gewalt, um die Darstellung unserer metaphysischen Bestimmtheit, ihres Grauens und ihrer Gnade, – um die produktive Überwindung des Chaos, der Zerspaltenheit, der Moira, der Ananke, der dunklen Sphinx-Sprüche unseres Schicksals. –

Ich weiß, daß ich einmal, nach einer Begegnung zwischen Kartoffel-Held und Prinzessin, deren Liebesinhalt mir selbst nicht im entferntesten klar geworden war, in tiefer, ahnungsvoller Erschütterung fast zusammenbrach, eine Nacht voll heißer und wirrer Wachträume erlebte, und plötzlich Dinge vom Blutstrom und vom nacktesten Leben wußte, welche mir nie gesagt werden konnten – und ich erinnere mich, wie wir einmal plötzlich, Darstellende und Zuschauer, drei oder vier Kinder, mitten in einer Kartoffelkomödie aufhörten, uns anstarrten, hinausliefen, wie vom Unheimlichen und Unsichtbaren angepackt, und die aufquellende Angst im Sonnenlicht und mit lautem Spielgetöse erstickten. Dann haben wir sehr lange die seltsamen erdrunzeligen Gnomengesichter unsrer Kartoffelgeschöpfe nicht mehr angesehen.

★ ★

★

Über die Notwendigkeit der dramatischen Kunst kann es keinen Zweifel und keine Frage geben, und sie ist in ihrer unmittelbaren Wirkung von Mensch zu Mensch, im lebendigen Theater, durch keine noch so lebens- oder kunstnahe technische Ersatzform abzulösen. Mit ihrem Aufhören oder Verkümmern würde die Menschheit auf einen vor-archaischen, auf einen vor-religiösen Zustand zurücksinken, der zu ihrer furchtbarsten Identitäts-Krise, zu ihrer Katastrophe und ihrem geistigen Tod führen müßte. Für den, der das erkannt hat, ist das Bekenntnis zum Theater und das unablässige Weiterschaffen an seiner Ausdrucksform, auch in Zeiten, in denen es nur geringe »Chancen« zu bieten scheint, eine selbstverständliche und keineswegs hoffnungslose Aufgabe. Die gegenwärtigen Weltspannungen sind der Entwicklung einer neuen Dramatik größeren Stils höchst ungünstig, sie saugen ihr gewissermaßen das Blut und den Atem weg, und drängen sie in den luftleeren Raum. Schon seit dem Weltkrieg erlebte das Drama keine große, fruchtverheißende Blüte mehr, aber es gilt in einer solchen Übergangs-Stunde, seine Art zu erhalten, sein heimlich glimmendes Feuer zu hüten, und immer wieder mit seinem Mundhauch zu entfachen. Die Art, die »species«, wird selbstverständlich nicht von dem bestimmt, was man unter Geschmack oder Bedürfnis des Publikums versteht, denn das gibt es in Wahrheit alles nicht. Das Publikum hat keine vorgefaßte Meinung, kein gemeinsames Bedürfnis, und erst recht keinen allgemein bestimmbaren Geschmack. Schon zu sophokleischen Zeiten wird man vermutlich ins Theater gegangen sein, um sich zu unterhalten, oder wohl auch aus Gewohnheit, so wie die größere Menge in die Kirche geht. Es liegt dann einzig und allein an der inneren Wahrheit, an der Überzeugungskraft, an der Lebendigkeit und Bedeutung dessen, was dem Besucher dort geboten wird, um eine Meinung, ein Bedürfnis, einen Geschmack, ein Aufnahmevermögen, in ihm zu wecken und auszubilden. »Tua res agitur« – Dich geht es an, was hier gespielt wird, das ist die Voraussetzung, die jede Wirkung, jeder »Erfolg«, dem Zuhörer erfüllen muß, was aber keineswegs bedeutet, daß das Gebotene irgendwelchen Tagesansprüchen gemäß, sondern nur, daß es aus jener menschlichen necessitas, Not, Notwendigkeit, geboren und von jener tieferen Bedeutung erfüllt sein muß, nach der alle, auch die primitivste Schau-Lust, zutiefst begehrt.

Schau-Bude, Bänkelsang, Circus, Clowns-Komödie, Schmiere – aus diesen Wurzeltrieben wuchs das Theater, und wurde immer wieder vom Geist und von der Magie des dichterischen Wortes zu seinem eigentlichen Leben geweckt. Die Schaubühne ist eine metaphysische Anstalt, mehr noch als eine moralische, und um das zu sein und zu bleiben, muß sie bis in alle Fasern von vitaler Wirklichkeit, vom leibhaftigen Eros, von allen Essenzen des Menschenlebens durchtränkt werden. –

Mein Weg führte von der Lyrik zum Theater, vom monologisch gesprochenen Wort zur menschlichen Zwiesprache, und von der verschwimmenden Form zur gebändigten und konzisen. Eine Zeitspanne, in der ich selbst an der Bühne aktiv tätig war und mich mit ihrer Luft vollsaugte und mit ihrem nur scheinbar äußerlichen Kleinkram herumschlug, mag zur zwanglosen Erfassung ihrer Plastik und ihrer seelischen wie räumlichen Dimensionen entsprechend beigetragen haben.

Auch in diesem Punkt scheint es mir notwendig, vor- und rückschauend auf einer fühlbaren Grenze oder Schwelle, ein paar Sätze »pro domo« zu sprechen.

Denn auch hier war es, durch viele Schaffensjahre und einen ganzen Zyklus unabhängig voneinander entstehender Stücke hindurch, wiederum die Gestalt des Deutschen, und das Ringen mit seinem eigensten, eingeborenen Engel, mit seinem zwiespältig beschatteten und begnadeten Wesen, – was in Scherz und Ernst, in Tragik und Heiterkeit, zur Formung bestimmte, – zur Nachschaffung, Spiegelung, Überwindung zwang. So scheint mir heute im vielbeschrieenen ›Fröhlichen Weinberg‹, in der Welt des Gunderloch, bestes, ja adeliges Deutschtum, Volkstum, gegen seinen üblen Widerpart, sein inferiores Gegenspiel in der Figur des Knuzius, anzutreten und zu obsiegen. Von da geht eine gerade Linie über die naive Tragik des Schinderhannes, den Seiltänzer Knie, das »deutsche Märchen« vom Schuster Wilhelm Voigt, dem »Hauptmann von Köpenick«, und seinem Schwager Friedrich Hoprecht, bis zu dem Kaiser im ›Schelm von Bergen‹, dessen Selbstüberwindung diese Gestaltenreihe abschließen und überdachen mag, – während in der Entwicklung der Frauengestalten, und in jüngstvollendeten, mehr noch in geplanten und entworfenen Arbeiten, vielleicht ein neues, umfassenderes Menschenbildnis und eine neue Weltweite erstrebt und ermessen wird. –

Solange das dramatische Theater lebendig und zeugungsfähig bleiben soll, muß es natürlich immer wieder um seine Fortpflanzung und Erneuerung im Raum und in der Zeit, um seine Sinngebung und seine innere Dramaturgie, kämpfen, im Zug der gesamten Erneuerung unseres Welt- und Lebensbildes.
  Dies alles ist heute im Fluß und, wie ich glaube, in einer fruchtbaren oder keimvollen Umwertung begriffen. Zeitweilige Stagnation oder Stauung ist dagegen kein Beweis. Aber es ist selbstverständlich, daß eine solche Entwicklung nur in voller Freiheit des Geistes und des Gewissens vor sich gehen kann.
  Auch hier scheiden sich die Geister, auch hier gilt es, den eignen Standort klärend und bekennend aufzuweisen, und ich will dieses Kapitel »für die Kunst« nicht beschließen, ohne den Versuch einer dramaturgischen confessio gemacht zu haben, welche als eine Art Prolog, auf dem Theater einer nahen Zukunft gesprochen, verstanden werden möchte. –

Immer noch und immer wieder, hört man – in dramaturgischem Betracht – von den »Motiven« reden, den psychologischen oder rationalen, aus denen heraus oder auf Grund deren jemand etwas tue oder lasse, – und von der Notwendigkeit, jede Handlung, ja jedes menschliche Verhalten innerhalb der darzustellenden Geschehnisse, zu motivieren: das heißt: aus deutlich erkennbarem Grund und Anlaß abzuleiten, – in eine Gesamtlogik einzuordnen, welche vermutlich das gestaltende Prinzip, die Ausgewichtung, die tragfähige Achse des ganzen Phantasiegebildes bedeuten soll.

Ist es aber wirklich ein Phantasiegebilde, was da entsteht, – und gleicht Phantasie dem schöpferischen Nebel, aus dessen Klärung, Verdichtung, Auflösung oder Gerinnung, das wandelbare Bildnis lebendiger Welt geboren wird, – so scheint mir Logik, Kausalität, oder, in menschlichem Bezug, »Motivierung«, das nebensächlichste und unmaßgeblichste all ihrer konstruktiven Elemente zu sein.

Denn ist nicht das Wunderbare und wahrhaft Verewigungswürdige der menschlichen Natur, wie aller Natur überhaupt:

Daß sie, – über einem fürs zeitliche Auge nicht zu umfassenden Grundriß geheimster Planung, – in freiem ungebundenem Kräftespiel, ohne sichtbare Ziele oder Zwecke, ja ohne jede Andeutung von einem begrifflich wägbaren Sinn, – sich unermeßlich entfaltet, – immer wieder sich selbst vernichtend und gebärend, – immer wieder im Wandel unzählbarer Verlarvungen ihr Wesen verbergend, – um es zu gleicher Zeit im Spiegel der großen Zeugnisse und Symbole, in der magischen Durchleuchtung und den Erschütterungen der Seele, in der tragischen wie der lachenden Grimasse, zu entschleiern und darzuleben?

Einfach gesagt, und aufs Nächstliegende bezogen: ist es nicht so, wenn wir die alltäglichsten wie die ungewöhnlichsten Handlungen und Widerstrebungen, Aktionen und Reaktionen, der Nachbarn und Zeitgenossen beobachten, daß ihre eigentlichen Affekte und Anlässe, Umschwünge, Schläge und Gegenschläge, sprunghaft verursacht und geführt werden, das heißt: dem Urgrund des unbewußten Daseins, den Quellen der tieferen Wirklichkeit – entsprungen, – ja, daß selbst bei nächster menschlicher Verbundenheit und Gemeinschaft niemals genau vorauszusehen ist, was ein Mitmensch tun, oder gar weshalb und warum er so handeln wird, wie es ihm geschieht, – daß die kleinsten mikrokosmischen Regungen der menschlichen Emotionalität ebenso gestirnverfallen und schicksalverschworen, ebenso grauen- und wundervoll der irdischen Erkenntnis entrückt sind, wie die ungeheuren Gipfel und Abgründe aeschyleischer Verhängnisse, die Rätsel der Sphinx und die grausame Vorbestimmung der Götter, gegen die es zwar tragische Auflehnung, niemals aber Berufung und Widerstand, rechthaberische Beschwerde oder Revisionsansprüche geben kann. Die großen Urteile – die der Verdammnis wie die der Gnade – sind unwiderruflich für alle Sterblichen, das meint: Lebendigen – gesprochen, – und unser Teil ist es, sie ringend und überwindend zu erfüllen, das meint: zu gestalten.

Dies wußten die Kirchenväter, welche den freien Willen des Menschen als das gestaltende, das selbst-gestaltende Prinzip innerhalb seiner Determiniertheit, als Mitverantwortung im Tun und im Erleiden, und keineswegs als einen Gegensatz zur göttlichen Fügung, erkannten.

Dies meinte Augustinus, als er das Wort prägte: Des Menschen Herz ist ruhelos, bis es ruhet in Gott.

Und wie das Köstliche, das Nie-Verlierbare, an der zeitlich vergänglichen Leidenschaft, an der Körperliebe zweier Menschen, jener Strom von Vertrauen ist, der sich plötzlich aus der lockenden, hinreißenden Fremdheit ergießt, – jene erschütternde unio mystica, bei der sich, wie bei der chemischen Verbindung, ein Neues, Ungekanntes, in elementarem Niederschlage »darstellt«, – und wie bei all solcher stürmischen Verschmelzung und all dem Glauben, der sich leiblich wirksam erweist und also keinen Zweifel duldet, doch noch immer ein kleiner Vorbehalt, ein kleiner Rückbezug, eine letzte Spur von Täuschung, Lüge, Ungewißheit, im Innersten der einander sich Hingebenden übrigbleibt, – was nichts anderes bedeutet als die geheime Bereitschaft zur Selbsterhaltung, – und wie gerade in diesem Rückhalt allein die wahrhafte Kraftquelle, daraus der Liebende schöpft und spendet, wie gerade in jenem Lippengeschmack der Vergänglichkeit allein die ewige Essenz, das Elixier des Lebens spürbar und trinkbar wird. –

So tut sich im Wandelbaren und Motivlosen der menschlichen Natur, im Sprunghaften und Antilogischen ihrer Handlungen, im blindlings Getriebenen, Unkorrekten, bewußtlos Wallenden und Strömenden, kurz: im Lebendigen, – in der Stärke, Gewalt und Unerbittlichkeit des Lebens, – jener Wahrsinn dar, den wir aus Ahnungs- und Traumgründen her als den göttlichen, – jene

Schönheit, die wir als heimliches Maß aller Dinge, als die himmlische und urewige, in uns tragen, – und die wir im gottversuchenden, im luziferischen Drange des künstlerischen Schöpferwillens, auf die Erde herabzwingen.

Mag also das Drama auf rationale und logische Zweckhaftigkeit, auf »Motivierung« und auf didaktische Augenblicksziele, auf »Tendenz« im direkten Sinn, zugunsten überzeitlicher Lebensgestaltung, getrost verzichten, – so bleibt es doch stets den metaphysischen Mächten voll verantwortlich, und jenem irdisch-himmlischen Dreigestirn verschworen, auf das sich all unser Glaube und unsre Hoffnung gründet:

Schönheit, Wahrheit, Menschlichkeit.

V Pro mundo

Als diese Schrift begonnen wurde, aus einem sehr persönlichen Anlaß, zu Weihnachten 1937, da hatte ich noch ein Haus, es stand in Österreich und umschloß, was man in mehr als einem Jahrzehnt glücklich bestirnten Lebens aufbauen, hegen und liebgewinnen kann. Aber kurz bevor ich es verlassen mußte, und ohne noch daran zu denken, – vollendete ich ein Stück, in dem ein Veteran, der alle Härte des Lebens erfahren hat, den Wahlspruch äußert: »Ein Schuft, wer sich beklagt!« – und in dem ein Todgezeichneter, den man aus seinem Lande vertreibt, den Trinksegen ausbringt: »Auf jede, – jede Heimat in der Welt!«

Das Lebens-Haus, das unser Sein und Handeln, unsren inneren Besitz, unsren Glauben und unsere Liebe bedacht, ist unverlierbar, es weitet und festet sich mit unseren Geschicken, – und aus dem »pro domo« Begonnenen wird ein Bekenntnis und eine Aussage für die Welt.

Noch jung genug, um Jugend lieben, empfinden zu können, und an ihrem unbedenklichen Wagnis teilzuhaben, – und doch nicht mehr zu jung, um die Klippen und Untiefen in ihrem Kurs, die gebrechliche Bauart ihres Drachenschiffs, und den Sog, die saugenden Strudel ihrer Gefährdung, zu übersehen, – wende ich mich zu den Beginnenden und Werdenden, denen die größere Prüfung noch bevorsteht, und die es in ihrem Mut und ihrem Selbstvertrauen zu bestärken gilt.

Denn es ist weder sinnlos noch ohne Hoffnung, – auch heute!, auch in versprengter und verzweifelter Lage, – für das zu kämpfen und einzustehn, was man als wahr und gut erkannt hat. Diese Selbstverständlichkeit muß ausgesprochen werden, denn sie wird leider vielfach angezweifelt und durch einen rückgratlosen Kismetismus, oder ein »Mitmachen« mit dem, was man im Augenblick für das kleinere Übel hält, ersetzt. »Erst muß man sich irgendwie sichern«, sagte vor kurzem ein jüngerer Autor zu mir, um eine überzeugungslose Position auf der Seite der Stärkeren zu rechtfertigen, – »man haut mit, oder man wird gehauen.« Wie weit ist das von jener amor fati entfernt, ohne die es keinen Halt und keine echte Überwindung gibt! Selbst in Erdbeben- oder Flutgefahr werden die Menschen nicht aufhören, an ihrem Hause zu bauen, – und selbst wenn die Flut es verschlingt, so war die Arbeit nicht umsonst getan. –

Noch ist der Krieg nicht zu Ende.

Mag sein, daß er in seiner furchtbaren und entscheidenden Gewalt, der sich kein Volk und kein Einzelner wird entziehen können, erst beginnt.

Mag sein, daß die Generation, von der ich hier berichtet habe, verschwinden wird, – ohne das Land, das wir von ferne sehn, noch zu betreten: die Welt des wahrhaften Friedens, der gegenseitigen Hilfe, der befreiten, schöpferischen Liebe.

Vielleicht werden noch mehr Generationen, vielleicht wird ein Teil der heute lebenden Menschheit hinsinken auf der Schwelle, der wir uns unaufhaltsam nähern.

Aber es ist so gewiß, daß sie erreicht wird, wie sich am Abend der Schlaf auf unsre Lider senkt, und das Licht sie am Morgen durchrieselt. – Welche Phantasielosigkeit, welche geistige Armut, zu folgern: weil etwas »immer so war«, werde es auch immer so bleiben.

Was wissen wir schon vom »Immer«, – was überblicken wir vom Gewesenen? Sicher nicht mehr, als vom Seienden und von der Zukunft.

Aber in Mythen und Sagen sind uns die Wandel der Zeitalter verkündet, ist ihre Wiederkunft verheißen, und aus Träumen, Erinnerungen, Ahnungen, taucht stets das Goldene auf als die sehr starke und leibhafte Vorstellung von einer freudevollen, aus fruchtloser Zwietracht befreiten Welt, darin der Funken jener Liebe, wie sie die Geschlechter über alle Trennung immer wieder zusammenreißt, auch die Feuer der hephästischen Schmiede entzündet und ihr Wirken vergöttlicht.

Von den Gefährten einer glücklicheren Zukunft mögen die Rufe der längst Versunkenen schauernd gehört werden, und sie mögen wissen, daß die Träume, in den Tiefen der Abgründe, im

Brausen der Vernichtung geträumt, die leuchtenden Konturen einer gipfelnahen Welt aus dem Dunkel hoben.

Vielleicht auch wird die Stimme der Wahrheit und des Gewissens, die aus der echten Kraft geboren ist und die sich nicht heiser zu schreien braucht, den Lärm, der sie jetzt übertobt, viel rascher besiegen, als es heute den Anschein hat: wie dem aber sei, und welches Los uns geworfen ist, – wir haben den Ruf und die Bestimmung: zu überleben.

Wir haben eine Art zu erhalten, die nicht aussterben darf, wir haben die Kunde weiterzugeben von der Grenzenlosigkeit und Größe des menschlichen Geistes, von der Gewalt des innerlichen Lebens, von der unermessenen und unzerstörbaren Freiheit unserer Seele, – jener »Freiheit des Christenmenschen«, die der Europäer, der Nachkomme der Antike, der Erbe des klassischen Ideals, der Welt und ihrer Zukunft darzuleben hat, wie kein anderer, der heute atmet.

Ich weiß, wie unendlich schwer es ist, gerade für jüngere Menschen, die nach Bindung, Gemeinschaft, klarer Richtweisung verlangen, und die nicht rosten wollen, sondern in offenem Kampf ihre Kräfte erproben möchten, – sich, von Schlagworten unverführt und unbenebelt, zu orientieren. Allzuleicht schwankt der innere Kompaß zwischen verzweifelten Extremen.

Und es haben sich fast alle weltanschaulichen Zusammenfassungen und Gruppierungen, die uns überkommen sind, im Lauf der letzten Jahrzehnte gelockert oder gefährlich kompromittiert. Der Sozialismus, die große Entdeckung und Hoffnung des vorigen Jahrhunderts, ebenso sehr durch Machtlosigkeit und Verflachung, wie durch die tödliche Starrheit seiner diktatorischen Entfaltung und seines nationalistischen Gegenspiels. Die Geldherrschaft andrerseits, auch im demokratischen Gewande, kann ebensowenig unser Ideal bedeuten, wie ein formaler, vom Parteien- und Gruppen-Interesse abhängiger Parlamentarismus. Aber es handelt sich ja nicht allein um die politische und soziale Lebensgestaltung, sondern in viel höherem Maße um das verantwortliche innere Weltbild. Im Begriff, die Lauheit und Inhaltsleere einer rationalistischen Denkart zu überwinden, welche Natur und Geist zu Trägern kleinlicher Zweckhaftigkeit herabwürdigte, – stehen wir vor der schwersten und prüfungsvollsten Krise des Christentums, das im Weltkrieg nicht über Allen, sondern bei Allen stand, und dadurch in seiner erdumfassenden Bedeutung stark erschüttert wurde.

Wohin also mit uns?

Bleibt uns noch, wie den Vertriebenen und Überlebenden der vorigen Jahrhunderte, eine »Neue Welt« zu erobern, – ein Land der »unbegrenzten Möglichkeiten«?

Oder finden wir auch dort bereits, nur in anderen Äußerungsformen, die gleichen Scheuklappen und Sperrgrenzen, die gleiche Not und die gleiche Zwietracht, die wir hier zu überwinden haben?

Ich glaube, es ist belanglos, in welche Himmelsrichtung man sich wendet: der innere Weg liegt klar und offen vor uns.

Je kleiner der Kreis wird, in dem uns zu leben und zu wirken erlaubt ist, desto größer wird die Welt, die es zu durchdringen gilt.

Je enger die Grenzen, desto weiter das Herz.

Und je komplizierter, verworrener, abgründiger die äußeren Zeitumstände, je unüberschaubarer die Bezirke unsres Wissens und Erkennens, – desto klarer und einfacher, primitiver und selbstverständlicher wird wieder die menschliche Grundhaltung, – die innere Schau.

Wer immer fragt, – nur dem Liebenden wird Antwort.

Wir wissen, daß es die schöpferische Kraft der Liebe gibt, und wir bekennen uns zu ihr.

Wir wissen, daß Wahrheit, Schönheit, souveränes Menschentum, auf der Erde denkbar und erreichbar ist, und wir bekennen uns dazu.

Wir glauben an eine soziale Gerechtigkeit, das heißt: an Befreiung vom Druck und vom Zwang der äußeren Lebensnot, – und wir glauben an eine neue, menschen- und geistnahe Religiosität.

Wir wehren uns gegen den Untergang, wir kämpfen um unser Dasein, wir wollen leben: aber in einer freien und menschenwürdigen Welt. Wo diese Welt bereitet, wo ihrem Sinn und ihrer Luft entgegengeatmet wird: dort steht unser Haus, dort geht es um unsere Sache.

Und unterm Himmel dieser klaren Entscheidung mag die Kunst, der wir verschworen sind, über die Grenzen ihres Ursprungs hinauswachsen.

Denn die Kunst muß aus den Wurzeln ihres Bodens emporstreben, ins Überwölbende, – und wer ihr dient, muß »über sich selbst hinaus«! Die Beschwörung der Erde bleibt eine dumpfe Formel, wenn sie nicht himmelsträchtig wird, – lucide und geistbefunkelt, – weltschwingenweit. – So glaube ich, daß es im weitesten und vollsten Sinne wieder der Mensch sein darf, den wir als Gegenstand und Mittelpunkt aller Kunst- und aller Lebensgestaltung, Sinngebung, erkennen, – der Mensch als organisches Wesen, als Erd- und Himmelsgeschöpf, als »homo universalis«, – und nicht ein besonderer, soziologisch oder ideologisch fixierter Menschentypus.

Eine neue Typologie, eine Festlegung der Gestalt des heutigen oder zukünftigen Menschen, scheint mir höchst überflüssig, und führt in die Enge der doktrinären Verkrampfung.

Es ist müßig, den technischen, dynamischen, militanten, politischen oder überhaupt irgendeinen »Typus« aufweisen und ihm ein Primat zuerkennen zu wollen. Ich glaube nicht, daß sich daraus neue positive Bindungen ergeben. Ebensowenig glaube ich an jene Bindung oder Abgrenzung, die man heute als »Gemeinschaft des Blutes« feststellen möchte, – jenes höchst imaginären Blutes, dessen Substanz man durch Papiere nachweisen muß, und das mit Bluthaftigkeit, mit der geheimnisvollen Elementarkraft, die unser Herz und unsere Gewebe durchtränkt, wohl nichts zu tun hat, – so wenig wie menschliche Rassigkeit mit einer schematisierten Rasse.

Aber ich glaube und vertraue einer übergeordneten und unveräußerlichen Gemeinschaft, die sich auf Kultur und Überlieferung, auf das Gewachsene und Gewordene, auf Treue und Echtheit gründet.

Ich glaube aus dieser Überzeugung an das Deutschtum. Mag es auch heute, so weit es sich nicht selbst verleugnet, in Katakomben atmen oder vom ahasverischen Schicksal ereilt sein, und mit den einzelnen, die sich ihm zugehörig wissen, in die Welt versprengt, – so wird es eben in der Welt, und für die Welt, niemals aber gegen sie versteift und verschlossen, seine lebendig fortzeugende Wirksamkeit erweisen.

Denn die besondere Mitgift, die besondere Berufung, die besondere Gabe und Aufgabe des Deutschen heißt: Weltbürgertum, im Sinne seiner geistigen und musischen Wegbereiter, im Sinne Herders und Lessings, im Sinne Goethes, des größten deutschen und europäischen Menschen.

Weltbürgertum: aus der engen Behausung des Kantors Johann Sebastian Bach, aus der heimatverschworenen Frommheit des Vater Haydn, aus dem hart umgrenzten, früh zerschellten Leben des Götterlieblings Schubert, aus der selbstbeschiedenen Innigkeit der Claudius, Eichendorff, Mörike, – tönt es, strömt es, atmet es grenzenlos ins Weite.

Weltbürgertum, – starke und liebende Erschlossenheit für die Welt, – Weite des Herzens und Klarheit des Verstands, – aus Kraft geborene Milde, Inbrunst, Innigkeit, – das ist die legitime Erbschaft, die uns das Deutschtum mit auf den Weg gegeben hat, und diese Erbschaft unverfälscht zu bewahren, zu mehren, weiterzugeben, sei unser höchstes, durch kein Unrecht und keine Bitterkeit zu trübendes Ziel.

Jedes Volk, jeder Einzelne, verliert sein Gesicht, wenn es sich in fanatischer Engherzigkeit verzerrt. Aber keinem irdischen Antlitz steht die krampfhafte, die erstarrte, die aggressive, feindselige, verbißne Grimasse schlechter an, als dem deutschen. Ihm bleibe die Klarheit der Stirn und des Auges, der Ernst und das Lächeln, die schöne Bewegtheit und die tapfere Fassung, ihm bleibe Würde, Charakter und freies, heiteres Menschentum, über Zeit und Zeiten hinaus, erhalten.

Ich will – zur Beglückung und Bereicherung für alle, die es nicht kennen sollten, zur kostbaren und tröstlichen Erinnerung für Jeden, dem es fester Besitz ist, – das ›Abendlied‹ des Matthias

Claudius hierher setzen, indem ich es als die Inkarnation eines deutschen Welt-Gebetes, – und eines Gebetes für die Deutschen und um die deutsche Seele, – begreife.

> Der Mond ist aufgegangen,
> Die goldnen Sternlein prangen
>   Am Himmel hell und klar;
> Der Wald steht schwarz und schweiget,
> Und aus den Wiesen steiget
>   Der weiße Nebel wunderbar.
>
> Wie ist die Welt so stille
> Und in der Dämmrung Hülle
>   So traulich und so hold,
> Als eine stille Kammer,
> Wo Ihr des Tages Jammer
>   Verschlafen und vergessen sollt.
>
> Seht Ihr den Mond dort stehen? –
> Er ist nur halb zu sehen
>   Und ist doch rund und schön!
> So sind wohl manche Sachen,
> die wir getrost belachen,
>   Weil unsre Augen sie nicht sehn.
>
> Wir stolze Menschenkinder
> Sind eitel arme Sünder
>   Und wissen gar nicht viel;
> Wir spinnen Luftgespinste
> Und suchen viele Künste
>   Und kommen weiter von dem Ziel.
>
> Gott, laß uns dein Heil schauen,
> Auf nichts Vergänglichs trauen,
>   Nicht Eitelkeit uns freun!
> Laß uns einfältig werden
> Und vor dir hier auf Erden
>   Wie Kinder fromm und fröhlich sein!

Wollst endlich sonder Grämen
Aus dieser Welt uns nehmen
Durch einen sanften Tod.
Und, wenn Du uns genommen,
Laß uns in Himmel kommen,
Du unser Herr und unser Gott!

So legt euch denn, ihr Brüder,
In Gottes Namen nieder;
Kalt ist der Abendhauch.
Verschon uns, Gott! mit Strafen,
Und laß uns ruhig schlafen
Und unsern kranken Nachbar auch.

Was an Einfalt und Milde, an Weisheit und innerem Adel, ein Volk aus seinem tiefsten Herzen, aus der ewigen Seligkeit seines Wesens, herausheben und der Welt darbringen kann, scheint mir in diesen Versen erfühlt und beschlossen. Es ist ein deutsches Gedicht, und ein Bekenntnis über Volk und Zeit hinaus.

Vor einigen Jahren, im November 1932, versuchte ich in einer Rede, die ich zu Gerhart Hauptmanns siebzigstem Geburtstag, noch in Berlin, gehalten habe, mein eigenes Bekenntnis zu diesem, dem wahren, Deutschtum zusammenzufassen, und ich glaube, es auch heute und nach der dazwischenliegenden Zeitspanne nicht anders und nicht deutlicher ausdrücken zu können:

»Deutsch-Sein hieß immer und in all den großen Erscheinungen, die allein eine Volkheit verewigen: Künder der Menschenwürde sein.

Menschenwürde heißt: Inkarnation all dessen, was den Menschen frei, groß, ewig macht, – was in ihm, dem Weltgeschöpf, den schöpferischen Funken schürt und hütet.

Menschenwürde heischt alles das, was der Mensch an unverbrüchlichen Rechten zu fordern hat: die allgemeine, die persönliche und die geistige Freiheit, aus der eine höhere Ordnung und Bindung erst erwachsen kann. – Dieses größere Deutschland, das Deutschland des Geistes, des Rechtes, der Freiheit brennt heute heißer und schmerzhafter in unseren Herzen als je. Und mehr als zu allen Zeiten muß der Dichter heute sein Anwalt, sein Bewahrer und Verkünder sein.«

In dieser Meinung und in diesem Geist begann und beschließe ich den Versuch, für mein Haus und für die Mitwelt zu sprechen.

In dieser Meinung und in diesem Geist grüß ich die Kunst, grüß ich die Welt, grüß ich das wahre, das künftige, das unvergängliche Deutschland

im Jahre des Herrn
1938.

Betrachtungen

Scholar zwischen gestern und morgen

Ich habe es übernommen, als Dank für die mir heute erwiesene Ehrung durch die Heidelberger Ruperto-Carola* etwas zu versuchen, wozu mir im Grunde die Eignung und das Rüstzeug fehlen, nämlich: eine akademische Festrede zu halten. Dieses Unternehmen scheint mir aus zwei Gründen äußerst gewagt. Einmal bin ich kein Akademiker – ich habe, obwohl ich an dieser Stätte akademischer Traditionen einmal Student gewesen bin, nie wirklich und konsequent studiert, nie eine akademische Laufbahn abgeschlossen und mit Ausnahme einer kurzen und wenig erfolgreichen Episode in Amerika, die aber nur der Theaterschulung galt, nie eine Lehrtätigkeit ausgeübt. Gelehrsamkeit gehört nicht zu den Eigenschaften und Disziplinen, denen ich Existenz und Ansehen verdanke. Ich glaube, mein Handwerk gelernt zu haben – das ist der Umgang mit der Sprache in ihrer künstlerischen Anwendung, vor allem in der erzählenden und dramatischen Form. Man hat mich zweimal durch die Verleihung des Doktortitels, honoris causa, ausgezeichnet, ohne daß ich die Nöte eines Examens bestehen mußte. So fühle ich mich ungenügend legitimiert, um vor einem Gremium akademischer Würdenträger und solcher, die es werden wollen, das Wort zu ergreifen.

Zum zweiten scheint mir der Anblick unserer Welt, wie wir sie in den Fußtapfen unserer Väter beschritten haben und wie wir sie denen, die heute in die unsren treten, hinterlassen, kaum geeignet, um eine besonders festliche Stimmung zu erzeugen. Trotz allen Fortschritts, der in den vergangenen Menschenaltern erreicht worden ist, sind wir nicht imstande, der Jugend eine heile oder in einem erkennbaren Heilungsprozeß begriffene

---

* Am 23. November 1967 wurde Carl Zuckmayer zum Ehrenbürger der Universität Heidelberg ernannt. [Anm. des Hrsg.]

Welt zu übergeben, in der die Aussichten der Völker und des Einzelnen auf eine friedliche Existenz und auf eine ungestörte, kontinuierliche Entwicklung auch nur einigermaßen gesichert sind. Weder im rationalen, technischen, noch im ethischen und politischen Bereich scheinen solche Sicherungen gegeben, die uns berechtigen würden, Feste zu feiern, wie sie mir als die einzig feiernswerten erscheinen: Feste des Friedens und der Versöhnung.

Wir haben den Gefahren einer gespaltenen, einer in sich selbst zwiespältigen Welt ins Auge zu sehen, die sich nicht totschweigen oder durch Manifeste, auch nicht durch akademische Reden beheben lassen.

So mögen wir den Anlaß und den Inhalt dieser Ansprache weiter fassen: Das Akademische sei für uns nicht Theorie, auch nicht der Grad des erlernten oder erlernbaren Wissens, sondern der volle Umkreis des Lernens schlechthin, also Lebenskunde, der Drang nach Wissen, Erfahren und Erkennen, als Rüstzeug zum Handeln. Das Festliche aber, über die besondere Bedeutung dieses Tages für die hiesige Universität und über die persönliche Freude hinaus, die dieser Tag mir gebracht hat, sei der Inbegriff menschlicher Verbundenheit im geistigen Raum, die Gemeinsamkeit allen humanen Empfindens und humanistischen Bestrebens und die heute wie immer darin eingekernte und allem Lebendigen eingeborene Hoffnung.

Gibt es eine *summa festiva* in unserer Welt, die immer, seit dem Beginn frühester menschlicher Kulturen, imstand und berufen war, den Menschen über sich selbst hinaus zu erheben und in ihrer strengen und heiteren Gestalt, mit ihren finsteren wie ihren lichten Gebilden innerlich zu entflammen, so ist es die Kunst, oder besser gesagt: sind es die Künste. Künste und Wissenschaften aber sind zutiefst verbunden und wahlverwandt. Man irrt, wenn man sie als Gegensätze verstehen will: Hier die exakte Arbeit des logischen Geistes, dort das freie Spiel der Phantasie oder die Formung des intuitiv Geschenkten. Intuition und Phantasie gehören zum schöpferischen Wesen überhaupt, wobei man als schöpferisch all das verstehen darf, was den vorhandenen Wertbestand durch neue Erkenntnis oder neue Gestaltung vermehrt. Wissenschaften und Künste sind, wie Jacob Grimm das von Poesie und Recht erklärte, aus dem selben Bett aufgestanden, aus der Wiege nämlich des *homo ludens*, des Menschen, dem schon im vorbewußten Kindesalter der Spieltrieb innewohnt und ihn, aus Not oder Neugier, zum Versuch, zum Experiment, zur Erfindung und schließlich auch zur Bannung, Beschwörung, Darstellung der ihn bedrängenden Lebensmächte antreibt. So bleibt selbst der *homo faber*, der technische Hephaistos unserer Tage, dem ursprünglichen Spieltrieb insgeheim ergeben, und die rationale Absicht ist immer, zumindest im Unbewußten, von den Strömen der Phantasie unterwandert und von intuitiver Schau inspiriert. Künste und Wissenschaften wohnen beide am Grenzgebiet der menschlichen Existenz und fordern uns zur Erreichung des Unmöglichen heraus. Wir dürfen sie geschwisterlich betrachten und feiern, wo immer es um eine Feier des Geistes geht.

Denken wir nur an die nahe Verwandtschaft der abstraktesten aller Wissenschaften, der Mathematik, mit der lieblichsten aller Künste, der Musik, die nach Shakespeare »der Liebe Nahrung« ist – wobei wohl vor allem der Schmelz der Töne, der sinnliche Zauber von Klang und Rhythmus gemeint ist, wie er dem Geheim-Code der Mathematiker abgeht. Allerdings hat man bei Erzeugnissen jüngster Musik manchmal den Eindruck, man müsse erst Mathematik studieren, um sie hören zu lernen – womit keine Kritik ausgesprochen werden soll, nur das gewisse Staunen des früher Geborenen und anders Geschulten. Doch wenn ich meinem Freund Paul Hindemith beim ›Komponieren zusah‹, was in seinem vorletzten Lebensjahr, in dem uns eine gemeinsame Arbeit beschäftigte, öfters vorkam, und beobachtete, wie er mit seiner spitzen flinken Feder in erstaunlicher Sauberkeit und Klarheit die Noten seiner keineswegs unkomplizierten Partitur setzte, so mußte ich immer denken, daß hier ein ebenso genaues und ernsthaftes Spiel getrieben wird, wie wenn einer, der zwar gern, gut gelaunt und mit dem Geschick eines Zauberkünstlers, mathematische Aufgaben macht. Kunst und

Wissenschaft scheinen mir ebenso wenig im Kontrast zu stehen wie Verstand und Gefühl, aus deren gegenseitiger Durchdringung und Ergänzung erst das entsteht, was man als menschliche Vernunft oder gar als Weisheit bezeichnen darf. Der denkende Mensch bedarf nicht nur der ästhetischen Werte als Korrelativ zur Abstraktion, sondern auch des einfachen, unbefangenen Empfindens, welches natürliche Grenzen setzt, damit der Verstand nicht mit ihm ins Uferlose davonjagt. Nicht ohne Beklemmung las ich kürzlich einen Satz des bedeutenden Kernphysikers Max Born, in dem es heißt: »Die Raumfahrt ist ein Triumph des menschlichen Verstandes, und eine Katastrophe der menschlichen Vernunft.« Wenn ein Mann der exakten Wissenschaft derartiges äußert, so darf man es wohl als eine Warnung verstehen: über dem rapiden Fortschritt unserer technischen Möglichkeiten den Verstand nicht zu verlieren. Nach Vernunft aber zu streben, die stets auch den Gedanken an Wohl und Wehe der lebenden und der künftigen Generationen einschließt, scheint mir das eigentliche Ziel allen Lernens und Lehrens, und der Geistesbildung überhaupt.

Ich habe für diese Ausführungen den Titel gewählt: Scholar zwischen gestern und morgen – und ich bitte, das Wort ›Scholar‹ nicht als eine altertümelnde Floskel aufzufassen, für die man ebenso gut ›Student‹ sagen könnte. Student ist man während einer ganz bestimmten Lern-, Entwicklungs- und Ausbildungszeit seines Lebens. Scholar bleibt der Wißbegierige, dem es darauf ankommt, am Geschehen seiner Zeit und am eignen Geschick oder Mißgeschick zu lernen, sein Leben lang. Er bleibt Scholar, er wird sich immer als solcher fühlen, so lang er sich noch für irgend etwas außerhalb seines reinen Fachgebietes interessiert, für etwas, das er nicht beruflich gelernt und erprobt hat, das ihm Überraschungen bietet und sein Weltbild erweitert oder auch abwandelt, wie für mich zum Beispiel die Befassung mit der Naturwissenschaft. Und so steht er natürlich immer zwischen gestern und morgen, hat es bereits zur Zeit der fahrenden Scholaren oder des Doktor Faust und seines Famulus getan;

dennoch scheint mir dieses Leben im Heute als einem gewaltigen, ungeahnten Übergang für unser Jahrhundert besonders charakteristisch zu sein. Vielleicht wurden die Grundlagen zu dem, was uns heute als enorme Umwälzung im Denken und im Geschehen anmutet, schon im vorigen Jahrhundert gelegt. Ganz heftig in unser Bewußtsein getreten sind sie erst durch die Katastrophen, deren Zeugen oder auch Mittäter wir Menschen des zwanzigsten Jahrhunderts geworden sind und die mit dem Ersten Weltkrieg begannen. Denn einen Weltkrieg und den Begriff der Materialschlachten, unter Einsatz aller technisch herstellbaren Vernichtungsmittel, hatte es bisher nie gegeben, und es ist kein Zweifel, daß er das Ende eines Zeitalters einleitete, welches sich selbst, in der Vorstellung der damals Tonangebenden, für friedlich, fortschrittlich, aufgeklärt, human, konstruktiv und gesittet hielt – wir dürfen es, ohne jeden ironischen Beigeschmack, eher mit einer leisen Wehmut, das bürgerliche nennen. Das ist gewiß auch heute noch nicht zu Ende, so wie das Römische Reich nicht zu Ende war, als es eigentlich schon nicht mehr existierte. Doch ist es, seit das Trommelfeuer die Unterstände an der Somme und bei Verdun erschütterte, seit die erste Fliegerbombe fiel und seit auf dem Kreml in Moskau die rote Fahne gehißt wurde, gleichsam von einem Fernbeben befallen, das alle Länder und Meere berührt und das die größten Wohlstands- wie die größten Notstandsbezirke der Welt gleichermaßen vor ein Novum stellt.

Dieses Novum verspürten wir, eine kleine Gruppe junger Scholaren, die im Frühling 1919, zu Beginn des ersten Sommersemesters nach dem unglücklichen Krieg, die Ruperto-Carola bezog, besonders stark, ja wir empfanden uns als dessen ausgesprochene Repräsentanten. Nun wird ja immer eine neue Generation zu dem Glauben neigen, daß mit ihr erst die Welt begänne, und die Älteren werden immer oder fast immer das Frühere und Vergangene beklagen, da es die bessere Zeit gewesen sei. Nämlich die Zeit der für sie gültigen und von ihnen weitergeführten Traditionen. Daß wir alle immer wieder aus Traditionen leben und denken, auch wenn wir gegen sie ankämpfen, daß wir sie als eine Art von Erbkoordination in uns tragen, läßt sich erst im Lauf eines langen Lebens erkennen. Damals fanden wir die Alten lächerlich, die davon sprachen, wie viel besser und nobler das Studententum doch zu ihrer Zeit ausgeschaut habe, und was für prachtvolle, klardenkende Burschen sie selbst in ihrer Jugend, im Gegensatz zu uns Wirrköpfen und Aufrührern, gewesen wären. Schon unsere Väter und Großväter haben das Lied von der »alten Burschen Herrlichkeit« gesungen, die ins Unwiederbringliche geschwunden sei. Historisch gesehen, war damit wohl die Zeit gemeint, in der die deutschen Studenten, besonders die damaligen studentischen Corporationen eine aufwühlende und maßgebliche Rolle im nationalen und politischen Leben gespielt haben, die der Corps um 1810 bis 1815, die der Burschenschaften um 1848. Emotionell stellt diese Verklärung der vergangenen Zeit weniger eine Erinnerung an existente Verhältnisse dar, denn diese waren gewiß niemals ideal, sondern eine Art von Heimweh nach der Jugend, nach der Zeitspanne, in der man selbst noch erlebnisfrisch, eindrucksbereit, tatkräftig und auch im besten Sinne anpassungsfähig, nämlich an das überzeugende Leitbild, war, denn diese Zeit gibt es, rein biologisch, in jedem Leben nur einmal, selbst bei den ungewöhnlichen Menschen, die im fortschreitenden Wachstum zu neuen Triebansätzen fähig sind. Wir, jener kleine Kreis Heidelberger Studenten nach dem Ersten Weltkrieg, standen durchaus im Banne eines solchen Lebensgefühls, das durch den schon vor dem Krieg in der modernen Literatur und Kunst aufgeklungenen, chiliastischen Tonfall akzentuiert wurde. Für uns war der ›Jüngste Tag‹ angebrochen, den wir aber keinesfalls als das Ende aller Tage betrachteten, sondern eigentlich erst als den Anfang einer menschenwürdigen Welt, wir hielten uns zu deren Wegbereitern für berufen, und wir erlebten gleichzeitig noch einmal eine Hochblüte akademischer Tradition, an der wir uns bilden und formen konnten. Ich will nun keineswegs in den Fehler verfallen, den ich vorher gekennzeichnet habe: nämlich ›unsere‹ Studentenzeit als die bessere, unwiederbringliche hinzustellen. Im

Gegenteil: Ich glaube, daß es um den Großteil der heute Studierenden, ich meine jetzt nicht die äußeren Verhältnisse, sondern die innere Haltung, besser bestellt ist als damals. Denn die, von denen ich hier spreche, das war eine Minorität, das war ein kleiner Freundeskreis, der sich zunächst auf anderer Ebene als der akademischen, nämlich auf der der Literatur, der Kunst, auch der Politik gefunden hatte und der durchaus nicht charakteristisch war für die große Menge, die damals aus dem Heer zurück oder von den Schulen auf die Hochschulen strömte.

Es ist nicht leicht, von denen zu sprechen, die man geliebt hat und mit denen man eines Sinnes war, ohne zu idealisieren, zu heroisieren, zu verherrlichen – zumal dann einige von ihnen in Deutschlands schwärzester Zeit Verfolgung, Martyrium und Tod auf sich genommen haben, für die große Sache des Widerstands gegen die Tyrannei. Ich habe in dem Buch meiner Lebenserinnerungen ausführlich von ihnen erzählt, von Carlo Mierendorff und Theo Haubach, von dem Kreis junger Menschen, der sich um den originellen, genialischen Kunstgelehrten Wilhelm Fraenger und um unseren etwas älteren Freund Emil Henk, später um die Soziologieprofessoren Alfred Weber und Emil Lederer bildete, ich will diese Erinnerungen hier nicht wiederholen und keine Denkmäler setzen – das Gedächtnis an unsere Toten und an die Tapferkeit und den Großmut der Überlebenden besteht in unseren Herzen und gehört der deutschen Geschichte an. Was ich versuchen möchte, ist eine kurze Analyse, die den jugendlichen Studenten von heute vielleicht eine gewisse Vergleichsmöglichkeit bietet: Was waren das eigentlich für Leute, die damals an dieser Universität ihr Wesen trieben und sogar Aufsehen machten – auf die man von heute aus gesehen den Begriff ›Elite‹ anwenden kann, ohne daß sie selbst etwa mit einem Elite-Bewußtsein herumgelaufen wären und sich überschätzt hätten. Sie haben sich nicht überschätzt und waren fern von Überheblichkeit und Arroganz, aber ich kann nicht sagen, sie hätten sich nicht wichtig genommen. Das haben sie bestimmt, jeder einzelne dieses Kreises lebte in der Überzeugung, daß er sich von der Mittelmäßigkeit, vom allgemeinen Durchschnitt abhebe, daß ihm besondere Gaben zu eigen seien und daß er daher die Aufgabe habe, nicht einfach nur auf eine Berufsausbildung hin zu studieren, sondern sich eine Gesamtbildung anzueignen, die ihn befähige, etwas Besonderes und Hervorragendes zu werden – unter den Gliedern der Kopf, sozusagen, und zwar nicht als Denkmals- oder Prominentenschädel, nicht der Eitelkeit und des Ruhmes wegen, sondern im Sinne einer Spitze der Leistung, der Verantwortlichkeit und der Neugestaltung menschlicher Verhältnisse. Hier aber bin ich bereits bei einem Kernpunkt dieser Analyse angekommen: All diese außergewöhnlich befähigten, auch ehrgeizigen Studenten – wobei von mir selbst weniger die Rede ist, denn ich war immer nur ein studentischer Außenseiter –, diese jungen Leute, die vier Jahre Soldaten, die meisten Offiziere gewesen waren und auch im Krieg einen ziemlich gleichartigen Werdegang durchlebt hatten, waren nonkonformistisch bis in die Knochen und empfanden sich, jeder einzelne, durchaus als Individualitäten. Wir waren ein Kreis, ein Kreis von in ihrer Grundhaltung Gleichgerichteten, aber wir waren kein Kollektiv, hatten kein Gruppengefühl; wir waren mißtrauisch gegen Programme, wir waren nicht bereit, uns gebrauchsfertig vorgelegte Thesen, Meinungen, Haltungen, Ansichten, pro oder contra, ohne weiteres anzunehmen und ohne genaue Prüfung zu den unseren zu machen, wir schauten skeptisch auf die Überschriften der Leitartikel und auf Parteiparolen, selbst wenn es die unserer eigenen Richtung waren, und wir verabscheuten Sprech-Chöre.

Was und wie war unsere eigene Richtung? Vor allem könnte man sagen, daß sie elastisch blieb, daß wir uns nicht festlegen lassen wollten, solang wir noch auf der Suche nach uns selbst und unserer eigentlichen Bestimmung waren. Keiner wußte damals schon genau, was er ›werden‹ wollte (außer mir, der sich nie etwas anderes vorstellen konnte als zu schreiben, und zwar vor allem fürs Theater). Meine Freunde, auch soweit sie Sozialwissenschaft, Nationalökonomie studierten, waren keineswegs entschlossen, die Politik zu ihrem Lebensberuf zu machen, das war erst ein späterer und sehr harter Entschluß. Dabei waren wir politisch – wie man heute sagt – durchaus ›engagiert‹, und natürlich waren wir ›links‹ – ich sage ›natürlich‹, weil man als denkender Mensch aus der Sinnlosigkeit dieses Völkermordens und seines trostlosen Ausgangs kaum eine andere Konsequenz ziehen konnte.

Die Schlächterei des Weltkriegs, die uns zum ersten Mal die Herabwürdigung des Menschen zum ›Material‹ und damit seine völlige Entfremdung von der Gesellschaft blutig vor Augen geführt hatte, bedeutete für uns den Bankrott dieser Gesellschaft, und zwar nicht nur der absolutistisch-monarchistischen, die in unserem Land zu Recht gefallen war, sondern auch der der Siegermächte einschließlich des demokratischen Amerika, die nicht einmal einen vernünftigen Frieden zustande brachten, obwohl ihnen die Information und die Macht dazu in vollem Umfang zur Verfügung gestanden hätte. In Rußland aber, dem nichts zur Verfügung stand als verarmte Menschen und eine primitive Ökonomie, wurde das große Experiment gewagt, das den kommenden Geschlechtern Freiheit und Menschenwürde versprach – also waren wir mit dem Herzen und mit dem Verstand auf seiner Seite. Wir waren links, wir waren zunächst sogar ultralinks, und wenn ich auch nicht daran denken darf, uns mit dem heutigen Teufel oder Dutschke zu vergleichen, so hatten wir doch auch ein bißchen was Verteufeltes und waren, in der damaligen, weniger uniformen und weniger lautstarken Art, leicht angedutschkt. Das äußerte sich so: In unserem ersten Semester zogen wir alles in Zweifel, was uns als Autorität angeboten wurde, die Nationalversammlung in Weimar, die aus ihr entstandene Regierung, die Reichswehr vor allem, in der wir eine gegen die Arbeiterschaft bewaffnete Soldateska sahen, zum Schutze eines Neureichentums oder Neokapitals, das sich am deutschen Unglück mästete; unsere Zweifel und unsere Angriffslust machte auch keineswegs halt vor der Universität und dem akademischen Leben, das wir in seinen Bräuchen und Äußerungen überaltert und überlebt fanden, hauptsächlich aber in seiner kastenhaften Distanziertheit von Volk und Politik. Wir verlachten den elfenbeinernen Turm einer sogenannten reinen Geistigkeit, gerade wir, die wir uns gerne als ›geistige Arbeiter‹ bezeichneten und in deren Terminologie das Wort ›geistig‹ überhaupt eine dominante Rolle spielte – wir verlangten eine politisierte, jeder Diskussion und Fragestellung offene, der Wirklichkeit und dem Leben zugewandte Universität. Das Darmstädter ›Tribunal‹, jene von Jugendlichen aus dem Boden gestampfte radikale Zeitschrift, die Carlo Mierendorff leitete, brachte eine ›Universitätsnummer‹ heraus, in der wir die Typen, die uns für die bestehende und überlieferte Hochschule charakteristisch erschienen, aufs schärfste attackierten und veräppelten: den von seiner Unfehlbarkeit selbstberauschten Ordinarius, er wurde von Walter Becker, dem großartigen Zeichner des Titelblatts, als salbadernder Gehrock mit Eselskopf dargestellt, die ihn anhimmelnde Studentin als spitzbrüstig-lüsterne, bebrillte kleine Hexe, die Examinatoren als Leichenträger, die alten und jungen Herrn der Corporationen mit Schweinsköpfen in voller Wichs, nichts wurde geschont, alles wurde, auch im Text und natürlich oft in grotesker Übertreibung, hergenommen – so daß wir, hätten sich nicht alle Mitarbeiter unter ausgeklügelten Pseudonymen versteckt, samt und sonders relegiert worden wären.

Auf die Corporationen waren wir nicht gut zu sprechen, denn sie erschienen uns als Horte der Reaktion, der unfruchtbaren Verärgerung über die sozialen Veränderungen im neuen Staat, des verbohrten Nationalismus – und sie erst recht nicht auf uns, denn wir erschienen ihnen als gefährliche Ruhestörer und Bolschewiken. So kam es auch gelegentlich zu Handgreiflichkeiten, Anrempelungen und Schlägereien, besonders nach den damals noch sehr seltenen politischen Versammlungen, die in der großen Aula stattfanden: Da prallten die Gegensätze aufeinander, und wir wurden uns dabei unserer absoluten Minorität bewußt, was unseren Kampfgeist eher verstärkte als einschüchterte. Trotzdem gab es gute Beziehungen mit einigen klugen und gebildeten Köpfen des feudalen Corps Saxo-Borussia, da wir gerade bei ihnen das erstaunlichste Verständnis für unsere

Einstellung zu moderner Kunst, Musik, Literatur sogar auf weltanschaulichem Gebiet fanden. Später, in der Zeit des deutschen Widerstandes gegen die braune Diktatur, vertieften und verstärkten sich solche Beziehungen. Damals wußten wir noch nicht, daß das konservative Element nicht blindlings mit dem reaktionären gleichzusetzen ist, und daß die Erhaltung von Werten, auch Traditionen, ebenso zeitbedingt und zukunftweisend sein kann wie der Abbau des Vermorschten und Brüchigen. Wir waren radikal, oder wir glaubten es zu sein, und lernten erst allmählich, daß Radikalität bedeutet: die Dinge an der Wurzel zu erfassen, nicht aber die Wurzel auszureißen. Wir waren radikal, aber wir waren keine festgefahrenen Dogmatiker, und vor allem: weder respektlos noch ohne Ehrfurcht vor dem, was uns an echter und ernsthafter Bedeutung entgegentrat. So spannen sich auf natürliche Weise die Fäden zwischen dieser zunächst so aufsässigen, widerspenstigen Jugend und ihrer Lehrerschaft, die, soweit sie aufgeschlossen und lebendig war, gerade auf solche nonkonformistischen Elemente ihr Interesse konzentrierte und sie lieber sah als die lammfrommen und fingerzahmen Examensbüffler. Es kam zu persönlichen Kontakten und fruchtbaren Diskussionen, für die Soziologen hauptsächlich mit Alfred Weber (sein Bruder Max war gerade nach München übersiedelt, wohin Mierendorff ihm dann für einige Semester folgte), und mit dem brillanten Marxisten Emil Lederer, für Leute wie Haubach hauptsächlich mit Karl Jaspers, bei dem er später promovierte.

Mit dieser natürlichen Entwicklung zum Vernünftigen hin war aber keineswegs ein rascher, bequemer Übergang vom freien Scholaren zu Streberei oder gar zu Untertanengeist verbunden. Die kämpferische Haltung, der heilige Zorn gegen die sich bereits abzeichnende Rückläufigkeit oder Erstarrung des gesellschaftlichen und politischen ›Establishments‹, wie man heute sagen würde, war keineswegs gebrochen. Nur nahmen wir unser damaliges ›Establishment‹, das von der starken Hand der Schwerindustrie gesteuert wurde, nicht so ganz ernst, vermutlich nicht ernst genug. Es gab ja nicht nur eine republikfeindliche und nationalistische Bürokratie – es gab genug andere, ehrlich demokratische, saubere und humane Intelligenz in unserem Volk, von der wir annahmen, daß sie allmählich die Oberhand gewinnen würde, besonders wenn unsere Generation einmal so weit wäre, in die Verantwortung mit einzutreten. Es lag außerhalb unserer Vorstellung, daß es dann zu spät wäre. Wir wußten, daß es ein Hindernisrennen war, aber wir gedachten es im Sturm zu nehmen. Inmitten aller Rückschläge und Niederlagen, deren wir wohl gewahr blieben, glaubten wir mit jugendlicher Begeisterung, vielleicht auch mit einem Schuß von Leichtsinn, daß die Zeit zutiefst mit uns im Bunde sei. Obwohl wir im Krieg die erste Explosion des in der Menschheit verborgenen, barbarischen Reservoirs am eigenen Leib erfahren hatten, ahnten wir nicht, welch ungeheuerliche Ausbrüche dieser Art und welche Kettenreaktionen in unserem eigenen Volk lauerten, das wir doch für ein wesentlich kultiviertes, zum mindesten rechtsstaatlich orientiertes hielten. Die Vorzeichen bedrohten uns schon, wir hörten die Marschtritte und die bösen Stimmen der potentiellen Mörder, aber noch glaubten wir, sie wegdenken, beiseiteschieben, wegräumen, auch weglachen zu können. Wäre es mir hier nur möglich, einen Hauch von jener geistigen Hilarität und menschlichen Heiterkeit zu beschwören, die uns damals beseelte und unsere Hoffnungen beflügelte. Ich habe das an anderer Stelle versucht – hier geht es um eine zusammenfassende Rückschau, nicht um Erinnerungen. Und diese Rückschau kann sich weniger mit den Arabesken unserer leichten und unbefangenen Jahre befassen, auch nicht mit ihren Einzelkämpfen, etwa mit der Bravour und der Zivilcourage Carlo Mierendorffs, die er am Universitätstrauertag nach der Ermordung Walther Rathenaus gegen jenen halsstarrigen Professor Lenard aufbrachte – ich setze das in diesem Kreis als bekannt voraus oder aber der Information auf breiter Basis zugänglich. Diese Rückschau mündet in den tragischen Ernst ihrer Folgezeit. Für meine Freunde begann sie mit ihrer Berufsentscheidung. Es war für einen Menschen wie Carlo Mierendorff, der von der Literatur herkam und voller künstlerischen Talents steckte, für einen

Theodor Haubach, den Erkenntnistheoretiker und Metaphysiker, ein sehr schwerer, harter Entschluß, ihr Leben und ihre Laufbahn, unter Aufgabe vieler anderer Möglichkeiten, der Politik zu opfern. Noch schwerer vielleicht, ihre politische Arbeit an das Geschick der SPD zu binden. Beides waren Gewissensentscheide. Ihrem Temperament hätte es näher gelegen, die radikalere Front zu beziehen. Wohl waren es auch ideologische Gründe, die sie davon abhielten, denn die Atheisten begannen damals schon dogmatischer zu werden, als es die Erfinder der Glaubensdogmatik jemals waren. Vor allem aber kam diese Entscheidung aus einer klaren, kühlen, sachlichen Überlegung, einer taktisch und moralisch begründeten Einschätzung der innerdeutschen Verhältnisse. Die aber waren so beschaffen, daß eine Intensivierung des Linksextremismus, der Versuch einer Sowjetisierung der deutschen Republik, den unvermeidlichen Bürgerkrieg heraufbeschworen hätte, der nach klar zu berechnenden Chancen nur zu einem Sieg des Rechtsextremismus, also zum totalen Débacle der deutschen Demokratie führen konnte. Daß dieses Débacle schließlich doch eingetreten ist, änderte nichts an der Richtigkeit ihres Entschlusses: Den Kampf dort zu wagen, wo er überhaupt eine Aussicht hatte, gewonnen zu werden, nämlich durch eine innere, vor allem auch geistige Erneuerung der großen, traditionellen, deutschen Arbeiterpartei. Der Kampf wurde gewagt, und er wurde noch auf verlorenem Posten weitergeführt, bis zum Ende. Mierendorff durchlitt seine besten Mannesjahre im KZ, bevor er bei einem Bombenangriff auf Leipzig im Zweiten Weltkriege umkam – Haubach starb in der Henkerschlinge.

Ich kann heute nicht zu jungen Deutschen, und besonders nicht zu Akademikern sprechen, ohne die tiefe und grauenhafte Schande ins Gedächtnis zu rufen, in die unser Volk unter der nationalsozialistischen Diktatur versunken ist, und an der sich leider – von den nicht hoch genug zu rühmenden Ausnahmen abgesehen – auch ein Großteil der deutschen Intelligenz und der akademischen Welt, die zur Wahrung der Menschenwürde am ersten bestellt ist, mitschuldig gemacht hat – und sei es nur durch Augenschließen, Wegschauen, Achselzucken oder gar Willfährigkeit. Ich gehöre zu denen, die eine Kollektivschuld des deutschen Volkes immer aufs heftigste bestritten haben. Doch kann ich mich selbst, wie alle, die damals am Zuge waren und das Verhängnis nicht verhindern konnten, einschließlich der später Verfolgten oder Vertriebenen, jener Kollektivscham nicht entziehen, wie sie von Theodor Heuss gekennzeichnet wurde. Ich trage sie als Deutscher wie jeder andere, und als deutscher Schriftsteller noch etwas mehr.

Wie aber soll sich nun heute eine junge deutsche Generation dazu verhalten, die damals noch gar nicht geboren war oder höchstens in den Windeln lag? Der also bestimmt niemand eine, wenn auch nur duldende Teilnahme an den Verbrechen und Fehlern der Vergangenheit vorwerfen kann? Natürlich tragen auch sie mit an der Last der Geschichte, die kein Volk jemals abschütteln kann. Natürlich sollen und müssen sie – und hier liegt wieder die Verantwortung bei ihren Lehrern und Erziehern – in vollem Umfang wissen und erfahren, was vorgegangen ist – ohne Beschönigung, Entschuldigung oder Vertuschung. Es muß ihnen vor allen Dingen, aus Gründen der Vorsicht und der Warnung, klar werden, welches Maß an kollektiver Dummheit in einem Volk, das man als ein gebildetes bezeichnen darf, möglich ist und mobilisiert werden kann. Denn die Dummheit ist die furchtbarste und gefährlichste Feindin der Humanität, sie ist die Amme der Roheit und der Gemeinheit. Diese Warnung, diese vernichtende Erfahrung, die uns als jungen Menschen noch nicht zuteil geworden war, soll auch denen, die nicht mehr selbst in die Katastrophe verstrickt waren, immer gegenwärtig bleiben.

Aber der junge Deutsche, der heute zwanzig ist, der zwischen gestern und morgen steht und sich der Belastung seines Volkes durch das gestern Geschehene bewußt ist, braucht deshalb weder dieses Volk noch sich selbst zu verleugnen und als ›verdammt in alle Ewigkeit‹ zu betrachten, was andererseits wieder allzu leicht zur Gegenreaktion, der eigenen Seligsprechung, führen könnte.

Er hat eine Möglichkeit der ›Wiedergutmachung‹, die praktisch und moralisch viel wirksamer ist als eine fortgesetzte Selbstbezichtigung: nämlich jetzt, heute, hier und ins Morgen hinein einen besonderen, besonders aktiven, besonders prononcierten Beitrag zu leisten zur Heilung und Befriedung dieser unserer unheilen und unbefriedeten, auch unbefriedigenden Welt.

Und hier komme ich auf etwas zurück, was ich am Anfang gesagt habe: Ich glaube, daß die inneren Verhältnisse in der heutigen deutschen Studentenschaft besser sind, als sie zu unserer Studienzeit waren. Ich glaube das auf Grund von ausführlichen Korrespondenzen, die ich mit studentischen Vertretern verschiedener Universitäten im letzten Jahr geführt habe; ich habe diesen Eindruck auch aus mannigfachen persönlichen Begegnungen. Ich glaube, daß es nicht mehr eine kleine, progressive, von literarischen und künstlerischen Impulsen angetriebene Minorität ist, die sich offenen Herzens und aufgeschlossenen Geistes mit der res publica, mit den Erfordernissen und Nöten des öffentlichen, des gesellschaftlichen und politischen Lebens auseinandersetzt. Ich spreche hier nicht von extremen Gruppen, ich spreche von der Mehrzahl der jugendlichen Intelligenz, und ich glaube mit Recht annehmen zu dürfen, daß sich die Haltung dieser Mehrheit nicht von Verärgerung oder trüber Gleichgültigkeit, auch nicht von Aggressionsgelüsten, sondern von beseelter Vernunft bestimmen läßt. Welche Hoffnungen, welche Aussichten für die nähere und fernere Zukunft sind nun für diese, in eine geteilte und zwiespältige Welt hineingeborene Jugend gegeben? Darüber läßt sich nur in größeren, in weitgespannten Dimensionen reden, und zu Hilfe kommt uns dabei die Naturwissenschaft. Carl Friedrich von Weizsäcker hat vor einigen Wochen, im September 1967, in Zürich einen höchst bemerkenswerten Vortrag gehalten, dem er den Titel gab: ›Gedanken zur Zukunft der technischen Welt‹. Mit der strengen Observanz des Wissenschaftlers, der sich vor jeder ungewissen Prognose und jedem Wunschdenken hütet, hat er auf die Gefahren hingedeutet, welche die Zukunft der technisierten Welt bedrohen, wie unter anderem die Übervölkerungs-Explosion in den ›Entwicklungsländer‹ und die dadurch entstehende Schwierigkeit der Welternährung, aber auch auf die Möglichkeit, und sogar die gewisse Wahrscheinlichkeit ihrer Überwindung durch eine weltweite und humane Anwendung der wissenschaftlichen Erkenntnis, aus der die Technik ihre Information und ihre Mittel bezieht.

Als zentrale Voraussetzung aber für eine humane und positive Anwendung wissenschaftlicher Erfahrungen überhaupt hat er – und deshalb vor allem erwähne ich hier seine Ausführungen – den *Weltfrieden* bezeichnet. Ist nun ein dauerhafter, echter Frieden, der alle großen und kleinen Völker einschließen müßte, in dieser von Waffen starrenden und von Gegensätzen zerrissenen Welt überhaupt denkbar? Die Antwort lautet: Er muß denkbar sein, er muß gedacht und verwirklicht werden, denn es bleibt gar keine andere Wahl.

In diesem entscheidenden Punkt ist die Situation zwischen gestern und morgen für den heutigen Menschen völlig neu und anders, als sie zu unserer Zeit gewesen ist. Wir forderten damals, heimgekehrt aus den blutigen Jahren, aus menschlicher Erschütterung heraus, daß ›nie wieder Krieg‹ sei, weil wir seine Schrecken kennengelernt hatten. Aber wir waren noch imstande gewesen, aus diesen Schrecknissen mit heiler Haut heimzukehren, das Leben neu zu beginnen. Heute sind der Menschheit zum ersten Male seit ihrer Existenz die Mittel in die Hand gegeben, ihre gesamte Welt und sich selbst zu vernichten, und es besteht kaum ein Zweifel, daß große Kriege zwischen technisch hochgerüsteten Nationen einen größeren Teil der Welt und der heute lebenden Menschen wirklich vernichten und die vielleicht Überlebenden einem unvorstellbaren Elend aussetzen würde. Solche Kriege, sagte Professor Weizsäcker in seinem Vortrag, können gar nicht geführt werden, weil sie zu gefährlich wären, und es ist absurd, daß die mehr oder weniger offene, mehr oder weniger versteckte Drohung mit ihnen immer noch ein Mittel der Weltpolitik ist. Aber auch jene sogenannten ›kleinen Kriege‹ auf begrenztem Gebiet mit sogenannten ›konventionellen Waffen‹, zu denen schließlich auch Napalmbomben gehören, sind nichts als ein atavistischer Greuel, welcher der Ächtung anheimfallen muß, ganz gleich, von welcher Seite sie geführt, geschürt, unterstützt oder verschuldet werden. Mit Manifesten und Protestmärschen wird diese Ächtung allerdings nicht erreicht, werden auch bereits im Gang befindliche Aktionen nicht beeinflußt, und eine übernationale, übergeordnete Organisation, die Kriege wirklich verhindern könnte, besteht vorläufig noch nicht einmal im Ansatz und ist nur für die Zukunft zu erstreben. Was können wir tun, was kann der einzelne tun, um diese Zukunft näherzubringen?

Zunächst einmal: jeder Haß-Campagne abschwören, nicht nur in den äußeren, auch in den inneren Konflikten der Völker. Ich glaube, die meisten Menschen stimmen heute darin überein, daß der Nationen- und Völkerkrieg kein statthaftes Mittel der internationalen Auseinandersetzung mehr ist, geschweige denn eine ›Fortsetzung der Diplomatie mit anderen Mitteln‹, als die er in früheren Jahrhunderten aufgefaßt wurde. Wie aber steht es mit dem Bürgerkrieg, der bekanntlich stets mit besonderer Brutalität und Unbarmherzigkeit geführt zu werden pflegt? Natürlich gibt es dafür andere Ursachen und andere Ansatzpunkte, zum Beispiel: den Aufstand gegen eine Terror-Diktatur, den Bruch einer Gewaltherrschaft. Dies berührt eine außerordentlich delikate Gewissensfrage, wie sie in außerordentlich extremen Situationen an die Menschen herantritt: zum Beispiel beim Umsturzversuch des deutschen Widerstands gegen das Hitler-Regime. In den heute zugänglichen Aufzeichnungen und Gesprächen der deutschen Widerstandskämpfer stellt sich dieser Gewissenskonflikt auf erschütternde Weise dar. Vielleicht ist zuviel Gewissen in solchen Fällen sogar lähmend, ich weiß das aus eigner Erfahrung nicht zu sagen. Grundsätzlich aber glaube ich, daß auch Bürgerkrieg, also gewaltsamer Umsturz der bestehenden Verhältnisse, solange sie noch erträglich sind, heute nicht mehr als ›Fortsetzung des sozialen Kampfes mit anderen Mitteln‹ betrachtet werden kann oder muß. Die Verhältnisse sind Gleichungen, und bei der Lösung von Gleichungen kommt es nicht darauf an, eine von beiden Seiten auszulöschen, sondern die unbekannten Größen auf beiden Seiten zu suchen. Ich glaube nicht an Heilung durch Zwang und Gewalt, nur durch Vernunft und Überzeugung. Diese zu mobilisieren, ist vor allem dem Scholaren überantwortet. Dem Scholaren zwischen gestern und morgen – falls man ihn leben läßt und die Ergebnisse seiner Arbeit nicht dazu verwendet, ihre Grundlagen durch Kriege zu zerstören.

Geht man dem Problem der Vermeidbarkeit oder Unvermeidlichkeit von Kriegen in einer etwas tieferen Schichtung nach, so kommt uns wieder die Naturwissenschaft zu Hilfe, nämlich die Erkenntnisse der modernen Verhaltensforschung über tierisches und in der Folge auch menschliches Gruppenverhalten.

Unser großer Zoologe Konrad Lorenz hat schon immer in seinen Publikationen, besonders in seinem Werk über das Wesen der Aggression, ›Das sogenannte Böse‹, Schlüsse gezogen vom tierischen auf das menschliche, mehr noch das unmenschliche Verhalten. In einem Aufsatz über ›Die instinktiven Grundlagen der menschlichen Kultur‹ erhellte er unlängst die Analogie zwischen der Phylogenese in der Natur und der Entstehungsweise menschlicher Gruppen- und Artenbildungen im Lauf der Kulturgeschichte. Dabei kommt er zu erstaunlichen Schlüssen, die für uns im Grunde ermutigend sind. Mir fehlt hier leider die Zeit, seine Kernsätze über die ›Schein-Artenbildung‹, aus der sich der Haß einer Kulturgruppe gegen die andere ergibt, weil sie einander nicht als gleichgeartete Menschen verstehen können, im ganzen zu zitieren. Ich muß mich auf den entscheidenden Satz beschränken, dem ich vorausschicken will, daß Konrad Lorenz unter dem ›Instinktiven‹ die den Geschöpfen und allem organischen Leben überhaupt eingeborenen Verhaltenstriebe, aber ebenso deren eingebaute Hemmungen versteht: also den erbkoordinierten Zwang, etwas zu tun oder es sein zu lassen, einen Angriff zum Beispiel. Da heißt es bei ihm:

»Ohne die kulturelle Pseudo-Artenbildung gäbe es wahrscheinlich keinen Krieg... Immerhin gibt es Anlaß zur Hoffnung, daß der Krieg der Menschen ein Kulturprodukt ist, das, wenn es auch eine instinktive Grundlage hat, doch nicht rein instinktiver Natur ist, wie es bei der kollektiven Aggression mancher Rattenarten der Fall ist.«

Das heißt: würde der Krieg, wie bei den von Lorenz angeführten Rattenarten, zu menschlichen Urtrieben und Erbanlagen gehören, denen jedes Geschöpf unterworfen ist, so wäre er unvermeidlich.

Ist er, wie Lorenz vermutet, ein »Produkt kultureller Artenentwicklung« und der dadurch entstandenen, rituellen Haß- und Angriffsfaktoren, so ist er vermeidlich.

Hoffen wir, daß es so ist.

Aber es liegt an uns, daß es auch so werde.

Wir müssen hoffen, und wir dürfen hoffen, denn zu Hoffnungslosigkeit haben wir weder Ursache noch Berechtigung. Wir können das ›Prinzip Hoffnung‹, wie es der wortgewaltigste Marxist deutscher Zunge, Ernst Bloch, verkündet, zu unserem Leitgestirn machen, auch wenn wir sein Licht nicht oder nicht nur dem Marxismus entleihen. Die ›Beherrschbarkeit der Zukunft‹ hängt vom Verhalten der Menschen ab. Bildung im lebendigen Sinne, ›education‹, sagt Weizsäcker, ist das einzige Mittel, um die menschliche Verhaltensweise, vor allem in der Politik, mit der Zeit zu einer lebenserhaltenden statt einer lebens- und weltbedrohenden zu machen.

Aber auch Bildung, ›education‹, wie wir sie auf breiter Grundlage für die heranwachsenden und kommenden Geschlechter verlangen, wird zur Humanität nur führen unter der Dominante eines allgemein verbindlichen Sittengesetzes. Uns ist seit zweitausend Jahren ein solches, sehr einfaches Sittengesetz mitgeteilt und aufgetragen, das auch jeder Marxist als das seine anerkennen darf, und mit dem es jetzt, nach zweitausend Jahren, endlich gilt, Ernst zu machen.

Es heißt: ›Liebe Deinen Nächsten‹.

Unser Leben setzt sich aus drei Schichten oder Stufen zusammen – Vorgeburt, Dasein und Übertritt. In Analogie dazu kann man auch von der dreifaltigen Einheit Leib, Seele, Geist sprechen und in erweiterter Analogie von drei Blickpunkten, Blickpunkten der Lebenskunde, die das Weltbild des Scholaren prägen können: Der erste wird uns heute durch die Naturwissenschaft erschlossen, die das ganze, uns erfaßbare Geschehen behandelt, wie es von der kosmischen Strahlung bis zum Zellkern, im anorganischen und im organischen Leben um uns und in uns wirksam ist. Der zweite ist die soziale Heilslehre, die das Zusammenleben auf der Erde, die zwischenmenschlichen Beziehungen, zum Gegenstand hat. Ich glaube nicht an ihre Verbreitung durch Feuer und Schwert, an ihre zwangshafte Durchführung. Ich glaube nicht, daß ›permanente Revolution‹ imstande wäre, die permanente Gefährdung unserer Welt, zum Beispiel die Gefahr einer schon in Jahrzehnten anzunehmenden Welternährungskrise, zu bannen. Ich glaube auch hier an das evolutionäre Element, das heißt, es scheint mir die größere Hoffnung zu sein.

Der dritte und unabweisliche Blickpunkt ist und bleibt der eschatologische, die Frage nach den letzten Dingen, vor allem nach dem Geheimnis und der Macht des Todes, des Austritts aus dem bewußten Leben, der außerhalb des Bereichs der Forschung, des Wissens und der Erfahrung liegt. Dies ist eine ausschließlich menschliche Frage, durch deren Stellung sich wohl der Mensch von allen anderen Erdgeschöpfen sondert. Daß der Hund, auch manches andere Tier – ohne falsche Vermenschlichung gemeint –, über das instinktive Erbverhalten hinaus individueller seelischer Regungen oder wenigstens deren Ansätzen fähig ist, steht außer Zweifel. Daß Menschenaffen, auch andere höhere Tiere, mit individueller Intelligenz begabt sind, ist bekannt. Doch glaube ich kaum, daß irgendeinem Tier, auch dem höchstentwickelten, das Bewußtsein der Vergänglichkeit und damit die Frage nach Sinn, Ziel und Ende allen Seins gegeben ist. Nur ein Mensch kann empfinden und singen:

»Ich komme, weiß nit woher.
Ich gehe, weiß nit wohin.
Möcht wissen, warum ich so fröhlich bin.«

Hier kann auch die Wissenschaft nicht antworten, nicht einmal die Philosophie, nur die Ahnung, und vielleicht in ihren begnadeten Schöpfungen die Kunst. Zum forschenden Geist und zur tätigen Vernunft steht dies keineswegs im Gegensatz. Wissen und Glauben können einander ergänzen wie Gefühl und Verstand. Wenn ich hier von Glauben spreche, meine ich es nicht im dogmatischen oder konfessionellen Sinn. Ich denke an den Inbegriff des Beglückenden und Erstrebenswerten auf der Welt: an die Schönheit. Schönheit entzieht sich, wie Liebe, der rein rationalen Bestimmung, auch wenn man sie als erfüllte Proportion bezeichnen will. Sie ist vorhanden als eine geheime Harmonie der Welt, die wir nicht beweisen, die wir nur glauben, lieben und erhoffen können. Sie ist vorhanden als das Prinzip der Einheit, der gewaltigen Einheit alles Geschehenden und Lebendigen, sie ist das zeiten-, völker- und menschenverbindende Prinzip der Einheit des Weltganzen, der Einheit von Geist und Natur, die der gleichen schöpferischen Macht entstammen. »Créer c'est unir« – heißt es bei Teilhard de Chardin. Erschaffen ist Einen.

Darf man, inmitten einer Menschenwelt, die sich vor unseren Augen immer wieder befeindet und zerfleischt, von Einheit, Schönheit, Harmonie überhaupt nur träumen, geschweige denn sprechen?
Ich glaube, wir dürfen und wir müssen es, ohne Vernebelung der Abgründe, im Sinne der größeren Hoffnung. Selbst der harte Lenin hat den Menschen das ›Recht zu träumen‹ zugebilligt – denn ohne den Traum vom Unerreichbaren gäbe es kein erreichbares Ziel.
»Diese unmenschliche Welt« – läßt der Dramatiker Friedrich Dürrenmatt am Schluß seines Dramas ›Die Wiedertäufer‹ den hundertjährigen Bischof von Münster ausrufen – ja es ist eher ein Aufschrei, angesichts des um seines Glaubens willen aufs Rad geflochtenen Knipperdollingk – »Diese unmenschliche Welt muß menschlicher werden. Aber wie? Aber wie?!«
Der Dichter kann nur die Frage stellen, das Postulat erheben.

Die Antwort kann der Betrachtende nicht geben, die Lösung nicht wie ein Rezept verschreiben.

Ihr, denen mit dem Rüstzeug des Forschens und Wissens die Schlüssel der Zukunft überantwortet sind, mögt einen Schritt weiterkommen auf dem langen Marsch des Menschen zur Menschlichkeit – durch Euer Denken und Handeln.

Seid wachsam, bleibet beunruhigt, versucht alle Geisteskräfte zu mobilisieren, doch macht die Liebe zur Triebkraft Eures Lebens.

Dann dürfen wir hoffen.

Mehr als ein Buch
Anmerkungen zu Bruno E. Werners Roman
›Die Galeere‹

Literaturkritik ist nicht meine Sache, und es handelt sich im folgenden nicht um die Auseinandersetzung mit den literarischen Vorzügen oder Fehlern eines Buches, dessen Autor wohl weniger von der Absicht geleitet war, eine Prosadichtung zu schaffen, als von der zwingenden Notwendigkeit, fast dürfte man sagen: der Mission erfüllt, einen Wahrheitsbericht zu erstatten, eine Zeugenaussage, vollständig und lückenlos, nach bestem Wissen und Gewissen, als stünde er unter Eidespflicht, nichts wegzulassen oder hinzuzufügen. Aber er hat auch, obwohl im Bereich der Journalistik beruflich zu Hause, keineswegs ein journalistisches Buch verfaßt oder eine Reportage geschrieben. Ich möchte es eher als ein phänomenologisches Werk bezeichnen oder auch als die Naturgeschichte einer Epoche, die zu nah ist, um sie unter historischen oder philosophischen Aspekten zu begreifen, und deren Menschen man in ihrem Handeln und Leiden nicht aus rationalen Ursachen, sondern nur aus ihrer Geschöpflichkeit, nicht aus ihren geistigen oder kulturellen Voraussetzungen, nur aus ihrem Schicksal und aus der Erschütterung über ihr Schicksal erfassen und gestalten kann.

Vielleicht ist dieses Werk weniger als eine Dichtung, aber mehr als ein Buch, nämlich – im Wortgebrauch der Chemie – eine »Darstellung« völlig unmittelbarer, nackter Wirklichkeit. Und so wie es ist, breitflächig und mikroskopisch zugleich, kaltblütig und warmherzig in einem, scheint es mir ungeheuer lesenswert, ja lesenswichtig – sowohl für die Deutschen, die das gleiche mitgemacht oder aus der Nähe mitangeschaut haben, als für die anderen – für jeden, der nicht dabei war, dem aber das deutsche Schicksal – und nicht nur das deutsche, das der menschlichen Rasse überhaupt, also sein eigenes! – am Herzen liegt. Denn wo es um Schicksal geht, um das Los jedes einzelnen in einer Stunde, der er nicht mehr entrinnen kann, da hört die Trennung, da hört der Sonderfall eines Volkes auf, da verliert der »nationale Belang« und sogar das nationale Versagen oder die nationale Schuld ihre Bedeutung. Menschen leben in einem Terrorstaat, den die meisten von ihnen nicht gewollt, aber auch nicht leidenschaftlich bekämpft und am Entstehen gehindert haben, ein Krieg kommt über sie, den die meisten ohne Begeisterung, aber auch ohne leidenschaftliche Empörung hinnehmen, mit dumpfem Unbehagen, wie schlecht Wetter, von dem man hofft, daß es vorübergeht, ohne allzuviel Schaden anzurichten, oder daß es sogar eine Besserung, eine Klärung der Atmosphäre schafft – aber es geht nicht vorüber, es wächst zum apokalyptischen Verhängnis, zur rächenden Katastrophe, für jeden einzelnen, Schuldige wie Unschuldige, zum temporären Weltuntergang.

Die Existenz eines Dr. Georg Forster sowie seiner Angehörigen und Bekannten und ihre verschiedenen Wechselfälle in den Jahren der Diktatur und des Krieges bilden den Inhalt dieses Buchs, und Herr Forster ist weder ein Held noch ein Märtyrer, kein Ausnahmemensch, kein großer Mann, kein Widerstandskämpfer, kein Bekenner, kein Parteigänger, nicht mal ein Mitläufer, sondern, beruflich, ein tüchtiger Journalist, ein beachtlicher Verlagsfachmann, ein Intellektueller vom guten oberen Durchschnitt, von gepflegtem Bildungsniveau, von sauberen Traditionen, von anständiger Gesinnung, die aber nicht programmatisch ist, sondern zum zivilisierten, humanen Leben gehört wie der gute Geschmack, der kultivierte Stil, der gebügelte Anzug. Er ist durch die zwölf Jahre hin, in denen das Unkontrollierbare, Widersinnige, Barbarische über seine Welt hereinbricht – wie er selbst einmal von sich sagt –, »nur ein Statist – unfähig zum Bösen und nicht stark genug zum Guten – eine ganz und gar unwichtige Figur«.

Aus solchen unwichtigen Figuren jedoch setzen sich die Völker, alle Völker, in ihrer Mehrheit zusammen – nicht aus Helden und Märtyrern, Propheten und Verkündern – man darf sagen: glücklicherweise nicht, denn sonst würde die Menschheit wohl noch rascher der Selbstzerstörung verfallen, als sie es vielleicht sowieso schon tut. Auch in außergewöhnlichen Zeiten bleiben

Menschen das, was sie sind – nichts Besonderes, nichts Außergewöhnliches –, und wer das Außergewöhnliche von ihnen voraussetzt, erwartet oder verlangt, tut ihnen Unrecht und legt den Grund zu neuer Ungerechtigkeit.

Dieses Buch könnte im Ausland dazu beitragen, etwas von jenem ungeheuren Mißverständnis, jener gewaltigen Ahnungslosigkeit zu lüften und zu beheben, die immer noch dem Deutschland und den Deutschen der Nazizeit gegenüber vorherrschend ist. Es ist aber auch nicht so, daß der Deutsche, der dabei war, sich die Lektüre »schenken« könnte, weil er es ja schon weiß. Nur wenige wissen es. Nur vereinzelte vermögen sich wirklich zu erinnern. Das Vergessen oder Versinkenlassen des Schrecklichen ist ein notorischer Zug der menschlichen Natur, vielleicht sogar ein therapeutischer. Hier aber werden keine Wunden aufgerissen und wird nicht im Vergangenen gewühlt, hier wird, aus den Prismen unendlicher Einzelheiten, ein Gesamtbild projiziert, wie es der Überlebende, der Gerettete als festen Bestand in sich tragen sollte, um der Wahrheit, um der Verhütung, um der Gerechtigkeit willen. Denn von diesem Buch, das nicht anklagt, nicht verlästert, nicht moralisiert, nicht beschönigt oder entschuldigt und sich der naheliegenden retrospektiven Gedächtnisfälschungen enthält, bleibt dem Leser ein Bewußtsein tiefer, immanenter Gerechtigkeit, eines geheimen Ausgleichs in den Dingen und Werken der Schöpfung, der uns das Verlorene zu überwinden hilft und aus dessen nüchterner Bescheidung auch ein verwirrtes, unglückliches Volk – trotz allem, was heute ist – Kraft und Hoffnung schöpfen mag, das Künftige würdig zu bestehen.

★

Im Anfang plätschert es. Die ersten fünfzig Seiten (weniger als ein Zehntel des umfangreichen Buchs) haben keinen zwingenden Gang oder Atem. Ich persönlich möchte auf mancherlei Privates aus dem Leben der Hauptfigur, seine Verspannung zwischen drei Frauen, gern verzichten. Ich sage das nicht als Kritik, auf die es mir hier nicht ankommt, sondern um »Anlesende« vor einem vorzeitigen Eindruck zu warnen, der falsch wäre. Auch dieses Plätschern hat als Zeitphänomen seine Richtigkeit. Denn wir alle vor 1933, in jener Spanne, die Alfred Kerr einmal (mit leichtem Zwinkern) die perikleische nannte und die ihrer kulturellen Wurzeln viel zu sicher war, plätscherten mit, stemmten uns nicht genug gegen den Einbruch des dunklen Unterstroms, standen auch nicht wegweisend darüber, sondern ließen uns, mit wenigen Ausnahmen, teils über die Dummheit lachend, teils das Gemeine verachtend, dem Verhängnis ins Maul treiben. Die Macht des Niederträchtigen, die Goethe in stillerer Zeit erkannt hatte, hatten wir noch nicht erlebt. Wir begriffen nicht, daß es für jeden von uns und für die Völker Europas um Tod oder Leben ging. Vielleicht hätten wir sonst nicht leben können. Auch der Leichtsinn kann produktiv und therapeutisch sein. Dies ist im Anfang des Buchs, dessen Tonart dem Autor weniger gelungen ist, zu zeigen beabsichtigt und richtig gemeint.

Dann, mit einer Redaktionssitzung am 30. Januar 1933 im Hauptquartier eines gutbürgerlichen, eher konservativen Blattes, beginnt die Naturgeschichte des deutschen Untergangs, in immer neuen, immer sich wiederholenden und doch immer verschiedenen Wirklichkeitsbildern von beklemmender Folgerichtigkeit, der jedoch keine Absicht mehr anzuspüren ist. Man spürt nur noch das eine: so war es. So war es. So muß es gewesen sein. So zog sich die Schlinge zusammen, die jeder zuerst unwissentlich um den Hals trug, bis ihm das Wort erstickt, die freie Bewegung abgeschnürt war. Es ist, im besonderen, eine Naturgeschichte Berlins in der Kriegszeit, obwohl nicht auf Berlin beschränkt. Aber das persönliche Leben der Hauptgestalten ist ganz mit Berlin verknüpft, auch noch mit jenem Berlin, in dem es liberaler zuging als anderswo, in dem noch das Weltstädtische dem Terror der kleinen Leute eine gewisse Dämpfung auferlegte, in dem man, schon der Stadtgröße halber, etwas mehr freien Spielraum hatte, in dem ein Grundstock der Bevölkerung, wie bis zum heutigen Tag durch alle Stufen der Not und des Schreckens hindurch, seinen klaren gesunden Blick, sein Urteilsvermögen, seinen Humor bewahrte.

Ganz langsam, unmerklich fast, senken sich die Geierkrallen herab. Wohl sitzt das Gerippe mit am Tisch, aber niemand will es sehn. Dem Dr. Forster geschieht nicht viel. Die alte Feindschaft eines Münchener SA-Führers, der dann am 30. Juni erledigt wird und nicht mehr stören kann, bringt ihm eine kurze Verhaftung ein, bei der ihm selbst nichts besonders Schlimmes getan wird. Nur – das Recht auf persönliche Freiheit, die Sicherheit, die Selbstbestimmung beginnen zu schwinden, nicht viel anders, als würde einem im Schlaf eine Decke weggezogen. Dann gerät er in gewisse, vielfach bekannte Schwierigkeiten wegen des »Webfehlers« seiner Frau, deren Mutter durch den Tod erlöst wird, bevor man sie durch Erniedrigung, vielleicht auch körperlich morden würde.

Auch hier wie überall vermeidet das Buch die krassen Fälle, das Extrem, das man vielleicht in schwachem Selbsttäuschungsversuch als »Auswüchse« oder Übertreibung bezeichnen könnte. Was da erzählt wird, hat jeder erlebt, so oder so. Die Monotonie, die Fadesse eines Krieges breitet sich aus, der höchstens von einem Teil naiver Jugend mit Begeisterung geführt, von den anderen selbst zur Zeit der Siege mehr als bedenkliches Abenteuer empfunden und mißmutig zur Kenntnis genommen wird.

Aber wir erleben in jeder Phase die Reaktion der verschiedenen Zeitgenossen, jeweils in allen Abschattierungen ihrer menschlichen Eigenschaften, der Konstante oder der Unzulänglichkeit ihres Charakters. Selbst wenn die Bomben fallen, wenn die Städte zur Front werden, wenn Berlin in einer unablässigen, nervenzerrüttenden Anspannung zwischen Voralarm, Alarm, Vorentwarnung, Entwarnung dem nächsten Tag und der nächsten Nacht weiterlebt, weiteratmet, wenn das Reisen immer schwieriger, die Rückkehr nach Berlin immer mehr zum Wagnis wird, gehört noch der Held des Buchs zu denen, die das Allerschlimmste nur als Zuschauer oder Statisten erleben – wie Tausende. Sogar das Haus in Dahlem, in dem er wohnt, bleibt stehn.

Und obwohl der Mann nichts tut, als was jeder in seiner Lage täte – nichts Außergewöhnliches, nichts Kämpferisches, nichts, was ihn draußen auf den ersten Blick zum »guten Deutschen«

gestempelt hätte, wird er allmählich trotzdem zum Gejagten. Die flüchtige Bekanntschaft mit einem Mann, der – selbst ein Gegner der Gewaltanwendung – in die Vorgänge des 20. Juli verwickelt ist, genügt, um das Häschertum der Geheimen Staatspolizei, das Grauen vor dem KZ, die kalte Angst vor dem Volksgerichtshof auf den Plan zu rufen. Die Ereignisse des 20. Juli selbst, ihre Halbheit, ihre Verzweiflung, ihre Tragik bleiben in der Handlung des Buches ebenso im Hintergrund, ebenso halb geahnt, halb verschwiegen, halb geflüstert, wie sie wohl im Bewußtsein des Volkes damals wirklich kaum klargeworden sind, das von der Wucht der näherrückenden Niederlage, der Zerstörung, der Bedrückung zu sehr verdunkelt war. Aber der Statist, der Unaktive, der Zuschauer wird nun zum Flüchtling im eigenen Land und Volk, nur noch auf der Flucht, vor den Bomben, vor der Verhaftung, vorm Unheil. Schließlich verliert er beim Untergang von Dresden seine Frau. Und gleichzeitig rettet ihm dieser Untergang, in dem seine Personalia, seine Identität, so verschwinden wie sein letzter Rest von Hoffnung und Lebensfreude, das Leben. So war es.

*

Ja, so war es. Von Zeile zu Zeile wird die Überzeugung stärker, daß es genau so zuging wie in diesem unpathetischen Dokument – das bisher einzig dasteht, weil es vom Schicksal des Durchschnitts erzählt (des Durchschnitts nicht im soziologischen Sinn, dessen Klassifizierungen immer fragwürdiger werden, sondern im charakterlich-menschlichen). In dem vorzüglichen Buch der Ruth A. Friedrich zum Beispiel, dessen Wahrheitsgehalt ebenso unbezweifelbar erscheint, hat man doch immer noch den Eindruck, einigen Ausnahmemenschen zu begegnen, die – inmitten einer Überzahl von Böswilligen oder Indifferenten – das Ungewöhnliche wagen, Juden verstecken, schließlich sogar zur Aktion schreiten. Hier aber wird nur stillgehalten, in einer Haltung, die sich nichts vergibt, aber auch nichts riskieren will – gelitten, gestorben, geflohen, weitergelebt.

Ist das nun das spezifische Verhalten einer bestimmten Nation? War das nur bei den Deutschen so, weil sie Deutsche sind? Wäre das bei anderen Völkern anders? Wer weit in der Welt herumkam und diese Zeit bei anderen Völkern durchlebte, muß das, wenn er ehrlich ist, um der Wahrheit willen bezweifeln. Sieht man von den besonderen Voraussetzungen ab, die dem Hochkommen der Diktatur, der unseligen Verfallenheit ans Trügerische in diesem Land gewiß mehr als anderwärts den Boden bereiteten, stellt man sich das Gewebe vor, das Gewebe irgendeines Volkskörpers nach solcher Inkubation, wenn der Virus schon in die Blutbahn geraten ist – jenes Gewebe, wie es hier bloßgelegt und durchleuchtet wird –, dann kommt man zu dem Schluß, daß es wohl auch im Innern eines anderen Volkes nicht wesentlich anders ausschauen und reagieren könnte. Der »deutsche Charakter«: was für ein komplexes, vielgestaltiges Ding! Was für ein prächtiger, guter, waschechter Charakter kann er sein – und was für ein böser, rachsüchtiger, neidischniederträchtiger. Aber, von welchem »Volkscharakter« ließe sich nicht das gleiche sagen? Oder wäre der »Radfahrer« eine rein deutsche Erscheinung? Jeder Emigrant, der störend und unerwünscht auf ausländischen Ämtern und Polizeibüros anstehen mußte, kann das Gegenteil bezeugen.

Bei Werner bleiben die eigentlichen Nazis ziemlich im Hintergrund, man trifft nicht viele von ihnen, wenn auch da oder dort die Phraseologie im Mund einer Konditorsfrau, eines Stammtischlers, eines ehrgeizigen oder verängstigten »Volksgenossen« grammophonartig aufklingt, man kennt sie meistens nicht, man geht ihnen aus dem Weg – warum? Weil es so war. Und ich höre die Frage: würden auch anderswo eine Handvoll inferiorer Schubiacks ganze Volksteile, die größtenteils anders denken und anders sind, beherrschen und terrorisieren können? Gott verhüte das Experiment. Man denke an die Macht jedes Parteiapparates, jeder staatlichen Überwachungsmaschine, die auch dann Böses zeugt, wenn sie für Besseres zu wirken glaubt – wie es bestimmt sogar manche Nazis taten.

Aus welcher Tiefenschicht der Menschenseele aber steigt das wahrhaft »Unmenschliche«? Auch dafür gibt es bei Werner eine unerhört aufschlußreiche Figur, den überzeugten österreichischen Nationalsozialisten Hauptmann Wittner, mit dem Herr Forster Haus und Splittergraben teilt, der Musik liebt, Bruckner spielt, Gedichte liest, zweifellos ein Idealist ist, ein liebenswürdiger und verantwortungsbewußter Mensch, und der, mit weichem wienerisch rollendem R, von der Notwendigkeit des »Ausrottens« ganzer Völker spricht, weil »wir Deutsche eben zu sentimental und zu gut seien«, um wie die Engländer Kolonialherren zu sein und als solche anerkannt und geliebt zu werden. Aus »Weichheit« also und Sentimentalität – ausrotten. Und dem Dr. Forster, wenn er sich angewidert abwendet, geht durch den Kopf: »War dies alles ein deutscher Zug? Die Sieger werden vermutlich davon überzeugt sein. Aber trat hier nicht etwas Neues zutage? Eine drohende Gefahr, die nicht an den Charakter einzelner Völker gebunden ist? Gespenster, aus dem Dunkel der Angst steigend, blutsaufende Gespenster der Verlorenheit, der zerbrochenen Werte – ?« Hier wird, ein einziges Mal in dem ganzen Buch, das niemals vorwurfsvoll oder auch nur apologetisch ist, die Frage aufgeworfen, der man heute nicht mehr aus dem Weg gehen darf – besonders draußen in der »anderen Welt«, von der Deutschland so lange abgesperrt war, daß der Einblick sich gegenseitig vertrübte: wie würden sich Menschen anderswo verhalten, gewänne Dummheit und Roheit, mit gerissenster Zielbewußtheit gepaart, unumschränkte Macht über sie? Anders als bei Deutschen? Besser? Oder schlechter? Ich glaube, man sollte sich der Vermutungen wie der Steinwürfe enthalten. Man soll nur Sorge tragen – daß es nicht geschieht. Und man soll nie vergessen – um der Gerechtigkeit willen, die neues Unheil verhüten möge –, daß diese Deutschen – wenn auch sehr unbegabt zur Konspiration und ungeschult, unerfahren in politischer Selbstbestimmung – unter den Millionen derer, die tatenlos auf der Galeere hintreiben mußten, weil sie keine Helden und keine Märtyrer waren, doch Tausende aufbrachten, ja viele Tausende, die, ohne Hilfe von außen, den höchsten Opfermut bewiesen und das bitterste, das einsame Opfer brachten, nur um ihres Gewissens, um ihrer Seele willen.

Mögen sie auch jetzt nur leise genannt werden, die unvergeßlichen Namen der Moltke und York, Schulze-Boysen und Haubach, Scholl und von Hassell, all die Namen mit denen man allein ein Buch füllen könnte – einmal wird ihr Beispiel noch aufleuchten und fruchtbar werden.

In der ›Galeere‹ spricht es ein Todgeweihter aus: »Die besten Köpfe und Charaktere aus drei Schichten, der Arbeiter, der Intellektuellen, des Adels, werden fallen. Die deutsche Elite wird vernichtet sein, wenn der Schrecken vorüber ist.« – So ist es geschehen. Aber ein Volk stirbt nicht, die Biologie der Zerstörung, des Zusammenbruchs sieht anders aus, als man es nach historischen Mustern, ohne reale Kenntnis annehmen konnte – neben völlig Vernichtetem bleiben immer noch völlig intakte Bestandteile, Wurzeln, Keime, und ein Wort, ein Gedanke überlebt zerstampfte Generationen. Wer kann wissen, was aus all den vielen werden und erwachsen wird – den durch nichts Ausgezeichneten, den Alltäglichen, von denen dieses Buch erzählt? Denen, die ohne Widerstand in Hitlers Krieg zogen – und doch Menschen waren, auch sie? Sind sie so fremd geworden für die andere Welt? Ist es so schwer, sie zu verstehen – jenen Heinrich Jagemann etwa, der nie ein Nazi war, aber als Stabsarzt im Krieg bis zuletzt das tun würde, was er für seine Pflicht hält? Ja, Forster selbst, der skeptische Intellektuelle, versucht zu Beginn des Krieges ins Offizierskorps einzutreten – jene »Flucht der anständigen Deutschen in die Armee« mitzumachen, die ihm nur mißlingt, weil er eine »nichtarische« Frau hat. Ist es so unbegreiflich – da es doch so war? Und ist das wirklich nur Deutschen verständlich? Einmal, nach einer Bombennacht, sagt ein Packer des Verlags »mit vergnügten Augen«: »Das war ein Ding! Unsere Flak!« Er war stolz, daß sie ein paar Engländer heruntergeschossen hatten. Und, schreibt der Autor, »er haßte Hitler und wünschte eigentlich den Engländern Erfolg. Es war alles sehr merkwürdig...«

Ist es so schwer zu begreifen – dieses Merkwürdige? Kann man nicht heute wenigstens, nach den Erfahrungen der jüngsten Jahre, das Verhalten der Menschen in dieser Zeit anschauen, ohne zu verdammen (denn dadurch wurde noch niemals Einsicht erzielt, nur neue Verstockung geschaffen), und einfach sagen: so ging es diesen? So war es?

★

Unwillkürlich denkt man bei Werners Buch manchmal an das exakteste und umfassendste Mittel dokumentarischer Berichterstattung, den Film. Aber hier erweist sich das geschriebene Wort der photographischen Linse überlegen. Es entstehen Menschenbildnisse, seltsamerweise nicht durch Verdichtung, eher durch eine minutiöse Ausbreitung des Details, die von innen und außen bis ins letzte stimmen und dadurch unvergeßlich werden, daß man ihnen in einmaligen, unvergeßlichen Situationen begegnet.

Lia mit dem Goldzahn, mit ihr könnte man selbst im Bunker gesessen, das leise Flackern der Sensationslust in ihren Augen gesehen haben, wenn es anderswo einschlägt, und man weiß auch um ihre primitive Menschlichkeit. Der schon erwähnte Hauptmann Wittner, der »König der Metteure« mit seinen abstehenden roten Ohren – es ist, als habe man sie tausendmal getroffen. Eine Redaktionssitzung, ein Abend im Schriftstellerverband, ein Presseempfang des Führers in München, bei dem Adolf mit einer Zurückhaltung und Unbestechlichkeit geschildert wird, daß man sich seiner »kabarettistischen Wirkung« ganz neu bewußt zu werden glaubt – gerade durch das Skizzenhafte eines der besten Hitlerporträts, die mir bekannt sind.

Der herbstliche Glanz, die trügerische Ruhe Berlins vor dem ersten großen Zerstörungsangriff. Die alkoholische Neujahrsgesellschaft zwischen Bunker, Bombenkratern und Ruinen – eine ganz bestimmt bis ins Letzte wahrheitsgetreue Situation, die es gewiß nur in Berlin – nicht etwa im puritanischen London – so geben konnte. Der trancehafte, fast ekstatische Zustand der Menschen in endloser Gefahr, in dauernder Hochspannung überkommt das endlose Rauschen und Knistern der in Schutt und Asche sinkenden Großstadt. Oder die erschütternde Gestalt der alten Baronin Thermeulen, die noch ihren Beethoven spielt und ihr stilles, kultiviertes Heim nicht mehr verläßt, als sie schon den Vornamen »Sarah« tragen muß. Wahnsinn, Methode und Schicksal im nüchternen Zeitbericht. Und nur durch die vielfache, immer variierende Wiederholung bekommt der Leser, der nicht dabei war, das Bewußtsein der Wirklichkeit jener Bombenjahre vermittelt, stärker vielleicht, als dichterische Zusammenfassung es vermöchte.

Der schaurige Höhepunkt ist der Untergang von Dresden, dadurch besonders eindringlich, daß hier der Angriff selbst, die erste Schreckensnacht, die der greise Dichter Gerhart Hauptmann wie ein Seher und Künder zwischen zwei Weltaltern erschüttert miterlebte, nicht geschildert wird – sondern das Hereinkommen, das Eindringen eines verzweifelten Ankömmlings in die grauenvolle, die pompejanische Schädelstätte nach der Verwüstung. Das herzzerreißende Suchen der Menschen nach ihren Nächsten – es ist, als könne Leid und Jammer nie mehr verstummen, nie mehr vergessen werden. Dabei leuchtet und funkelt die brennende Stadt, »als wenn August der Starke ein Galafest mit Feuerwerk und Zehntausenden von Pechfackeln veranstaltet hätte«. Der Begriff der festlichen Beleuchtung, der Freudenfeuer stiehlt sich oft fast absichtslos in die Schilderung des Grauens. Aber man denkt auch an die apokalyptischen Farben der Aura auf Grünewalds ›Isenheimer Altar‹.

★

Der Autor läßt als Vorzeichen und Verbindung zwei Engel über die Erde gehen, die der Weissagung des Johannes, dem Evangelium des Apollonius oder den Mythen der Gnosis entstiegen sein könnten. Auch diese beiden Engel, die zuerst nur in visionären Interludien auftreten, fügen sich dann und wann der realen Handlung ein und werden, ohne Kunstgriff oder Pathos, in die menschliche Wirklichkeit einbezogen. Wer einmal den Turnus großer, lang anhaltender Katastrophen körperlich durchlebt hat, wie etwa meine Generation, ich selbst, die rasenden Materialschlachten des Ersten Weltkriegs, an der Somme, in Flandern, vor Verdun – dem ist diese Erscheinung keineswegs fremd oder ungewöhnlich. Der Zustand, der sie erzeugt, gleicht dem der prä- oder metapolitischen Einstellung des Soldaten zum Krieg im Augenblick des Erlebens. Nur die Katastrophe selbst ist erkennbar, ihre Ursachen sind entrückt und irrelevant. Nur das Verhalten der Betroffenen, ihre »Haltung« ist noch entscheidend, nicht das Weshalb oder Warum. In solchen Augenblicken wird das Dämonische sichtbar und fühlbar, das Außermenschliche, Überirdische, gewinnt Form und Gestalt. Diese Erscheinungen dauern nicht, sie vergehn mit ihrem Augenblick. Hinterlassen sie eine Spur? Weisen sie uns einen Weg? Schärfen sie unsre Sinne für die geheimen Zeichen dessen, was kommen wird? Oder hüllt uns das Leben wieder in seine gütigen Schleier aus Ahnung und Gegenwart? Und wandern die Engel Metos und Seragul wohl schon wieder über die Erde, und wo werden sie ihre Stürme aus dem Glas entfesseln? Läßt dieser erschütternde Bericht von ihrem Wüten und ihrer Beschwichtigung uns eine Lehre zurück, ein tieferes Wissen, eine Mahnung? Es gibt nur die eine: daß keine Lehre, keine Doktrin, keine Weisheit uns vor dem Unheil bewahren kann, in deren Grund und Ende nicht die Erkenntnis wohnt: der Mensch, trotz allem, mit allem, ist Gottes Geschöpf. Ein Geschöpf der ewigen Liebe. Seid wachsam, spricht der Engel. Bleibt auf der Hut! Seid immer bereit! Denn Gut und Böse beginnen in uns selbst, und das Unheil lauert überall, in jeder Sekunde kann es über uns hereinbrechen, in jeder Nacht aufschießen wie Pilze im Regen. Seid wachsam! Hütet das Feuer in eurem Herzen. Und – richtet nicht. Richtet nicht –!

Amerika ist anders
Ein Vortrag, gehalten am 10. November 1948 im Auditorium maximum der Zürcher Universität

Obwohl im Titel dieses Vortrags das Wort Amerika prangt, werden Sie von mir wohl kaum eine Lektion über Demokratie erwarten. Gewiß läßt sich die Staatsform, in der ein Volk lebt, die politische Tradition oder Überzeugung, in der seine Jugend heranwächst, von seiner Wesenheit, seiner menschlichen Substanz, seinem Charakterbild nicht trennen. Daneben aber gibt es eine unendliche Fülle anderer Wesenszüge, die das Gesicht oder die Gesichter und Gesichte eines Volkes, eines Landes, eines Weltteils formen und kenntlich machen – Klima und Landschaft, Sprache und Religion, Geist und Eros und die Träume seiner Kinder und seiner Genien.

Die gesellschaftlichen, die ökonomischen und sozialen Gegebenheiten kennzeichnen nur einen Teil der menschlichen Entwicklung. Daß der Mensch ein *zoon politikon* sei, ein staatenbildendes Tier, scheint mir eine der entschiedenen Falschmeldungen abendländischer Geistesgeschichte zu sein. Er ist mehr und ist weniger, er ist ein Produkt bekannter und unbekannter Elementarkräfte, der Not und Gewalt seiner kurzen Lebensspanne ausgeliefert – er ist gleichzeitig Herr und Meister seines Schicksals im Raum und in der Welt seiner seelischen Existenz, und seine bestimmende Eigenschaft, ebenso allgemein wie persönlich abgestuft, scheint mir nicht seine Fähigkeit zur Gesellschaftsbildung oder zur materiellen und technischen Bewältigung des Lebens zu sein, sondern seine Fähigkeit zum Bewußtsein der Liebe. Wo immer wir ihm begegnen, ob in der Gestalt eines chinesischen Kulis, eines kanadischen Holzfällers oder sogar eines französischen Existentialisten, ist diese Fähigkeit bei beiden Begegnungspartnern keimhaft vorhanden, jede menschliche Begegnung ist auch eine Selbstbegegnung, und wohin wir gehen und kommen, bringen wir immer uns selber mit und können das Bild, das wir empfangen, nur durch den Spiegel unserer Fassungskraft reflektieren.

Spreche ich also von einem andern Land, in dem sich ein Teil meines Lebens vollzog, und sage aus, daß es anders sei, so meine ich nicht nur: anders als das unsere, anders als Europa oder Deutschland. Sondern im Spiegel einer langen und heftigen Begegnung mit seiner Wirklichkeit erscheint es mir anders als alles, was man sich davon vorstellt oder erzählt, was man davon liest oder hört, gewiß *völlig* anders, als es sich durch die Zusammensetzung und Auswirkung einer Armee oder Verwaltungsbehörde im besetzten Land zu erkennen gibt, und vielleicht sogar anders, als es selbst sich zu sehen pflegt, darstellt oder einschätzt. Die Selbsteinschätzung Amerikas in der politischen Dimension gründet sich auf die sogenannten *polls*, auf die systematische Erforschung der öffentlichen Meinung, auf Stimmungsreflexe innerhalb der Bevölkerung, auf die Tonart der Presse und die Stellungnahme der bekannten, einflußreichen Publizisten, auf statistische Erfahrungen, auf die Berechnungen der Berufspolitiker über ihre zum Teil ganz fest organisierte Anhängerschaft – und wie sich immer wieder zeigt und gezeigt hat, etwa bei der letzten Präsidentenwahl oder der Abberufung McArthurs, kann das alles gewaltig täuschen oder aber durch unberechenbare Umschwünge von Grund auf über den Haufen geschmissen werden. Bei diesen Umschwüngen aber spielen nicht nur aktuelle Faktoren mit oder der sogenannte *common sense*, den man »*die* gesunde Vernunft« nennen könnte, sondern noch ein ganz anderer, ziemlich irrealer oder überrationaler Faktor, der aus der menschlichen Substanz der Amerikaner und ihrem besonderen eigenartigen Seelenklima stammt, und den ich als das »gesunde Herz« bezeichnen möchte.

Vielleicht gelingt es mir am lebendigen Beispiel darzustellen, was ich darunter verstehe. Die Einschätzung Amerikas durch die Außenwelt gründet sich auf das, was in die Augen springt und in die Ohren gellt – Film und Radio, illustrierte Zeitschriften und Reklamebilder, übersetzte und importierte Literatur und auf die Zufälligkeit geschäftlicher oder persönlicher Begegnungen, die allzu leicht zur theoretischen Verallgemeinerung und damit zum Mißverständnis führen. Damit ich aber nicht selbst der Gefahr jener Verallgemeinerung erliege, die in jedem Versuch einer generellen oder objektiven Darstellung lauert, will ich mich lieber an meine eigenen subjektiven Erlebnisse halten und Sie gewissermaßen mit nach Amerika nehmen, wie ich selbst vor einem Jahrzehnt hinüberkam, um mich an ihm zu messen und zu reiben, zu ärgern und zu erfreuen, zu stoßen und zu erheben, zu ermutigen und zu erneuern – als ein eingefleischter und ausgewachsener Europäer, der damals genausowenig von Amerika wußte oder ahnte wie jeder, der dort nicht geboren wurde oder sich eine zweite Geburt aus seinem fremden und widerspenstigen Schoß erzwingen mußte. Die Vorwehen zu dieser Wiedergeburt als ein Säugling der Neuen Welt setzten bei mir damit ein, daß ich sie vollständig ablehnte und mich verzweifelt und erbittert dagegen wehrte. Ich wollte absolut nicht nach Amerika, ich nahm es Herrn Hitler und seiner Vorsehung, dem Schicksal, dem lieben Gott und dem zwanzigsten Jahrhundert persönlich übel, daß ich dazu gezwungen werden sollte. So wie mir ging es vielen.

Mein erster aktiver Widerstandsversuch ereignete sich in Zürich, an einem strahlenden Frühlingstag des trüben Jahres 1938. Kurz zuvor hatte uns der sogenannte Anschluß und der drohende Zugriff der Gestapo dazu gezwungen, Österreich, das letzte Stück Heimat, als Flüchtling zu verlassen. Benommen stand man auf der Zürcher Bahnhofstraße, auf der man früher als sorgloser Besucher und Ferienreisender daherzuschlendern pflegte, und wunderte sich ein wenig, daß man noch lebte und daß so viele andere Leute sich an dem schönen Wetter und den hübschen Geschäften freuten. Warum aber sollten sie sich nicht daran freuen? Sie waren ja hier zu Hause. Für uns gab es das mit einem Schlag auf der Welt nicht mehr, ja, wir konnten uns nicht einmal als ihre Gäste betrachten, sondern es bestand kein Zweifel, daß wir nun zu denen gehörten, die ringsherum unerwünscht waren, den Mitessern des Menschengeschlechtes und der Erdoberfläche. Inzwischen haben so viele Menschen auch hier in Deutschland, innerhalb des eigenen Sprachgebiets, inmitten des eigenen Volkes, am eigenen Leib erfahren, was ein Flüchtling ist, daß ich seine Gefühle und sein bitteres Los hier nicht zu erklären brauche. An diesem Frühlingsmorgen, von dem ich erzählen will, hatte ich mich mit meinem Freund Franz Werfel getroffen, dem mittlerweile in Amerika verstorbenen Dichter, der damals in der gleichen Lage war, das heißt, nur etwas besser bemittelt; in meinen Taschen konnte man schon die Löcher zählen und in seinen immerhin noch etliche Schweizer Franken – was einen bedeutenden Unterschied im Lebensgefühl ausmacht –, und so lud er mich denn in eine Weinstube, Bodega genannt, auf einen Sherry ein, nämlich zunächst auf einen, mit dem man ja anfangen muß. Er hatte dort einen gemeinsamen Wiener Freund von uns hinbestellt, der, selbst ein Flüchtling, das schöne Geschäft betrieb, als sogenannter Agent die Berufsinteressen von Schriftstellern und Künstlern zu vertreten.

Als dieser Mann eintrat, hielten wir zwar erst beim dritten Sherry, aber er schien uns gleich von einer unerfreulichen, störenden Geschäftigkeit und Tüchtigkeit erfüllt. Er wollte sich gar nicht setzen und nicht einmal im Stehen etwas zu sich nehmen. »Ihr müßt sofort mitkommen«, sagte er uns, »es sind jetzt wenig Leute dort, ich habe euch schon angemeldet, und in ein paar Tagen wird die Quota geschlossen sein.« Wir wußten, woher er kam, nämlich vom amerikanischen Konsulat. Wir hatten ihn dort als Späher und Kundschafter hingeschickt und wirklich selber die Absicht gehabt, ihm dann zu folgen, aber das war noch vor dem ersten Sherry gewesen. In einem Zustand grauer und nüchterner Resignation. Jetzt waren wir schon erleuchtet und einer höheren Einsicht fähig. Amerikanisches Konsulat? Quotanummer? Formulare? Anmeldung? Affidavit? Was soll uns das alles. Wir wollen ja gar nicht hin. Warum sollten wir uns in peinlicher und würdeloser Hast nach einem Lande drängeln, in das wir nicht gehören, das uns nichts zu geben hat, von dem wir nichts lernen können und dem wir nichts zu sagen haben? – Ich war noch nie, Werfel nur einmal zu einem kurzen Aufenthalt in New York drüben gewesen. Aber wir wußten alles ganz genau, was es da drüben gab oder nicht gab, vom schlechten Essen bis zur seelischen und erotischen Frigidität, und der Sherry half uns dazu, es in Worten dithyrambischen Abscheus auszudrücken. Ein Land der phantasielosen Standardisierung, des flachen Materialismus, der geistfremden Mechanik. Ein Land ohne Tradition, ohne Kultur, ohne Drang nach Schönheit oder Form, ohne Metaphysik und ohne Weinstuben, ein Land des Kunstdüngers und der Büchsenöffner, ohne Grazie und ohne Misthaufen, ohne Klassik und ohne Schlamperei, ohne Melos, ohne Apoll, ohne Dionysos. Sollten wir der Versklavung europäischer Massendiktatur entrinnen, um uns unter die Tyrannei des Dollars, des *business*, der Reklame und der Modellmädchen zu begeben? Und außerdem, sagte Werfel, müßten wir Englisch lernen. Denn es ist für einen Schriftsteller und Dichter ein beschämender Zustand, bei jedem etwas komplizierteren Gespräch den Satz wiederholen zu müssen: »*I am not able to express myself.*«

Als unser Freund zum zweiten Male erschien und uns beschwor, wenigstens die mitgebrachten Formulare auszufüllen, konnten wir die Sherrys nicht mehr zählen, hatten aber den Komplex Amerika vollständig erledigt und rezitierten bereits gemeinsam das Gedicht ›Die Auswanderer‹ von Freiligrath:

»Ich kann den Blick nicht von euch wenden,
Ich muß euch anschaun immerdar.
Wie reicht ihr mit geschäft'gen Händen
Dem Schiffsmann eure Habe dar.«

Damit hielten wir unser Auswanderungserlebnis für abgeschlossen und wandten uns Themen zu, die uns produktiver und wichtiger erschienen.

Dieser Morgen in der Bodega hat uns viel gekostet. Denn es folgten ihm einige andere, an denen wir auch nicht aufs amerikanische Konsulat gingen, die Quota wurde geschlossen, Mr. Chamberlain flog nach München und flog wieder zurück, Friede für unsere Lebenszeit mitbringend, und ganz allmählich begannen sich die europäischen Gefängnistore zu schließen. Ich mußte mich, anderthalb Jahre später, über Cuba in die Vereinigten Staaten einschleichen, die unser letzter Hafen geworden waren, und Werfel, nach wieder einem Jahr, mußte erst durch ganz Frankreich, über die Pyrenäen und durch Spanien und Portugal fliehen, um das ungelobte Land unserer Rettung und Hoffnung zu betreten. Als ich ihn am Pier von Hoboken abholte, gedachten wir der Bodega. Wir bereuten nichts, obwohl wir unrecht gehabt hatten, aber damals wären wir sozusagen unter falscher Flagge hinübergesegelt, nämlich unter der der Vorsicht und Selbstversicherung. Jetzt war es ein Schicksalswind, der uns hingetrieben hatte, es war unvermeidliche höhere Gewalt, und ein Mann muß sein Schicksal lieben, um es zu bestehen und nicht an ihm zu zerbrechen.

Ich war nun schon ein Jahr drüben, ich hatte den ersten Rausch und die erste Ernüchterung, die erste Illusion und die ersten Rückschläge hinter mir, aber ich war noch sehr weit davon entfernt, etwas von Amerika zu wissen. Das einzige, was ich damals schon gelernt hatte, war, daß Amerika noch immer die »Neue Welt« ist, das heißt, die Welt, in der entwurzelte Menschen neu beginnen können, weil sie selbst noch, mit ihren paar hundert Jahren Wachstum und ihrem ungeheuren unerschöpflichen Boden und Raum, im Anfang, in der Hoffnung, im Werden ist.

Man kann nicht Franzose werden, wenn man Deutscher ist. Man kann nicht einfach die Front und die Farbe wechseln. Man kann sich nicht als Gast und Zuschauer in eine neutrale Ecke setzen. Und als Engländer gar muß man geboren sein, das läßt sich nicht lernen. In all diesen Ländern ist und bleibt man ein Fremdkörper, bestenfalls ein freundlich Geduldeter. Amerikaner aber werden vom Schicksal gemacht. Ihnen ist nichts in den Schoß gefallen oder in die Wiege gelegt, und ihre Geschichte besteht in einer fortgesetzten männlichen Bemeisterung des Schicksals. Das macht sie großzügig und elastisch, und diesen großen Zug des Lebens und Lebenlassens, diese Elastizität in der Führung und Bewältigung der eigenen Existenz empfindet schon der Ankömmling als Auftrieb und als Verpflichtung.

Man wird ihn nicht empfangen, als habe man gerade auf ihn gewartet. Man wird es ihm nicht leicht machen; Härten, Hürden und Hindernisse erwarten ihn in Hülle und Fülle. Aber man gibt ihm die Chance, sie zu überwinden, und wenn er sie in seiner Weise zu ergreifen versteht, dann kann er einen Platz finden in einer Lebensgemeinschaft, auf dem er nicht mehr, gern oder ungern, geduldet ist, sondern auf den er sich selbst gestellt hat und der sein eigen wird. Es liegt in der Tradition, in der Natur, im Weltgefühl des Amerikaners, den harten Weg mehr zu respektieren als den leichten, das Schwererworbene höher zu achten als das Geschenkte, die gefährliche Unabhängigkeit mehr als die reglementierte Sicherung, und auch das kommt nicht nur aus realistischen oder materiellen Voraussetzungen, sondern ist in seinem Wesen und seinem Menschentum tiefer begründet.

Die erste Zeit in Amerika war, trotz düsterer Untertöne, ein gewaltiger, unerwarteter, übermächtiger Rausch. Es war vielleicht der Empfindung ähnlich, die Segelflieger beschreiben, wenn sie im richtigen Wind liegen und glauben, die Schwerkraft überwunden zu haben, aus eigenem Antrieb steigen und schweben zu können. Es war wie der Rausch von einem unbekannten starken Getränk, das die Sinne aufs äußerste schärfen und klären würde, ohne daß eine Benebelung oder Ermüdung folgt. Es war Sommer, es war eine Hitzewelle in New York, es war dumpfheiß und schwülfeucht wie in einem Treibhaus, die Wäsche klebte am Leib, man schwitzte bestialisch, man saß nachts unter der kalten Dusche oder nackt am offenen Fenster, weil jedes Bett, auch ohne Decke, ein Backofen war; aber man wurde nicht müde und empfand selbst den unter der Schuhsohle aufweichenden Asphalt als Abenteuer, wie wenn man durch einen tropischen Sumpf waten würde, bereit, vorsintflutlichen Riesenechsen und zierlichen Lemurenmädchen zu begegnen; man begab sich in die künstlich gekühlten Theater oder Kinos, darin man sich bald fühlte wie versandbereites Gefrierfleisch, und dann wieder hinaus in den dampfenden Kochkessel der Straße, man nahm sogar die unvermeidlich daraus folgende Erkältung ohne Murren in Kauf und tat sie mit Rum oder Whisky ab, so stark war die erste Faszination dieser starken und fremden Welt. Ich glaube, daß die enorme Vitalität Amerikas, die ihm wohl aus der einzigartigen Vermischung verschiedenster Menschenrassen und -arten erwuchs und die man geradezu an den Fingerspitzen spürt und aus den Haaren knistern fühlt wie den Elektrizitätsgehalt der Luft, zunächst auf jeden Menschen von einiger Lebendigkeit oder Einbildungskraft so wirken muß, daß es die eigene Vitalität gewaltig stimuliert und auffrischt. Dabei ist New York ja immer noch ein Vorposten Europas und nur zum Teil amerikanisch. Das eigentliche Abenteuer der Entdeckung dieser neuen Welt und ihrer riesigen Dimensionen beginnt erst, wenn man sie hin und her durchquert, um dann in einem begrenzten Umkreis ihrer Realität Wurzel zu schlagen.

Und die wirkliche Entdeckung ihrer inneren Dimensionen, ihrer Substanz und ihrer Alchimie fängt erst allmählich an, wenn der warme Schauer erster Empfänge, Händedrücke, Umarmungen, Freundschaftsbeweise, Herzlichkeiten vorüber ist – die genauso gemeint sind, wie sie sich gebärden, nämlich als eine Begrüßung, ein Auftakt, ein wohltuendes Hallo, nicht mehr, nicht weniger. Diese Herzlichkeit und Wärme, mit der Fremde in Amerika gewöhnlich begrüßt werden, ist nämlich gar nicht verlogen – man darf sich nur selbst nichts Falsches davon erwarten oder vorstellen. Sie entspringt einem der Grundzüge des amerikanischen Verhaltens, der, wie viele seiner Züge, vom Geist der Pionier-, der Grenzer- und Ansiedlerzeit geprägt ist, der natürlichen Hospitalität. Dem fremden Gast bietet man sein Haus und seine Hilfe. Dann wird er halt weitergehn – auf eigenen Füßen. Und dieses Weitergehn auf eigenen Füßen und auf einem selbstgewählten Pfad wird nun von dir erwartet.

Das ist der Anfang des ersten Aktes, nach dem Prolog, in einem sehr vielaktigen Drama. Er läßt sich schon bedeutend kühler an. Ja, man beginnt zu ahnen, was eine kalte Schulter sein kann. Das erfährt man am unmittelbarsten im Berufsleben. Denn Amerika begrüßt zwar den Fremdling mit einer echt gemeinten Kameraderie, die besagen will: wir sind alle einmal angekommen, jeder von uns stammt von einem Fremdling, von einem Einwanderer ab, wir sind uns also gar nicht wirklich fremd, denn unser Ursprung und unser Ende sind gemeinsam. Aber Amerika erwartet mit ebensolcher Selbstverständlichkeit, daß der Neue sich dem, was er vorfindet, anpaßt. Nämlich daß er sich ehrlich dazu bekennt, neu und fremd zu sein und die Spielregeln zu akzeptieren, die hier am Platze und gültig sind.

Hier steckt nun ein Teil der Fehlerquellen, die es vielen europäischen Einwanderern so schwer machen, mit Amerika und seiner Menschenwelt auf gleich zu kommen und sie ohne Unter- oder Überschätzung zu verstehen. Hier treffen europäisches und amerikanisches Ressentiment vielfach hart aufeinander. Ein großer Teil der einwandernden Europäer hat das Gefühl, daß er mit sich selbst, seiner Individualität, seinem Können, seiner Bedeutung und vielleicht schon erwiesenen Leistung etwas mitbringt, das ohne weiteres als Geschenk, als Wert, als Bereicherung, als willkommener Zuwachs aufgefaßt und dankbar angenommen werden sollte. Selbst wo nicht die arrogante Haltung vorliegt, daß man als Höchstkulturträger zu Halbwilden käme, um ihnen ein Strählchen von seinem großen Licht leuchten zu lassen, gibt es doch einfach die für unsere Denkweise und Erfahrung ganz normale Vorstellung, daß man mit dem, was man leisten könne und schon geleistet habe, gebraucht werde. Die kalte Schulter Amerikas aber will besagen: keiner wird unbedingt gebraucht. Aber jeder braucht unbedingt die andern, unter und mit denen er leben muß.

Das europäische Ressentiment gegen Amerika ist wohl so alt wie die Loslösung der Staaten vom Mutterland, also die Rebellion der Ausgewanderten gegen die Abhängigkeit von ihrer Herkunft, ja, sie war wohl immer vorhanden, seit es Auswanderer gab, die drüben ihre eigene selbständige Existenz gegründet und in wirtschaftlicher, politischer, psychologischer Hinsicht ihre eigene Lebensform fanden und damit eine eigenständige Macht wurden. Die Vaterherrschaft ist so tief im europäischen Wesensgefüge verankert, daß die freie Loslösung und neue Stammesgründung der Söhne einen nie verwindbaren Widerstand, ein heimliches Grollen und Übelnehmen auslöst. Nun war es ja auch – von den paar großen politischen Emigrationen abgesehen, in denen verfolgte oder oppositionelle Gruppen aus Gesinnungsgründen eine neue Erde suchten, wie zuerst die Pilgrims, später die deutschen Achtundvierziger, schließlich die Flüchtlinge vor den modernen Diktaturen – immer so, daß nach Amerika ging oder geschickt wurde, wer in Europa nichts hatte oder nichts taugte. Verarmte, von Hungersnöten Bedrohte, sozial Entwurzelte oder Gestrandete, Unzufriedene und Ungeratene füllten das Zwischendeck der Auswandererschiffe. Mit einem gewissen unbehaglichen Mißtrauen blickte der Zurückbleibende, Gesetzte, Wohlgestellte diesen Desperados und Glücksjägern nach, wie es in jenem Schweizer Volkslied sehr massiv zum Ausdruck gebracht wird, das dem Emigranten verächtlich nachruft: »Verreck am Sacramento-Strand! Zwei, drei.« Denn du hast es ja herausgefordert. Ob nun die Auswanderer wirklich am Sacramento-Strand oder anderswo verreckt sind, wozu sie immer eine starke Chance hatten, oder ob sie dort Gold fanden oder ein Restaurant aufmachten, dessen Goldquelle sicherer war – der leise Groll der Ahnenschaft, der ein Frechling entlaufen war, um auf eigene Faust zu verkommen oder durchzukommen, ist nie ganz verklungen, und in den wohlfundierten Zeiten des bürgerlichen Aufschwungs in Europa, in den Friedensperioden des neunzehnten Jahrhunderts bis zu den Erschütterungen im zwanzigsten, war es eben Sitte, daß die ungeratenen und gescheiterten Söhne die Schiffskarte bekamen und einen Brief an den Großonkel, der vermutlich auch einmal ein ungeratener Sohn gewesen war.

Nun sind aber unter diesen ungeratenen Söhnen sehr oft auch die fähigsten, die kühnsten, die vorurteilslosesten und mindestens die phantasievollsten. Amerika braucht sich dieser Ahnengalerie nicht zu schämen, sie hat ihm viel von seiner biologischen und intellektuellen Potenz vermacht. Es ist aber ebenso natürlich und in der menschlichen Wesensart begründet, daß sich unter diesen erfolgreichen Freibeutern und ihrer Nachkommenschaft, auch wenn sie längst arriviert und salonfähig geworden ist, ein Rest von trotzigem Stolz, von Ablehnung und Selbstverteidigung gegen den Urstamm erhielt, der sich besser dünkt und den man selbst wohl insgeheim einmal für besser hielt. Man muß auf diese reziproke Beziehung zwischen Ausgewanderten und Daheimgebliebenen zurückgehen, wenn man versuchen will, das Mißverständnis zwischen Amerika und Europa aufzuhellen und den Standort beider Welten richtig zu verstehen. Denn ich selbst kenne viele europäische Emigranten, die schon zehn Jahre oder länger drüben waren, Bürger geworden oder zurückgekehrt sind und immer noch nicht die wirkliche, positive Menschlichkeit Amerikas kennengelernt haben.

Es ist gewiß nicht ganz leicht; denn Amerika ist anders, in jeder Beziehung und in jedem Lebenszweig. Vor allem aber auf den Gebieten, die mit dem geistigen Leben, mit intellektueller Arbeit, mit kulturellen Bezirken und mit dem schöpferischen Werk zu tun haben. Ich persönlich mußte sehr bald merken, daß ich nichts, aber auch gar nichts mitgebracht hatte, was da drüben unmittelbar verwendbar gewesen wäre, außer vielleicht meiner physischen Konstitution und einer gewissen inneren Anlage zum Cowboy oder zum Waldläufer.

Lyrik und Drama, auch Epik, sofern sie nicht den großen überzeitlichen Strom der Erzählkunst hat, ist nur in seltenen Glücksfällen in andere Sprach- und Denkwelten zu übertragen. Den Stücken, mit denen ich auf allen Bühnen des deutschen Sprachgebiets heimisch geworden war, verschloß sich die angelsächsische und amerikanische Mentalität mehr noch als ihre Sprache. Die Tatsache, daß ich dieses Schicksal mit Goethe, Schiller, Kleist, Hebbel, Hauptmann, Strindberg, Wedekind und vielen anderen teilte, half mir wenig. Die meisten dieser Namen sind dem Amerikaner, wenn er nicht gerade Literatur oder Theaterwissenschaft studiert, gänzlich unbekannt, und daß ein Kleist etwas anderes sein könnte als ein Panzergeneral, wird man ihm kaum verständlich machen. Mein Name war in Fachkreisen des Theaters bekannt, aber die kühle Schulter zuckte bedauernd, wenn meine Stücke eingereicht wurden: zu deutsch –

zu deutsch. Beim Film war es zunächst etwas besser. Dort kannte man mich als Dialog-Autor des ›Blauen Engel‹, und der Zaubername Marlene Dietrich kennzeichnete mich als eine Art von Kulturträger. So kam ich nach Hollywood, und die kühle Schulter schien sich für einen Moment zu runden und aufzuwärmen. Der Wochenscheck, mit dem ich dort als *writer* – Schreiber – anfangen durfte, hatte sinnlichen Reiz. Aber er hielt nicht vor.

Ich will diese Episode nur ganz kurz streifen: denn sie spielt nicht in Amerika – nicht in dem, von dem ich erzählen will, nur an seiner äußersten Peripherie. Ich wurde dort in ein fabrikartiges Gebäude gesetzt, »*the writers building*« genannt – sogar in einen Raum, der etwa dem eines gehobenen Prokuristen oder Bankdirektors entsprach, mit allem Zubehör, sogar einer Sekretärin im Vorzimmer, mit der ich aber, meines damals noch nicht diktierfähigen Englischs wegen, nichts anzufangen wußte, als freundlich mit ihr zu sein. Dort sollte ich nun von neun bis zwölf und von zwei bis sechs schreiben, was ich gar nicht schreiben wollte. Als unverbesserlicher Europäer konnte ich das aber nicht, und in der Beziehung bin ich auch unverbesserlich geblieben. Auch behagte mir dieses von vielen Leuten als Paradies gepriesene Südkalifornien gar nicht, der ewige Frühling, durch Hitzewellen und Regenzeiten unterbrochen, schien mir schal und fade, die wüste, fast kahle Umgebung unerträglich, der falsche Stil der Prachtvillen, spanische Neu-Renaissance oder orientalische Gotik, mit ihren künstlich bewässerten Paradiesgärtlein noch unerträglicher, und die allgemeine Verfassung der Leute, mit denen ich durchweg zu tun hatte, der Filmleute nämlich, am unerträglichsten.

Ich möchte aber hier sofort einschieben, daß dies ein ganz subjektives Erlebnis war und keineswegs als ein gültiges Urteil über Hollywood, auch nicht über seine Filmwelt, aufgefaßt werden darf. Denn auch dort sind die Dinge und die Menschen nicht nur so, wie sie auf den ersten Blick vielleicht wirken, nämlich unecht oder verlogen, auch dort gibt es nicht nur die billige Verkitschung künstlerischer Werte oder die Verflachung und Veräußerlichung des Lebens, auch dort gibt es eine ganze Reihe von

Menschen, sogar unter den Stars, die kompromißlos um die Entwicklung und Anerkennung ihres Talentes ringen, auch dort gibt es echtes Talent und echten Charakter, auch dort wird nicht nur nach dem Dollar und dem materiellen Erfolg gejagt oder Vergnügungsindustrie betrieben, sondern ernst gearbeitet, hart gearbeitet, ja hauptsächlich der Arbeit gelebt und manchmal sogar starke und bahnbrechende Leistung erzielt, wenn auch gegen den Widerstand einer kunst- und geistfeindlichen Geschäftsgesinnung. Daß ich dort als Schreiber nicht hinpaßte, liegt auf einem andern Gebiet, und es war wohl ein Glück für mein ganzes weiteres Leben in Amerika, daß sich das bald herausstellte. Rasch kühlte die warme Schulter aus. Nach einigen Zerwürfnissen, die ich selbst herausgefordert hatte, wurde ich »*fired*«, aber keineswegs im deutschen Sprachsinn, das heißt, nicht gefeiert, sondern gefeuert. Meinen Abgang aus dem *writers building* feierte ich im Restaurant »*Beachcomber*«, das schon in seinem Namen an eine schiffbrüchige Existenz erinnert und wo alle Viertelstunden künstlicher Regen auf ein Bambusdach trommelt, um dem Gast die Illusion zu geben, in den Tropen zu sein. Ich feierte mich selbst und mein Gefeuertsein mit einem Getränk, das man »*Zombie*« nennt oder »den wandelnden Leichnam« und das aus sieben verschiedenen Rumsorten gemischt wird. Ich fühlte mich selten so erlöst, trotz dem Ausfall des Wochenchecks.

Ich ging nach New York zurück und wurde zunächst Lehrer an einem sogenannten *dramatic workshop*, das damals von Piscator geleitet wurde, und wo ich den Schülern beibringen sollte, wie man Stücke schreibt. Meine Grundthese, daß man dazu Talent haben müsse, daß aber, wer Talent hat, lieber gleich zum Theater als in eine Dramatiker-Schule gehen solle, kennzeichnete mich wieder als unverbesserlichen Europäer. Außerdem reichte mein Monatsgehalt kaum für die Wohnungsmiete, geschweige denn für »*Zombie*«. Eines Tages kam ein Mann zu mir, der traurig aussah und merkwürdig roch. Er sagte, er wolle von mir Privatstunden haben. Er habe nämlich großartige Ideen für Komödien und Lustspiele, aber überhaupt keinen Humor. Nachts fielen ihm die komischsten Situationen ein, mit denen er als Possenautor Millionär werden könne; wenn er sie aber morgens seiner Frau erzählte, dann verziehe die keine Miene. Er müsse Humor lernen, und nach allem, was er von mir gehört habe, sei ich dazu der richtige Professor. Er bot fünf Dollar für die Humorstunde. Auf meine Frage nach seinem Beruf stellte sich heraus, daß er Apotheker war. Ich lehnte das Angebot ab. Für fünf Dollar roch er zu sehr nach Apotheke. Das war das Ende meiner Professorenlaufbahn. Auch zum Lehrer, besonders für Humor und Stücke schreiben, schien ich nicht geeignet.

Ich aber hatte an diesem *workshop*, das einer größeren und sehr fortschrittlichen Hochschule angeschlossen war, mancherlei gelernt, nicht nur auf englisch frei zu sprechen und dann stundenlang die absurdesten Fragen zu beantworten: was man dort verlangte und wobei ich am Anfang Blut schwitzte. Sondern vor allem war ich hier zum ersten Male amerikanischer Jugend begegnet. Weniger in meiner Dramatiker-Klasse, die mehr von alten Jungfern oder Apothekern besucht wurde und deren einziger begabter Adlat ein junger Neger war, als bei den andern Fakultäten, an deren Diskussionsabenden und öffentlichen Veranstaltungen ich öfters teilnahm. Am aufschlußreichsten waren solche offenen Diskussionen, wie sie sich etwa an den Vortrag einer prominenten Persönlichkeit, eines bedeutenden Forschers oder Gelehrten, eines berühmten Schriftstellers, eines führenden Politikers anschlossen. Was mir zunächst auffiel, als Gegensatz zu der durchschnittlichen Haltung von europäischen jungen Leuten, die, sagen wir, in einer deutschen Universitätsstadt in einer öffentlichen Versammlung zur Diskussion aufgefordert würden, war die völlige Unbefangenheit, die innere Freiheit und Sicherheit, der Mangel an Hemmungen, aber auch an Eitelkeit und Geltungsbedürfnis, mit dem diese jungen Leute aufs Podium gingen, ihre Fragen stellten oder auch manchmal ihre kritische Meinung äußerten.

Man ist nämlich von Kind auf mit der Vorstellung aufgewachsen, daß man das Recht auf eine eigene Meinung hat, auch dem Großen, Bedeutenden und Anerkannten gegenüber und auf ihre fragende oder kritische Äußerung, daß man aber keineswegs verpflichtet sei, selbst bedeutend zu sein oder Bedeutendes oder Geniales äußern zu müssen. Bei uns, besonders in Deutschland, kannte man das nicht. Wenn junge Leute öffentlich reden oder diskutieren sollten, litten sie entweder unter einer Art seelischer Verstopfung, einer Gehemmtheit und Verkrampfung, die sie davor zurückscheuen ließ, sich einfach so zu benehmen und auszudrücken, wie sie wirklich waren und dachten, nicht gescheiter, nicht dümmer – oder aber sie mußten gleich die Weltkreuzworträtsel lösen und über die letzten Dinge stolpern, möglichst unter Berufung auf wasserdichte oder feuerfeste Zitate von Marx bis Spengler, von Heraklit bis Bergson, um ihre geistige Selbständigkeit zu beweisen.

Ich muß übrigens hier einschalten, daß ich im Lauf der letzten Jahre bei öffentlichen Diskussionen mit jungen Leuten in Deutschland völlig andere Erfahrungen gemacht habe und ein viel höheres Maß an Frische, Natürlichkeit, Unbefangenheit feststellen konnte, als ich es von meiner eigenen Studentenzeit her gewohnt war. Vielleicht hat sich wirklich durch die große Schreckens- und Leidensmühle hier manches aufgelockert. Gewiß stimmt es, daß die Unbefangenheit der jungen Amerikaner manchmal ins Respektlose ausartet oder ins Plump-Vertrauliche, aber es ist nicht die Regel. So widerlich jene Lausbuben-Attitude ist, die etwa Thomas Mann nach einer Vorlesung auf die Schulter schlägt und wohlwollend äußert: »Hey, Tommy, ich habe Ihr letztes Buch gelesen, es hat mir ganz gut gefallen, aber die Sätze sind viel zu lang« – so angenehm und sympathisch ist andererseits die freizügige und durchaus bescheidene, intelligente und aufgeschlossene Art, mit der im allgemeinen die jungen Menschen drüben ihre Meinung zu äußern wissen, wenn sie nämlich eine haben. Haben sie keine, so halten sie entweder den Mund oder sie stellen Fragen, und dieses hemmungslose Fragen, dem man in Amerika auch oft bei Erwachsenen begegnet, sobald Gebiete angeschnitten werden, die ihnen nicht vertraut sind, schwankt zwischen einem echten lebendigen Interesse an allen Dingen und einer gewissen oberflächlichen Gewohnheit, die auf wirklich klärende Antwort oder Auseinandersetzung gar nicht abzielt. Das Fragen erfreut den Europäer zuerst, er ist entzückt von so viel Interessiertheit und Wissensdrang, dann geht es ihm zeitweise auf die Nerven, wenn er nämlich merkt, daß es zum Teil Cocktailfragen sind, die zur Konversation gehören und deren Beantwortung man bis zum Dinner schon wieder vergißt, und schließlich zieht er den Querschluß, daß der Mund des Amerikaners oft leichtsinnig, unbedacht, gewichtlos fragt; aber sein Interesse, sein Hirn, sein Herz, seine Seele fragt ernsthaft und aus einem wirklich elementaren Bedürfnis heraus, die Welt, auch wo sie fremd und ungewohnt ist, zu verstehen und zu verarbeiten.

Ich will hier etwas vorwegnehmen, was eigentlich zum Resümee dieser Erzählung gehört, aber wohl gerade hierher paßt: Amerika glaubt an Erziehung, das ist einer seiner fundamentalen Glaubensartikel, an Erziehung als Mittel zur Welt- und Lebensgestaltung und an die Erlernbarkeit alles Wesentlichen, und darin liegt ein Teil seiner Schwäche und seiner Stärke. Europa glaubt aus seiner humanistischen Tradition heraus an Bildung, die in ihrer höchsten Bedeutung an ein Privileg gebunden ist, ein Privileg der Berufung oder der Standesvorzüge. Amerika kennt kein Privileg, darin liegt seine wunderbare menschliche Freiheitlichkeit und Generosität. Aber es vergißt auch vielfach die Ehrfurcht vor dem, was unerlernbar und nicht anerziehbar ist, was aus den schöpferischen Urgründen des Geistes oder aus dem Einstrom einer hohen Gnade stammt, kurz, das Übervernünftige, das Geniale, das Prophetische, das der Menschheit immer wieder ihre wahren Erleuchtungen und Erneuerungen schenkt. Der Erziehungsglaube Amerikas ist völlig anders gelagert als der Bildungsglaube Europas, und auf beiden Seiten führt die Überschätzung und das Übermaß zu jenen Mißverständnissen, in deren Überbrückung vielleicht ein Zukunftsweg liegen mag.

Mit einer naiven Gläubigkeit greift der pragmatische Erziehungswille Amerikas alles auf, was an neuen Strömungen etwa vom europäischen Intellekt her aufscheinen mag, zum Beispiel die Psychoanalyse, mit deren praktischer Anwendung auf Kindererziehung und Liebesleben vielfach ein grotesker Unfug getrieben wird. Das System jedoch, in dem der durchschnittliche junge Amerikaner erzogen wird, völlig anders als das europäische, grundsätzlich verschieden in seiner menschlichen Substanz und in seiner geistigen Struktur, ist dem völlig anders gearteten Daseinsgefühl und den ganz eigenwüchsigen Lebensformen der Neuen Welt angepaßt und in sich selbst schon eigenwüchsig.

Es geht zunächst auf die simple Tatsache zurück, daß die jüngere Generation dort nicht gewohnt ist, in die Fußstapfen der älteren zu treten, daß der Sohn, von Ausnahmen abgesehen, nicht den Beruf des Vaters ergreifen wird und das Heim, obwohl die Hochhaltung der Familie und vor allem die Mutterverehrung eine ungeheure Rolle spielen, mehr einen seelischen als einen physischen und materiellen Halt bedeutet; denn die Existenz des Amerikaners ist immer auf Wechsel und Wandel gestellt und rechnet immer mit Abbruch und Neubeginn. Es hat auch mit der weiteren simplen Tatsache zu tun, daß alles, was der junge Amerikaner lernen und sich geistig aneignen kann, immer aufs Leben, auf die Existenz, auf die praktische Anwendung und nicht aufs Abstrakte oder Theoretische gerichtet ist, wohlgemerkt keineswegs nur auf den Erwerb oder das materielle Interesse, sondern vielmehr auf die Fähigkeit des Miteinanderauskommens auf der Welt, das Zusammenleben mit anderen, die Bemeisterung dieses ganzen schwierigen Gesamtkomplexes: Mitmensch zu sein. Denn das ist das eigentliche amerikanische Ideal, nicht nur Mensch, sondern Mitmensch zu sein, und dieses ganz unpathetisch empfundene und oft gar nicht bewußt fixierte Ideal strahlt als eine Art von immanenter religiöser Kraft durch die Realität, die Härte, die Rauheit des täglichen Lebens.

Der Erziehungsglaube der Amerikaner drückt sich äußerlich zum Teil schon darin aus, daß man in jedem kleinen Nest ein wunderschönes Schulgebäude findet, prächtige Spiel- und Sportplätze für die Jugend und eine hübsch gebaute, reichhaltig und modern eingerichtete Bibliothek, auch für die Erwachsenen. Ein großer Teil des jugendlichen Lebens spielt sich in der Schule und in den Landschulheimen ab, viele Kinder werden in solchen Schulheimen aufgezogen und verbringen nur die Ferien zu Hause. Auf dem Land ist das »kleine rotgeziegelte Schulhaus an der Straßenecke« geradezu ein Begriff geworden, der in die Poesie und ins Volkslied übergegangen ist; denn die Sechsjährigen, die dort zum Elementarunterricht hingehen, lieben es und empfinden es als einen Spaß, eine lustige Abwechslung, dort hinzugehen, im Gegensatz etwa zu der dumpfen Beängstigung, die von den gefängnisartigen, muffigen Schulhäusern unserer Jugend ausging.

Das Spiel als Erziehungsmoment ist unerläßlich geworden, und es wird auch bei so schwierigen und problematischen Aufgaben wie der Bemeisterung verkommener und verwilderter Großstadtjugend als Hauptventil und Besserungsmethode angewandt. Die Überschätzung des Spielerischen und Beiläufigen im Lernvorgang führt wiederum dazu, daß der Bildungsgrad, der auf den Durchschnittsschulen erreicht wird, ungemein gering ist, daß der durchschnittliche Schullehrer miserabel bezahlt wird, weil man von ihm kein besonders hohes Niveau erwartet – die meisten müssen nebenbei einen andern Beruf ausüben, und ihr eigenes Fachwissen kommt dabei nicht weiter. Auch hier scheint es wichtiger, daß junge Leute sich daran gewöhnen, ordentlich und nett zusammen zu leben und sich die Zeit zu vertreiben, ohne einander totzuschlagen, als daß sie ihre geistigen Fähigkeiten trainieren.

So kommen sie im allgemeinen von Wissen und Kenntnissen ziemlich unbelastet aufs College, durch das viele sich als Werkstudenten durcharbeiten und das von unsern Universitäten und Hochschulen auch wieder so verschieden ist wie ein Sportklub von einem Priesterseminar. Seine Arbeitsweise ist auf ein ziemlich äußerliches und fragwürdiges Punktsystem, aber auf dauernden menschlichen Kontakt mit den Lehrkräften gestellt, seine Anforderungen sind gewöhnlich außerordentlich hoch, und es liegt ganz und gar beim einzelnen, bei seinem persönlichen Antrieb und seinen individuellen Fähigkeiten, was er sich dort geistig aneignet oder nicht. Denn es sind dort alle Möglichkeiten zu einer wahrhaft geistigen Ausbildung gegeben, auch wenn sie nicht in die uns gewohnten Disziplinen eingefaßt sind. In seinen Collegejahren kann ein junger Mensch sich eine wirkliche, echte Bildungsgrundlage erwerben, oder er kann sich einfach durch sein Examen büffeln, es liegt ganz bei ihm; er kann ein großer Sportheld sein, wobei das Sportliche, auch im Wettbewerb, niemals ins Militaristische ausartet, aber er kann auch ästhetische oder künstlerische Anlagen ausbilden; und diese Collegejahre sind für die große Mehrheit der Amerikaner aller Klassen und Stände die ungetrübte und paradiesische Zeit ihres Lebens, in der sie vor dem Eintritt in den harten und brutalen Existenzkampf frei und glücklich sind, selbst wenn sie sich nebenbei ihren Unterhalt verdienen müssen.

Dieses Verdienenmüssen ist im allgemeinen weniger plagenreich und bedrückend, als es bei uns der Fall ist. Vor allem ist es selbstverständlicher. Und es ist vollständig unbelastet von irgendwelcher sozialen Diskriminierung und Klassifizierung. Es war völlig selbstverständlich und ganz normal, daß meine Tochter in der kleinen Universitätsstadt, in der sie Musikwissenschaft studieren wollte, zweimal am Tag im einzigen Hotel des Ortes ihren *job* als Kellnerin ausübte – die Gäste bediente und Trinkgelder einnahm, um einen Teil ihres Unterhaltes aufzubringen. Es war keine Schande, und soviel ich weiß, tat sie es nicht einmal ungern, soweit nicht Geschirrwaschen damit verbunden war. Es hatte auch gar nichts Peinliches, wenn sie dort etwa einem ihrer Lehrer oder unserer Freunde und Bekannten das Essen servieren mußte. Das einzige, wovor sie Angst hatte, war, daß ich selbst sie manchmal bedrohte hinzukommen, mich als anspruchsvollen Gast an einen ihrer Tische zu setzen und sie wegen langsamer Bedienung und so weiter zu schikanieren. Sie bedrohte mich dann umgekehrt damit, daß sie in einem solchen Fall zur Direktion gehen würde und erklären: »Der Herr an

Tisch drei hat mich belästigt.« Auf eine solche Anklage hin kann man nämlich in Amerika sofort von der Polizei abgeführt werden. So habe ich es denn lieber bleibenlassen.

Es ist nichts Neues, daß Amerika die Heimat der Selfmademen ist, daß die Millionärslaufbahn drüben mit dem Tellerwaschen beginnt und daß es dort keine Schande ist, Zeitungen verkauft zu haben. Trotzdem setzt die äußere und innere Versatilität des Amerikaners eine Lebensform und -auffassung voraus, die dem Europäer, auch dem weltbefahrenen Engländer, völlig fremd ist, weil sie nämlich, auf Anhieb, gar keine Form zu sein scheint. Bei uns prägt der Beruf mehr noch als der Stand und die Klasse bis zum gewissen Grad den Menschen. So kennen wir im deutschen Sprachgebrauch den »neugebackenen« Leutnant oder den »neugebackenen« Referendar; das heißt: der Mensch ist nun in die Form des Leutnants oder des Referendars gefügt und hineingebacken, und er wird auch in ihr bleiben, selbst wenn er zum Feldmarschall oder zum Reichsgerichtspräsidenten avanciert. Es ist die Lebensform des Spezialberufs, der für den Menschen nicht mehr Beschäftigung, sondern Bestimmung geworden ist und sogar seine körperliche Erscheinung beeinflußt. Die Generale v. Paulus oder v. Seydlitz würden auch in der Russenbluse oder Lederjacke immer noch wie deutsche Generale moderner Prägung aussehen. Die russischen Großfürsten von 1918 sahen als Kellner in Berlin oder Paris immer noch wie russische Großfürsten aus. Ein französischer Weinbauer und ein französischer Kommunalbeamter sind kaum zu verwechseln. Aber die Herren Eisenhower und Omar Bradley würde, wenn man sie in Zivil zum ersten Male träfe und nichts von ihnen wüßte, kein Mensch jemals für aktive Generale halten. Das trifft aber keineswegs nur für Militärs zu, deren Typus sich vielleicht in dem völlig und zutiefst antimilitaristischen Volk Amerikas am wenigsten ausgeprägt hat. Sondern man muß es in Amerika überhaupt aufgeben, einem Menschen seinen Beruf oder seine Berufe, den jetzigen oder die gewesenen, ansehen oder anmerken zu wollen. Man kann wohl dahinterkommen, *wer* jemand ist, aber nicht *was* er ist. Der Beruf hat dem Amerikaner keinen unauslöschlichen Stempel aufgedrückt und ihn nicht in eine Form gegossen, deren Gestalt er angenommen hätte. Und diese anscheinende Formlosigkeit war es, die uns anfangs befremdete und verwirrte, bis wir begriffen, daß da eine neue Form nach neuen Gesetzen heraufkam oder noch im Kommen ist.

Solche elementaren Dinge aber begreift man erst an der eigenen Haut. Ich hatte in New York europäische Ärzte gesehen, berühmte Herzspezialisten oder Gynäkologen, die mit fünfzig Jahren noch einmal auf die Schulbank mußten und ängstlich darauf warteten, ob sie ihr Physikum bestanden hätten und ihre Lizenz bekämen, während die früher verwöhnte Frau zu Hause Knöpfe auf Pappdeckel nähte oder in fremde Wohnungen aufräumen ging, um inzwischen die Familie zu erhalten. Ich hatte erfolgreiche Juristen als Fabriknachtwächter und bekannte Industrielle als Wurstverkäufer gesehen, aber bei allen war es immer nur ein Übergang, um doch wieder ihren eigentlichen Beruf auszuüben, in dem die meisten dann nach einigen Jahren auch gelandet sind. Eines Tages aber stand ich selbst vor dem Entschluß, mein bisheriges Leben völlig über den Haufen zu werfen und – da ich in meinen eigensten Bezirken, denen der Literatur und des Theaters, ja unverbesserlich europäisch blieb – etwas radikal Amerikanisches zu tun, nämlich einfach und ohne Übergang einen völlig neuen Beruf zu ergreifen und mein Leben damit zu fristen. Und von da ab lernte ich überhaupt erst Amerika kennen. Denn man lernt ja eine Welt erst kennen, wenn es aus ihr kein Zurück gibt, wenn man sich ihr einmal mit Haut und Haaren, mit Leib und Seele einfügen und vertrauen muß. Ein Zurück schien es für uns nicht mehr zu geben. Der Krieg schien damals in seinem hoffnungslosesten Stadium. Hitlers Armeen beherrschten Europa, England wurde Tag und Nacht gebombt, Amerika schien ungerüstet. Es war, als würde nie mehr ein Schiff gehen. So hieß es, das Hiersein völlig ernst zu nehmen und als etwas Endgültiges, nicht als eine Wartezeit. So galt es, das zu tun, was man auf amerikanisch nennt: *to start all over again*. Ganz von vorn anzufangen. Für Amerikaner ist das nichts Ungewöhnliches. Sie können es zehnmal im Leben tun, ohne umzukippen. Und damit beginnt für den eingewanderten Europäer die große Lehre – und die große Liebe.

Ich wurde Farmer. Das war der einzige Beruf, zu dem ich zwar keine Vorkenntnisse, aber Interesse und Neigung mitbrachte, der einzige auch, der mir ermöglichte, wenn auch durch konstante körperliche Arbeit, auf dem Land zu leben und eine gewisse Unabhängigkeit zu bewahren. Mein heimlicher Hintergedanke war natürlich der gewesen, daß mir die Existenz auf einer abgelegenen Farm auch ermöglichen würde, wieder zu schreiben, was in den ersten Emigrationsjahren aus inneren und äußeren Gründen nicht gegangen war. Ich hatte die Hoffnung, daß ich in meinen freien Stunden, etwa an langen Winterabenden, ein Buch oder ein Stück oder gleich mehrere, sehr viele Gedichte schreiben könnte.

Ich mußte bald erkennen, daß diese freien Stunden eine reine Illusion waren und daß die Kombination »Dichter und Bauer« unabänderlich der Opernwelt angehört. Mit der Zeit habe ich sie mir, die freien Stunden, doch erzwungen, aber fragt mich nur nicht, wie. Buchstäblich mit blutigen Fingern, deren Nagelhaut von Holzarbeit, Heizen und Melken aufgeplatzt war, schrieb ich in mühsam gestohlenen Stunden vor Sonnenaufgang oder nach Sonnenuntergang in all meiner Farmzeit ein einziges Stück, das damals noch dazu für die Schublade bestimmt schien und keinerlei Chancen hatte, am wenigsten für den Broadway. Es hieß ›Des Teufels General‹.

Nun kann Farmer und Farmer in Amerika etwas ganz Verschiedenes sein. Ich will hier gar nicht vom sogenannten *gentleman farmer* reden, der nämlich eigentlich gar kein Farmer ist, sondern sich nur einen hält, um in seinem Landhaus frische Eier auf dem Frühstückstisch zu haben und sagen zu können: »Die sind selbst gelegt.« Für uns war es unmißverständlich, daß wir das werden mußten, was man in Amerika *dirt farmer* nennt, zu deutsch gesagt Dreckbauern, die sich die eigenen Fingernägel abbrechen und sich mit der eigenen Mistbrühe bespritzen. Aber auch unter den selbst arbeitenden Farmern gibt es gewaltige Unterschiede, die von dem Staat oder der Landschaft abhängen, in der sie ihr Glück versuchen, und von dem Kapital, das sie anfangs hineinstecken können. Auch darin ist Amerika anders, nämlich überall anders, völlig variabel und durchaus verschieden von der in Europa verbreiteten Normalvorstellung, die von dem genährt ist, was man über die modernen industrialisierten Riesengeschäftsfarmen in Amerika hört oder liest. Die gibt es natürlich auch, besonders in den flachen Staaten, in denen eine bestimmte Frucht mit motorisierten Werkzeugen über Meilen weg gleichmäßig angebaut und geerntet werden kann oder die Tierzüchtung und -verwertung *en gros* betrieben wird.

Es gibt auch kleinere Farmen, die man gewissermaßen als mechanisiert bezeichnen kann; so hatte sich zum Beispiel unser Freund und Kollege Curt Goetz, der Schweizer Bühnenautor, in Kalifornien eine Hühnerfarm zugelegt, in der die Hennen auf Draht saßen, während ihr Trinkwasser stets frisch aus Leitungen floß, ihr Dreck in eine Rinne fiel, die man herausnehmen und auswechseln konnte, und ihre Eier auf einer elastischen Schiene sanft in einen Gummibehälter rollten. Solche Farmen kann man vielleicht betreiben, ohne sich die Finger allzu schmutzig zu machen. Dann gibt es andere, wie sie auch in unserer sonst recht unzivilisierten Nachbarschaft vorkamen, in denen herrliches reinrassiges Zuchtvieh auf sauberen Zementböden steht, elektrisch geladener Draht die großen Weiden einsäumt und die elektrische Melkmaschine einem einzelnen Mann ermöglicht, ein Dutzend Kühe in nicht allzu langer Zeit zu entmilchen. Zu alledem gehören viele Dollars, von denen es nie ganz sicher ist, ob man sie einmal wiedersieht, wenn man sie hineingesteckt hat, und die man zuerst einmal haben muß, um sie in etwas stecken zu können.

Davon war bei uns nicht die Rede. Hochherzige Freunde und ein tollkühner Verleger halfen mir zwar mit einer Anleihe aus, um die allernotwendigste materielle Basis zu schaffen, aber ich mußte ungefähr so primitiv beginnen wie ein Ansiedler in den Zeiten des alten Lederstrumpf. Das klingt etwas romantischer, als es sich anfaßt. Wir hatten uns zur Niederlassung den Staat Vermont ausgesucht, was jedem Kenner der Verhältnisse ein Lächeln abnötigen wird; denn dieser Staat gehört zu den wenigen im amerikanischen Osten, in denen es zwar eine herrliche, fast noch wildnishafte Wald- und Berglandschaft, kleine Seen und Forellenbäche, Hirsche und Bären, ursprüngliche Verhältnisse, eine eingesessene Siedlerbevölkerung und prachtvolle alte Farmhäuser gibt – hundert bis hundertfünfzig Jahre alt, also für Amerika uralt –, aber schleche Verbindungen und schwere, geschäftlich ungünstige, primitive Arbeitsbedingungen.

Uns zog dieser Staat, den wir im ersten Sommer schon als Ferienbesucher kennengelernt hatten, geradezu magisch an, und wohl nicht nur wegen seiner für uns recht heimatlichen – wenn auch ungemein viel wilderen – Landschaft, sondern vor allem durch ihre merkwürdigen, bodenständigen Bewohner, die auch für Amerika etwas Einzigartiges sind. Es gibt manche Amerikaner, die behaupten, der Staat Vermont sei so veraltet, daß man ihn gar nicht mehr als einen Teil des wirklichen Amerika bezeichnen könne. Während die Vermonter ihrerseits erklären, er sei das einzige, was vom wirklichen Amerika übriggeblieben ist. Es waren nämlich diejenigen unter den frühen Siedlern, die eigensinnig genug waren, den allgemeinen Zug nach dem fruchtbaren Westen, seinem besseren Boden, besseren Klima und größeren Erwerbsmöglichkeiten nicht mitzumachen, sondern mit Holzfeuerung und Ochsenpflug die harten Winter und kurzen Sommer durchzustehen.

Das mag als Andeutung genügen, um darzutun, daß es sich bei den Vermontern um Leute von einem recht schönen Starrsinn handelt. Auch gelten sie als besonders ablehnend gegen Fremde, worunter man dort aber hauptsächlich die New Yorker versteht, und als äußerst eigenbrötlerisch und so schwer zu behandeln wie der dortige Feldboden, in dem noch die Wurzeln des Urwalds und die Steinbrocken aus der Eiszeit stecken. Dort fingen wir an, eine Farm einzurichten und in Betrieb zu setzen, die eine Stunde weit vom nächsten Nachbarn inmitten unwegsamer Wälder gelegen und seit dreißig Jahren nicht mehr bewohnt worden war. Geographisch lagen wir ziemlich nah an der Grenze des östlichen Kanada; im Winter sank die Temperatur manchmal bis zu 45 Grad unter Null, nach europäischen Maßen, und der Schnee türmte sich meterhoch; die Sommer waren schön und manchmal fruchtbar, wenn es nicht zu früh fror oder zu spät zu frieren aufhörte.

Die ersten zweieinhalb Jahre habe ich die Farm nicht einen Tag verlassen. Dürfte ich hier mehr von diesem gewaltigen Abenteuer und seinen Mühsalen, Rückschlägen und Aufschwüngen erzählen, und wie gern würde ich es tun, dann müßten wir die Nacht hier zusammen bleiben. So aber will ich mich auf das Menschentum beschränken, das ich bei diesem jahrelangen Leben unter Farmern, Holzfällern, Kleinstädtern und Landleuten so kennenlernte, wie es mir nie unter anderen Umständen möglich gewesen wäre. Denn wir waren ja jetzt nicht mehr Besucher, Zugvögel oder Fremdlinge, sondern Nachbarn, die mit ihren Nachbarn auf gleich und gleich zu leben hatten. Jeder Tag, jede gemeinsame Holzarbeit, jeder Einkauf, jeder Besuch im Dorf war eine große Lehre. Amerikaner, besonders Vermonter, sind nicht vorschnell mit ihrer Freundschaft und ihrem Vertrauen. Sie betrachten einen Fremden, der in ihrem Land bleiben will, zwar ohne Vorurteil, aber mit Vorsicht. Eine gesunde Skepsis bewahrt sie vor Enttäuschungen. Man erwartet von dem Unbekannten weder Gutes noch Schlechtes, sondern man wartet ab. Diese Zeit des Abwartens hatten wir zu bestehen wie eine Probe im Märchen. Man wußte ja nicht, wes Geistes Kind wir waren, und vor allem, ob wir es wirklich schaffen würden, unter den schwierigen Bedingungen hier auszuharren und durchzukommen. Darin lag für die Leute dort der wesentliche Beweis, ob man zu ihnen passen würde oder nicht. So schauten sie uns im Anfang zu, mit einer gewissen Freundlichkeit, und hielten sich zurück.

Auch wir hielten uns zurück und vermieden es, uns ein- oder aufzudrängen. Als im dritten Sommer zwei Männer aus dem

Ort zu mir kamen, um mich nach einem kleinen Trunk und einem Gespräch über das Wetter aufzufordern, der *local grange* beizutreten, der über ganz Amerika ausgebreiteten Farmervereinigung, die in jedem Ort ihre besondere Zweiggruppe hat, da bedeutete das mehr, als wenn der Präsident mich zum Ehrenbürger ernannt hätte oder die UN mich zum Weltpräsidenten ausgerufen. Aber schon in der ersten Zeit der gegenseitigen Zurückhaltung begriffen wir einiges Grundsätzliche und höchst Erstaunliche über das unbekannte amerikanische Menschentum.

Es bestand zunächst in der völligen Abwesenheit gewisser Züge, die uns in Europa in ähnlicher Situation bös und bitterlich aufstoßen könnten. Vor allem: im Fehlen der Schadenfreude, die übrigens die englische Sprache auch nicht als Wortbildung kennt. Niemals hatte man den Eindruck, es würden sich die andern, die eingesessenen und gelernten Farmer ins Fäustchen lachen oder amüsieren, wenn einem etwas mißglückt, weil man es noch nicht versteht und keine Erfahrung hat. Genau das Gegenteil war der Fall. Der Amerikaner ist eben in seiner ganzen Geschichte immer gewohnt gewesen, jederzeit selbst in die Lage kommen zu können, in der er Neues beginnen und neue Erfahrungen machen muß. Er respektiert den Versuch eines noch Unbewanderten oder Ungeschickten, sich ein Geschick zu erwerben, das ihm nicht angeboren oder durch Erziehung mitgegeben ist. Sein Zuschauen besteht nicht darin, daß er sich grinsend die Hände reibt, wenn der andere versagt, sondern daß er ihm im rechten Augenblick einen Rat gibt, den man nutzen kann oder nicht. Das ist dann die eigene Sache. Nie wäre mir im ersten Sommer ein Hälmchen auf meinem Maisfeld herausgekommen, wenn mir nicht gerade vor dem Aussäen ein Nachbar gesagt hätte, daß man die Saatkörner in diesem Land in einer bestimmten, der Pflanze unschädlichen Teerlösung wälzen muß, die sie klebrig macht, weil sie sonst von den im Frühling einfallenden Krähen- und andern Wildvogelschwärmen aufgefressen werden. Ich könnte hundert solcher Beispiele aufzählen. Der gleiche eingesessene Farmer aber wird von dem Neuling und Anfänger, der sich mit allerlei Büchern und wissenschaftlichen Methoden befaßt hat, gern und ohne Hochmut einen Rat annehmen, wie man sich gewisser Hühnerkrankheiten besser erwehren kann, als es hierzulande der Brauch ist.

Die gegenseitige Hilfe, die natürliche und naturbedingte Nachbarlichkeit ist ein Grundzug des amerikanischen Wesens und einer, von dem wir viel zu lernen haben.

Und es ist noch etwas: der Mann, der dir in einer schwierigen Situation geholfen hat, rechnet nicht auf deine ewige Dankbarkeit. Sondern er findet es nur selbstverständlich, daß du im umgekehrten Fall das gleiche tun würdest. Der Nachbar, den du aus dem Bett holst, weil dir dein Auto im Schneeschlamm steckengeblieben ist und er das seine vorspannen muß, um dich herauszuziehen, wird weder schimpfen noch fluchen, aber er wird ohne Hemmung bei dir anklopfen, wenn ihm das gleiche passiert. Du kannst dich auf ihn verlassen, und er verläßt sich auf dich.

Aus dieser einfachen und klaren Beziehung der Nachbarschaft in einem weiten, immer noch mit seinen Naturkräften ringenden Land wächst der Kern und der Grundstock des amerikanischen Gesellschaftslebens. Ich meine natürlich nicht die Gesellschaft der *Fifth Avenue* oder des bostonischen *social register*, des amerikanischen Gotha, ich meine die *small community*, die kleine Gemeinde, die sich durch alle Staaten auf dem Land als die Zelle der nationalen Gemeinschaft erhalten hat und das moralische, zum Teil auch das wirtschaftliche Rückgrat des Volkes bildet. Denn sie ist nur bedingt abhängig von den großen Schwankungen der Börse und des Welthandels, sie wird auf ihre Art immer lebenskräftig bleiben und liefert dem Land nicht nur einen bestimmten Prozentsatz seiner vitalsten Produkte, sondern vor allem ein Reservoir von innerlich gefestigten, in ihrem Denken und Fühlen kerngesunden Menschen.

An der kleinen Gemeinde zerbrechen alle Generalurteile und Vorurteile über den »Amerikanismus«, die Dollarjagd, die Vermassung und vor allem über die amerikanische Frau. Denn auch unsere Durchschnittsvorstellung von der amerikanischen Frau entstammt einer Magazin- und Filmversion ihres Wesens, die an der Oberfläche bleibt. Ich persönlich stehe auf dem Standpunkt, daß es an den Männern liegt, am Mann in seinem erotischen Verhalten zur Frau, wie die Frau sich ihrerseits zum Mann einstellt, verhält und gebärdet. Natürlich gibt es drüben den bekannten Frauentypus, der den Mann als Arbeitstier betrachtet, der für die Frau keine Zeit hat oder sie sich als rauhes Genußmittel leistet und der das Kind als lästiges Anhängsel oder, nach Laune, als lustiges Spielzeug ansieht. Aber es steht, in Vergangenheit und Gegenwart, von den Frauen, die in den Ochsenwagen mit ihren Männern westwärts zogen, bis zu denen, die im letzten Krieg an der Drehbank schafften oder auf der einsamen Farm ihre Früchte einkochten, eine Frau als Kameradin und Helferin neben dem Mann, deren seelische Noblesse und gleichmütige Lebenstapferkeit dadurch nicht geringer wird, daß sie gern die Nägel färbt, eine Dauerwelle trägt und überhaupt hübsch und gepflegt auszusehen und zu riechen liebt. Auch das ist ein Thema, über dem wir leicht eine Nacht zusammen verbringen könnten. Ich kann nur sagen, daß ich nicht nur als alter europäischer Kavalier, sondern als jemand, der drüben mit ihnen zu rechnen hatte – und man hat sehr mit ihnen zu rechnen –, die amerikanischen Frauen aufs heftigste gegen die einseitige Verzeichnung, in der man sie zu sehen gewohnt ist, verteidigen muß.

Zwei andere entscheidende Charakterzüge Amerikas, man kann ruhig sagen des Großteils der einfachen Bevölkerung, heißen: Toleranz und Ehrlichkeit. Ich weiß, daß das für manche Leute paradox oder unglaubhaft klingen mag, die von der sicherlich existierenden Rassendiskriminination, vom Gangstertum, von der Unsicherheit in Städten und von betrügerischen Geschäftsleuten gehört haben. Das alles gibt es, aber es gibt eine andere Grundgesinnung, die nicht nur für das platte Land charakteristischer, sondern auch dauerhafter ist. Fünf Jahre lang stand meine *mailbox*, ein offener, aus Blech gemachter und auf einen Pfahl aufgenagelter Landbriefkasten, an der Ecke der Überlandstraße, die, etwas über eine Meile von meiner Farm entfernt, den einsamen Waldweg kreuzt. Jeden Nachmittag legte die Postbesorgerin, die mit ihrem Auto dort vorbeikommt, nicht nur die Post und Pakete, sondern alle möglichen Dinge, die man aus der nächsten Kleinstadt durch sie bestellt hatte, sogar Bier- oder Whiskyflaschen dort ab. Manchmal hatte ich erst am Abend, manchmal erst am nächsten Tag Zeit, die Sachen abzuholen und sie in meinem Tragkorb bergauf zu schleppen. Nicht ein einziges Mal hat auch nur ein kleiner Gegenstand gefehlt, obwohl mancher fremde Wagen die Landstraße entlangfährt. Durch ganz Amerika hindurch findet man überall diese *US mailboxes* der Farmer an Straßenkreuzungen oder den Abzweigungen der *driveways*, die zu den Höfen führen. Auch ist es ganz selbstverständlich, daß man auf dem Land – besonders in den wilden und einsamen Gegenden – sein Haus unverschlossen läßt, wenn man es eine Zeitlang allein läßt. In der Sierra Nevada fand ich ein einsames Blockhaus, das einem Jäger gehörte, der auf ein Dutzend Meilen im Umkreis keinen Nachbarn hatte. An der Tür war ein Zettel angeheftet, auf dem die entschuldigenden Worte standen: »Bin zwei Tage fort; mußte abschließen, weil Bären die Tür aufdrücken. Schlüssel liegt unter dem großen Stein. Kaffee und Zucker im Wandschrank neben dem Herd. Bitte Feuer auslöschen, falls jemand eins anzünden muß.« Wenn man im Jahre 1938 aus Mitteleuropa kam, hatte die Lektüre einer solchen Aufschrift etwas Erfrischendes.

Ich will Ihnen ein einziges Beispiel erzählen, das die Toleranz in einer kleinen Gemeinde andeutet: In unserm Nachbardorf lebte ein Mann, der vor etwa einem Jahrzehnt in einem Anfall von Trunksucht sein eigenes Haus angezündet hatte, in dem sich auch ein versicherter kleiner Laden befand. Seine Familie hatte er dabei zum Zweck ihrer Ausrottung in den Keller gesperrt. Gewiß keine sehr rühmliche Tat. Der Brand wurde gelöscht, der Mann zu ein paar Jahren Zuchthaus verurteilt. Als er herauskam, trank er immer noch, aber nur von Zeit zu Zeit, und beschränkte sich dann darauf, unbeliebte Ortsbeamte zu verprügeln, ohne weiteren Schaden zu stiften. Man konnte als Neuankömmling aber jahrelang in diesem Ort leben und verkehren, ohne daß je ein anderer Dorfbewohner einem diese Geschichte erzählt oder etwas Ungünstiges über diesen Mann gesagt hätte. Als ich bei einem bestimmten Anlaß später davon erfuhr, sagte ein Nachbar zu mir: »Der Mann hat etwas angestellt, er hat auch dafür gesessen, nun muß man ihm halt eine neue Chance geben. Wenn er trinkt, ist er schlimm, wenn er nüchtern ist, ist er ein tüchtiger Arbeiter – man muß ihn nehmen, wie er ist.«

Was aber entscheidend war: dieser Mann hatte Kinder, und die Kinder gingen in die Gemeindeschule, während ihr Vater im Zuchthaus saß und nachdem er wieder herausgekommen war. Nun, ich weiß wohl, was es für ein europäisches Kind heißen würde, Sohn oder Tochter eines Zuchthäuslers zu sein. Auch wenn es genug anständige Menschen gäbe, die es das Kind nicht entgelten lassen wollen. Dort aber war es so, daß die Kinder es nicht einmal erfahren haben, da sie noch zu klein waren, als die Sache passierte. Man hielt es für fair und richtig, ihr Empfinden nicht damit zu beschweren oder zu verletzen, man traf eine stillschweigende Übereinkunft, nie davon zu sprechen, und man tat es einfach nicht, auch unter den andern Kindern. Diese Dinge lassen sich nicht erzwingen oder dekretieren. Sie müssen schon wurzelhaft im Charakter eines Volkes stecken.

Und dies ist für mein Gefühl eben die einzigartige menschliche Leistung Amerikas, daß es gerade in seinem riesigen Völkergemisch und im Zug seiner höchst realistischen, harten, ja oft brutalen Geschichte solche Züge in seinem Grundcharakter entwickelt hat, von denen man wenig spricht, weil sie sich eigentlich von selbst verstehen. Vielleicht erklären diese kärglichen Beispiele, die zu einer beliebigen Fülle erweitert werden könnten, was ich vorher damit meinte, wenn ich von dem gesunden Herzen Amerikas sprach.

Hätte ich nur Zeit, von den ebenso unbekannten, ebenso anderen Stilelementen Amerikas, von der ihm eigenen unbekannten Schönheit zu sprechen, die sich unter allen mechanistischen

Genormtheiten und zivilisatorischen Geschmacksgreueln ihre merkwürdige und unscheinbare Bahn bricht.

Ja, es ist wahr, in Amerika ist vieles scheußlich, besonders für unsern europäischen Geschmack und unser kulturelles Bewußtsein. Es ist wahr, daß ein Teil des intellektuellen Lebens aus oberflächlichem Gefrage und Gerede besteht – aber es schadet nichts; denn ein echter Wissensdrang, ein legitimes Verstehenwollen der Welt kämpft sich darunter vor.

Es ist wahr, daß die Berufspolitik, die Beeinflussung durch die fachmäßigen Kolumnisten, die durchschnittliche Schriftstellerei und die durchschnittliche Gebarung des Literatur- und Buchmarktes eine Trivialisierung und Verflachung des Denkens und Fühlens verschulden – aber auch das schadet nichts; denn ein gesunder Kritizismus, ein Drang zu echter selbständiger Rechenschaft und eine trotzige, produktive Individualgesinnung setzt sich immer wieder dagegen durch.

Es ist auch wahr, leider wahr, daß dieses hochzivilisierte Land, mit all seinen großen Städten, kein nationales Theater hat, und, von Ausnahmen abgesehen, überhaupt kein wirkliches Theater, sondern nur ein *show-business*, aber es gibt die ungemein fruchtbaren und lebendigen Ansätze in College- und Schultheatern, es gibt kleine Sommerbühnen, die anderes versuchen, und es gibt junge Menschen, die es besser machen könnten. Wäre ich ein junger Amerikaner, ich würde das amerikanische Theater vom Stück her revolutionieren, daß es in allen Fugen kracht und aus allen Ritzen dampft. Da ich aber keiner bin, muß ein anderer kommen, der das macht, oder mehrere andere, und ich glaube, es wird keine dreihundert Jahre mehr dauern, dann hat Amerika seine eigene, ganz neue, nicht aus den Restbeständen Europas ausgeliehene Theaterkultur. Wir können darauf nicht warten. Aber was sind dreihundert Jahre, was sind dreitausend Meilen dort, wo der alte Walt Whitman mit seinen beiden Händen die Ozeane streichelte, den pazifischen zur Rechten, den atlantischen zur Linken, in seinem ungeheuren Lebens-, Freiheits- und Zukunftsbewußtsein.

Es ist auch wahr, daß die heutige amerikanische Jugend den alten Walt Whitman langweilig und überlebt findet, aber auch das schadet nichts, denn sie wissen nur nicht, wieviel sie von seinem Lebensgefühl und seinem großen schweifenden Rhythmus einfach als Natursubstanz in sich tragen.

Es ist wahr, daß es, im Süden besonders, Negerdiskrimination gibt und einen ganz krautstarken, saftigen Antisemitismus in weiten Kreisen des Volkes, und das schadet ganz gewiß etwas; es ist sogar eine Schande, für die ich mich heute ebensosehr schäme, wie ich mich im Jahre 1933 für die Nazis geschämt habe. Aber Amerika enthält nicht nur in seinen besseren Exemplaren, die es Gott sei Dank als Mehrheit auch unter den Deutschen gab, sondern in seiner Grundstruktur, in seinem eigentlichsten Wesen, in seinen Herzkammern und in seinem politischen Rüstzeug, die Waffen und die Munition, um dieses Übel zu bekämpfen und immer wieder zu bekämpfen. Es gibt soziale und politische Mißstände genug, es gibt Verbrechen gegen die Menschlichkeit und gegen die Gesellschaft, es gibt Bürokratie und Papierkrieg, es gibt Machtgier und Eigensucht, es gibt Versuche der Verfinsterung und der Unterdrückung, aber es gibt eine heilige Kraft in diesem Volk, die es im Beginn und im Zug seines Werdens selbst in sich entzündet hat, und die wird und muß immer wieder gegen das menschlich Schlechtere und für das menschlich Bessere zum Kampf antreten, vor allem innerhalb seiner eigenen Grenzen. Denn darin liegt seine Überlieferung, seine Bestimmung, sein Anfang.

Dies ist gewiß kein Propagandavortrag für Amerika. Ich glaube nicht an Propaganda. Ich bin sogar der Meinung, daß alle Völker, Rassen, Nationen, Gruppen, Ideen auf der Welt besser fortschreiten und weiter kommen würden, wenn man aufhören würde, für sie Propaganda zu machen. Denn Propaganda bedeutet ja immer, daß man eine Sache ein bißchen besser machen will als sie ist, und zwar zuungunsten oder auf Kosten einer andern.

Nichts liegt mir ferner, als Amerika auf Kosten oder zuungunsten Europas herauszustreichen zu wollen. Denn ich bin ja selbst ein geborener, ausgewachsener und eingefleischter Europäer. Aber Amerika hat mir die Chance gegeben, in meiner Arbeit, in meinem Denken, Fühlen und Schaffen, in meinem Lieben und Hoffen, kurz: im Kern meines Wesens europäisch – ja durchaus deutsch – zu bleiben und doch in seinem Boden Wurzel zu schlagen und auf diesem Boden selbst in härtesten Zeiten ein freier Mensch zu sein – ein Nachbar in einem nachbarlichen Land. In einem Land, dessen Leidenschaft und dessen Abenteuer die Zukunft ist, und das zu unserer europäischen Zukunft unlösbar dazu gehört, nicht als unser Beherrscher, sondern als unser Weggenosse. Denn dieses Amerika, von dessen Wirklichkeit ich heute sprach, ist nicht besser, nicht schlechter, nur anders als unsere Länder, aber wir brauchen es nicht in Gegensatz zu uns, auch nicht zu andern Mächten, zu stellen. In unseres Vaters Haus sind viele Wohnungen, und es gibt keinen Grund, daß man sie, ihrer verschiedenen Einrichtung halber, einander zerstört oder verbrennt. Amerika ist anders – und es ist doch, in einer bestimmten Tiefenschicht, allen Ländern der Erde verwandt – in jener Sicht nämlich, wo die menschliche Ursprache gesprochen wird, in der Ja Ja heißt und Nein Nein. Und von seinen Einwohnern kann ich zum Abschluß das Wort sagen, das der alte Lederstrumpf seinem Freund Chingachgook, dem Mohikanerhäuptling, aufs Grabmal setzte:

»Er hatte die Fehler seines Volkes
und die Tugenden eines Menschen.«

Geschichte von fünf Jahren

Ich habe die Emigration nicht beklagt. Ich habe sie als großes Abenteuer genommen, als ungeheure Wandlung, Blutwechsel, Revolution der Seele. Ich habe die Wirklichkeit dieses Kontinents gekostet wie eine unbekannte Frucht, deren Saft herb, kühl, erfrischend schmeckt und die Sinne mit einem schwirrenden Rausch erfüllt, von dem man nicht weiß, ob er den Kopf benebeln wird und das Gedächtnis zerstören, oder ob er eine luzide, überwache, durchdringende Schau und Helligkeit des Geistes weckt. Das war aber alles, wie wenn man nachts allein in ein leeres, verwunschenes Haus eintreten und plötzlich hinter sich das dumpfe Zuschlagen einer Tür vernehmen würde. Einer Tür ohne Schloß und Schlüssel.

Dann habe ich mit meinem Gott gehadert. Ich hab ihm die Gabe, die er mir verliehen hat, vor die Füße geschmissen. Nimm sie zurück oder laß sie liegen, ich spucke darauf.

Nichts hab ich so sehr verachtet in diesen Jahren wie das, was mir mein Leben lang als höchstes Glück und einzig Besitzenswertes erschien: die Phantasie. Und doch hat sie mich immer wieder mit einer fast unerträglichen Fülle der Gesichte überschwemmt und überschüttet. Aber ich wollte ihr nicht mehr dienstbar sein. Was ich früher aus ihr schöpfte und zu bilden versuchte, schien mir schal, erbärmlich, hilflos und ekelhaft. Als Schreibender, Dichtender, kam ich mir vor wie ein lächerlicher, jammervoller Trickzauberer, der künstliche papierne Blumen aus einem trockenen Topf schnellen läßt und behauptet, daß sie Wurzel schlagen, Samen treiben, Lust spüren und Schmerzen leiden wie die Gewächse und Geschöpfe des lebendigen, feurigen, grausamen und milden Erdballs.

Ich wollte nicht mehr schreiben. Laß die andren ihre Seifenblasen machen und sie für ewige Gestirne halten. Ich suche meine Freiheit in der unbarmherzigen Kraft des Gedankens. Der ihn vor mir dachte, sprach ihn für immer aus: Es ist alles ganz eitel und ein Haschen nach Wind.

Als ich noch schreiben mußte, bevor ich in die Wälder ging, tat ich es voll Haß, gezwungen, es war Schande, Erniedrigung.

Ein letzter, krampfhafter Versuch, der mir auf lange den Rest gab: Ein Stück zu machen, wie man eine Falle baut, eine Mine legt oder einen Sarg zimmert, zusammen mit einem anderen. Tödlich. Der andere war ein guter Kopf, mehr als ein Stellmacher, Drahtzieher oder Pharmazeut, ein Jünger des Geistes, wenn auch nicht von seinen Pfingstfeuerzungen beregnet, ein Escort und Boyfriend der Phantasie, wenn auch nicht ihr Geliebter. Das Mißgeschick unserer Trap, in die kein Booby lief und nicht einmal ein Gimpel flog, war nicht seine Schuld. Es war mein Haß, meine Verachtung, mein böser Blick. Ich verfluchte das Werk, eh es begonnen, und vergiftete die Frucht, eh sie gereift war. Denn was sollte mir das? Menschen machen wie Puppen, die sich bewegen und Worte sagen können, als wären sie echt? Wozu aber – und aus welchem Beruf und welcher Sendung – wenn die Menschen nicht mehr von selber sprechen? Wenn mir kein Engel das Wort ins Ohr flüstert – oder wenn ich seine Sprache nicht mehr verstehe und nicht mehr lauschen kann? Wenn kein Gott löst und bindet, knetet und haucht, sondern der menschliche Verstand, das bißchen Erfahrung und Kenntnis, der gute Wille oder die schwachäugige, kurzlebige, befristete Absicht? Wenn Du mit Helena geschlafen hast, wirst Du mit einer alten Strichhure Hochzeit machen? Wenn Du im Ozean gebadet hast, wirst Du Dich in einer kleinen Pfütze wälzen? Und hättest Du auch nur an Kaiser Karls heiliger Krone gekratzt, und es wär Dir nichts als der Staub ihres Alters unter den Nägeln geblieben, es war doch lauteres Gold und echter Edelstein, den Du berührt hast.

Nein, sagte ich mir, lieber Holz machen.

So ging ich und hackte Holz. Kein metaphorisches, sondern hartes, rauhes, harziges, aus den Wäldern Amerikas.

Meine Hände wurden grob, meine Muskeln schmerzten,

mein Schlaf war tief. Schwere Arbeit des Körpers, spürte ich, ist eine gute Männerspeise. Es steckt Freiheit und Stolz darin.

Und selbst die Gnade willst Du nicht geschenkt. Du willst für sie zahlen mit Deinen Schmerzen, Deinem Verzweifeln, Deiner Alleinheit und Deinem Blut. Während ich stumm war, wurde meine Sprache rein und reich.

Manchmal sang bei fallender Nacht ein Vogel, den ich vorher nie gehört. Manchmal sah ich schlafschweren Auges im weiten Dämmer der Frühe einen Stern, den ich nie zuvor gesehen hatte. Er war groß wie eine Faust und funkelte drohend oder verheißungsvoll. Oft bildeten die weißen, fliegenden Wolken vor meinem Auge lebendige Gestalten, berückende Bilder, Zeichen und Schriften. Ich konnte sie lesen und behielt ihren Sinn für mich.

Ein Wunder widerfuhr mir in den Bergen, als mein Fuß an einen lockeren Stein stieß und eine Quelle gurgelnd darunter aufsprang. Sie war klar wie Kristall. Ich tauchte die Hände und das Gesicht hinein. Ich trug eine kranke Hirschkuh auf meinen Schultern heim und heilte ihre Wunden. Ich hielt kleine, nestwarme Vögel wie pochende Herzen in meiner Hand. Einmal spürte ich, daß mein eignes Herz nicht mehr schlug, und ich wußte, daß ich gestorben war und auferstehen müsse. Ein Knöchel schlug an die Platte meines kalten Grabes, ein Wind hub an, und eine Stimme sprach: *Ich lebe, und du wirst leben.*

Und es war nicht so, daß ich etwas Neues begann, sondern ich hob meinen Spaten auf, wo ich ihn vor langer Zeit hatte liegen lassen, und begann im gleichen Feld zu graben. Morgen, dachte ich, ist ein Säetag, und eine große Freude ließ mein Herz hüpfen, so daß ich pfiff, lachte und sang.

Das »Farmen«

In unserem Landhäuschen in Henndorf bei Salzburg hätte ich mir nicht träumen lassen, daß ich einmal das Leben eines Farmers in Amerika führen würde – und zwar, ich sag es mit Stolz, eines »dirt farmer«.

Wir hatten uns das »Farmen« ganz nüchtern und sachlich vorgestellt. Nach all den Jahren voll Unruhe, Wechsel und Wanderschaft ein Ort zum Bleiben, eine geregelte Tätigkeit.

Die Farm liegt eine Stunde vom nächsten Ort, inmitten der Wälder, sie war viele Jahre lang nicht bewirtschaftet worden, und der steile Zufahrtsweg verwandelte sich schon im November in einen Gletschersturz.

»Glaubt Ihr wirklich, daß Ihr den Winter hier überleben könnt?« fragte einer der Dorfbewohner, als wir einzogen.

»Warum nicht«, sagte ich kühn, »andere Leute haben es vor uns getan, und ein paar von ihnen haben es überlebt.«

»Sie haben es überlebt«, sagte der Mann, »aber das waren eingeborene Vermonter. Und selbst für Eingeborene –«

Er sprach den Satz nicht zu Ende, sondern zuckte die Achseln und wandte sich ab wie von dem traurigen Anblick eines unvermeidlichen Unglücksfalls.

Jetzt liegen drei Winter hinter uns – ich seh sie liegen wie unzerschmelzbare Eisblöcke. Wir leben noch. Und ich habe einiges gelernt. Vor allem, wie nie zuvor in so kondensierter Form, was ein einzelner Mann ohne Hilfe leisten kann – und was er definitiv nicht kann. Er kann z. B. während einer Kältewelle zwischen 40 und 50 Grad unter Null in einem alten Haus mit Holzöfen und sturmdurchrüttelten Scheunen es gerade noch schaffen, daß ihm die Wasserleitung, der Viehbestand und die Familie nicht einfrieren. Die besagte Reihenfolge kennzeichnet den Grad seiner Sorgen. Er kann mitten im Blizzard eine zusammenkrachende Stalltür reparieren. Er kann seinen Nachschub an Futter- und Lebensmitteln in einzelnen Fünfzig-Pfund-Lasten drei Meilen weit auf Schneeschuhen herbeischleppen. Aber gleichzeitig ein Buch oder ein Stück schreiben, das kann er nicht. Oder es soll mir's einer vormachen. ›Dichter und Bauer‹ mag eine schöne Oper sein – ich kenne nur die Ouvertüre –, in der Praxis geht es nicht zusammen.

Das Schlimmste aber sind die getauften Tiere. Natürlich mußten wir unserem ersten einzelnen Farmtier einen Namen geben. Es war Gussy – die verrückte Ente. Wir kamen zu ihr, sozusagen wie die Jungfer zum Kind. Wir waren noch gar nicht fertig mit Reparieren, Zäunebauen, Dächer ausflicken, und wir wollten keine Farmtiere anschaffen, bevor sie richtig untergebracht werden konnten. Aber eines Sonntags besuchten wir einen befreundeten Nachbarfarmer, und dort, auf einem verschneiten Misthaufen, der in der Frühlingssonne funkelte wie ein kristallener Thron, saß Gussy. Sie hieß noch nicht Gussy. Man nannte sie dort einfach die verrückte Ente. Ihre Federn waren in Selbstverteidigung gesträubt und mit Blut besprenkelt. Von Zeit zu Zeit stürzte sich ein Teil des »normalen« Geflügels über sie her – nicht ohne von ihr durch Zischen, Aufplustern und Flügelschlagen gereizt worden zu sein – und peckte auf sie los, aber Gussy peckte zurück, daß die Federn stoben. Nachdem sie etwas mehr Blut und Schönheit, aber nichts von ihrer Ehre eingebüßt hatte, kehrte sie auf ihren Misthaufen zurück, um sich in königlicher Einsamkeit irgendwelchen größenwahnsinnigen Träumen hinzugeben.

»So war es immer«, sagte der Farmer, »seit sie ausgefedert ist.« – Er hatte keinerlei Erklärung für ihre Unbeliebtheit.

»Vielleicht ist sie ein Genie«, sagte ich, »ihrer Zeit voraus, oder so ähnlich. Eines Tages werden die anderen ihr ein Denkmal setzen – auf jenem Misthaufen.« – Der Farmer schüttelte skeptisch den Kopf. »Die anderen können sie nicht leiden«, sagte er, »und sie kann die anderen nicht leiden. Sie verhungert lieber, als daß sie mit ihnen gemeinsam frißt. Sie werden sie noch totbeißen. Schade drum. Sie ist eine gute Ente.« Es bedurfte nicht langer Überredung und wir hatten sie in einem Korb verpackt mit einem kleinen Vorrat an Körnern. Der Farmer schien erleichtert, sie los zu sein – und für uns war es ein Anfang. Sie benahm sich wie ein schwer erziehbares Kind. Zur regelmäßigen Zeit verweigerte sie ihr Futter und stieß ihren Wasserkübel um, aber eine Stunde später tat sie, als ob sie verhungern und verdursten müßte. Immer wieder rannte oder flog sie davon, und man hatte die größte Last, sie aus einsamen Waldbächen oder Sumpflachen zurückzufangen. Einmal flog sie, offenbar aus Mangel an gefiederter Gesellschaft, in den Hundezwinger und begann meine beiden Wolfshunde zu attackieren, was ich keiner Wildkatze raten möchte. Ich konnte sie ihnen erst im letzten Moment aus den Zähnen reißen, und meine Frau hätte mit einem Holzklotz, den sie nach den Hunden zu werfen versuchte, beinahe mich erledigt. Gussy jedoch schien ausgesprochen gekränkt über unsere Einmischung. Als die Legezeit kam, ließ sie sich wohl gelegentlich herbei, einen Enterich zu erhören, um ihn gleich hinterher wütend anzufallen und ihm ein paar Federn aus seinem in stolzer Männlichkeit gelupften Schweif zu reißen. Eines Tages war sie spurlos verschwunden, und nach langem, anstrengendem Suchen gaben wir sie auf. Aber als etwa vier Wochen vorbei waren, hörte man plötzlich ein ungeheures Gequake, Gezisch und Gezirpe unter den vermorschten Flurbrettern der großen alten Scheune – und heraus kam Gussy, gefolgt von elf gelbflaumigen, frisch gebrüteten Entlein.

Die Mutterschaft änderte nichts an ihrer Verrücktheit. Sobald die Jungen anfingen, sich wie »normale« Enten zu benehmen, biß sie sie rücksichtslos von sich weg und schaute sich nach einem einsamen Misthaufen um, auf dem sie Gott und der Welt Trotz bieten könne. »Normal« ist natürlich ein zweifelhaftes Wort – für jede Art von Geschöpf. Wenn jemand glauben sollte, daß Tiere im allgemeinen »normal« seien – normaler als Menschen –, so denke ich mir, daß er nicht viel von Tieren versteht. Auch nicht von Menschen wahrscheinlich.

Unseren Gänserich nannten wir Hermann den Cherusker wegen seiner ungeheuer himmelblauen, strahlend blauen Augen. Das Peinliche mit ihm ist, daß er sich überhaupt nicht für Gänse interessiert, obwohl ihm ein ganzer Harem zur Verfügung steht

– sondern nur für Enten. Biologisch gesehen führt das zu nichts. Er aber scheint vollauf befriedigt, wenn er vor einem Haufen eingeschüchterter Entenmütter herspazieren kann. Obwohl er sich als völlig nutzlos für den Geflügelhof erwies, entging er dem langen Messer und wurde begnadigt. Als nämlich die ersten jungen Gänse ausgebrütet wurden – ein Ereignis, das keineswegs auf seine Mitarbeit zurückzuführen war –, hielten wir sie der Vorschrift gemäß auf einem besonderen, abgegitterten Platz, um sie vor den Gänserichen zu schützen, von denen es heißt, daß sie den Jungen oft gefährlich werden. Tagelang beobachtete ich Hermann, wie er seinen platonischen Entenserail verließ und mit sehnsuchtsvollem Geschrei das Gitter umkreiste, das ihn von den jungen Gänslein trennte. Ich muß gestehen, daß ich nur mit Scham des häßlichen Verdachts gedenken kann, den ich gegen ihn hegte – und jenes Morgens, als ich mit all meinen Kleidern in den Teich sprang, um eines der Gänsejungen, das durch ein Loch im Gitter entschlüpft war, um ein voreiliges Bad zu nehmen, vor dem auf es zuschwimmenden Hermann zu retten. Ich hatte keine Ahnung, daß Hermann nichts anderes im Sinn hatte, als seinerseits das junge Gänslein vor mir zu schützen. So lieferten wir uns gegenseitig eine Seeschlacht, und das Gänslein wurde durch die gemeinsamen Anstrengungen seiner Beschützer beinahe ertränkt. Später, als die Junggänschen ihren ersten offiziellen Spaziergang machten, stellte sich heraus, daß Hermann nur auf diesen Augenblick gewartet hatte, um die Rolle eines liebevoll sorgenden Familienvaters aufzunehmen, ohne sich über die Legitimität seines Nachwuchses irgendwelche Gedanken zu machen. Durch diesen rührenden Zug reihte er sich in die Schar der Unsterblichen ein, und wenn ihn kein Fuchs erwischt, wird er bei uns an Altersschwäche sterben.

Selbst unter kommunen Hofhühnern findet man so etwas wie »ausgesprochene Persönlichkeiten«. Fünf unserer ersten sechs »Professionellen« sind noch am Leben und ich fürchte, sie werden es bleiben. Wir tauften sie nach ihrem Einzug nach verschiedenen Vornamen unserer beiden Töchter: Michaela, Magdalena, Agatha, Christina, Augusta. Da sie die ersten waren, beobachteten wir sie mit einem übertriebenen Interesse, konnten Magdalenas oder Agathas Eier von den anderen unterscheiden und behielten sie wie persönliche Geschenke für unseren eigenen Frühstückstisch. Im ersten Winter hatte Michaela das Mißgeschick, daß ihr die Fußzehen erfroren. Sie schwollen an und bekamen die dunkelrot-violette Farbe einer gewerbsmäßigen Trinkernase. Das arme Tier konnte nicht mehr gehen oder stehen. Normalerweise – hier bezieht sich das Wort auf die Menschen – hätte man sie schlachten sollen. Aber meine Frau bestand darauf, sie zwecks besonderer Behandlung in die Küche zu übersiedeln. »Es wird stinken«, sagte ich. »Michaela stinkt nicht«, sagte Madame, und dies war Dogma! Im Vertrauen – sie stank! Jeden Morgen, einige Wochen hindurch, wenn ich als erster in die Küche kam, erschrak ich für einen Moment, wenn plötzlich hinterm Herd ein heiseres altes Weib zu schwätzen begann. Sie schwätzte unablässig – ich rauchte eben etwas mehr in der Küche. Und eines Tages marschierte sie wirklich auf gesunden Füßen wieder hinaus, nachdem die Krallen abgefallen waren wie Fingernägel in einem Maniküre-Salon.

Schließlich erlag sie doch einer Erkältung, als ich gerade für ein paar Tage in New York und meine Frau mit einem Dorfboy als einziger Hilfe allein auf der Farm geblieben war. Der Boy kam wie gewöhnlich zu spät von der Schule heim und fand meine Frau in einer desolaten Verfassung. »Ein schrecklicher Tag«, grollte sie vor sich hin. »Das Kohlenfeuer ist aus, kein kleines Holz mehr oben, die Wassereimer sind alle eingefroren, und ein Schneesturm kommt auf, zum Melken ist es auch schon zu spät, und die Schweine sind noch nicht gefüttert, und Michaela ist gestorben.« – »Oh«, sagte der Boy mit einem leichten Anflug von Interesse, »in Sarah Lawrence.« Dort besuchte nämlich unsere Tochter Michaela das College. »Ach nein«, sagte meine Frau ärgerlich, »nicht unsere Tochter natürlich, Michaela, die Henne.« »Ja so«, sagte der Boy – und es klang fast ein wenig enttäuscht. – – –

Liesi, mein »Deer«, zoologisch eine Hindin vom Stamm der Virginia-Hirsche, fand ich mitten in der Wildnis – wo sie sich in einem von Gebüsch überwucherten alten Viehdraht verfangen hatte und mit gebrochenem Hinterfuß hilflos festhing. Sie war ein Jährling und schon ziemlich stark, trotz ihrer Beinwunde und des Blutverlustes schlug sie mit den gesunden Füßen verzweifelt um sich, und es war gar nicht leicht, sie auf den Schultern heimzutragen. Niemand glaubte, daß man sie heilen oder auch nur zutraulich genug machen könne, um sie an Fütterung zu gewöhnen. Ich hatte aber beobachtet, daß sie, wenn man sie in der großen Scheune, in der ich ihr ein Lager gemacht hatte, allein ließ, frisches Wasser leckte und ein bißchen Heu zu zupfen begann. In den Dämmerstunden morgens und abends näherte ich mich ihr vorsichtig in meinem ältesten Stallanzug, in dem bestimmt keine menschliche Witterung von mir ausgeht, legte ein paar Karotten, Apfelstücke, einen Maiskolben in ihre Nähe und ließ sie allein. Nach ein paar Tagen fraß sie bereits alles auf, was ich ihr hinstellte, aber nur wenn sie sich unbeobachtet fühlte. Gleichzeitig bemerkte ich, daß die Wunde an ihrem gebrochenen Fuß immer schlimmer wurde und gefährlich zu vereitern begann. Sie konnte zwar bereits auf den drei anderen Beinen aufstehen und ein paar Sprünge machen, aber von der offenen Splitterstelle drohten Brand und Blutvergiftung. Mir war klar, daß etwas Radikales geschehen mußte, um sie zu retten. An einem kalten, stürmischen Sonntagmorgen im November schärfte ich wortlos eine Axt, bereitete etwas Verbandzeug, Lysol und Wundsalbe vor, ging in die Scheune hinüber und warf mich sofort, ehe es aufspringen konnte, über das Tier. Indem ich sie mit meinem Körpergewicht niederhielt, trennte ich mit einem raschen Schlag den heillos zersplitterten Fuß ab, reinigte die Wunde und machte einen blutstillenden Verband. Dann stellte ich ihr etwas frisches Wasser hin und ging. Ich wußte, es war das einzige, was man versuchen konnte.

»Was ist passiert?« fragte meine Frau, als ich herüberkam, »du bist grau im Gesicht.« »Wo ist der Apfelschnaps?« antwortete ich heiser und nahm einen tiefen Schluck.

Als ich am Nachmittag wieder in den Heuschober kam, da stand Liesi auf drei Beinen, das frisch amputierte geschickt nach rückwärts ausgestreckt, und schaute mir ganz ruhig, fast ohne Scheu entgegen. Ich selbst mag wohl vor Erregung gezittert haben. An diesem Abend nahm sie zum ersten Mal ihr Futter von meiner Hand, und ich konnte ihr ohne Mühe den Verband wechseln. Nach zehn Tagen war die Wunde verheilt, sie lernte auf ihren drei Füßen so rasch und sicher herumzuspringen, als sei sie ein komplettes Deer, hört auf ihren Namen und läuft mir überall nach. Sie lebt in einem kleinen Haus dicht beim Hundezwinger, mit dessen wild ausschauenden Insassen sie eine intime Freundschaft geschlossen hat. Und in finsteren Herbstnächten kommen die Böcke aus den Wäldern bis dicht ans Haus heran und brüllen unheimlich in unseren Schlaf. Vielleicht werden wir eines Tages junge, dreibeinige Kitzlein haben – falls einer es wagt, über den Zaun zu springen. Viele Leute kommen an Sonn- und Feiertagen herbeigewandert, um das zahme Deer zu sehen – und während ich das niederschreibe, komme ich auf die Idee, ich sollte einen Nickel Eintritt nehmen und einen Dime für Streicheln und Füttern. Dann könnte ich vielleicht das Hühnerschlachten aufgeben – und all meinen Tieren Namen geben.

Wein und Welt
Eine Danksagung anläßlich der Verleihung
des deutschen Weinkulturpreises 1955

Meinen Dank, den ich Ihnen, den großherzigen Spendern, für die schöne Ehrung des deutschen Weinkulturpreises aussprechen möchte, lassen Sie ihn mich erweitern zu einer Danksagung, an die unerschöpfliche Gabe und die wunderbare Macht, die der Menschenwelt in Gestalt des Weines aus irdischen und himmlischen Quellen zugeflossen ist.

Wein und Welt – sind sie nicht gleich alt und gleich jung, gleich endlich und gleich un-endlich? Wenn wir »Welt« nicht im physikalischen, im astronomischen oder im kosmischen Sinne verstehen – sondern sie anschauen als den vollen Umfang, den Spielraum dessen, was von uns, den Weltgeschöpfen, den Menschen, durchlebt und durchfühlt, durchdacht und tätig durchwandelt werden kann –, so dürfen wir getrost behaupten, daß der Wein so alt ist wie die Welt, so weit nämlich menschliche Erinnerung und Überlieferung zurückreicht. Er wuchs und reifte, er wurde gebaut und gekeltert, ausgeschenkt und genossen, gesegnet und geopfert, seit der Mensch begann, die Erde pfleglich zu bebauen, das ist: zu kultivieren. So ist er mit allem, was wir vom Ackerbau bis zur Ästhetik als menschliche Kultur bezeichnen, aufs innigste verknüpft. – Wie das Brot von Anfang her Erhaltung und Bewahrung, Leib und Leben, aber in übertragener Bedeutung auch Gottes Geist und Leib, die dem Schöpfer entborene Schöpfung darstellt, so ist der Wein Sinnbild und Inbegriff der Beseelung, Erleuchtung, Begeisterung, der Gnade, des unerschöpflichen Liebesstroms – von der ehrfurchtsvollen Gebärde der antiken Libation bis zur mystischen Verwandlung ins göttliche Blut. Gleichzeitig aber tritt er immer wieder, in vornehmer, stolzer Bescheidung, in die Grenzen des Einfachen und Kreatürlichen zurück, des menschlichen Handels und Wandels, der ernsthaften Bemühung, des bedrohten, gefährdeten Wachstums, und der freiwilligen Reife.

»Brot ist der Erde Frucht, doch ists vom Lichte gesegnet,
Und vom donnernden Gott kommet die Freude des
Weins«

heißt es in Hölderlins Hymne ›Brot und Wein‹.

In den geheimnisvollen, von allen Urmythen des Menschengeschlechtes durchwehten Gesängen des Gilgamesch-Epos, das sumerisch-akkadischen Ursprungs ist, und von den Babyloniern im 24. Jahrhundert v. Chr. gesammelt wurde, erscheint bereits der Wein, und zwar in einer Erzählung des »unausdenkbar Uralten«, Utnapischtum, Besitzer des Wunderkrauts, das ewiges Leben verleiht, der schon vor der großen Sintflut gelebt und sie wie Noah in der Bibel überlebt hat. Wann immer auch die Wissenschaft jene große Flut datieren will, ob Jahrmillionen oder nur Jahrzehntausende zurück, so scheint es gewiß, daß schon vorher der Wein bekannt war. Er wäre damit so alt wie die früheste menschliche Erinnerung. Nie aber hörte er auf, eben so jung zu sein wie der neue Tag, das neue Jahr, das letztgeborene Kind.

»Dank Dir! Dank Dir und Preis! Der Du den reifsten Sinn
dieser schwankenden Welt Deinem Sänger enthüllst,
wenn er trunkenen Leibes
aus der Wirrnis fliehet an Gottes Herz!«

So dichtet, in jüngster Zeit, Josef Weinheber. (In dem ›Gesang an den Wein‹.)

Und bei Hölderlin heißt es weiter (in der gleichen Hymne ›Brot und Wein‹):

»Drum singen sie auch mit Ernst, die Sänger, dem
Weingott. Und nicht eitel erdacht tönet dem Alten das
Lob.«

Ja, es bedarf wahrhaftig eines großen und andächtigen Ernstes, den Wein zu loben und seine Bedeutung in der Welt zu umschreiben. In alle feierlichen Rituale ebenso wie in alles feierabendliche oder hochzeitliche Spiel, in alle kultischen, religiösen, weihefestlichen Bräuche ist er eingewirkt. – Motivisch durchzieht er die Heiligen Schriften des Juden- und Christentums, das Alte wie das Neue Testament, vom Pentateuch bis zum Johannes-Evangelium, als Vorschrift, Gleichnis, mythisches und poetisches Element: im Opfer des Melchisedech, der kanaanitischen Traube, der salomonischen Weisheit lebt er – wie in den geistlichen Trinkliedern des Mittelalters.

Selbst im Tempel des Apollo zu Delphi prangt neben dem ›GNOTI SAUTON‹, dem ›Erkenne dich selbst‹, das Bildnis des großen Dionysos. Vernunft und Erkenntnis, der maßvoll ordnende Geist wird durch die schauernde Ahnung und Verehrung der unermeßlichen schöpferischen Fülle vertieft, bereichert, ausgeglichen. Ein tragischer Gott, ja der eigentliche Gott der Tragödie ist der Weingott Dionysos, kein rosig heiterer, sorglos angetrunkener Bacchant, wie Rubens den alten, gaggernden Silen malte. Dionysos entfesselt chaotische Gewalten, denen er selbst genießend, leidend zum Opfer fällt. Er verkörpert die ewige Polarität von Genuß und Leiden, das Vergehen und Verbluten in der Erfüllung schmerzhafter Lebensliebe, der unser hessischer Genius Georg Büchner in seinem ›Dantons Tod‹ das wunderbare Wort gewidmet hat: »Wer am meisten genießt, betet am meisten.«

In der Gipfelsphäre griechischer Lebensbildung, beim Gastmahl des Plato, wird der Wein zum Medium der Vergeistigung, er beflügelt Gedanken, durchweht Gespräche und Antithesen – und sein gelassener Genuß, selbst seine ermattende, durch neuen Trank doppelt befeuernde Nachwirkung (wie wir sie den übergangenen Kater oder den billigen Jakob nennen würden), verleiht den Dialogen vom Wesen des Gottes Eros Hellsicht und Wortgewalt. Beim Römer Petronius hingegen, im ›Gastmahl des Trimalchio‹, poltern und grölen, schmatzen, lallen und rülpsen die unteren Weingeister, die niederen Dämonen der Völlerei. Doch haben auch die Römer, obwohl für den verfeinerten Genuß und die Eleganz seines künstlerischen Ausdrucks vielleicht weniger begabt, in den Denkmälern ihrer herrlichen Poeten Ovid und Horaz, Virgil und Catullus, dem Lob des Weines unvergängliche Worte geprägt.

Selbst der Prophet und Gesetzgeber des Islam, der seinen Gläubigen alles verbot, was trunken macht, außer der Sinnestrunkenheit der Geschlechtsliebe und der Ekstase der Jenseitsbegier, konnte es nicht verhindern, daß durch die Paläste seiner Kalifen und die Schänken ihrer Handels- und Hafenplätze ein heimlicher Weinstrom floß: davon zeugen Omar und Hafis, der unsrem blühendsten Genius Goethe untrennbar verzwillingte Mitpoet des ›Schenkenbuchs‹. Sonne, Mond und alle kreisenden Gestirne, wirbelnder Himmelsglanz und Wettergewölk umzucken und verzücken den Becher des kosmischen Trinkers Li-Tai-Pe, auf dessen Rand dunkle Nachtfalter sitzen und ihre langen Rüssel auf den Grund seiner Trauer tauchen – da taumelt er aus den Bezirken der schwankend bunten Papierlaternen in die Finsternis jener Schlammpfütze hinein, darin sein Gesicht ersäuft, während sein Lied noch dudelt: »Was geht denn mich der Frühling an? Laßt mich betrunken sein!« Und dabei, ich kann mir nicht helfen, muß ich stets an den Zech- und Kartenspielkumpan des Darmstädter Weinschnorrers Datterich denken, wenn er im nächtlichen Herrngarten seinen Ölkopf spazierenträgt: »Was geht denn mich die Natur an? Frisch Luft will ich scheppe.«

So ist es: vom alexandrinischen Bacchuszug, wie ihn Kalixenos beschreibt, bis zur Grande Fête des Vignerons, wie sie nur viermal in jedem Jahrhundert seit Römerzeit, und zuletzt mit großem Glanz erst im jüngstvergangenen Sommer im schweizerischen Welschland begangen wurde, zieht sich die festliche, feierliche, heitere, ernste, singende, lachende, noch im Schwanken und Taumeln graziöse und wahrhaft illuminierte Prozession des Weines durch die Länder, Weltteile, die Saecula und Millennien hin – und wer wäre denn ich, wer wären Sie, wer wären wir alle, wollten wir nicht zu gegebener Zeit in ihren Reihen unser Plätzchen suchen, wenn auch nicht als schaffende Winzer oder spendende Weingötter, sondern als fromme Schoppenschlukker, Faßbodengucker und Tropfenbeißer im Laiengewand? Brauchte der Trinker noch eine »Rechtfertigung«, so sei es die des Anakreon, wie Mörike sie uns übersetzt hat:

»Die schwarze Erde trinket,
So trinken s i e die Bäume;
Es trinkt das Meer die Ströme;
Die Sonne trinkt die Meere;
Der Mond sogar die Sonne:
Was wollt ihr doch, o Freunde,
Das Trinken *mir* verbieten?«

Wir sprachen vom Trinken. Erlauben Sie mir einige Worte vom Saufen. Denn wir nähern uns der grobianisch-kräftigen, sinnenhaft-mächtigen frühdeutschen Weinpoesie.

»Saufer! Auf den Suff versessen,
Ohne Dürsten – rühmt Euch dessen,
Trinkt Ihr, kundig wie die Hessen.«

Wer anders hätte diese Terzine aus den ›Carmina Burana‹ so sprachverliebt und wortweise übersetzen können wie unser unvergeßlicher Karl Wolfskehl, dem wir auch eines der fundiertesten und reichhaltigsten Weinkompendien, ›Das Buch vom Wein‹, verdanken?

Noch Luther hängt den Deutschen, sich selbst wohlweislich nicht ausschließend, die Sauferei, das Unmaß und Übermaß im Trinken als unausrottbares Erblaster an. Ich möchte bezweifeln, ob sich dies über neue und neuste Zeit im Abstand zu andern Völkern als besondere Nationaleigenschaft erhalten hat, denke ich an die frühen Trinkertode vieler englischer Poeten im vorigen Jahrhundert, an die süchtige Verfallenheit, die man »Alkoholismus« nennt, und ihr verhältnismäßig seltenes Auftreten in unserm Sprachgebiet. Gewiß – der »Weinschwelg«, der Saufaus, der Bruder Liederlich sind deutschen Ursprungs, ebenso wie »das Trinken um seiner selbst willen«, die Gebräuche und Formeln des bibulantischen Wettkampfs, das Sauf-Duell des Einander-unter-den-Tisch-Trinkens. Doch dies geschieht im allgemeinen weniger mit Wein als mit Bier oder schärferen Destilaten. Im Beowulf, im Heliand, im Waltharilied Ekkehards wird erklecklich gesoffen, und dem Helden Siegfried stehen zur

Erquickung auf der Jagd außer seinen sieben Pferdelasten Metes noch ganz beruhigende Mengen des Lautertrunks zu, den auch Parzival gern zu genießen pflegte – eines über Kräutern und Gewürzen abgeklärten Rotweins. (Noch bis ins späte Rokoko, in manchen Ländern noch länger, pflegte man Weine durch Kräuterzusatz zu würzen, wir erfahren viel davon in den köstlichen Trinkliedern unseres großen nordischen Dionysiers Carl Michael Bellman, in deren schönstem es heißt:

»Weile an dieser Quelle,
Sieh unser Frühstück ist zur Stelle!
Rotwein mit Pimpinelle
und Bekassinchen zart und fein...«

Ein rechtes Liebeslied, ebenso hingegeben an all die differenzierten Genüsse des Lebens wie an die vorschattende Trauer seines immer vorhandenen, immer gegenwärtigen Endes.) Mag sein, daß durch den gewaltig gärenden Stromkreis der deutschen Sprache, ihre beispiellose Rezeptionsfähigkeit und unersättliche Wortphantasie die Vielfalt und Allmacht des Weines, seine monstranzhafte Ausstrahlung im Licht geselligen Lebens und sein dumpfes Sausen und Rumoren im Grunde der tiefen Keller hier stärker zum Ausdruck kam als in irgendeinem andern Lande des Erdballs.

»Sprich furchtbar Weisheit um Dich her –
Mund schwarz von Rebenblut!«

so heißt es, erstaunlich genug, bei Klopstock, dem Dichter des ›Messias‹. Es könnte auch heißen: furchtbar Tollheit, statt furchtbar Weisheit – denn hier findet die Berührung, die Vertauschung, die hyperbolische Umkehrung des einen ins andere statt, des Wahnwitzigen ins Weise, des Heiligen ins Teuflische, des Visionären ins Blindwütige, wie sie uns bei den Genies der Grenzüberschreitung, bei Nietzsche vor allem, so schauerlich fasziniert. Ihre Trunkenheit ist die des Abnormen, des Verfallenen, sie ist der Mahlstrom des Edgar Allan Poe, der gurgelnde Trichter unter der milchig-grün opalisierenden Schale, wie ihn

Verlaine beschreibt, die irrlichtige Sumpfwiese, auf der die fleurs du mal gedeihen.

»Deine Augen werden Seltsames sehen, und Dein Herz wird verkehrte Dinge reden«, heißt es bei Salomo!

Hierher gehört die höhlende, zehrende Süße der Melancholie, das bittere Nirwana des einsamen Säufers. Aber auch dem hat Goethe in jenem vorher erwähnten Schenkenbuch aus dem ›West-östlichen Divan‹ das rechte Maß gesetzt:

»Meinen Wein
Trink' ich allein,
Niemand setzt mir Schranken,
Ich hab' so meine eignen Gedanken.«

Und an anderer Stelle:

»Der Trinkende, wie es auch immer sei,
Blickt Gott frischer ins Angesicht.«

Denn der Wein führt den, der sich seinem milden Gesetz verschreibt, immer wieder zur Klärung.

Nennen wir Deutsche den Wein, so denken wir nicht an die dickflüssigen geharzten oder die schweren, ölig und träge gleitenden Getränke des östlichen Mittelmeers, auch nicht an den Heißwein von Jerez oder die feurigen Elixiere von Tokaj, sondern wir meinen das hoch gepflegte, jahrhundertelang veredelte, klare Kellergold, wie es aus unsern schlanken Flaschenhälsen rinnt. »Da schaute einst Kaiser Karl aus seiner Burg in Engelheim an den Bergen hin, er sah, wie die Sonne schon im März so warm diesen Hügel begieße und den Schnee hinabrolle in den Rhein, wie so frühe die Bäume dort sich belauben und das junge Gras dem Frühling voraneile aus der Erde. Da erwachte in ihm der Gedanke, Wein zu pflanzen, wo sonst der Wald lag. Und ein geschäftiges Leben regte sich im Rheingau bei Engelheim, der Wald verschwand, und die Erde war bereitet, den Weinstock aufzunehmen. Da schickte er Männer nach Ungarn und Spanien, nach Italien und Burgund, nach der Champagne und Lothringen und ließ Reben herbeibringen und senkte die

Reiser in der Erde Schoß.« So stellte sich Wilhelm Hauff in seinen ›Phantasien im Bremer Ratskeller‹ die Entstehung des Weinbaus im Rheingau vor, und wohl auch im Rheinhessischen bei Ingelheim, zwischen Worms und Bingen. Zum Teil mag es auch ähnlich gewesen sein, andere wieder behaupten, die Römer hätten zu Drusus' Zeiten den Wein mit an den Rhein gebracht. Doch las ich kürzlich in einer kaum anzweifelbaren Quelle, daß die Römer schon zu Cäsars Zeiten in der Trierer Gegend ausgebildete, bestellte Weinberge vorgefunden hätten. Auch sollen in der Nähe der Pfahlbauten bei Konstanz am Oberrhein und an andern Orten in den Schichten des mittleren Tertiär Samen und Blätter der Weinrebe gefunden worden sein. Auch unser Wein also mag den ehrwürdigen Schauer des »unausdenkbar Uralten« in uns erwecken. Sein schönstes Wesen aber besteht in seiner beständigen Gewährsamkeit. »Wein ist Denken und Tun, Wein ist Wachstum und Wohlstand, Wein ist Sorge und Genuß des Menschen«, schrieb der Dichter Rudolf G. Binding, dessen Gedächtnis, zu Recht, der vorige Weinpreis zugesprochen wurde und den ich, der Jüngere, durch viele Jahre hindurch einen fördernden Freund nennen durfte. Die einfache, alltägliche, sachliche Bezogenheit zum Wein ist es, was mich am tiefsten anrührt, gedenke ich meines eigenen Heranwachsens in einem gesegneten Weinland und in einer Umgebung, die schon von der Familie aus in vielfacher Verzweigung mit dem Wein verbunden war. ›Der Wein von der Rebe bis zum Konsum‹, so hieß ein Buch, das ich als Kind auf meines Vaters Schreibtisch liegen sah, sein Inhalt hätte mich seiner Fachlichkeit halber damals eher gelangweilt, aber es war von meinem Onkel, dem Bruder meiner Mutter, dem sicher noch von vielen Mainzern unvergessenen Leiter der deutschen Weinzeitung, Konsul Fritz Goldschmidt, verfaßt. Diese deutsche Weinzeitung, damals wohl das bedeutendste Fachblatt auf diesem Gebiet (und vielleicht auch heute noch, ich habe da keine Kenntnis) war von meinem mütterlichen Großvater gegründet worden. Mein Vater aber, dessen Brüder sich dem juristischen und naturwissenschaftlichen Studium zugewandt hatten, erstand in jungen Jahren von seinem

Vorgänger Volz die damals noch kleine und unbedeutende Kapselfabrik in Nackenheim – ich bilde mir ein, mich der Zeit vor 1900 zu erinnern, obwohl ich da kaum erst vier Jahre war, in der noch die Wasserkraft des aus den Wingerten herabrinnenden Bachs die wenigen Maschinen betrieb. Bestimmt aber erinnere ich mich der Zeit, als der erste große Fabrikschornstein dort erstand, denn in meiner kindlich romantischen Liebe zur unberührten, natürlichen Landschaft empfand ich ihn als eine arge Verschandelung. Heute steht dort ein Werk, das man – in der spaßhaften Lust des Rheinhessen an der Hypertrophie – den »Nackenheimer Opel« zu nennen pflegt.

Was ich selbst in meiner bisherigen Arbeit dem Wein gewidmet habe, scheint mir – trotz des vielgerühmten und oft geschmähten ›Fröhlichen Weinberg‹ – gering und ungenügend im Verhältnis zu dem, was der Wein mir von der Kindheit bis zum heutigen Tage geschenkt und gegeben hat. Ich liebe nicht sehr die Lyrik, die ich in jungen Jahren über den Wein verfaßte, sie scheint mir zu metaphorisch. Aber der Wein verträgt keine Metapher mehr, sie sind im Umkreis seiner Düfte erschöpft und flach geworden, oder aber die Metaphernregel der Weinkunde samt all ihrer Epitheta ist in den rituellen Sprüchen und Wendungen verzeichnet und aufgewandt, wie sie auf jeder zünftigen Weinprobe oder -versteigerung zu registrieren sind: Blume, Bouquet, Körper, Reife, Anstand, Noblesse, Zartheit, Würze, Charakter, Kraft, werden in vielen Abwandlungen gepriesen, und der Wein als lieblich, liebenswürdig, herzlich, ernsthaft, zärtlich, mädchenhaft, voll, fraulich, frisch, heiter, stürmisch, gesetzt und männlich-reif bezeichnet, um nur wenige dieser Lob- und Kosenamen aufzuzeichnen. Fällt einem darüber hinaus beim Kosten oder Trinken ein neues, ungewohntes, aus dem Moment geborenes Qualitätswort ein, aus menschlichen, dinglichen, irdischen oder himmlischen Bezirken, so scheint mir damit der Verherrlichung des Weines Genüge getan, mehr jedenfalls als im Versuch einer hymnischen Verklärung in der Poesie: Denn der Wein verklärt und verherrlicht sich selbst.

Das ist das Besondere und Wunderbare an ihm, gemessen an jedem andern landwirtschaftlichen Erzeugnis, daß er sein eigenes Leben lebt und seiner Lebendigkeit weit über seine stoffliche Substanz hinaus Ausdruck gibt, durch die Gegenstände, Gefäße, Genüsse, durch die ganze Dingwelt, die von ihm beseelt ist und zu ihm gehört. Wie haben sich von Kindheit her all die Sinneseindrücke vertieft, befestigt und verewigt, die mit dem Wein zu tun haben. Sie, in deren Kreis ich hier spreche, kennen sie alle. Wie unverkennbar der Geruch, der sich in den Zeiten der Lese durch ein Weindorf zieht. Wie feierlich mutete es an, wenn zum Sonntag oder zu einem Fest im Elternhaus die Weingläser auf den gedeckten Tisch gestellt wurden: die zartgrünen auf schlanken Stielen für den Mosel, die in schönen Prismen geschliffenen Kristallgläser für einen roten Wein, und dann die noblen, weit gebauschten Römer, die beim Anstoßen tief und dunkel klingen wie das glockenhafte Wort »Pokal«. Wie unvergeßlich die Besuche im Keller meines Onkels Burckhardt in Oppenheim, wenn ein alter Küfer erst vorsichtig mit dem Senklämpchen die steile Steintreppe hinab voranschritt, so wie ein Bergmann in früher Zeit in seinen erzfunkelnden Schacht eingestiegen sein mag. Und die Erinnerung an herbstliche Wege, Spaziergänge von Ort zu Ort, am rötlichen Weinlaub, an holprigen Mäuerchen, an den ersten Zeilen der Nußbäume entlang. Lassen Sie mich noch einmal Goethe anrufen, mit einem Satz aus einem Brief von einer Herbstreise an den Rhein: »Trauben mit jedem Schritt und Tag besser. Jedes Bauernhaus mit Reben bis unters Dach, jeder Hof mit einer großen, vollhängenden Laube. Himmelsluft, weich, warm, feuchtlich, man wird auch wie die Trauben reif und süß in der Seele.«

Reif und süß in der Seele. Wer, der den Wein liebt, verstünde nicht dieses Wort und hätte dieser Empfindung nicht seine besten Stunden zu verdanken. So klinge denn diese Ansprache aus wie sie begonnen hat: in eine Danksagung. An den Wein, an die Welt, in der er wuchs, an die westdeutsche Heimat, die uns gezeugt und getragen hat, geprägt und geformt – und an Sie, verehrte Freunde, die Sie mich mit einer so herrlichen Weinspende hier bedachten. Eins möchte ich Ihnen noch sagen: Als ich vor einigen Jahren den Frankfurter Goethepreis erhielt, gab ich die damit verbundene Summe an unbekannte jüngere Autoren weiter. Ich erinnere mich gern, wie Albert Schweitzer, der allzeit Gebende, lächelnd zu mir sagte: »Sie sind aber sehr leichtsinnig gewesen mit Ihrem Goethepreis. Ich hab mir von meinem ein Häuschen gebaut.« Nun, das dürfen Sie mir glauben – *Ihren* Preis, mit dem werde ich nicht so leichtsinnig sein, den werde ich behalten! Ich will ihn behalten, nicht um ihn eifersüchtig zu hüten! Auch ihn, so hoffe ich, sei mir vergönnt, zu schenken, nämlich auszuschenken am eigenen Tisch, im Kreis guter Freunde, die ihn zu würdigen verstehen; und immer – wo dies auch geschehe – werden dann meine Gedanken und Wünsche hierher eilen, zu Ihnen, zu Ihrem Gewerbe, zu Ihrer Arbeit und Ihrem fruchttragenden Erzeugnis, zum lieben Land unserer Väter und Mütter und zum Quell unserer dankbaren Freude: Vom Wein – zum Wein.

Eine Weinreise durch Europa

»Die Milch des Alters« pflegte mein Vater in seinen späteren Jahren den Wein zu nennen. Er redete, wie es damals wohl üblich war, von seinem vierzigsten Jahr ab, besonders bei traulichen Familienfesten, gern von seinem Alter und seinem baldigen Ableben, mindestens aber von dem mit Sicherheit zu erwartenden »Schlägelche« (sprich: Schlächelche), was uns manchmal die Tränen in die Augen trieb.

Als er dann wirklich alt war, Gott sei Dank ohne »Schlächelche«, aber nach der Ausbombung und dem Ende des Zweiten Weltkriegs, erlebte er am eigenen Leib, wie richtig und wahr die Metapher von der »Milch des Alters« ist: er mußte sie in seinem Zufluchtsort im Allgäu entbehren, da man einfach keinen Wein mehr auftreiben konnte, und es zeigte sich, daß weder Kuhmilch noch irgendein anderes Getränk die kreislauffördernde, gesundheitsstärkende Wirkung guten Weines ersetzen kann.

Dann hatte ich das Glück, die Eltern wiederzusehen, und konnte durch gute Beziehungen zu den Besatzungsbehörden regelmäßig Wein, manchmal auch Sekt, für sie »organisieren«. Da lebte er in den letzten anderthalb Jahren, seinem 83. und 84. noch einmal auf, er schlief gut und fühlte sich wohler, wenn er zu der spärlichen Nahrung dieser Zeit am Abend etwas Wein hatte, die Anfälligkeit wurde geringer, ja sogar die fast erloschene Sehkraft – wohl durch die stärkere Durchblutung – ein wenig besser.

Und ich beobachtete, damals, nicht ohne Rührung, daß das Trinken des Greises tatsächlich eine gewisse Ähnlichkeit mit dem des Säuglings hat: er sog an seinem ungewohnten Gläschen mit ganz langsamen, kleinen, etwas schmatzenden Schlucken, und in seine Züge trat der Ausdruck jenes stillen, heiteren Behagens, das wir an kleinen Kindern kennen und lieben.

Nähert man sich nun selbst einer gewissen Altersschwelle – wenn der Siebzigste mit unheimlicher Geschwindigkeit heranrast (denn wie rasch vergehen jetzt zwei Jahre, und wie lange dauerten sie in der Kindheit!) – so hört man von guten Ratgebern, vor allem von Ärzten, so mancherlei über die Notwendigkeit der Diät, des Maßhaltens, der Einschränkung, und mit Gewißheit kommt die Frage: »Trinken Sie Alkohol?« Worauf ich mit gutem Gewissen antworte: »Nicht sehr viel«, da ich ja Wein nie als »Alkohol« bezeichnen würde. Einen Schnaps, nun ja, hin und wieder einen Klaren zum Bier zum Beispiel, damit man sich nicht erkältet, oder zum Kaffee einen Obstler, damit das Essen gut bekommt.

Auf solche »Hygienica« kann man zur Not auch verzichten. Auf den Wein? Ich kann mir kaum denken, daß es eine Krankheit geben kann, bei der seine milde Kraft nicht Linderung und Stärkung verschafft – selbst Diabetiker trinken Mosel. Ich glaube, bei der Diät und der Mäßigung kommt es, wie bei allem anderen, darauf an, daß man sie nicht übertreibt. Das nutzt schließlich auch nichts, und man wird noch dazu schlechter Laune.

Die Frage ist: Was ist für den älteren Menschen, der immerhin ein bißchen aufpassen muß, aber seinen täglichen Trunk gewohnt ist, der rechte Wein? Vermutlich ist auch das individuell verschieden. Ich meinerseits komme mit den Jahren mehr und mehr dahinter, daß man sich die großen, gewaltigen, machtvollen, himmelswürdigen Weine, die Spät- und Auslese, Trockenbeeren, Edelgewächse besonderer Jahrgänge, für sehr seltene Feierstunden aufbewahren soll, und auch dann nur zur Krönung.

Was den sieben Tagen der Woche, den Sonntag mit eingerechnet, je nach der Witterung abendliche Wärmung oder Kühlung verleiht, was die guten Gespräche, die gastliche Tafelrunde, das entspannende Hocken in der Trinkstube mit Schwung oder Gelassenheit erfüllt, was zum einfachen Mahl, zu Brot und Käse, zu »Weck und Worschd«, aber auch zu den delikateren Spezialitäten der verschiedenen Gebreiten paßt, was immer mundet, immer wohl bekommt und niemals Überdruß erweckt, das ist der frische Landwein. Ihm möchte ich meine

Betrachtung widmen – in dem nicht ganz vermessenen Glauben, ein wenig davon zu verstehen.

Ich habe mich in meiner bisherigen Lebenszeit durch so ziemlich fast alle Weinsorten der Welt durchgetrunken, um nicht zu sagen gesoffen, ich habe den bitteren Wein des Exils gekostet – leider war er oft auch süßlich –, nämlich kalifornischen Roten oder Weißen von Upstate New York. Einmal hat mich ein alter Herr an der letzten Flasche einer wahrhaft edlen Traube teilnehmen lassen, die einst die spanischen Padres in ihren Missionen Carmel und Montherey am Pazifik gepflanzt hatten, und die dann von den Yankees, da diese Reben kleine Perkel trugen und sie größere nutzbringender fanden, ausgerissen wurden!

Ich habe dickflüssigen schweren Wein von den »Glückseligen Inseln«, südafrikanischen, auch chilenischen (gar nicht so üblen!) getrunken und die Weine von den Grenzen Europas: den spanischen bei Pamplona, den man sich aus Ziegenhautschläuchen in den Mund spritzt, den griechischen Réczina, der zuerst nach fauligem Rohöl zu schmecken scheint und nach dem vierten Glas trotzdem mundet, Tokayer Ausbruch, sizilianischen »Torrente« und alten Krimwein – von dem Krimsekt zu schweigen, wie er uns heute gern bei einem Besuch in Ost-Berlin von mit Ostmark gesegneten Ostfreunden zum Wiedersehen kredenzt wird –, ja, ich bin in jungen Jahren vor Schlesiens sauren Trauben nicht zurückgeschreckt, nur ist es mir niemals gelungen, einen sächsischen Wein zu probieren, den es doch geben muß, da Schiller berichtet, welch glückliche Stunden er im Weinberg seines Freundes Körner, des Freundes der Freunde, in Dresden-Loschwitz verlebte.

Wie dem auch immer sei, und was ich auch alles bei dieser stichworthaften Wein-Odyssee vergessen haben mag – mir scheint, daß Europa, besonders Mittel-Europa, das eigentliche Weinland ist. Obwohl die Wikinger, als sie Jahrhunderte vor Columbus Amerika entdeckten, die Küste von Massachusetts, das heutige Cape Cod, das »winland« getauft haben. Vielleicht errichtet man dieser Eulogie wegen jetzt dort ein Denkmal für Leif Erikson, den Roten. Doch bezog sich diese Namensgebung wohl auf die dort heut' noch üppig rankende Wildrebe, deren große, bräunlich-blaue Trauben zwar eßbar sind, aber nie einen rechten Wein ergeben.

Natur und Kultur des rechten Weines kommen nur in unseren Breiten zur Vollendung – warum? Das gehört wohl zu jenen Geheimnissen, die der Schöpfer auch den Forschern gegenüber nicht ganz zu lüften wünscht. Denn was ist die Ursache, daß in anderen Ländern, in denen die Sonne länger und stärker scheint, die Feuchtigkeit der Luft und die Erde nicht schlechter sein mögen, der Wein doch niemals die Frische, die Fülle, das Bukett oder die zarte Herbheit europäischer Weine erreicht, bei noch so großer Sorgfalt und Pflege?

In Kaliforniens Napa-Valley haben Franzosen, Deutsche, Schweizer ihre einheimischen Reben angebaut und nach erprobten Methoden gepflegt, sie betreuen Lese, Kelterung, Lagerung, Abfüllung mit fachmännischer, ja wissenschaftlicher Kenntnis, und wenn man in Amerika leben muß, findet man ihren Wein auch gut – bis man wieder einmal den ersten Tropfen einer europäischen Kreszenz auf der Zungenspitze schaukelt und ihn mit Wonne durch den Gaumen hinabrollen läßt. Schon aus diesem Grunde kann ein geborener Europäer eigentlich nur in diesem Erdteil zu Hause sein. Und auch er ist der Rätsel voll. Ich habe mich oft gefragt: Warum wächst auf der deutsch-elsässischen Grenzseite des Rheins der Markgräfler und gleich drüben auf der anderen Seite des Stroms, im Baselbiet, ein so völlig anders gearteter Wein?

Den frischen »Landwein« habe ich als die wahre Altersmilch schätzen gelernt. Den Markgräfler zum Beispiel, in nicht zu großen Jahren, möchte ich dazu rechnen, ebenso viele der schwäbischen und mittelbadischen Weine, manchmal sogar einen Mainfranken, obwohl die meisten Steinweine und Bocksbeutel dafür schon wieder zu mächtig sind. Ist es Lokalpatriotismus, wenn ich von den »Schoppenweinen« in unserer engeren Heimat den rheinhessischen am liebenswürdigsten und bekömmlichsten finde?

Meine Mutter hatte in ihren letzten Lebensjahren immer einen kleinen Vorrat des Nackenheimer ›Schmitts Kapellchen‹ kühlgelegt, er trank sich im Allgäu ebenso gut wie in der Mainzer Andau (sprich: »Aa-dau« nasal). Aber als ich ein Kistchen davon nach Amerika mitnahm und dort in einen brauchbaren Keller einlagerte, war er nach kurzer Zeit flach geworden: er bleibt lieber im Lande. In Frankreich ziehe ich heute einen Elsässer Riesling dem edelsten Gewürztraminer vor und einen leichten, spritzigen Sancerre von der Loire den großen Schloßabzügen von Burgund und Bordeaux (die man ja am besten an der Nordseeküste, von Zeebrügge bis Bremen und Lübeck trinkt).

Von deutschen Rotweinen würde ich eigentlich weder die Ahrweine noch die Aßmannshäuser und Ingelheimer oder den Dürkheimer und Affenthaler zu den »frischen«, das heißt leichten Landweinen, rechnen, wohl aber manche der schwäbischen, die man außerhalb Württembergs kaum bekommt, denn die Schwaben sind so gescheit, sie selber zu trinken.

Mit dem österreichischen Wein muß man seine eigenen Erfahrungen machen. Nichts gegen die »Heurigenstimmung«, die ja vor allem auch durch den Zauber der Umgebung verursacht wird: die alten, einstöckigen Weinbauernhäuser und die Obstgärtlein in Sievering, die (schon etwas überlaufenen) Heurigenlokale in Grinzing, wo es besonders schöne Innenhöfe und Vorgewölbe gibt, die kleinen Kneipen auf der »Hohen Warte«, ein Ausflug nach Klosterneuburg oder zu dem traditionsumwitterten Gasthaus von Heiligenkreuz. Aber ich pflege gewöhnlich nach dem ersten oder zweiten Viertel (gegen den Durst) zum »alten« überzugehen – der durchweg auch nur ein Jahr, höchstens zwei Jahre alt ist.

Ich habe sogar die Theorie, daß das dem Wiener Volkscharakter ebenso wie seine charmante Verschlagenheit und seine Musikalität arteigene »Raunzen« auf die Gewohnheit zurückzuführen ist, den Wein jung zu trinken: das erzeugt innere Gase und diese wiederum den Drang zum Raunzen. Was die sogenannten Südbahnweine anlangt, deren berühmtester der Gumpoldskirchner ist, so würde ich sie zwar zu den mächtigen, aber nicht zu den frischen Landweinen rechnen; ähnliches gilt mit Ausnahmen für die Burgenländer.

Am wohltätigsten für Leib und Seele dürften die Weine aus Niederösterreich, aus der Wachau und der Kremser Gegend sein, mit ihnen läßt sich leben (und nötigenfalls auch sterben), und einige der dortigen Lagen bringen durch Pflege und Abfüllung Spitzen hervor, die sich mit mancherlei deutschen Weinen getrost messen können. Die Landweine Kärntens und der Steiermark kann ich hier nur im Vorüberstreifen erwähnen, ebenso wie die des südlichen Tirol, die ja seit dem Ende des Ersten Weltkrieges als »italienische« Weine gelten – ein strömender Reichtum zwischen dem herben Weißen aus Terlan bis zum roten Bardolino vom Gardasee.

Wie dieses Land, die Schweiz, auf geographisch geringem Umfang wohl die größte Vielfalt landschaftlicher Schönheiten birgt, die man in Europa und vielleicht überhaupt in der Welt bewundern kann, so bietet es gleichfalls eine kaum vergleichbare Variation besonderer und besonders liebenswürdiger Weinsorten. Vom kräftigen »Merlot« des Tessin bis zu der rassigen, herben Traube von den Hängen des Jura kann man sich hier durch unendliche Abstufungen und Schattierungen hindurchtrinken, und jeder wird den Wein derjenigen Landschaft am besten finden, in der er lebt und den er daher am besten kennt – so ich persönlich die Weine der Westschweiz.

Aber man darf darüber nicht vergessen, daß durch den Osten des Landes, Graubünden, Liechtenstein, Sankt Gallen, dann wieder im Nordwesten bis nach Basel hin der Vater unserer weinbergnährenden Ströme fließt, der große, alte Rhein! Hier ist er noch der »junge« Rhein, und so sind seine Weine jugendlich, schlank, heiter, leichtlebig und von Grund auf gesund. »Beerliweine«, die süffigen, hellroten, mögen nicht jedermanns Geschmack sein, aber ein prickelnder Maienfelder, im »alten Turm« zu etwas Bündnerfleisch und Schwarzbrot genossen, am besten um die Zeit des Sonnenuntergangs bei leichter Bewölkung über dem grünen Flußtal, verleiht der Landschaft einen Ewigkeitszug.

Da gibt es, im Bündnerland am jungen Rhein, den Malanser, den Spiegelberger, den Torggelberg, den Salenegger Haldenwein, im Sankt-Gallischen den roten »Rauspfeifer« von Herdern, bei dem schon mancher die Englein pfeifen hörte, es gibt einen Ort namens Höchst am Rhein, in dessen Gemarkung ein kräftiger, trotzdem spritziger Weißer wächst, und schließlich dürfte man auch den wunderbar herb-frischen Rotwein des Veltlin, Sassella, Stägefäßler, Grumello und andere, obwohl der politischen Landkarte gemäß zu Italien gehörig, seinem Charakter nach zu den Ostschweizer Landweinen rechnen.

Ich erwähnte bereits den Baselbieter Roten (um nach Nordwesten überzugehen), der einen eigenen, flamboyanten Charakter hat (so wie das Stadtvolk der dämonischsten Fastnachtsfeier). Von dort eine kurze Wegstrecke südwestlich, und man kommt ins Gebiet der besonders beliebten, weil vielleicht bekömmlichsten Schweizer Weißweine am Bieler See, von denen der Twanner und der Schafiser wohl am bekanntesten sind. Man versuche die weißen Bieler-See-Weine beim Fisch und lasse beim Braten oder Käse einen roten Cortaillod vom Neuenburger See folgen!

Wenn man sich von der Schweizer Südwestgrenze, von dem Ausfluß der Rhone aus dem Lac Léman und ihrem Übertritt ins Französische, langsam ostwärts am Genfer See entlang trinkt, kann man vieler beglückender Erlebnisse und Erkenntnisse gewiß sein: in den kleinen Weindörfern von Lacote, unterhalb der bewaldeten Jurahänge, mit Vinzel als Mittelpunkt, wird man beim Trinken niemals müd!

Noch einen Abstecher hinüber zum Rive de Neuchâtel, wo das Waadtland ans Neuenburger Land angrenzt und wo man in Vaumarcus, vor allem aber in Concise, prachtvolle Weine findet, denen die leichte Säure des Neuenburgers ebenso wie das reiche Bukett des Waadtländers eigen ist.

Dann, dem Bogen des Sees weiter östlich folgend, in den köstlichen, alten, von bröckligen Mäuerchen und blaugrün angespritzten Steintreppchen durchzogenen Rebgeländen des »Lavaux«, wo man von den edlen Weißen wie Dézaley oder Grandvaux bis zu jugendlich kecken, manchmal auch gereifteren Rotweinen (es gibt dort einen »Bordeaux de Corsier«!) alle Nuancen der »dégustation« erschmecken kann und wo der große Dichter Ramuz in den kleinen Wirtsstuben zu hocken pflegte, in denen es nach Käsefondue und Knoblauch duftet.

Wenn man von trinkenden Dichtern redet, lohnt sich ein Sprung zurück zu den Weinen der »Innerschweiz«, von denen sich gewiß der ehemalige Stadtschreiber Keller, Gottfried, in seiner Zürcher »Äpflichammer« so manchen Halben genehmigte. Nicht nur am Zürichsee, in Meilen, in Küßnacht, im Freigut Landolt, sondern auch im »Urkanton« Schwyz (der St. Arbogast) und sogar im schmalen, bergumsäten Hochtal von Glarus (der Burgwegler, eine Seltenheit wie jeder Glarnerwein) reifen Gewächse, die man am besten mit den einheimischen Käsen genießt.

Wo der Käs' gut ist, muß auch der Wein gut sein (man sehe von Holland und von den lappländischen Rentierkäsen ab...). Und damit komme ich, mit einem Salto mortale über einige Ketten von Viertausendern hinweg, in das Land, in dem – so Gott will – die Milch meines Alters fließen wird: ins Wallis. Ins weite Tal der Rhône – dort »Rotten« genannt.

Die Weine des Wallis sind so reichhaltig, daß es sich lohnen würde, ein Buch darüber zu schreiben. In einer allgemeinen Betrachtung »vom frischen Landwein« kann man ihnen nur obenhin Gerechtigkeit widerfahren lassen. Natürlich: – man muß sich auskennen – das ist ja wohl überall die Hauptsache.

Kennt man sich aber aus, das heißt: kennt man nicht nur die altberühmten großen Weinkellereien, die zum Teil ihre Tradition noch verbessert haben, sondern die »Kleinen« – jene vignerons im Unterwallis, die auf einem verhältnismäßig geringen Areal von Boden und in mittelgroßen Kellereien ihre ganze Lebensaufgabe in der Pflege und Veredelung ihrer Produkte sehen –, dann hat man, was den frischen Landwein oder auch den vollen, kräftigen Tischwein anbelangt, keine Sorgen mehr: man wird von ihnen brüderlich, ja väterlich versorgt und beraten. An »Fremde« allerdings geben sie ungern oder gar nicht ab, und um dort fremd zu sein, muß man nicht sehr weit herkommen: es genügt, daß man aus Bern ist oder aus dem nahen Waadtland kommt.

Das Zentrum des Walliser Weinbaus reicht etwa von der Gegend zwischen Martigny und Sion, bei St. Pierre des Clages, bis zu dem Ort Salgesch, durch dessen Mitte die deutsch-französische Sprachgrenze geht. Aber auch weiter oberhalb wird noch Wein gebaut. Der Wein, den man dort keltert, hat den seltsamen Namen »Heidenwein«, wohl weil die Anpflanzung der Reben dort auf heidnische Vorzeit zurückgeht. Zu den mehr pittoresken und eigentümlichen Weinarten des Wallis gehört auch der »vin du glacier«, der Gletscherwein, der daher so heißt, daß die großen Holzfässer zu seiner Bewahrung in frostsichere Höhlen und Schächte unter den Ausläufern des Zinal-Gletschers eingebaut sind, und dessen Besonderheit darin besteht, daß zu dem altgelagerten Wein immer wieder neuer, von jedem neuen Jahrgang, hinzugeschüttet wird.

Die großen, namhaften, alten Weingüter, deren Reben im Tal der Rhône, an den Steilhängen von St. Valère und Tourbillon über Sitten bis zu den weiten, sonnigen Halden von Siders und Salgesch reifen, bringen durchweg edle Flaschenweine in den Handel, deren beste man bei Kennern und Weinliebhabern in der ganzen Schweiz trinkt. Manche der bekanntesten Walliser Reben sind von anderen Weinländern importiert und hier angepflanzt, es sind auch französische Sorten eingeführt worden. Aber es gibt auch Gewächse, die wohl seit sehr langer Zeit im Wallis bodenständig sind und also getrost als ursprüngliche Walliser Weine bezeichnet werden können: Von dem allbekannten »Fendant«, dem Dôle und dem Pinot abgesehen, solche weniger bekannten und besonders charakteristischen Weine wie Arvine, Humagne, Petite Arvine, Ermitage und der seltene »Rouge d'Enfer«, der Höllen- oder Teufelsrote, der in guten Jahren und nach gemessenem Altern einem Bordeaux von großer Klasse kaum nachsteht.

Übrigens halten sich diese Walliser »Spitzenweine«, aber auch der einfache weiße Landwein, der Fendant, am besten in den hohen Gebirgslagen; man braucht sie keineswegs unter die Gletscher einzulagern, sondern nur in einen guten, in den Fels gehauenen Keller, der sommers und winters ziemlich die gleiche Temperatur hält. Ich bin selbst der glückliche Besitzer eines solchen Kellers, in dem auch noch mancherlei goldflüssige Schätze aus meiner Geburtsheimat, mit dem Zentrum der geliebten Wein- und Rheinstadt Mainz, des Gemolkenwerdens harren.

Mich erfüllt beim Gedanken an den Wein nicht nur die Vorfreude auf seinen Genuß, sondern Ehrfurcht und Dankbarkeit.

Hier in der Westschweiz gibt es alte, geheiligte Bräuche zur Feier des Weines und der Arbeit am Wein. Die Fête des Vignerons, das große Winzerfest in Vevey, wird nur viermal in jedem Jahrhundert begangen; dann aber gibt es kein Sparen und Rechnen mehr. Der große Festzug, die historischen Kostümaufzüge, die Tänze und Spiele unter freiem Himmel werden mit aller möglichen Pracht veranstaltet und sind im westlichen Europa sehr populär geworden.

Ein einfacherer, schlichter und bescheidener Brauch zur Ehrung der Winzerarbeit ist im mittleren Wallis, in der Gegend von Siders, wo die Bergbauern noch Rebgärten im Flußtal besitzen und bewirtschaften, üblich. Wenn die Anniviarden, die Bewohner des von Viertausendern gesäumten Val d'Anniviers, im Vorfrühling nomadengleich aus ihren hochgelegenen Dörfern herabsteigen, um mit der Arbeit in den Weinbergen zu beginnen, sind sie jedesmal von einem kleinen Trupp Musikanten begleitet, Pfeifern und Trommlern, die die uralten Weisen zu spielen verstehen: Wenn die ersten Hackenschläge in den winterverhärteten, steindurchbrockten Boden knallen, wenn das erste Klicken der Klipperscheren erschallt, mit denen man hier im Frühling die winterdürren Austriebe abzwickt, wird die Arbeit von anfeuernder Musik begleitet. Dazu das kurze Gebet, mit dem ich diese Zeilen beschließen will: »Gott segne unsere Arbeit, unser Brot und unseren Wein.«

Die Maultierzeit

Was das Wallis anlangt, das meine Wahlheimat geworden ist, so stehe ich ihm als völlig altmodischer, heilloser Romantiker gegenüber. Ich weiß natürlich so gut wie jeder andere, wieviel Segen materieller Art die technische und industrielle Entwicklung, die Kraftwerkbauten, die Autostraßen, die Seilbahnen dem Land gebracht haben – wie viele Menschen, die früher das mühvolle, magere Leben der Bergbauern führen mußten oder von der Heimat abwanderten, dadurch leichtere Arbeit und gutes Auskommen fanden – wieviel Armut verschwunden und wieviel Wohlstand aufgekommen ist. Ich gönne das der Bevölkerung gerne, ich gönne es sogar den Hoteliers, daß sich immer größere Touristenschwärme, motorisiert, in die Hochtäler ergießen und ihre Gasthäuser, Tea-Rooms, Bars oder pilzartig aufschießenden Chalets bevölkern. Ich selbst aber träume von der Maultierzeit – mit jener Mischung aus Wehmut und Heiterkeit, mit der man sich der ländlichen Umgebung seiner Kindheit, der Ausflüge und Wanderungen früher Jugendjahre entsinnt. Wenn man nach Saas-Fee wollte, noch vor knappen zwölf Jahren, mußte man in Saas-Grund den Wagen oder das Postauto verlassen, sofern man nicht schon zu Fuß ankam – und wie oft bin ich damals, als die Fahrstraße noch schmal war und man nur alle paar Kilometer einem Auto begegnete, die Strecke nach oder von Stalden zu Fuß gegangen! In der Nähe der Post, bis fast zur alten Kirche hin, standen in langer Zeile die Maultiere, packbereit, es wurde immer auf- oder abgeladen, während man die gerade unbeschäftigten Tiere an ihrem Halfterstand im Freien oder in den einfachen Holzställen sah, hörte und roch – und dieser Maultiergeruch, der auch manchmal dem Gepäck anhaftete, das man dort aufgab und das dann am nächsten Tag oder schon am Abend droben ankam, hatte etwas Freundlich-Anheimelndes – zweifellos angenehmer und weniger ungesund als jegliches Auspuffgas, man wurde davon begrüßt wie vom Hauch der

Matten und der Stille, man atmete freier, man fühlte sich weit verreist, der Zivilisation entronnen und gleichzeitig dort angekommen, wo man am liebsten war und schließlich bleiben wollte.

Mit dem Rucksack, dem Nötigsten für die erste Nacht, ich manchmal auch mit meiner Schreibmaschine, denn die wollte man den Stößen des Maultierrückens doch nicht aussetzen, zumal es droben noch keine »Papeterie« gab, stieg man den Kapellenweg hinauf, immer wieder bis zu Tränen überwältigt, wenn zwischen den uralten Lärchen bei der Hohen Stiege der breite Schneerücken des Alphubels aufglänzte oder am Ende des Wegs im Westen, wie Türme gotischer Kathedralen, die Ragespitzen der Mischabel sichtbar wurden. Keine andere Ankunft ist dieser letzten Gehstunde zu vergleichen. Und am nächsten Morgen, in aller Frühe, oft noch vor Dämmerung, hörte man von seinem Bett durch die tiefe Stille und das leise Brausen der Gletscherbäche das rhythmische Klingeln und Läuten von den Geschirrschellen der ersten Maultierkarawane, die schwer beladen den alten Postweg hinaufstampfte. Wie wohlig drehte man sich dann noch einmal herum, zum Morgenschlaf, bis der Sigrist, seligen Angedenkens, vorm Frühläuten die Carillons spielte, die mit ihren seltsamen Quinten, Quarten, kleinen Terzen und Zwischenschlägen selbst eingefleischte Zwölftonmusiker entzückten. Dieser Sigrist, der die Eigenheit hatte, in gereimten Versen nach Art von Kinderreimen zu sprechen, war auch noch aus der Maultierzeit – obwohl seine Lieblingstiere nicht die Maultiere waren, sondern die Schafe, die er früher gehütet hatte. Schaffelle aller Größen und sogar ein ausgestopftes Lamm zierten sein Junggesellenzimmer, dem er je nach dem Wechsel der hohen Kirchenfeste das ganze Jahr hindurch einen immer wieder veränderten, phantastischen Aufputz gab. Später mußte er nach einem unglücklichen Sturz seine Tätigkeit aufgeben, und mit ihm verschwanden die einzigartigen Carillons, etwa zur selben Zeit wie das weithin hallende Glöckchenschütteln der Maultierkarawanen. Damals klingelten sie fast stündlich durch den Ort, eine Freude für den Gast, ein Kummer für den Hotelier, den sie mit riesigen Transportkosten belasteten. Man begegnete ihnen bei jedem Spaziergang, der an der Post und am alten »Konsum« vorbei oder nördlich zum Dorf hinaus in Richtung der »Wildi« führte – beim Aufstieg hielten sich die Treiber oft am Schwanz eines ihrer starken Tiere, und wenn sie unbeladen zurücktrabten, saßen sie wohl auch auf ihrem Rücken wie in einem Damensattel und ließen die Beine an ihrer Flanke herunterbaumeln. Die Maultiertreiber sind eine eigene Rasse und ähneln einander überall in der Welt, sie bilden einen unverkennbaren Typus aus, von dem sich auch unsere Saaser nicht unterschieden – man hätte ihnen und ihren dunklen, hochbeinigen Tieren, von denen manche wegen Bissigkeit einen Maulkorb trugen, ebensogut im Baskenland, auf den Kanarischen Inseln oder in den Abruzzen begegnen können. Es sind nicht nur die besonderen Zipfelmützen, Jacken, weiten langen Hosen, es ist etwas in der Haltung, der Gangart, sogar in den Gesichtszügen, vor allem aber im Tonfall der Zurufe, ob sie nun im Alemannisch des Oberwallis oder im Bergfranzösisch der südwestlichen Hochtäler, auf italienisch, baskisch, provenzalisch oder spanisch erschallen: Sie haben Klang und Laut einer internationalen Mulosprache, die den Tieren vertraut ins Ohr klingt. Herr und König der Maultiere, im oberen Saasertal zwischen Balen und Grund, Almagell und Saas-Fee, war der alte Josef Juon, gewöhnlich nur Josef genannt – eine machtvolle Gestalt, ein Kopf von ausgeprägtem Charakter unter seinem großen, breitkrempigen Posthut, den er als Chef des Transportwesens wie ein alter Kutschenpostillon zu tragen pflegte. Ich sehe ihn noch vor mir, wie er auf seinem abendlichen Stammplatz saß, einem kleinen Ecktisch in der »Walliser Stube« des Hotels ›Glacier‹, hinter seinem »halbe Wießen«, ganz Tradition, Würde, Echtheit und freies Volksbewußtsein. Solche Gestalten verschwinden mit ihrem Metier. Heute werden nur noch einige Klubhütten oder Berghäuser durch Maultierlasten versorgt, zu den meisten kommt schon, mit lautem Propellerklappern, der Hubschrauber, der, wie man sagt, es billiger tut. Nur selten noch trifft man, etwa auf dem Steig zur Almageller Alp, den unermüdlichen Bumann Albin, den letzten Maultierhalter, mit drei oder vier Tieren, auf deren Rücken die Kisten mit Henniez, Apfelsaft oder Valaisia-Bier schaukeln. Diese Tiere schreiten zwar nicht, wie behauptet wird, mit unfehlbarer Sicherheit über die Felsenriffe – ich erinnere mich der Skelette abgestürzter Mulos in den Schluchten von Teneriffa, ein etwas beklemmender Anblick, wenn man selbst auf einem sitzt und einen Saumpfad über tausend Meter Abgrund zu passieren hat. Aber sie kennen ihre Wege, die gewohnten Schritte ihrer Arbeit und führen sie auch ohne Kommando oder Peitschenantrieb aus: hat ein gut gelerntes Maultier eine größere Menge von Lasten zu einem bestimmten Platz zu befördern, so wird es, kaum abgeladen, von selber umkehren und zum Ladeplatz zurückwandern, wo es geduldig auf das Nachfolgen des Treibers und die neue Beladung wartet. Sie sind eigenwillige, aufgeweckte Tiere, aber störrisch werden sie wohl nur durch falsche Behandlung. In den größeren Karawanen der alten Zeit trotteten sie mit einer ruhigen Stetigkeit hintereinander her, ihr Gang und ihr Kopfnicken drückte ein gewisses Selbstbewußtsein aus, als ob sie nachrechnen könnten, wieviel jeder ihrer Schritte kostet. Drum wurden sie im sparsamen Oberwallis auch nur zum Material- und Versorgungstransport benutzt. Ich fragte einmal eine Frau in Saas-Fee, die zur Herbstzeit immer wieder ihren »Tschiffra« voll schwerem Mist Ladung für Ladung auf ihrem Rücken zu den weit entlegenen Wiesen und Äckerlein hinaus schleppte, warum sie hier nicht, wie ich das im französischen Unterwallis gesehen hatte, ein Maultier dazu nehmen. »Bei uns in Saas-Fee sind die Frauen die Maultiere«, bekam ich zur Antwort – »sie kosten nichts und schaffen grad so viel.« Und das hat sich auch heute kaum geändert – soweit noch Wiesen und Äckerlein da sind, auf denen man kein Chalet oder Grand-Hotel baut (– denn die Bank ist geduldig...). In der Maultierzeit, besonders vor dem Ausbruch des Zweiten Weltkrieges, als im Wallis noch kein größeres Straßenbauprogramm durchgeführt worden war, unterschied sich die Natur der Seitentäler, von der Rhône zu den Gletschern hinauf, wohl auch die höher gelegenen Bergdörfer, bis auf ein paar elektrische

Leitungen kaum von dem Anblick, den sie vor sechzig, achtzig, hundert Jahren geboten hatten. Von Siders ins Val d'Anniviers fuhr man nur ein Stück mit der Post, bis Fribouge, dann stieg man auf steilem Fußweg, durch wilde Zirbelkiefernwälder, zu den Matten von Chandolin hinauf. Von dort zog sich der Weg durch lichten Lärchenwald, zum Teil an einer murmelnden Wasserführ, einer »Bisse« entlang nah St-Luc. Es war Frühling, die meisten Einwohner drunten in den Weinbergen beschäftigt, das Dorf lag wie ausgestorben, und Autos oder Motorräder kamen kaum je die schmale, gewundene Straße von Vissoie hinauf, auf der sie heute in Kolonnen daherknattern. Das Hotel ›Mt-Cervin‹ war noch geschlossen, aber im alten Gasthaus setzte der Wirt gleich einen Gigot d'agneau aufs Feuer und aß dann mit uns – den einzigen Gästen. Dann bestand er darauf, daß man den berühmten Vin du Glacier kostete – wenn er echt war, das heißt wirklich aus jenem seit Urzeiten in der Moräne unterm Zinalgletscher eingekellerten Faß, in das immer wieder nachgeschüttet wurde, so daß sich der alte Wein mit dem neuen vermischte –, wenn er also echt war, dann war er (meiner Erinnerung nach) ein gräßliches Gesöff, fast noch schlimmer als der Heidenwein in Visper-Terminen – (von dem es, so sagt man, allerdings auch bessere Abfüllungen geben soll) –, etwa wie eine Mischung aus griechischem Reczina und kalifornischem Sherry, mit einer Portion Rohöl und Maultierharn verschnitten. Zweifellos ein interessanter Geschmack, aber man kehrte rasch wieder zu dem guten Fendant oder Dôle zurück, den die Maultiere den Einwohnern von St-Luc von ihren eigenen Weinbergen im Rhônetal heraufbrachten. Von diesen »Migrationen« hörte man damals noch seltsame, wunderbare und zum Teil auch unheimliche Geschichten. Immer soll es ein feierlicher Zug gewesen sein, in dem der Großteil der Dörfler, alles was arbeitsfähig war, auch Frauen mit kleinen Kindern und der Lehrer mit seinen Schulklassen, je nach Jahreszeit und Arbeitserfordernissen zu ihren Siedlungen ins Weintal hinunter oder zu ihren Matten, Almen und Äckerchen ins Hochtal hinauf wanderten. Allerlei Hausrat, Werkzeug, Einrichtungsbedarf sei immer wieder von der einen Wohnstatt zur anderen mitgekommen, natürlich auf Maultierrücken. An der Spitze des Zugs, ebenso hoch zu Maultier, habe sich der Pfarrer mit dem heiligen Sakrament bewegt, die Kinder hätten die alten einheimischen Lieder gesungen oder man habe den Rosenkranz gesprochen. Ich selbst habe einen solchen Zug leider nie gesehen, erst recht nicht jenen berüchtigten Totenzug, von dem ich nicht weiß, ob es ihn jemals wirklich gegeben hat, er könnte auch von Ramuz erfunden worden sein. Aber damals wurde noch davon geflüstert, er sei zwar von der Kirche seit geraumer Zeit verboten, käme aber heimlich, zur Nachtzeit, immer wieder vor. Der traditionelle Friedhof nämlich, mit den typischen, vielfarbigen Drahtkränzen des Wallis und den Familiengräbern, lag oben im Bergdorf. Wenn nun jemand drunten, während der Arbeitszeit in der Talsiedelung, verstarb, so soll er – wie man erzählte – aufrecht auf ein Maultier gebunden und von seinen Anverwandten wie ein Lebender, auch unter Zuspruch und Nachahmung seiner Stimme im Gebet, hinaufgeführt worden sein. Dort soll er – ich wiederhole, daß ich das nur aus unkontrollierbaren Erzählungen weiß – ebenso aufrecht auf seinen Stuhl am Kopf des Eßtisches gesetzt worden sein, während man einen Totenschmaus abhielt und ihm jeder Anwesende zutrank, bis zur feierlichen Beerdigung auf dem angestammten Herrgottsacker. Das heißt, sein Tod wurde eigentlich erst droben, in der Bergheimat, anerkannt. Sollte das alles nicht wahr sein, so wäre es doch gut erfunden – die Mischung von heidnischem Brauch und christlicher Frömmigkeit würde zu Natur und Wesen der Bewohner gut passen. Ähnliche Geschichten, wenn auch weniger makaber, konnte man im Val d'Hérens hören, dem Tal der Kuhkämpfe, in dem sich alljährlich beim Almauftrieb die niedrig gebauten, dunklen, kräftigen »Eringer« um die Führerschaft in der Herde befehden. Auch dort war es in der Maultierzeit und außerhalb der Hochsaison ein recht wilder, einsamer Bergweg von Les Haudères nach Arolla hinauf, auf dem heute die schweren Lastwagen der Kraft- und Wasserwerkbauten rattern, zu den Barackenlagern der Fremdarbeiter hin. Und selbst bei uns, im längst »erschlossenen« Saasertal, halten sich märchenhafte und legendäre Erzählungen, abgesehen von den überlieferten, aufgeschriebenen Volkssagen – so zum Beispiel die Geschichte vom Schlangenbann an der oberen Saaser Vispe. Früher, so heißt es, habe es dort außer den harmlosen Nattern auch viele Giftschlangen gegeben, so wie ja die meisten Hochgebirgslandschaften, Engadin, Südtirol und andere, von Kreuzottern und Vipern behaust sind. Im vorigen Jahrhundert – oder vielleicht schon im siebzehnten oder achtzehnten – sei ein Bettelmönch nach den Saaser Dörfern hinaufgekommen, der den Schlangenbann verstand, das heißt durch Gebetsformeln die Schlangen zum Auszug zwingen konnte. Wenn man die Rolle bedenkt, die die Schlange in der christlichen Mythologie spielt, ist es nicht verwunderlich, daß an die Existenz und Macht besonderer Bannkräfte und Bannsprüche gegen sie geglaubt wurde. Dieser Bettelmönch habe sich anheischig gemacht, gegen Lager und Wegzehr die Umgebung der Dörfer und Maiensäßen schlangenfrei zu machen. Saas-Fee, Saas-Almagell, Saas-Grund hätten sich an den Kosten für diesen Auftrag beteiligt und den Wundermann gut bewirtet. In Saas-Balen habe man ihn verlacht, ihm die Tür gewiesen und die Zehr verweigert. Soweit die Legende. Unleugbare Tatsache aber ist es, daß in der gesamten Umgebung von Almagell, Grund und Fee keine Schlangen vorkommen, weder Natter noch Viper, genau gesagt von Mattmark und dem Ursprung der Vispe, den südlichen Bergen und Pässen, also ungefähr der italienischen Grenze entlang, bis zur Einmündung des Triftbachs in die Vispe zwischen Grund und Balen einerseits, des Biderbachs andererseits. Jenseits der Grenzlinie, die von diesen beiden Bächen angedeutet wird, also im übrigen Saasertal bis nach Stalden hinunter, findet man Schlangen wie überall. In der vorher umschriebenen Gegend überhaupt keine. Ich selbst kann das bestätigen – denn wer Jahre um Jahre hindurch so viel auf unbegangenen Pfaden in dieser Gegend herumläuft und sich für alles, was kreucht und fleucht, so lebhaft interessiert, der muß es wissen. Das heißt, es müßte mir wenigstens einmal dort eine Schlange begegnet sein. Das war aber niemals der Fall, und ich habe auch nie jemanden getroffen, der dort eine gefunden hätte. Andererseits habe ich erst im letzten Herbst auf einem einsamen Spaziergang eine ausgewachsene Kreuzotter getroffen, die sich zwischen Alpenrosen- und Beerensträuchern sonnte, und sie mit dem Bergstock zur Flucht gekitzelt, wobei ich sie genau anschauen konnte: Das war bei der Staffelalp, jenseits des genannten Biderbachs und der bekannten »Schlangenlinie«, oberhalb von Saas-Balen. Auch mein Schwiegersohn hatte dort kurz vorher eine junge Viper erwischt – gleichfalls auf der »ungebannten« Seite, jenseits der Grenzbäche, und mancher ehemalige Geißbub hat mir bezeugt, daß er zwar jenseits des Triftbachs viele Schlangen gesehen und sogar totgeschlagen habe, diesseits nicht eine einzige. Wobei natürlich die Bäche selbst keinerlei Hindernis oder Naturgrenze bilden: sie sind mit ihren Steinplatten, Felsstufen und Holzbrücklein von kleinen Tieren und Reptilien mühelos zu überschreiten. Jedoch bin ich sicher, daß es auf »unserer« Seite keine Schlangen gibt, nicht einmal eine Ringelnatter, was allerdings damit zu tun haben kann, daß man dort wenig stehendes Wasser, wenig Tümpel und Sumpfland, demgemäß wenig Frösche, Salamander oder Molche hat, auch merkwürdig wenige Eidechsen an den trockenen Hängen. Für die Vipern und Kreuzottern aber könnten die vielen kleinen Waldmäuse und größeren Insekten ebenso gut die Nahrung bilden. Eine natürliche Erklärung für unsere Schlangenlosigkeit, die ich keineswegs als einen Vorzug empfinde, denn ich beobachte sie gern – wüßte ich nicht. Vielleicht gibt es einen Fachwissenschaftler, der da mit einer Theorie aufwarten kann: vorläufig glaube ich an den Mönch mit dem Schlangenbann. Das heißt: ein wenig bin ich selbst noch aus der Maultierzeit. Doch will ich mich über ihr Ende und das Fehlen ihres Zaubers nicht beklagen, so lange bei uns in Saas-Fee keine Autos ins Dorf hinein dürfen, und ich denke, dabei wird es für meine Lebzeiten wohl bleiben. Die Luft ist rein, auch wenn es nicht mehr nach Maultier riecht, und der Fortschritt mit all seinem Drum und Dran kann den Charakter der Landschaft und der Bevölkerung nur am Rande verändern: Im Wesen bleibt er bestehn, wie die Sprache, wenn auch manches altväterische Wort außer Gebrauch kommt: Die Walliser werden niemals anfangen, untereinander hochdeutsch zu reden, noch nicht einmal Schweizerdeutsch im Sinn der anderen Kantone, denn was man hier spricht, ist älter und geht unmittelbar auf die Zeit Karls des Großen zurück: Schon die Nennung der Monatsnamen im Oberwalliser Dialekt klingt wie ein althochdeutsches Gedicht, und Professor Albert Carlen hat in einer Studie über diesen Dialekt die Endungen der althochdeutschen Deklination nachgewiesen. Für mich selbst, der ich erst um die Lebensmitte hier heraufkam, bleibt diese Sprache schwer verständlich und unaussprechbar, aber ich bin froh, in einer Gegend zu leben, in der die Mehrzahl von Frau »Frowini« heißt. Und es verleiht ein gutes Gefühl von Beständigkeit und Dauer des gewachsenen Lebens, wenn man am Sonntag oder wenigstens an hohen Feiertagen die Frauen und Mädchen in den herrlichen alten Trachten, die mit den langschößigen schwarzen Jacken wie ein letzter Rest der spanischen Hoftracht wirken, mit den goldgestickten Hauben und den seidenen Kopftüchern zur Kirche gehen sieht. Natürlich tut einem Maultierzeitler das Herz weh über jede neue »Erschließung«, so wenn es heißt, daß das heute noch wahrhaft paradiesische Lötschental unter Aufwendung großer Geldmittel zu einem »Touristenparadies« gemacht werden soll, und der Weg von Blatten nach Fafleralp statt eines Maultier- und Fußpfades, an dessen Rändern die seltene Paradisea blüht und der Apollofalter schaukelt, sich in eine asphaltierte Stink- und Knatterstraße verwandeln soll ... Doch gibt es des schwer Erschließbaren, sogar Unberührbaren, immer noch genug, und es lockt mit desto stärkerer Magie: Die rauhen Seitentäler von Turtmann und Baltschieder, die alten Schmugglerwege über den Antrona- und den Monte-Moro-Paß, der Pfad von Ackersand nach Visperterminen hinauf und von dort über Gebidem bis nach Simplondorf, die Wege von Tälwalden, vis-à-vis von Saas-Fee auf der anderen Talseite, durch den großen Arvenwald, immer unterm Jäggihorn entlang und den alten Bergsturz kreuzend, nach Heimischgarten und dann bis Gspon über Böden und Matten, der Höhenweg nach Grächen, an den Hängen des Balfrin, der Weg durch den schönen Lärchenwald von Zeneggen nach Törbel –: auch für die, denen die Wände und die Eiswelt der Viertausender nicht mehr begangbar sind, gibt es der langen Wege genug. Dann kommt der Herbst, die Hotels und Fremdenchalets sind geschlossen, die Kühe stehen auf den Dorfweiden, die Schafe kommen von den Almen herunter, werden eingestallt, geschoren, geschlachtet, die Kartoffeln werden ausgemacht, und in den alten Stadeln wird die Gerste noch mit der Hand gedroschen, es poltert dumpf und gespenstisch durch vernebelte Frühstunden, das dörfliche Leben geht weiter wie eh und je, und alle sind in seinen Taglauf einbezogen, bis dann die jungen Männer wieder in den roten Blusen der Skilehrer erscheinen und deutsche, englische, französische, italienische Stemmbogen vorführen. Dann freut sich selbst der alte Romantiker über die Ölheizung und die neue geheizte Garage am Dorfeingang. Die Maultierzeit ist vergangen, aber das Wallis nicht mit ihr. Ich beschließe mit einer Eintragung aus meinem Notizbuch, von der Septembermitte 1962: »Um die Mittagszeit gehe ich spazieren, kein Mensch sonst unterwegs, hinauf zur Hannig, hoch über meinem Haus, auf das ich bei manchen Wegbiegungen hinabschaue – es ist Herbst, und von überall her, von der Allmend bis zur Wildi, dringt das Läuten der weidenden Kühe oder auch die helleren Glöckchen der Schafe, und ich denke: Herdengeläut ist so gut wie Kirchengeläut. Beides ruft uns zur Andacht.

Aus der Unruhe zur Andacht gerufen werden: Inhalt des schöpferischen Lebens.«

Die Hochtour

Am Vorabend steigt man zur Britannia-Hütte auf. Es ist der 25. August 1948. Es gibt noch keine Seilbahnen, Proviant wird auf Maultier- oder Menschenrücken hinaufgebracht. Daher findet man in den Hütten keine größeren Vorräte und steckt sich am besten etwas Nahrhaftes in den Rucksack. Wie oft in den späten Augusttagen ist das Wetter klar und beständig. Eine leichte kühle *Bise*, stetiger Luftstrom aus dem Norden, macht die Sonnenwärme des Nachmittags angenehm, das Atmen unbeschwert, und bald wird die Sonne hinter den westlichen Zakken der Mischabelgruppe verschwinden; man spürt den frischen, prickelnden Hauch von den Gletschern. Champagnerluft. Trotzdem ist der Aufstieg über den Serpentinenpfad von Saas-Fee (1800 m) auf den vorgelagerten Hausberg Plattjen (2500 m) der mühsamste Teil der Tour, denn man ist ihn schon oft gegangen, kennt jede Kehre, erwartet keine Überraschung. Der Führer schlendert sehr langsam voraus, mit ruhigen, weit ausholenden Schritten, jede überflüssige Anstrengung am Vortag der Hochtour vermeidend. Es ist ein Führer vom alten Schlag, der sich und den Touristen Zeit läßt, und nicht, wie manche jüngere Führer heute im Zeichen der Seilbahnen, drei Touren in zwei Tagen abrasseln will. Eine Hochtour ist ein in sich geschlossenes, abgerundetes Unternehmen, das sich in drei Etappen gliedert: die gemessene Wanderung zur Hütte, die Energie des Aufstiegs in der nächsten Frühe, die bedachtsame Vorsicht des Abstiegs. Als vierte und vielleicht schönste Etappe winkt dann die kontemplative Ruhe hinterher, das Inbild des Erlebten, zu dessen haftender Erinnerung es keines Kodaks bedarf. Sie haftet in der Seele.

Vom oberen Felseneck des Plattjen braucht man noch gut zwei Stunden, rund 500 Meter in allmählicher Steigung, auf schmalem Steinpfad, der sich unter den Graten des Mittagshorns und des Egginer hoch überm Almagellertal hinzieht, bis zur Hütte. Wer zu Schwindel neigt, schaut besser nicht nach links, denn die Hänge stürzen fast lotrecht zu Tal. Aber wer zu Schwindel neigt, soll von den Bergen wegbleiben, besonders im Wallis. Denn hier ragen die Gipfel meist steil aus schmalen Tälern oder Schluchten in die Höhe. Unter dem bröckligen Joch des Egginer weiche ich kurz nach rechts vom Wege ab, um mir ein Edelweiß an den Hut zu stecken. Sie blühen hier von Mitte Juli bis September in einer geschützten Mulde; ich kenne die Stelle seit zehn Jahren.

Es dämmert schon. Die westlichen Berge werfen ihre Schatten in riesenhaften dunklen Zacken auf die gegenüberliegende Talseite, die sanfter aufsteigt und auf deren oberen Waldspitzen noch Spätsonne flimmert. Sie verfärbt das helle Lärchengrün zu einem silbrigen Weiß, während die östlichen Schneekuppen erst dunkelgelb, dann zartrosa aufglühen, bevor sie unter stählernem Himmel fahlbleich erstarren. Bald werden sie knochenfahl, linnenweiß. Aber der Himmel, noch ohne Stern, gibt Licht genug, den Pfad zu erkennen. Schritt vor Schritt. Ein Aufstieg am Nachmittag, gegen Abend, strengt immer mehr an als in der Morgenfrühe. Trotz der wehenden Kühle tritt Schweiß auf die Stirn, bei der Traversierung der flachen, fast spaltenlosen Gletscherzunge, kurz vor der Hütte, pocht das Blut in den Schläfen. Es trommelt in den Ohren, ich höre dazu eine unbekannte, sich immer wiederholende Marschmelodie in Halb- und Vierteltönen. Ich will sie mir merken, aber schon beim Abnehmen des Rucksacks vor der Hütte fällt sie mir nicht mehr ein.

Die flachgegiebelte Hütte liegt zwischen Moränen und den weiten Ausläufern der Gletscher, durch eine vorgelagerte Felskuppe gegen den scharfen Nordostwind geschützt. Als wir vor ihr stehen, ist plötzlich Nacht, der Schimmer von Öllampen und Windlichtern erwacht in ihren Fenstern. Jede Berghütte hat etwas von einem Hospiz, einer Zuflucht, die sie vielen Erschöpften schon geboten hat. Aber am Ende des Hüttenaufstiegs fühlt man sich erfrischt, von Spannung erfüllt. Von irgendwoher hört man das Poltern eines Steinschlags, vom Rauschen der Gletscherwässer gedämpft. Man betritt einen Schoß der Geborgenheit. Es riecht nach Tee mit Rum, nach Konservensuppe, nach Holz- und Pfeifenrauch. Ein paar Führer sitzen schon mit ihren Seilschaften auf den Wandbänken. Wir bestellen heiße Erbsensuppe, die aus einem ockerfarbenen Würfel gemacht wird, und nehmen etwas mitgebrachten Schinken aus dem Sack. Dann zu dritt eine Flasche Dôle, um besser zu schlafen. Auch der Hüttenwart nimmt ein Glas. Er ist selbst einer der bekanntesten Bergführer des Kantons, Ignace Zurbriggen, damals schon über sechzig. Heute, nach zwanzig Jahren, führt er noch sicheren Schrittes auf die Viertausender. Man wechselt ein paar Worte über die morgige Route. Sie soll in gutem Stand sein, kein Fels- oder Eisabbruch. Bald wird in der warmen Sitzstube das Licht gelöscht, man bezieht die Matratzenlager. Es gibt ein kleineres, engeres für die Führer, ein geräumigeres für die Touristen. Dort sind die Strohmatratzen in kleinen Abständen auf ein niedriges Brettergestell gelegt, auf jeder ist eine Wolldecke und ein in Sackleinen genähtes Roßhaarpolster. Alles von penibler Sauberkeit, frisch gekehrt, geklopft und gebürstet. Die Frauen, drei oder vier, entkleiden sich hinter einem Deckenvorhang. Man behält die Unterwäsche an, denn der Raum ist ungeheizt, aber die Körperwärme von zehn, zwölf Menschen ersetzt den Ofen.

Es gibt einen Wandzettel, auf dem gebeten wird, hier nicht zu rauchen, denn das Matratzenstroh und das Holz fangen leicht Feuer. Trotzdem steckt sich eine junge Dame ihre Zigarette an, sie könne sonst nicht einschlafen. Sie kann es auch so nicht. Man schläft nicht gut in dreitausend Metern Höhe, wenn man es nicht gewohnt ist. Man spürt die dünne Luft, die den Atem kürzer gehen läßt, auch der Puls geht rascher. Dazu kommt eine, bei den Erfahrenen vielleicht unbewußte Erregung. Jede Hochtour, auch unter sicherster Führung, ist ein Abenteuer – man fürchtet es nicht, man wünscht es, aber die Nerven zittern ihm entgegen. Die Zigarettendame ist jung verheiratet; sie kann nicht aufhören, mit ihrem Mann und seinem Kameraden leise zu giggeln und zu kichern. Eine heisere Männerstimme sagt: »Ruhe!« Aber ein Tuscheln und Flüstern geht weiter. Es scheint, daß die jungen Leute schlechter schlafen können als die älteren. Ich selbst weiß nicht genau, ob ich schlafe, aber ich bin nicht wach. Es ist ein schläfriges Dämmern, manchmal in Traumbilder übergehend, dann wieder von ungerufenen Gedanken durchwirkt.

Plötzlich scheint mir ein Licht in die Augen: Es ist die Laterne des Hüttenwarts, der um halb drei in der Frühe weckt. Mir ist, als hätte ich gerade ganz tief geschlafen – vielleicht schon ein paar Stunden lang. Sofort bin ich munter und fühle mich ausgeruht. Ich rüttle meine neben mir liegende Tochter, die nicht wach werden will. Auch sie ist wohl erst vor kurzem fest eingeschlafen. Mich belustigt die Erinnerung an den totenähnlichen, kurzen Schlaf im Krieg, aus dem man auch immer aufgerüttelt wurde, wenn man gerade ganz weit weg war. Jetzt ist kein Krieg. Wir werden eine Hochtour machen. Was für ein Glück, zu leben.

Der Strahl aus dem Brunnenrohr draußen blinkert grell. Das Wasser im Brunnentrog ist über Nacht gefroren. Ich liebe kaltes Wasser. Ich ziehe mir das Hemd über den Kopf und reibe mir Gesicht und Oberkörper unterm eisigen Strahl. Das weckt eine wohltätig beißende Wärme im ganzen Leib, wenn man sich rasch wieder anzieht. Drinnen knistert der Ofen, und es gibt heißen Tee. Dazu ein Stück Roggenbrot, sonst nichts. Man füllt sich die mit Filz umkleidete Aluminiumfeldflasche mit gezuckertem Tee und gibt Rotwein dazu, drei zu eins. Der Rucksack ist nicht schwer: ein Wollhemd und ein Paar Strümpfe zum Ersatz, falls man naß wird, die Feldflasche, etwas Proviant, ein paar Orangen. In dem des Führers steckt noch alles für Erste Hilfe notwendige Verbandszeug. Steigeisen brauchen wir nicht auf dieser Route. Die Eispickel haben eine Lederschlaufe, so daß man sie beim Klettern an den Arm hängen kann.

Es ist noch sehr dunkel, obwohl der abnehmende Mond wie ein rotgelber, seitlich eingedrückter Lampion über den westlichen Bergen hängt und die Schneefirnen magisch aufglitzern läßt. Die verschiedenen Gruppen stehen draußen vor der Hütte, die Führer murmeln miteinander, die Zigarette der jungen Dame glüht im Finstern, aber die Raucherin giggelt nicht mehr.

Still geht der Aufbruch vor sich. Man wünscht einander gute Bergfahrt, dann trennen sich die Seilschaften, durchweg in verschiedene Richtungen. Es geht aufs Strahlhorn, aufs Rimpfischhorn, übern Adlerpaß und den Findelengletscher nach Zermatt hinüber, aufs Schwarzenbergjoch mit Abstieg nach Mattmark (heute ist der Talkessel ein Stausee, um den die Straßenbaumaschinen rattern). Unser Ziel ist der Gipfel des Allalinhorns mit Aufstieg durch die Ostwände des Bergs und über den Grat. Es ist keine ganz leichte Route, aber auch keine sehr schwierige. Immerhin ein paar Stunden Kletterei, doch ohne Seilzug und Mauerhaken, alles mit »Handarbeit« zu machen. Die Führer tragen noch die alten Holzlaternen vor der Brust, deren Lichtschimmer sich mit den verschiedenen Gruppen dahin und dorthin in die Dunkelheit verlieren. Die Laterne unseres Führers wirft wie die eines Bergmanns in einer Kohlengrube einen klaren, runden Schein vor uns auf den Weg, der nach einigen Schritten schon kein Weg mehr ist. Es geht zunächst etwa eine Stunde durch Moränen und über gefahrlose Flachgletscher. Im Gegensatz zum gestrigen Abend beschleunigt der Führer jetzt seinen Schritt – denn es hat sich ein kalter Morgenwind erhoben –, und er will so bald wie möglich zum Einstieg in die Wand gelangen, um die erste Steilung noch im Schatten nehmen zu können. Man klettert sich leichter ein, wenn einem noch nicht die Sonne auf den Kopf brennt. Der Mond versinkt hinter den Wänden, denen wir uns immer mehr nähern, wie eine erlöschende Flamme. Noch ist der Himmel blauschwarz, aber allmählich beginnen die Sterne zu verblassen. Nur die Venus als Morgenstern hält sich lange wie ein großer, geschliffener Diamant, dessen Facetten sprühen und funkeln.

Kurz vorm Einstieg bleiben wir ein paar Minuten stehen, um zu verschnaufen, die warmen Wolljacken auszuziehen und uns am Seil festzumachen, das der Führer bisher noch zusammengewunden auf dem Rücken trug. Während dieser kurzen Rast auf einer der Wand vorgelagerten Steinplatte begibt sich Ungeheures, Gewaltiges, Atemraubendes. Das Schwarzblau des Himmels hat sich fast ohne Übergang in ein tiefes, moosiges Grün verwandelt, in dem perlgraue Bergschatten wie Dünungen im Atlantik auf- und abwellen. Ganz plötzlich nehmen diese Wellen eine fast smaragdgrüne Färbung an, die sich ebenso schnell in ein transparentes, flutendes Hellgrün, Resedagrün, Knospengrün verwandelt, von einer unwahrscheinlichen Zartheit und Milde. Die Himmelswölbung darüber ist jetzt saphirblau, von zuckenden, bernsteinfarbenen Rändern gesäumt. Diese Farbenspiele haben etwas völlig Überwirkliches und wechseln sekundenschnell, wie wenn riesige Scheinwerfer aus großer Ferne fortwährend umgeschaltet würden. Die Bergschatten sind nun topasgelb und verschwinden in einem glasigen Geflimmer. Auf einmal sind sämtliche Schneefelder und Gletscherstürze von einem rosigen Glanz überhaucht, um dann brennrot aufzuleuchten. Von unserem Stand aus könnte man weithin in die Täler hinabsehen, aber an ihrer Stelle hat sich ein schaumweißes Meer ausgebreitet: der Morgennebel, wie er einem vollklaren Tag vorausgeht. Daraus heben sich die Berge auf allen Seiten in immer schärferer Deutlichkeit, als wüchsen sie aus den Wassern, die das Erdreich bedecken. Wieder glaube ich, wie schon öfters in solchen Stunden, den ersten Schöpfungstag zu erleben, an dem sich das feste Land aus den Meeren hebt. Dann schießen über den höchsten Gipfeln die grellen Strahlen der Sonne empor, ohne uns jedoch schon zu erreichen. Langsam und sorgfältig hat der Führer uns am Seil festgemacht. Wir sind eine Dreierseilschaft. Zum ersten Male habe ich meine Tochter auf die Hochtour mitgenommen. Den Führer kenne ich gut; ich war schon öfters ganz allein mit ihm in den Bergen. Wir wohnen auch in seinem Haus, in dem er eine Tischlerei betreibt. Er ist über sechzig und verwitwet. Der frühe Verlust der Frau durch eine unglückselige Krankheit hat einen Schatten auf sein Leben geworfen. Doch verbirgt er das hinter einer gleichmäßigen, ernsthaften Freundlichkeit. Seine Tochter führt ihm den Haushalt, die beiden Söhne arbeiten in der Werkstatt, und wenn er keine Touren führt, schreitet er still mit seinen Kühen auf die Weide. Man hat, wenn er einem vorausgeht, das Gefühl vollständiger Sicherheit. Er kennt jeden Schritt in den Bergen, er würde den Weg wissen und Schutz finden, selbst wenn Hochnebel oder Gewitter kämen. Er klettert voraus, in der Mitte ist die Tochter am Seil gesichert, ich mache den Abschluß. Die Wand liegt jetzt noch in tiefem Schatten, wie unter einem dunkelvioletten Schleier, hinter dem das Gestein, besonders das eisenhaltige, eine rostige Tönung zeigt, die sich bei Porphyrschichten ins Fleischrote wandelt. Deutlich sieht man die Schichtungen des Felsenaufbaues in breiten, ungleichen Streifen: gesprenkelter Granit, grauer Gneis, weißgrün durchzogener Serpentin, manchmal blauer Basalt und Glimmerschiefer, mit gezahnten Quarzbändern durchadert. Von unten der gellende Pfiff eines Murmeltiers. Sonst tiefe Stille, in der man den eigenen Atem hört.

Der Stein ist fest und bietet gute Griffe; er fühlt sich noch kalt an, aber beim Klettern wäre es falsch, Handschuhe zu tragen. Das vermindert die Sicherheit des Festhaltens. Man tut jetzt gut daran, die Bewegungen des Führers genau zu beobachten. Er klettert am lockeren Seil voran, bis er festen Halt hat, dann nimmt er Stand und man folgt einzeln nach. Man sieht, an welchen Zacken er die rechte, dann die linke Hand auflegt, wo er das Knie hochzieht, um mit dem Fuß Tritt zu fassen. Ohne seine Leitung würde man sich bald in der Wand verirren. Jedesmal, wenn man eine Rinne erblickt, in der man dem Anschein nach am besten vorwärts käme, schlägt er die andere Richtung ein. Die Rinne würde zu einem Spalt oder ins Geröll führen. Jetzt klettert er rasch und katzenhaft fast senkrecht über zwei Vorsprünge hinauf, sucht festen Stand, lehnt sich gegen den Fels und sichert das Seil. Ich sehe, wie meine Tochter den Tritt für die Füße nicht erreicht, aber sie hat die Hände fest am Felsgriff, während ihre Beine plötzlich in der Luft hängen. Ich stemme meine Knie auf den Fels und lege meine beiden Hände unter die über mir zappelnden Nagelschuhe, hebe sie leicht an, bis sie wieder Stand gefaßt haben. »Gut«, sagt der Führer – sonst nichts – und zieht das Seil straffer. Manchmal muß man hinunterschauen, in den steilen Abgrund hinein, um sich an den Anblick zu gewöhnen und nicht von einem plötzlichen Schwindel erfaßt zu werden. Auf einmal flutet von oben die Sonne über uns her, wie ein warmer Guß. Man atmet sie ein, man ist ganz von ihrem Strom durchbraust. Rasch erwärmt sich der Stein; da und dort wird er feucht, wo das Wasser aus tauenden Eisrillen tropft. Man bewegt sich langsamer. Die Anstrengung steigert sich mit der Erwärmung.

Kurz vor dem Couloir werden wir von einer Zweierseilschaft eingeholt. Es ist eine Dame unbestimmbaren Alters, offenbar eine Engländerin, denn sie trägt eine Art von Tropenhelm und sieht aus, als habe sie zwanzig Jahre in Indien gelebt und sei zu Leder gedörrt. Ihr Führer ruft unserem etwas zu, in der einheimischen Mundart: Wir sollen sie zuerst in den Couloir einsteigen lassen, denn sie seien schneller. Wir drücken uns in den Steinen zur Seite und lassen sie vorbei, unser Führer sucht eine beschattete Felsenplatte, auf der wir niederkauern. Wir müßten warten, sagt er, bis die anderen den Couloir durchstiegen haben. Hinterhergehen sei gefährlich wegen fallender Steine oder Eisbrocken. Der Blick in den Couloir ist unheimlich. Leiternsteil zieht sich eine blendende Eisrinne zwischen zwei eng zusammengeschobenen Granitwänden hinauf. Den oberen Ausgang dieses Schachtes kann man nicht sehen. Wir warten, lauschen auf das Pochen der Eispickel über uns und das Knirschen der Nagelschuhe.

Erst als man sie nicht mehr hören und sehen kann, folgen wir langsam. Die Sonne ist jetzt so stark, daß sie die frisch geschlagenen Stufen und Tritte sofort wieder aufschmilzt. Man muß jeden einzelnen Tritt mit der scharfen breiten Seite des Eispickels aufhacken und den Schuh fest einsetzen, bevor man die Stufe für den nächsten Schritt schlägt. Eine Zeitlang scheint der Himmel über uns zu verschwinden, aber man spürt das immer heißere Brennen der Sonne auf dem Rücken. Dann erblickt man über sich ein blaues Loch und eine feste, rötliche Steinkuppe, auf die sich der Führer gemsenhaft hinaufschwingt. Am straffen Seil gesichert, schwingen wir uns nach.

Als käme man aus einem Brunnenschacht, wölbt sich plötzlich wieder der Himmel über uns in enormen Dimensionen.

Nach unten überblickt man nun die ganze Tiefe der durchkletterten Wand, auch sie scheint enorm. Von den Gipfeln sieht man noch wenig, denn eine weitere Steilwand scheint vor uns zu liegen. Aber der Führer wendet sich im rechten Winkel nach links: Dort sieht man, hinter einem sanft ansteigenden Schneefeld, den Grat, wie den zackigen Rücken eines Sauriers, fast schwarz vor dem leuchtenden Himmel. Das Schneefeld läßt sich mühelos überschreiten; es ist noch nicht aufgeweicht. Aber ich sehe, daß meine Tochter mit dem Atem ringt, nach Luft schnappt. Wir sind jetzt fast auf der Viertausenderhöhe, wo jeder Schritt, jede Bewegung verdoppelte Kraft erfordert. Auch ich atme schwerer und spüre das Herz pochen, aber ich habe schon einige solcher Touren hinter mir und bin daher besser trainiert. Am Ende des Schneefeldes sucht der Führer nach einer Schattenecke und setzt sich nieder. Wir sollen hier ausruhen; »über den Grat muß man still gehen«, sagt er. Man fühlt die Kehle wie ausgedorrt, aber es wäre nicht gut, vor dem Gratübergang zu trinken. Ich hole Orangen aus dem Rucksack; wir schälen sie und kauen sie langsam aus. Ihr Saft ist kühl, als kämen sie aus dem Eisschrank. Es ist die beste Erfrischung und Stärkung in der Höhe. Nach einer Viertelstunde geht der Atem ruhiger. Ganz langsam beginnen wir die Gratwanderung, die kaum eine halbe Stunde dauert. Rechts und links stürzen die Wände ab. Man schaut nicht hinunter, nur auf den Fels vor den Füßen. Man braucht hier keine Handgriffe mehr, aber man geht am straffen Seil. Erst im letzten Augenblick vor der Überschreitung des Grates sieht man den schneeweißen Gipfel vor sich liegen. Er bietet kaum eine Steigung mehr. Man windet sich um eine vereiste Felsenecke, wischt sich den Schweiß von den Augen. »Da sind wir«, sagt der Führer.

Allmählich erst wird uns klar, daß wir auf dem Gipfel stehen. Er ist völlig von Schnee bedeckt, die Schneefelder und Gletscher dehnen sich endlos nach allen Seiten. Es flimmert vor den Augen, so stark reflektiert die Sonne das blendende Weiß. Der Himmel ist riesenhaft über uns gewölbt; er scheint sich in die Unendlichkeit zu spannen, wie sonst nur auf hoher See. Noch überkommt uns kein »Gipfelgefühl«, nur Staunen. Wir sind allein, die Engländerin mit ihrem Führer muß schon weitergegangen sein; sie wollten noch auf den Feekopf hinüber. Eine andere Seilschaft von vier oder fünf Personen, welche über die leichtere Tour von Westen heraufgekommen war, ist gerade zum Rückweg aufgebrochen. Rasch verhallt ihr Lachen und Reden.

Es ist vollkommen still. Der Führer hat das Seil gelöst und sich ein paar Schritte entfernt, dort steht er abgewandt, mit entblößtem Haupt. Ich weiß von früheren Touren, daß er jetzt das Vaterunser betet. Im Profil sehe ich sein schmales, nobles Gesicht. Fürsten- und Ritterköpfe fallen mir ein. Der Naumburger Dom. Gemeißelte Züge. Die Haut ist sonnenverbrannt, das kurze, blonde Haar leicht angegraut, die Augen sind hell und klar wie Aquamarin. Sein Name ist Supersaxo: ein adliges Geschlecht, ob es einfache Bergbauern oder regierende Herren hervorgebracht hat. Er nimmt die gerollte Decke von seinem Rucksack, breitet sie aus, damit wir im Schnee niedersitzen können. Wir holen Proviant hervor, Brot, Fleisch und Käse. Doch jeder Bissen scheint in der Kehle zu stocken, immer wieder muß man die Feldflasche ansetzen. Am liebsten möchte man nur trinken, aber man tut es dem Führer nach, der bedächtig kaut.

Erst dann nehme ich mein Zeissglas aus dem Futteral. Wenn man es in der Runde kreisen läßt, sieht man zuerst das Matterhorn, zum Greifen nah, dann den Eissturz des Monte Rosa. Die Mischabelspitzen, von Saas-Fee aus gewaltig aufragend, wirken von hier, obwohl sie fast 500 Meter höher sind, wie zierliche, kleine Türmchen. Der Führer deutet nach Westen – fern ein schneeweißer Maulwurfshaufen: der Montblanc. Auf der anderen Seite, wie man sie von Ansichtskarten kennt, Jungfrau, Mönch und Eiger. Weit im Südosten der Piz Bernina, noch weiter eine Kuppe vom Großglocknermassiv. Man überblickt das gesamte Alpengebiet. Tief unten ein olivgrüner Streifen, der sich ins Nebelhafte dehnt: das Rhônetal bis zum Genfer See.

Vor dem Abstieg wird wieder angeseilt. Die Anordnung ist

jetzt umgekehrt: Ich gehe voraus, einer im Schnee deutlich sichtbaren Spur folgend, die Tochter in der Mitte, der Führer, mit dem Seil sichernd, zuletzt. Das Schneestapfen ist einförmig und ermüdend, obwohl es bergab geht, aber bald hört man das Rauschen von Gletscherbächen, dann und wann das Rollen eines Steines. Auf der Eiskruste des Gletschers kommt man rascher voran. Vor der Überquerung von Spalten wartet man, bis der Führer die Ränder auf ihre Festigkeit abgeklopft hat, bevor man den großen Schritt oder den Sprung tut. In ihrer Tiefe gewahrt man ein blaugrünes, metallisches Schillern. Immer leichter geht wieder der Atem. Erst jetzt überkommt uns das Hochgefühl, das man sich auf dem Gipfel erwartet hat. Die letzte halbe Stunde geht es über die flache Gletscherzunge am lockeren Seil. Man möchte singen. Alle Ermüdung ist verschwunden, man spürt nur ein leichtes Ziehen in den Beinmuskeln und genießt jeden Herzschlag. Auf der »langen Fluh«, etwa tausend Meter oberhalb von Saas-Fee, steht noch das alte Steinhaus. Erst sechs Jahre später wird dort hinauf eine Seilbahn schnurren und ein modernes Restaurant errichtet sein. Aber durch Maultiertransporte ist die Wirtschaft gut versorgt. Es gibt warmes Essen und einen wunderbaren Flaschenwein, Walliser Weißen, der dort oben im Felsenkeller überwintert und eine besondere Rasse entwickelt hat. Er ist »pétillant«, prickelt auf der Zunge fast wie Champagner. Eine hübsche junge Saaserin schenkt die Gläser voll. Wir stoßen mit unserem Führer an. Der ist jetzt heiter, gelöst, die große Spannung der Verantwortung ist gewichen. »Eine Hochtour«, sagt er, »ist immer eine ernste Sache. Man kann sie nicht leicht nehmen. Aber sie ist auch immer wieder dankbar.«

Sonst sprechen wir nicht von der Tour. Wir sitzen vor dem Steinhaus im Freien, fetten die gletscherverbrannten Gesichter nach, essen mit Appetit, trinken zwei Flaschen. Es ist hoher Mittag. Nachher suchen wir uns einen schattigen Platz zwischen duftendem Alpenkraut zum Schlafen. Wenn ich die Augen schließe, sehe ich immer die Wand. Die schimmernden Quarzbänder, die Schichten von Basalt, Porphyr, Granit und Gneis.

Es ist ein ungeheures Gemälde, abstrakt, kubistisch, von niemals erahnter, kühler Farbenpracht. Dann fällt mir die Pfeife aus dem Mund, und ich schlafe traumlos.

Die langen Wege
Ein Stück Rechenschaft

Genitori Genitoque

I Aufbruch

Wenn einem Autor inmitten seiner Lebens- und Schaffenszeit, in der er sich unterwegs fühlt auf einer noch unabmeßbaren Strecke, eine besondere Anerkennung zuteil wird, eine Auszeichnung, deren Rang schon in ihrem Namen begründet liegt, so packt ihn, falls er nicht in Selbstbewunderung erstarrt und erstorben ist, ein gewisses Gruseln, eine leis pochende Angst, vielleicht auch ein lauter, heiliger Schrecken.

Muß ich nicht das, wird er sich sagen, wofür ich diese Ehrung empfangen habe, überhaupt erst schreiben? Sollte ich nicht schleunigst damit beginnen, meine ungeschriebenen Werke zu verfassen? Denn die ungeschriebenen Werke sind ja stets unsere besten – nur, daß man eben der einzige ist, der sie kennt –, und auch das läßt sich kaum beweisen. Gewiß, man weiß, daß sie existieren, zwischen Tag und Dunkel, zwischen Dämmer und Licht, in den Keimdrüsen der Phantasie, im Pankratiusbrünnchen der Seele, zum Teil sogar im Gedanken und in der Konzeption. Aber man weiß nicht und kann nie wissen, ob die uns zubemessene Zeit hinlangen wird, die Kraft, die Ausdauer, die Gesundheit und die Gnade, deren es zu ihrer Verwirklichung bedarf. Und nur auf Verwirklichung, auf réalisation kommt es an, in jeder Kunst.

Trotzdem, so scheint es mir, muß man das von einem Autor nicht oder noch nicht Geschriebene, ja sogar das, was vielleicht immer ungeschrieben bleibt, mit einbeziehn, wenn man versuchen will, sein geistiges und menschliches Bild zu fixieren. Nicht etwa, daß gute Absicht, guter Wille, brave Gesinnung jemals einen Mangel an Talent oder Leistung ersetzen, ein Zuwenig an Gestaltungskraft oder Gestaltungsmühe entschuldigen und als Wert für sich allein bestehen könnten. Ich spreche hier nicht vom staatsbürgerlichen Führungszeugnis, und noch nicht einmal von der sittlichen und moralischen Qualifikation.

Doch zu dem ungeschmeichelten Röntgenbild, das jeder einmal in seiner geheimsten Dunkelkammer von sich selber macht, um es rasch wieder zu vernichten – auch zu dem rücksichtsvolleren Selbstporträt, dessen Züge die Künstler mosaikhaft in ihre Arbeiten verstreun oder durch öffentliche Äußerungen und Handlungen hervorbringen –, gehört notwendigerweise das biologische und kreatürliche Wesen eines Menschen so gut wie sein intellektuelles und ethisches Bemühn, seine natürliche Existenz so gut wie seine geistig-seelische Aura, seine heimliche Wunschgestalt und seine musische Mitgift.

Ich spreche von dem, was zwischen den Zeilen der Dichter steht, was hinter den Farb- und Formgebilden der Maler und Plastiker verborgen ist, was unter- und oberstimmig den Werken der Tonsetzer innewohnt: von ihrem Lebendigen, von der vitalen und spirituellen Essenz ihrer Persönlichkeit und von den Kräften und Mächten, die es ihnen erlauben, diese Essenz durch das Medium ihres Talents und die Disziplin ihres Handwerks in eine Eigengestalt zu bannen.

Diese Kräfte und Mächte, die Elemente und Antriebe des äußeren und inneren Lebens, sind vor allem individuell bestimmt und daher höchst verschiedenartiger und vielgestaltiger Natur, aber sie lassen sich doch in jedem einzelnen Fall auf eine Art von subjektiver Grundformel bringen. Der Versuch, im eignen Tun und Lassen eine solche Grundformel zu erkennen, ist wohl der einzig gangbare Weg zu einer persönlichen Rechenschaft.

Man steht also an einem bestimmten Punkt seines Daseins und seiner Entwicklung, der zum Atemholen und Umschauen zwingt, – in einem bestimmten Augenblick, der eine Fermate oder einen Zeitwechsel bedeuten mag –, etwa hier auf dieser Tribüne, um ein unverhofftes Geschenk der Zustimmung und des Vertrauens entgegenzunehmen und dafür zu danken. Und man stellt sich die Frage: wie komme ich hierher? – Sie könnte auch lauten: wo komme ich her? – Welchen Fährten bin ich gefolgt, von welchen Zeichen und Wegweisern bin ich geführt worden? Welchem Kompaß, welchen Gestirnen, welchem vorausartüpfenden Schneeball oder Garnknäuel, – welchem Ruf und welcher Gesellschaft habe ich den Weg bis zu diesem Ausblick, zu dieser guten und nachdenklichen Rast, zu danken?

Ich will meine Antwort gleich hier vorwegnehmen, bevor ich versuche, dem eigensinnigen Bachgewinde solcher Kreuz- und Querfragen nachzugehn.

Ich danke, daß ich hier bin und mein Bündel so weit zu tragen vermochte, ohne es zu verlieren, wegzuschmeißen, oder für einen Pack dürren Laubs einzutauschen, – ich danke den heute und hier erreichten Meilenstein den Wegen selber, – den langen Wegen, die ich im Wandel meiner bisherigen Lebenszeit begehen und auslaufen durfte. Und ich denke dabei an Wege im wörtlichen, im konkreten Sinn, – nicht in einer symbolhaften oder begrifflichen Übertragung. An Wege, wie man sie Schritt für Schritt, Fuß vor Fuß, mit leichter und schwerer Mühe, in Sonne und Regen, unter lichtem und finsterem Himmel, durchmißt, – auf Landstraßen, Bergpfaden, Waldschneisen, an schilfigen Seeufern, an Bächen und Flüssen entlang, und oft auch nur querfeldein, durch Gestrüpp oder Windbruch, über Moos und Riedgras, Quarz, Kiesel und Lehm, Neuschnee und welke Blätter, auf trockener und feuchter, fester und schwankender, vertrauter und fremder Erde.

Jeder Weg beginnt mit einem Aufbruch, und jeder Aufbruch, jeder erste Schritt bedarf der Überwindung, verlangt einen derben Stoß, doch wenn die erste, träge und holprige Spanne bewältigt ist, dann mögen Dickicht und Lichtung, Landschaft und Mikrokosmos, Bewegung und Reflexion mit ihrer Fülle von Traum- und Wachgesichten die Mühe lohnen. So bitte ich Sie, mir zu folgen.

II Vom Gehen auf langen Wegen

Wenn man mich fragt, womit ich die meiste Zeit meines bisherigen wachen Lebens verbracht habe, so kann ich ohne Zögern sagen: mit Gehen. Mit Gehen, – vielleicht auch mit Denken. Denn das kommt mir fast gleichbedeutend vor. Beides ist eine Tätigkeit, die kleine Teilstrecken eines unendlichen Weges durchmißt. Der Gedanke, gleich einem Strahl, ist das Produkt einer Bewegung, aus stofflicher und geistiger Vibration geboren, und er ist gleichzeitig eine bewegende Kraft. Daraus ergibt sich eine Wechselwirkung zwischen Denken und Gehen. Man kann im Liegen träumen und grübeln, im Sitzen oder Stehen kann man vorhandenen Stoff ausformen oder nachgestalten, – angeblich auch vorhandenen Denkstoff, wie man so leichtfertig sagt und wie es Gott sei Dank niemals geschieht, »zu Ende denken«. Der Denkbeginn jedoch, das freie, unabhängige Vor-sich-hin-Denken, das wache Aufspüren unerwarteter Denkfährten, geht wohl am besten, wenn auch der Körper geht.

Das Hocken, Sitzen, am Ort Verharren, hat immer etwas von einer Stauung, einer Haft, einem Druck, einer Beschwerung, und sei es nur die, welche die stehende Luftmenge auf den ruhenden Körper häuft. Deshalb empfinden auch Leute, die ihr Beruf zu einer sitzenden Lebensweise zwingt, deren Tätigkeit sie einem festen Platz anhaftet, Bürobeamte und Schreiber zum Beispiel, häufig eine Art von Gedrücktheit. Sie kommt von der Haltung des Körpers und teilt sich der Seele mit, die Beschwerung des Leibes drückt auf Geist und Gemüt. Ein Gegenbeweis wäre, anscheinend, das spintisierende, weithin sinnierende Wesen solcher Leute, die immer auf einem Schemel in ihrer Stube kleben, der Schuster zum Beispiel, denen in ihrer Kugel die verborgene Welt erscheint, der Weiber am Spinnrocken, die mit ihren Fäden die Märchen erspinnen, die Mönchszelle, die Höhle des Eremiten, oder die kauernde Haltung des Yogi, aber ich rede hier nicht von Versenkung, von vertiefter Meditation, von zerebraler oder spiritueller Ekstase, – sondern vom wachen, schweifenden, fast möchte ich sagen: ausschweifenden Gedankenspiel, das ohne bestimmtes Ziel dahingeht. Man nimmt zwar an, daß der Gedanke sich selbständig macht, daß der Geist sich wie ein Wölkchen über den Leib erhebt, doch schien mir immer das Bild vom »Gedankenflug« ein wenig hochtrabend und anmaßend zu sein, das vom Gedankengang den menschlichen Dimensionen entsprechender.

Die andere Hälfte des Lebens aber, die der Schlaf umschließt, die man im Liegen oder in verschieden bewegter Ruhelage, sozusagen »gedankenlos« verbringt, die dunkle und mildere Hälfte, die auch all das einbegreift, was in einem dem Schlaf verwandten Zustand, aus dem vegetativen und kreatürlichen Reservoir, gelebt und vollzogen wird – Zeugen und Empfangen, Gebären und Geborenwerden, das Atmen, das Wachsen, das Kranksein und das Genesen, ja noch das Sterben –, dies ist wohl der eigentlich produktive, hervorbringende, fruchtbare Teil unseres Daseins. In ihm setzt sich zusammen und baut sich aus eignen Kräften auf, was im denkenden Wachsein auseinandergenommen, wie einzelne Körper gesiebt oder wie Hände voll Saatgut ausgeworfen wird. Im Schlaf sinken die Saatkörner, die Partikel der Sinneseindrücke und des Bewußtseins in die Furchen des reinen Wesens, sie sinken so tief hinab, wie der Brunnengrund einer Seele, die Geschlechterschichten eines Leibes gelagert sind, sie sinken hinab und gehen auf und beginnen zu keimen. Im Schlaf steigen die Quellen des vorbewußten und des überpersönlichen Lebens. Im Schlaf erneuern sich Zellen und Hormone, erneuert sich das gesamte biologische Sein aus einem allgemeinen, allen gemeinsamen Element, hier wölbt sich die stumme Brücke über den Schluchten der Individuation, – auch wenn im Haus der Träume die Einzelseele durch tausend Kammern schweift und sich in tausend Bildern und Spiegeln zu finden sucht. Schlafend sind wir alle, wie es manchmal ironisch gesagt wird, im Zustand der Unschuld, den Engeln gleich, und unser Schlaf sei uns heilig. Jedes Einschlafen ist eine Art von Vergehen, jedes Aufwachen eine Art von Wiedergeburt, und die besten Gaben der Natur, die schöpferisch-unerschöpflichen, werden uns im Schlafe geschenkt, – im Vorschlaf des Lebens, den wir im Mutterschoß genießen, und im allnächtlichen Eintauchen in die Zeitlosigkeit.

Wache ich auf, so ist mein erstes ein Gang, und sei es nur der zum Waschraum, in glücklichen Sommern ein Lauf zu einem nahen, nachtkalten Schwimmwasser, in gesegneten Morgenstunden gleich zu dem Tisch mit den weißen, unbeschriebenen Blättern, die einem nachts oft im Alptraum wie ein Gletscher auf die Brust rutschen. Nie, wenn ich nicht krank bin, und auch dann nur mit Widerwillen und Widerstand, kann ich liegenbleiben, sobald die volle Wachheit erreicht ist. Der Körper will auf, der Leib will sich regen, das Blut will anders kreisen, der Atem anders fluten, als es die Ruhelage erlaubt. Mit dem Aufstehen verbindet sich der sofortige Drang zum Vorwärtsgehen, – zum Laufen, besonders sogar in Zeiten körperlicher oder seelischer Bedrängnis. Ein kluger Arzt sagte mir einmal, Sie sind wie ein Gaul und verlangen nach der Veterinärmethode, wo es für andere Leute humanere Mittel gibt, – und tatsächlich habe ich öfters das Gefühl von einer persönlichen Verwandtschaft mit dem Geschlecht der Pferde, sei es aus einem zentaurischen Vorleben her oder in Ahnung einer noch ungelebten Steppenexistenz. Doch will ich mich nicht bei so verspielten und nebligen Spekulationen lang aufhalten. – Selbst in den Glücksfällen guter Eingebung kann ich morgens nur kurz am Schreibtisch verweilen, es treibt mich auf, ich will gehen und denken, der junge Tag will mit einem jungen Weg beginnen, und aus den langen Wegen ungezählter Tage bindet und flicht sich das tätige Leben, die Arbeit, das heranreifende Werk.

Ich bin von Natur aus ein seßhafter Mensch, kein rastloser, ich reise nur gern, wenn ich weiß, wohin ich zurückkehren kann, ich hänge an dem, was mir Heim und Heimat heißt, wie die Katze am Haus, und mein Gehen ist kein Wandern, es eilt nicht von Ort zu Ort, es möchte nicht fort und weiter um der Entfernung oder gar um eines Zieles willen, es ist etwas anderes, das aus sich selbst heraus geschieht, ein lustvolles Umherschweifen, in den engeren, weiteren und manchmal sehr weiten Bögen, die man um seine Zelte und Jagdgründe schlagen kann, es kreist ums eigne Feuer, auch wenn es über fremde und unbegangene Strecken führen mag. Ich bin kein Ausflügler, und, wenn es sich nicht grade um eine Bergbesteigung handelt, zu der man Führer und Hütte braucht, erst recht kein Tourist. Ich will allein und zwecklos gehen, am liebsten mit einem Hund, der sich ja auch kein Ziel vorsetzt, als den nächsten Baum oder die nächste Hasenfährte, aber das weite Schweifen und Ausschweifen mit allen Sinnen genießt, und ich gehe am liebsten unter Vermeidung jeden anderen Verkehrsmittels direkt von meiner Haustür fort.

Ich bin, wie gesagt, seßhaft, aber mir fehlt das Sitzfleisch, woran auch die Zunahme an Jahren und Gewicht nichts ändert. Hätte ich es, dann könnte ich vielleicht schon jene zwölf Bände à 600 Seiten aufs Wandbrett stellen, deren es wohl zur literarischen Würde bedarf, aber ich hätte weniger gern gelebt, und was ich vom Leben mitzuteilen und zu verdichten hätte, wäre ärmer und schwächer geblieben. Die drei bis sechs Stunden aber, die ich an guten Tagen meines Lebens auf den Beinen statt auf dem Gesäß verbringe, halte ich für meine tätigsten. Denn sie gestatten mir ja die Denk-Tätigkeit. Seit Jahren steht alles, was ich an Material notiere, um es dann später in mehrmaliger Niederschrift zu realisieren, in zwei gleichzeitig geführten und verschieden betitelten Serien kleiner Heftchen. Die eine heißt: »Im Gehen geboren«, die andere: »Im Schlafe geschenkt«.

Das Geh-Denken, von dem ich sprach, geschieht mehrschichtig, es hat polyphonen Charakter, es läuft wie der Lichtstrahl als ungerade Linie oder Kurve, unendlich schnell und sehr langsam zugleich, es hat wie die Gangart des mitlaufenden Hundes ein stetig wechselndes Tempo, immer zu Abschweifungen und Umwegen bereit, und folgt doch im großen Zug einer bestimmten Spur, die ein unsichtbarer Hundeherr oder Leithund vor mir her gezogen hat. Denn es ist ja alles schon einmal gedacht worden oder überhaupt alles Denkbare insgesamt in der Welt vorhanden. Diese Gehdenkerei hat gewiß nichts mit dem sogenannten logischen Denken zu tun, das bereits eine

Einengung und Kanalisierung des Denkstroms bedeutet, – eine notwendige vielleicht, wie die Kanalisierung zwecks Schiffahrt, Kulturbewässerung oder Bodendrainage, aber in ihrer Zweckhaftigkeit schon nicht mehr vom ursprünglichen Mündungsziel des Flusses, der freien Gewässer bestimmt. Ich weiß nicht, ob solche Art von zwang- und zwecklosem Dahin- und Rundherum-Denken, das eine Entspannung des Intellekts voraussetzt, jenem präsokratischen Denken ähnelt, von dem Heidegger spricht, und ich will es auch gar nicht so genau wissen. Es mag Leute geben, die dieses Denken einfach als Phantasieren bezeichnen würden, und auch das wäre in meinem Betracht noch keine Beschimpfung. Ich möchte nur feststellen, daß es eine solche Art des Freistildenkens, Catch-as-catch-can, gibt, und daß diesem Gehdenken oder Gedankengehn eine enorme Spannung innewohnt, ja ein unaufhörliches Abenteuer, und gleichzeitig verlangt es ein Training, eine Form von Arbeitsdisziplin, die in der Steuerung, der Navigation zwischen den Wirbeln und Untiefen der verschiedenen Bildschichten und Assoziationswellen besteht. Das Abenteuerliche besteht darin, daß man dabei immer wieder auf Unerwartetes und Neues stößt, wobei es keineswegs darauf ankommt, ob das Neue wirklich neu ist, denn »neu« ist überhaupt nur ein technisches Attribut, nur das Gemachte, das Hergestellte kann neu sein, nie das Gewachsene oder Gewordene, für das es jung und alt, aber nicht neu und alt gibt. Wer nicht den Ehrgeiz hat, immer der Erste zu sein – wovor Gott uns behüten möge, weil man damit nur sich selbst und anderen das Leben verdirbt und auf häßliche Weise außer Atem kommt –, für den ist es ein wunderbares Vergnügen, Entdeckungen zu machen, die schon längst vorher und vielleicht unzählige Male wieder entdeckt worden sind. Darin besteht ein Teil meiner Denkfreuden und ein großer Teil meiner Befassung mit der Natur. Aber das Gehdenken befaßt sich auch sukzessiv und handwerksmäßig mit dem bewußten Bau, der konstruktiven und architektonischen Vorarbeit zu poetischen, epischen, sogar dramatischen Plänen. Man glaubt oft, die Arbeit der mehr intellektuell oder rational veranlagten Autoren sei ein

Ergebnis des Denkens, die der anderen ein Resultat des Gefühls. Es liegt aber in jedem Fall ein Denkprozeß vor der eigentlichen Formung und Gestaltung, ja, es entsteht kein künstlerisches Werk ohne Gedankenarbeit, nur handelt es sich um vielfach verschiedene Wesensarten und Disziplinen, und die meine, das Freistildenken, geschieht eben auf dem Spaziergang.

Es geschieht nun aber auch auf diesen Spaziergängen noch etwas viel Merkwürdigeres und Erregenderes. Es setzt da nämlich eine vollständige Teilung oder Spaltung des Aufnahme-, Auffassungs- und Erkenntnisvermögens ein. Während der Gedanke mit der Nase am imaginären Boden der Fährte eines weit vorauseilenden Himmelhundes folgt, oder mit einer Spannung, als handle es sich um die Fortsetzungen eines guten Kriminalromans irgend etwas Zugewehtes, Angedachtes weiterliest, ohne auch nur eine unsichtbare Zeile davon zu vermissen oder zu vergessen, – schweift der Blick, das Gehör, der Geruch, schweifen alle Sinne unablässig und wach durch die umgebende Wirklichkeit, durch die nahe und ferne Erdenwelt, Körperwelt, Dingwelt, und sie vermissen oder vergessen ebensowenig von allem, was den Weg umwuchert, umwächst und begleitet. Mit anderen Worten: ich mag beim Gehen mit höchster Konzentration kontemplieren, assoziieren oder sogar bewußt an einem Bauplan konstruieren, – aber gleichzeitig würde mir kaum die leere Puppenhülle eines frisch ausgekrochenen Kerbtiers in den Rindenrissen einer Kiefer entgehen, oder das noch erdbekrümelte Spitzköpfchen eines nach einer Regennacht aus dem Humus hervorstechenden Pilzes. Geschweige denn die Losung eines Fuchses, oder gar irgendeiner der vielen Vogellaute, die ich im Gehen zu bestimmen pflege, so daß ich beim Heimkommen von den langen Wegen immer recht genau und oft noch nach Jahren weiß, welche Vogelarten ich hier oder dort und um welche Zeit gehört oder gesehen habe. Ein jedes Knacken oder Rascheln von einem vorüberhuschenden Tier, einer Eidechse oder einer Feldmaus, das Gebaren von Mücken, Libellen, Köcherfliegen in der Nähe eines Teichs, die Stimmen der Unken und Erdgrillen, das Glucksen des Moorbodens oder das Schmatzen des weichen

Schlammes unterm Schuh, das Vorkommen bestimmter Gesteinsarten und Mineralien und jenes leise Knistern in den Wipfeln der Nadelbäume, das eine Winddrehung anzeigt, auch das kurzatmige, kranke Hecheln von Blättern, an denen eine Raupenbrut zehrt, – die in der Luft schmeckbaren Bodensalze und dann die ganze unerschöpfliche Vielfalt der Gerüche, die sublimen Arome und scharfen Essenzen der Vegetation, ihres Knospens, ihrer Hochzeit und ihrer Verwesung, – all das tritt ununterbrochen und mit voller Deutlichkeit in mein Bewußtsein und zeichnet sich dort mit seiner eignen Bedeutung ab, während das Denken doch ebenso ununterbrochen weitergeht. Ich glaube nicht, daß ich damit eine besondere, individuelle Fähigkeit beschreibe, sondern eine allgemeine Gabe der menschlichen Natur, die vielleicht nur gepflegt, beachtet, geübt werden muß, damit sie sich voll entfaltet. Hier handelt es sich wieder um die Entdeckung einer primitiven Wahrheit, die schon oft entdeckt worden ist: der Mensch kann sich teilen oder doppeln, ohne dabei seine Ganzheit einzubüßen. Vielleicht wird er überhaupt erst auf diesem Wege ganz, indem er seine beiden Hälften voll und gleichmäßig, gleich intensiv beschäftigt und frei gewähren läßt. –

Man kann das auf einsamen Wegen so weit treiben, daß man wirklich seiner eignen Zwiegestalt körperhaft gewahr und ansichtig wird. Dazu gehört wohl nicht nur eine besondere Sinnes- und Geistesverfassung, wie sie sich von selber einstellen muß und die man nicht erzwingen kann, sondern auch eine sonderlich geeignete Umgebung, die solchen Phänomenen günstig ist. Lang hingedehnte Moorpfade zum Beispiel, in einer flachen Gegend, die mit niedrigem Wacholder und alten Weidenstrünken bestanden ist, oder nebliges Heideland, aber auch lichte, am besten schon kahle Wälder mit einer gleichmäßig welligen Bodengestaltung, oder Treidelwege an einem wenig befahrenen Fluß entlang. Doch habe ich es auch auf einem Gebirgskamm oberhalb der Waldgrenze erlebt, in einer ziemlich öden Gegend des Oberwallis, nicht weit vom Simplonpaß, die den Namen Simeliboden trägt und die fast immer unbegangen ist, wenn man nicht grade im Spätherbst die Schafe von den Hochweiden heruntertreibt. Es ist dann so, daß man sich selbst neben sich her gehen sieht, und zwar nicht als Phantom, Spiegelung oder Schatten, sondern in voller und deutlicher Anwesenheit. Zuerst hebt sich nur eine Körperseite allmählich und stückweise vom anderen Körper ab, oder scheint sich aus ihm herauszulösen, der rechte Arm etwa, das rechte Bein, dann die Kontur der Schulter, und schließlich die ganze plastische Gestalt. Dies ist keineswegs mit einem Gefühl der Angst oder Unheimlichkeit verbunden, es stellt sich nur eine gewisse Kühle in den inneren Organen ein und ein etwas trancehaft schwebendes Empfinden von Leichtigkeit, so als trüge man jetzt wirklich nur einen Teil, eine Hälfte der eignen Körperlast voran. Ich konnte nie genau feststellen, wie lange dieser Zustand dauert, denn er versenkte mich dann in eine plötzliche Ermüdung, so daß ich mich irgendwo niederließ, träumte, döste, den Vorfall selber im Augenblick vergaß, um dann ebenso plötzlich von einer Welle produktiver Gedanken und Vorstellungen, oder von einer vorher mühsam gesuchten Lösung einer Frage, ereilt zu werden. Aber ich weiß genau, daß ich einige Male bei wachen Sinnen selbst neben mir her gegangen bin.

Gott sei Dank bin ich mir noch nie selbst entgegengekommen, denn die Selbstbegegnung hat, wie ich glaube, mit einer weniger wünschenswerten und gefahrvolleren Spaltung zu tun.

Sind wir da nicht schon mitten im Abenteuer, in den Spannungen, den sinnlichen und geistigen Phänomenen, die uns die langen Wege in unerschöpflicher Fülle bescheren?

Nicht nur das Ich will sich teilen und doppeln, um die ganze Welt nach außen und innen zu erspüren, – es teilt und doppelt sich die Welt, im Widerspiel von Ferne und Nähe, von Landschaft und Mikrokosmos, von weitem, sternen- und wolkenweitem Horizont und dem griff-, hauch- und hautnahen, lebendigen und sterblichen Gewimmel.

Wieviele Landschaften trägt man in seiner Brust, was für unendliche Bilder hat in fünfeinhalb Jahrzehnten die Netzhaut getrunken, das Auge in sich bewahrt! Oft ist es im Traum, daß man in einer Landschaft geht, an die man sich wachend nicht genau zu erinnern weiß, und die einen mit so unbegreiflichem, schmerzlichem Entzücken erfüllt, daß man in Tränen aufwacht, als müsse man sich nun immer nach ihr sehnen. Und doch war sie ein Abglanz, Ingesicht von denen, die man einmal im wachen Sein gedankenleicht durchzog. Auch ist es jedem schon so ergangen, daß ihm vor einer fremden, neuen, unbekannten Landschaft der Fuß stockt und etwas in ihm erschauert, in einer Mischung von Freude und Erschrecken, als wäre er hier schon gewesen, hätte er da schon gelebt. Das ist, wie wenn man Menschen trifft, von denen man weiß, man hat sie schon immer gekannt. Aber der Mensch, der eine, wenn er aus sich heraustritt, enthüllt sich dann stets als ein anderer, mit seiner Anziehung, mit seinem Abstoß. Die Landschaft jedoch bleibt unnahbar, unberührbar, und nur von ihren eigenen, unerfaßlichen Gewalten erfüllt. Das Kind sieht noch keine Landschaft, es sieht nur die Nähe der unmittelbar es umschlingenden, auf es eindringenden Natur. Vielleicht hört man auf, Kind zu sein, wenn man zum ersten Male den Horizont entdeckt und die Landschaft, die er umschließt, als Bild empfindet. Vielleicht bleibt man immer Kind, wenn man nie aufhört, die uns unmittelbar umschlingende, umdrängende Natur als das eigentlich Verwandte und Kennenswerte, das Nächste und Beste, das ganz Vertraute und immer wieder Erstaunliche, Neuartige, Wunderbare zu empfinden, sei es ein Regentropfen, der sich langsam von einem Zweige löst und auf den Steinen zerplatzt, sei es das graue Gekrabbel und Gewinde eines wurmartigen Tierchens zwischen den Steinen, dessen Hinterleib im Dunkeln wie eine grüne Laterne zu leuchten vermag.

Wenn ich an Landschaften denke, fällt mir immer zuerst der Blick von den Hügelkuppen des Gonsenheimer Waldes bei Mainz ein, des alten Lenjaberg, wozu auch ein leichter Geruch von Handkäse und abgestandenem Bier und manchmal frischem Quetschekuchen aus einer nahen Waldschenke gehört, – ein Blick, noch kaum als Blick oder Bild begriffen, doch unverlierbar ins innerste Wesen hineingestrahlt; es ist gegen Abend, man fühlt seine Schuhe von den Sandwegen mit einem zarten mehligen Rieselstaub gefüllt, der einmal auf einem Meergrund gesiebt und gemahlen wurde, die schiefergrau verdämmernde Rheinebene wirkt noch jetzt ein wenig submarin, von trägen farbigen Rauchschwaden durchzogen, von violetten und sepiabraunen Quallen gefleckt, die aus der Nähe Fabriken und Güterwagen, oder Garten- und Feldstücke wären, die dichten Baumkronen treiben im Abendwind wie dunkler gebündelter Tang, der Himmel ist weit und bleich, und hinter einer vorbeiziehenden Regenschloße stoßen ein paar schräge rötliche Lichtbalken wie heraldische Lanzen auf den dunkelblauen Schlangenleib des Taunus hinab. Der Taunus hatte für mich immer etwas von Schlangengeheimnis und Nymphenhaar, von Drudenzauber und Hügelgrab, Römersteinen und Wunderquellen, am Fuchstanz konnten in der Silvesternacht die Tiere sprechen, und im Getann zwischen der Platte und dem Schläferskopf äugte der weiße Hirsch. Da war die Natur noch animistisch belebt, die Feuersalamander, Kreuzkröten und Blindschleichen wußten etwas, was wir vergessen haben, und das ruhvoll reißende Ziehen und Fließen des alltäglich gewohnten, graugrünen Stroms hatte das leise Rauschen der Sage und trug die Traumschiffe der Legenden. Da hör ich das Glucksen und Gurgeln eines Altrheinarmes, der Schwarzbach, darin Stichlinge, Weißfische und junge Barschbruten standen, manchmal auch laichende Hechte, die man an seichten kiesigen Stellen mit der Hand packen konnte, Laubzweige hingen aufklatschend ins hastig strömende Wasser hinab, und aus dem Weiden- und Erlendschungel stiegen gespenstisch die langbeinigen Reiher und Wanderstörche. Da seh ich den rostroten schartigen Ton der herbstlichen Weinbergerde und das berauschende, duftstarke, bienen- und käfersummende Schaumweiß der blühenden Kirschbaumhalden. Ich denke auch an den ersten gewaltigen Anblick des Meeres mit seinem rasselnden Flutgeräusch und seinem stechenden Ebbegeruch, der einen leisen Schwindel im Kopf und ein fast orgiastisch prickelndes Schwächegefühl im Bauch und im Unterleib erregte. Oder das erste Betreten eines Gletschers im Hochgebirg, das körnige Knirschen der Nagelschuhe auf seinem schmutzgrau verkrusteten, von blinkenden Schmelzbächen durchrieselten Moränenharsch, das beklommene Entzücken an dem feenhaften Schillergrün und Eisvogelblau seiner bösen, vorzeitlich klaffenden Spalten. Von da – bis zu den visionären Alabasterzinnen des spanischen Montserrat, oder dem grausamen, trockenen Blinken der Salzsteppe zwischen Utah und Nevada, oder der grandiosen Umschau von dem wildumstürmten, vulkanischen Gipfelgrat des Pic von Teneriffa, der wie ein Turm mehr als 4000 Meter hoch aus dem Meere aufragt, mit dem endlosen Blau des Atlantik rundumher und den nackten Konturen eben aus dem Frühnebel getauchter Inseln an den ersten Schöpfungstag gemahnend, – man braucht nur die Augen zu schließen, und es überblenden und überstürzen sich drehend und schwellend die Farben- und Wunderspiele einer unerschöpflich phantastischen Laterna magica. Mit den Landschaften ist es aber so, und das scheint mir das Bemerkenswerteste an ihnen zu sein, daß man sie im Grunde gar nicht schildern kann. Sie lassen es nicht zu. Im Augenblick des Abschilderns gerinnen sie bereits, verlieren ihre Aura, das heftige Melos ihrer Lebendigkeit, ihr photographischer Abklatsch lebt von der Erinnerung dessen, der sie aufgenommen hat, und deshalb sind Landschaftsschilderungen an sich, auch als Gemälde, fast immer langweilig. In Büchern werden sie durchweg mit Recht überschlagen, in Galerien eilt man an ihnen vorbei, – falls sie nicht, wie beim Brueghel, vom Leben selbst oder einem lebendigen Vorgang, einer ganzen Jahreszeit zum Beispiel, etwas anderes, Eigenmächtiges und Menschbezogenes auszusagen und darzustellen haben oder, wie bei manchen großen Dichtern und Malern, von der besonderen Dramatik ihrer Persönlichkeit, ihres Anschauungs- und Konflikterlebens, durchwittert sind.

Das Unbeschreibliche der Schönheit gewisser Landschaften, sogar bei solchen, die man gewöhnlich als anspruchslos oder unschön bezeichnet, liegt darin, daß sich gar nicht klarstellen läßt, in welcher besonderen Eigenart ihrer Komposition, in welchem Goldenen Schnitt der Anordnung oder absichtslosen Verteilung ihrer Akzente der eigentliche Reiz besteht. Ich könnte zum Beispiel, um wieder auf die Malerei zurückzuspringen, nicht erklären, warum mich das bekannte Bild eines Dammdurchstiches von Cézanne so ungemein fasziniert, daß ich es immer wieder ansehen muß, und ähnlich geht es mir oft mit Architektur, mit der Wirkung von Bauten oder Städten. Allerdings zweifle ich nicht daran, daß sich über die Bedeutung und den allgemeinen Wert von Bau- oder Bildwerken, die der Mensch aus einem bestimmten Maßgefühl und Stilbewußtsein geschaffen hat, Ergründlicheres und Beweisbareres aussagen läßt, als über die aus unbekanntem Organon gewordene, in sich selbst ruhende Landschaft, deren Ausdruck und Gehalt immer wechselt und vielfach von der Geistes- und Gemütsverfassung, der äußeren und inneren Beeinflußbarkeit des Beschauenden abhängig ist. Es gibt stehende, immer wiederkehrende, und es gibt reizhafte, wandelbare, stimmungsmäßige Sensationen der Landschaft. Warum erfüllt mich der Anblick eines Stücks Frühsommergarten mit hohem, durchblühtem Gras, über dem ein Aurorafalter gaukelt, mit einer so tiefen Melancholie, mit einer Kindheitstrauer? Ich kann es nicht sagen, aber ich weiß, daß dieses Bild mir immer und immer wieder in unregelmäßigen Abständen begegnet, als würde es mich da und dort erwarten, und immer wieder erzeugt es die gleiche, unerklärliche Traurigkeit. Manchmal weiß ich das Umgekehrte, den Grund des Entzückens an etwas Angeschautem, zu erklären, sogar zu deuten. Etwa die ganz aus der primitivsten Zweckmäßigkeit errichtete und hingestellte, und doch mit einem geheimen Sinn für die typische Urgestalt, den autochthonen Formwillen einer Landschaft begabte Anlage eines alten Bauernhofs. Was daran beglückt, braucht nicht erklärt zu werden, aber man kann sich nicht oft genug daran erinnern. Oder ich denke an einen sehr einfachen, von einer Kuppe mit Nadelwald abgeschlossenen, breit gelagerten Wiesenhang im Allgäu, der in schräger Neigung, fast wie von einem aufwärts gebogenen Arm, von einem Feldweg durchkreuzt wird, zu einem Dörfchen führend, das mehr von seinen dicken Holunderbüschen und den Kronen seiner krüpplig gewachsenen Obstbäume als von seinen Hausdächern zeigt. Aber genau in der Ellbogenbeuge dieses Wegarms, so zufällig und absichtslos, wie wenn ein Baum dort aus einem windgetragenen Flugsamen erwachsen wäre, steht ein sehr kleines, weißgetünchtes Kapellchen, mit wettergrauen Holzschindeln gedeckt. Solche Gestaltungen einer unbewußten Harmonie, einer vollständigen Eintracht zwischen dem Gewachsenen und dem Gemachten, dem Dagewesenen und dem Dazu-Gebauten, sind imstande, jede, auch die aufgewühlteste oder depressivste Verfassung des Innern mit einem Schlag auszugleichen und zu befriedigen, so wie Kinder manchmal durch das Herunterdudeln einer bestimmten kleinen Spieldosenmelodie mitten aus Jammer und Wehgeheul heraus verstummen, den Schmerz ihres aufgeschlagenen Knies oder ihrer verletzten Seele im Augenblick vergessen, so daß ihr verzerrtes oder zugeschlossenes Gesicht von einem offenen, erstaunten und warmen Lächeln überzogen wird.

Ich versuchte kürzlich auf eine mathematische, gleichsam pythagoreische Formel zu bringen, was mich an einem einfachen, regelmäßig gebauten Giebelhaus zum Stillstehen zwang und mit einer Begeisterung erfüllte, als wäre es das Kapitol oder der Parthenon. Die vordere Hauswand bildete ein hohes Viereck, in das Fenster und Tür mit einer schönen, liebenswürdigen Ungleichheit asymmetrisch eingesetzt waren, der darüber gegiebelte Dachstuhl ein Dreieck mit einem stumpfen und zwei spitzen Winkeln, das man durch eine erdachte Mittelgrade, seine Höhe, in zwei rechtwinklige Dreiecke teilen konnte, während die Diagonalen der Hauswand wieder vier Dreiecke ergaben; das Ganze war also in geometrische Grundformen zu gliedern, wobei die über die Giebelwand hinausragenden Dachseiten einen Überschuß, jedoch einen notwendigen Überschuß, nämlich zum Schutz des Eingangs und der Hausschwelle darstellten. Die siebenfach vorhandene Form des Dreiecks in diesem Aufriß gemahnte mich unwillkürlich an die Gottbedeutung, während das überdachte Viereck den Grundbau der Welt bedeuten mochte, in dem sich die vier Himmelsrichtungen, die vier Elemente, die vierfache Bezogenheit des Menschen nach oben und unten, außen und innen, zum Himmel und zur Erde, zum Geschlecht und zum Geist verbildlichen. Das ganze Haus aber ist nun ins große Rund geborgen, in den kosmischen Kreis oder die sphärische Ellipse, also nicht vom Durchschnitt umgeben, nicht auf eine Fläche gestellt und von einer geteilten Schale überwölbt, sondern in die begrenzte Unendlichkeit der Kugelform, wie der Kern in die Nuß gebettet. Vierfalt und Dreiklang, hellenischer Geist und christlicher Gottgedanke strahlen von diesem Hause auf uns ein, und all sein regelloses Drum und Dran, der Blumenstock im Fenster, die abgegriffene Türklinke, der Sprung in einer Scheibe, machen es menschlich belebt, bewohnt und liebenswert. Gleichzeitig denke ich an eine Sägemühle, an der ich auf bestimmten Wegen unzählige Male vorüberging, an das Murmeln des in eine Holzrinne abgeleiteten Wiesenbachs, das ziehende und stampfende Geräusch der mechanischen Kreis- oder Bandsägen aus dem Werkschuppen, den Geruch des frischen Sägmehls, das belfernde, zerrende Haushündchen an seiner Kette und die kleine, fleckige Stoffpuppe, die das Kind, vielleicht zum Essen oder Händewaschen ins Haus gerufen, vor einem schiefen Holzzaun hatte liegen lassen.

Was ist es nur mit dieser Übermacht des Erinnerns, mit diesem vieltausendblättrigen, windgewiegten Erinnerungsbaum, den wir immer wieder umkreisen, als müßten wir unter seinem verschlungenen Wurzelwerk einen verlorenen Ring suchen? Was ist es mit diesem schwarzen Trichterkasten voll scheppernder bunter Glassplitter, den wir immer wieder vor unserem Auge schütteln? Phantasie und Erinnerung liegen wohl dauernd miteinander im Bett und können nicht aufhören, sich zu gatten und zu umschließen.

Oft weiß man schon, während man in einer Landschaft geht und ihren Einzelheiten in engster Nachbarschaft begegnet, wie und wodurch man sich ihrer erinnern wird. Gerüche prägen sich wohl am tiefsten ins Gedächtnis. So braucht man nur an den scharfen Geruch von Brennesseln zu denken und sieht eine Viehalm, eine alpine Weide, wo sie immer in dichten graugrünen Stauden beisammenstehn, an deren ausgezahnten Blättern, schwarz mit feinen Gelbstreifen und einer dünnen stachligen Behaarung, die Raupe des ›Kleinen Fuchses‹ haust. Oder an die beizende Essenz verblühter Alpenrosen, und man sieht ihre kleinen, harten, glänzenden Rhododendronblätter mit der rostbraunen Unterseite und jene krankhafte, schwammig-bleiche, apfelartige Geschwulst, die sie da und dort austreiben, wo ein Pilz sie befallen hat. Und erst der Geruch von Dörfern, Holzrauch und Muff, mit Stalldünsten vermischt, und wie verschieden riecht es in der Umgebung einer niederdeutschen Kate, eines Fischerkrugs auf der Kurischen Nehrung, eines rheinhessischen Weindorfs oder einer alten, halbvergessenen Siedlung in der Provence! Einmalig die ganz eigenwilligen Gerüche des Nordlands, der Fjorde, Schären und Häfen, das feuchte Salz des Meeres und das Salpetrige von getrockneten Fischen, mit der gepfefferten Süße der Landungsaroma vermischt, der Heublüte, den Gewürzen der Lagerhäuser und den frisch geteerten oder gemalten Schiffsplanken. Und schließlich ein ockergelbes Buchweizenfeld in Lappland droben, kurz vor dem Sichelschnitt, mit keinem andern Getreideduft zu verwechseln. Auch das dichte Gebüsch im skandinavischen Bergwald hat sein eignes Ruchgebräu aus faulendem Holz und zerquetschten Beeren, ganz anders wie das in der Sierra Nevada oder den nördlichen Rockys, und wenn man Hamsun liest, »Ein Mann ging übers Moor«, schmeckt das Gedächtnis die merkwürdige pelzige Ausdünstung der Hochmoore, das leichte Brenzeln in der Nähe eines Lappenlagers und den Saure-Milch-Geruch ihrer Renherden, deren Hufe man, wenn sie die flechtengefleckten Steinhalden überqueren, wie die Funken von einer Elektrisiermaschine knistern hört. Der weithin wehende, herb-süße Duft des desert-bush, einer niedrigen Ginsterart, die im Frühherbst blüht, immer ein wenig mit dem Geruch von Pferdeschweiß und Lederzeug vermischt, das sind die nordwestlichen Steppen Amerikas. Und in den Wäldern von Vermont riechen die Baumharze anders, spenden eine andere Skala von Würzigkeit, riecht der Herbst und der Frühling anders als in den schwarzen Wäldern zwischen Feldberg und Hornisgrinde oder in den Mischwäldern des Hunsrücks, des Odenwalds und des Spessarts. Daß man die großen Städte am Geruch erkennt und wie Frauen an ihrem Parfüm und Eigenduft unterscheidet, Paris oder New York, London, Berlin und Rom, das versteht sich von selbst. Aber man könnte mich auf einem Zauberteppich mit verbundenen Augen blitzschnell über die Welt tragen und da oder dort in die Landschaft werfen, ich wüßte bei Nacht und Nebel nur am Geruch, und vielleicht am Betasten des Bodens und seiner Bewachsung, wo ich wäre, wenn ich nur einmal dort gegangen bin. Denn nur wenn man geht, oder vielleicht grade noch wenn man reitet, lernt man wirklich der Erde Haut und Haar, ihre Runzeln und Fältchen, ihren jungen, frischen Leibesduft und den Aushauch ihres mühvollen Alterns und Absterbens kennen und bewahren.

Gehen und Reiten entsprechen dem natürlichen Tempo, der Stetigkeit und der Schnelligkeit, unsrer Auffassung und unseres Ausdrucks, unsres Gedankens und unsres Worts. Überhaupt scheinen mir die großen Genietaten des Menschengeschlechtes, die Entwicklung des aufrechten Gangs, den jedes Kind neu lernen muß, die Zähmung des Pferdes, und die Namengebung der Dinge, die Erfindung der Sprache, seine wahrhaft begnadeten Leistungen zu sein und von keiner noch so grandiosen technischen Errungenschaft eingeholt oder überflügelt.

Fern liegt mir dabei, wenn ich von Gehen und Reiten, Bergsteigen oder Waldlaufen rede, jeder Gedanke an eine Ausartung in Sport. Selbst das Skilaufen, das ich von Jugend auf betreibe, ist für mich mehr ein Gehen im Schnee, eine Möglichkeit, ohne ausgetretenen Weg die Winterlandschaft zu durchgleiten. Zum Teufel mit Skiliften und abgesteckten Pisten. Jeder Ehrgeiz verseucht den Genuß, im Schnee wie in der Liebe. Die Lust am Rekord ist mir unbekannt. Natürlich bedarf es der Übung, der sachlichen Beherrschung solcher Lebenskünste. Wer viel geht, muß wissen sein Schuhwerk zu pflegen, er muß verstehn, den Augenblick der Rast richtig zu wählen. Man darf natürlich nicht auf den Zustand der Erschöpfung oder völligen Ermüdung warten, sondern, gut und gleichmäßig eingelaufen, nach Überwindung des anstrengenden Beginns in seinen eingeborenen, von

Kreislauf und Atem bestimmten Rhythmus gewiegt, dann rasten, wenn ein symphonischer Wegsatz zu Ende ist, wenn Leib und Seele den Taktstock sinken lassen, bevor der Takt oder das Tempo wechseln will. Dies lernt man ebenso beiläufig und absichtslos wie das richtige Fallen, das durchaus zum richtigen Gehen gehört. Wer im Gehen denken will und gleichzeitig jedem Vogel und jedem Schmetterling nachzugucken pflegt, muß immer bereit sein, hinzufallen, unter Hintansetzung jeder Ängstlichkeit oder bewußten Vorsicht. Als meine Kinder klein waren und manchmal mit mir spazierengingen, pflegten sie mich Herrn von Stolperer zu nennen, und ich habe diesen Namen der Erzählergestalt eines Romans verliehen, der ich ein paar autobiographische Züge eingekritzelt habe. Nie habe ich mich beim Hinfallen verletzt oder mir auch nur ernstlich wehgetan, denn man gewöhnt sich daran, wenn es geschieht, sich ohne Widerstand und ohne Abneigung gegen die Berührung mit der Erde einfach fallen zu lassen. Gefährlich sind für mich nicht die schwierigen, schlechten, steinigen und holprigen Wege, sondern glatte Straßen, gewalzte Promenaden und am meisten die Trottoirs der Städte. So bin ich neulich sehr zum Schrecken eines mich begleitenden Schriftstellers am Berliner Kurfürstendamm lang hingeschlagen, eine Trottoirkante verfehlend, da ich glaubte, hoch über den grotesken Trümmerresten der Gedächtniskirche einen Turmfalken rütteln zu sehn. Es war wohl auch einer, das heißt, es könnte auch ein Wanderfalke gewesen sein, seine Schwingenbreite erschien mir ziemlich weit, doch der vorzeitige Fall, von dem ich mich leicht verdreckt, aber unbeschädigt erhob, verhinderte die genauere Bestimmung. Der gehende Mensch muß auf den Fall immer gefaßt und vorbereitet sein. Eine der genaueren Vorstellungen des Todes besteht ja darin, daß er in einem sich stets verringernden Abstand hinter uns her geht, bis er uns schließlich ereilt, einholt und fällt. Hoffen wir, daß es auf einem guten Wege geschieht, und daß uns des Lebens Neugier lang genug erhalten bleibt, um uns nicht voreilig und angstgequält nach ihm umzuschauen.

Zweimal im Leben habe ich das Gehen fachlich und systematisch erlernt, einmal von einem Bergführer in meiner Jugend, der mir die Hast austrieb und das richtige Rundmachen der Kniee beibrachte, das zweite Mal von einem Trapper und Waldläufer in den Wäldern von Vermont, dem ich zuerst kaum folgen konnte, bis ich herausbekam, wie er in der alten Tradition der kanadischen coureurs de bois, vermutlich ganz unbewußt, beim Ausatmen immer längere und kräftigere Schritte machte und beim Einatmen kürzere und leichtere, und sein Hauptgewicht jeweils entsprechend dieser Atemgänge von einem aufs andere Bein verteilte, so daß stets nur eine Körperhälfte belastet war, während sich die andere lockerte und entspannte. Auf diese Weise kann man, ohne zu hasten, auch in schwierigem Gelände mit geringer Ermüdung erstaunlich lange Strecken in einer guten Zeit zurücklegen, und es verhindert nicht, sondern steigert die Fähigkeit zur Beobachtung, von Wildfährten und Losungen etwa, und zur Kontemplation.

Was für eine Freude, am Vorabend eines langen Wegs selbst seine Stiefel zu schmieren, mit dem Handballen in einer dem Gehrhythmus verwandten gleichmäßigen Bewegung das Leder weich zu kneten und sich im Sinken der Dunkelheit, im gelben Umkreis der Scheunenlampe vorzustellen, wie, wenn man aufwacht, das erste Ahnen der Frühdämmerung, einem Nordlicht gleich, über eine noch schwarze, von dünnen Sternpunkten durchsiebte Himmelsrunde weht. Dieses erste Frühlicht, das man mehr spürt als sieht – »die Pferde schauern« – »ich wittre Morgenluft« – und das ich in vielen Stadtjahren nur noch daher kannte, daß man dann grade schlafen ging, – in den Jahren der Farmarbeit, wenn ich mit knirschenden Zähnen so früh aufstehen mußte, habe ich es immer wieder anstaunen, fast anbeten gelernt und verstanden, warum man um diese Stunde das Glöcklein läutet und das Ave spricht. Selbst in der Vorhölle bin ich zu Fuß gegangen. Die schleimig-laue Weihnacht in Hollywood, ich mußte sie Gott sei Dank nur einmal erleben, und die wie nasse Tücher um Gesicht und Haar schleifenden Dunstschwaden der südkalifornischen Regenzeit konnten mich nicht daran hindern, auf jenen kahlen, mit gleichförmigem Buschwerk und Gestrüpp bewachsenen oder mit gelblichem Steingrieß bedeckten Bergen herumzustreifen, zwischen denen die Canyons erst wie künstliche Paradiesgärtlein, dann mehr wie öde, verrufene Schädelstätten eingeschnitten sind. Hier und da erreicht man auf mühsamen, bröckligen Gratwegen, um eine Zisterne geschart, eine Gruppe vereinzelter Eukalyptusbäume, von denen die Rindenhaut in Lappen herunterhängt, wie wenn sich vom Sonnenbrand eine Nase schält. Aber auch dort holt sich der Gehende seinen Lohn, der zum Teil darin besteht, daß er ganz sicher sein kann, allein zu bleiben, ja in der unmittelbaren Nähe dieser übervölkerten, autodurchbrausten Städte eine ungestörte Einsamkeit zu genießen, denn nur ein Narr oder ein völlig heruntergekommener Lump geht dort zu Fuß. Auch ist manchmal der Blick auf die Gestade des grünen, schaumglitzernden Pazifik, oder das Anspringen der millionenfachen Küsten- und Straßenlichter gegen Abend von einer bestrickenden Schönheit. Natürlich gibt es stärkere und pikantere Sensationen, man kann zum Beispiel das Glück haben, einer lebenden Klapperschlange zu begegnen und ihr unheimliches trockenes Rasseln wie das eines Schamanen beim Tanz um den Totempfahl zu vernehmen. Hat man besonderes Glück, dann grault, knurrt und jaunert um die Dämmerung ein Puma, dort Berglöwe genannt, aus einer der wüsten Schluchten herauf, und wenn es noch dunkler wird, kann man, von der ferneren Hochfläche her, das wehnernde Abendgeheul der Coyotes belauschen. Auf einem meiner ersten längeren Wege in dieser Gegend fiel mir eine Ansammlung verschiedenartiger Raubvögel auf, Falken, Bussarde, eine kleine Art des roten Milan und sogar einige Geier, die immer um dieselbe Stelle kreisten – wo eine Autostraße in einem Canyon ziemlich hoch hinaufgeführt war und dann nicht mehr weiterging, ohne ersichtlichen Grund, vielleicht weil der dort einmal geplante Bau einer Prachtvilla durch jähen Bankrott des Bauherrn unterbleiben mußte –, und meine karlmaygeschulte Phantasie stellte sich da natürlich ermordete Auswanderer oder Goldsucher vor, die von den Comantschen überfallen, von hinterlistigen Bravos in die Irre geleitet und ausgeraubt worden waren. Natürlich fand ich diese Gedanken selber ganz kindisch und hütete mich, sie zu äußern. Es wird sich schon, sagte ich mir, um den Abfallhaufen einer Konservenfabrik handeln. Bis ich drei Tage später erfuhr, daß die Cops, die Polizisten von Los Angeles, ebenfalls durch das Gebaren der Raubvögel aufmerksam geworden, dort die Leiche eines in einem alten Ford erdrosselten und dann – um einen Unfall vorzutäuschen – mitsamt dem Ford in die Schlucht gestürzten Mädchens gefunden hatten. Seitdem weiß ich, daß man sich auf seinen Karl May, Cooper, Jack London verlassen soll. Alles andere ist irreführend, am meisten die falsche Romantik der Rationalisten. –

Das Gehen auf langen Wegen mag, wenn man will, einer romantischen Haltung entsprechen, warum auch nicht, für mich aber bedeutet es, grade weil es sich um absichtslose Gänge ohne bestimmtes Ziel handelt, die stärkste Berührung und Befassung mit der Realität, mit der irdischen Wirklichkeit und mit der Natur, deren Wesen und Treiben, Hervorbringen und Vernichten, mir ebenfalls zwecklos, aber keineswegs sinnlos oder ziellos erscheint. Die langen Wege aber tragen ihr sinnvolles Ziel in sich selbst, es mag darin bestehen, daß es unerreichbar ist, nie zu einem Abschluß oder Ende führen kann, sondern immer wieder zu neuen Aufschlüssen oder Anfängen führt. Jeder Weg, selbst in einer Gegend, in der man den letzten Ameisenhaufen kennt, bleibt eine Entdeckungsfahrt, und mein Leben en marche besteht in einer fortgesetzten Robinsonade.

Denn den hellen und leichten Wegen, die wie klare Bachwässer dahingehn, gesellen sich die trüben und mühseligen bei, die bedrückten und schweren, die gejagten und angstvollen, die verlorenen und bangen, von denen ich noch zu berichten habe, die verwirrten, verstörten, und die im wörtlichen Sinne, im Sinne des Zweifels, verzweifelten. Jeder Zweifel ist Selbstbezweiflung, und um ihn zu überwinden, muß man bis zum Anschein der Ausweglosigkeit mitten durch seine dickste Not hindurch. Es gibt furchtbare Wege, und sie müssen durchmessen sein, solche, deren Furchtbarkeit aus uns selbst herauskriecht wie eine lebend verschluckte Spinne, oder aus unserer Haut bricht wie aus den Eiern einer tückisch eingestochenen Larvenbrut, und man beginnt und endet sie ohne Hoffnung auf einen Ausweg. Dann gibt es andere, die uns dem Furchtbaren, dem Anblick des Medusenhauptes, der grausigen Maske mit den leeren Augen und dem klaffenden Mund, der Maske des NICHTS, unversehens entgegenführen und gegenüberstellen.

Es ist aber nicht etwa der Tod, vor dem man sich fürchtet. Denn der Tod ist ja eine Mündung, wenn auch ins Unbekannte. Es ist nicht einmal die Angst vor dem Sterben, denn der Tod muß nicht grausam würgen, er kann auch, wenn's ihm so beikommt, mit rascher, gnädiger, barmherziger Klinge treffen. In welcher Gestalt er erscheint, ist er immer ein Brückenmann, man kann im tibetanischen Totenbuch einiges von der Grenzüberschreitung erfahren, zu der er uns geleitet, und ich las in den Aufzeichnungen eines seiner treuesten Türhüter, des bedeutenden Arztes und Forschers Professor Hoche, daß der Tod auch in seiner krassesten Form immer noch ein geheimes Linderungs- oder Betäubungsmittel für den Sterbenden in seiner Tasche hat.

Einmal habe ich das körperliche Gefühl seiner Nähe – und zwar nicht von außen, wie oft in den Kriegsjahren oder in anderen Gefahren, sondern von innen, aus den eigenen Gefäßen und Geweben heraus – auf einem langen Weg kennengelernt, und ich möchte davon erzählen, bevor ich mich auf das Beschreiten dichter bewachsener, enger verschlungener Pfade einlasse. Denn dies hatte zwar etwas von einer unheilvollen, zugleich aber auch von einer heilsamen, heilsam erschreckenden Begegnung.

Ich war damals krank, und es war die einzige Krankheit in meinem bisherigen Leben, alles andere kann man höchstens als kleine, nicht nennenswerte Störungen bezeichnen. Jetzt aber hatte sich eine ernstliche Krisis eingestellt, hervorgerufen durch eine Überbelastung des Herzens in jedem Sinn und jeder Bedeutung, und sie hatte sich auch diesen Ort des geringsten Widerstandes zum Tummelplatz gemacht. Der wahrhaft weise Arzt, der mich damals behandelte, sah rasch ein, daß man mich nicht durch zwangsmäßiges Stillegen des Organismus, durch einen gewaltsamen Unterbruch des gesamten Lebensrhythmus kurieren könne, und er erlaubte mir, wie er sich ausdrückte, »mäßige Spaziergänge«. Sie dehnten sich auch anfangs nicht grade ins Unmäßige aus. Er warnte mich aber vor einem: vor der Sonne. Denn es handelte sich im wesentlichen um solche vasomotorischen Stauungen, die die Gegend des sogenannten Solarplexus, jedem Boxer bekannt, gleichzeitig schwächen und belasten, die Leibesmitte, die wohl der Mitte des Planetensystems entspricht und daher in einem besonderen Zusammenhang mit ihren positiven und negativen Strahlungen steht. Nun machte ich auch wirklich bald die Erfahrung, daß es mir schlecht bekam, in der Sonne zu gehen, und ich war darüber recht verstimmt. Nicht, daß ich jene übertriebene Vorliebe für Sonnenbäder und Sonnenbestrahlung teile, von der viele Leute nur wegen der ohne ersichtlichen Grund als begehrenswert geltenden braunen Hautfarbe besessen sind. Aber ich empfand mich als einen Gezeichneten und Geächteten, wenn ich nur im Schatten dahinschleichen sollte und nicht einfach dort gehen, wohin mein Weg mich trieb. Ich habe eben gar kein Talent zum Kranksein und hoffe es auch nie erwerben zu müssen. Ich empfand es als ein übles und anrüchiges Stigma, zu denen zu gehören, die die Sonne nicht gern bescheinen will und die sich vor ihr verstecken. Tatsächlich aber spürte ich ganz deutlich, wenn ich das ärztliche Gebot übertrat, an einem Druck im Kopf und in der Zwerchfellgegend oder einem leichten Übelkeits- und Drehgefühl, daß ich seinem Wink folgen müsse, und ich dachte in diesem Sommer: ich bin ein Grottenolm geworden. Die Sonne liebt mich nicht.

Nach einigen Wochen aber, als ich schon eine fortschreitende Besserung bemerkte, konnte ich der Lust nicht widerstehn, einen fast unbegangenen, im Fremdenführer als »nicht lohnend« bezeichneten Waldberg zu besteigen, auf den nur ein Kuhpfad oder Jägersteig führte, und der mich schon immer mit seinem dichten Forst und der darüber aufragenden, buckelhaft geformten Rasenkuppe gelockt hatte. Ich ging damals nicht allein, sondern in Begleitung einer Freundin, die vielleicht allzusehr auf meine Vernunft oder die Sicherheit meines eignen Körpergefühls vertraute. Der Weg war steil und heiß, aber sein längster Teil von Wald beschattet und durch den Hauch von einem herabspringenden Bächlein abgekühlt. Zum Schluß aber trat man über die Waldgrenze hinaus, und von dort aus zog sich, vielleicht noch eine halbe Stunde lang, ein kaum angedeuteter Hirtenpfad bis zum Ende des kahlen grasigen Rückens hin, immer noch ansteigend und vollständig schattenlos. Es war nicht Ehrgeiz oder Starrsinn, was mich verleitete, diesen Weg zu Ende zu gehen, obwohl ich fühlte, wie er mich zu pressen und zu klemmen begann, und wie die Sonne wie durch ein Brennglas zusammengefaßt auf mich zielte und schoß. Aber am Ende dieses Grashangs sah man eine Gruppe von drei ungewöhnlich mächtigen, alten, sturmgezausten Tannen dicht beisammenstehn, und es zog mich unwiderstehlich zu diesem Punkt hin, als gelte es, dort den Lebensbaum oder den Durstbrunnen der Melusine zu entdecken. Als wir dann endlich im Schatten dieser gewaltigen Bäume saßen, von deren Standort aus man wirklich einen zaubervollen Blick übers weite Land genoß, fühlte ich ganz plötzlich meine Lebenskräfte schwinden, als sei mit einem Schlag alles Blut aus meinem Kopf entwichen und staue sich, zu einem sturzhaften Ausbruch oder einer inneren Explosion bereit, in der Gegend des Herzens. Mir wurde, wie man so richtig sagt, totübel, ich spürte den kalten Schweiß auf meiner Stirne, und die Landschaft schien sich vor meinen Augen von oben nach unten zu drehen, um dann in einem schwärzlichen, schwindelerregenden Flimmern ganz zu verschwinden und nur noch die Drehbewegungen übrigzulassen. Schloß ich die Augen, so hatte ich das Gefühl, daß sie nach innen in meinen Kopf fallen, der nur noch aus einer Höhlung bestand, in der eine böse, dumpfe Knochentrommel schlug. Ich hatte in diesem Augenblick die Vorstellung des Sterbens, und sie verband sich nicht mit dem Bedürfnis nach Hilfe, sondern mit dem Wunsch, allein zu sein. Ich bewegte mich auch so gut ich konnte ein paar Schritt weiter weg und kauerte mich unter einen anderen Baum, ohne auf die besorgte Frage meiner Begleiterin, die nicht begriff, was an mir und in mir geschah, antworten zu können. An diesem Wunsch des Alleinseins merkte ich aber zugleich, daß die Angst, die mich von innen her würgte, keine richtige Todesangst war, – denn in diesem Fall hätte ich wohl nach Nähe oder Hilfe verlangt. Es lebte unter dieser Beklemmung noch eine letzte männliche Eitelkeit, denn meine Begleiterin war eine noch junge Frau, und es genierte mich, in diesem Zustand gesehen zu werden, es sei denn von einem Arzt oder einem völlig neutralen Geschöpf, das man mit dem generellen Namen des Pflegepersonals bezeichnet. Ich war noch lebendig genug, um eitel zu sein, und diese, mir sofort gewahr werdende Erkenntnis brachte gewisse Heil- und Erholungskräfte oder -geister in meine Organe zurück. Immer noch mit jenem erblindenden Dreh- und Absink-Empfinden zwang ich mich, selbst eine Orange zu schälen, und das mühsame Auskauen ihrer einzelnen Scheiben, gleichsam mit tauben Zähnen, das Hinunterschlucken des Saftes, wogegen sich zuerst die Gurgel wehrte, begann mich allmählich zu stärken. Gleichzeitig fiel mir mit Schrecken ein, daß das Mittel, welches man mir für solche Fälle gegeben hatte und das ich sonst immer bei mir trug, heute, da ich eine bessere Hose angezogen hatte, in meinem Zimmer liegengeblieben war, und darüber mußte ich trotz des Erschreckens innerlich lachen. Es waren also nun schon zwei vitale Ressourcen mobilisiert, um den Todesgriff abzuschlagen, Eitelkeit und Selbstironie, wodurch sich sofort die dritte, nämlich Neugier, herbeizitieren ließ. Ich wollte wissen, unter welcher genauen Sorte von Nadelbaum ich hier mit solchen schwarzen Schatten, oder in diesem Fall grellen Strahlen, was nur eine Umkehrung ist, zu ringen habe, und ich begann, noch mich ein wenig dazu zwingend, die vom Wind heruntergerissenen, zwischen den langen rötlichen Wurzeln umherliegenden Zweige zu studieren, um festzustellen, daß es eine echte Tanne war. Und dann hörte die Trommel auf zu dröhnen, und das Leben begann mit dem süßen Schlag eines Bergfinken aus den oberen Wipfeln und Regionen auf mich herab- und in mich einzutropfen.

Auf dem Rückweg, den ich unter einer leisen Angst vor seinen schattenlosen Stellen in der Mittagsglut, doch grade darum kräftig ausschreitend und rasch unternahm, wurde von dem

Vorfall nicht gesprochen. Doch kaum waren wir, beide von der Hitze ein wenig betäubt, in der ersten bewohnten Ortschaft angekommen, da eilte ich stracks ins Wirtshaus.

In einer kühlen, paradiesisch kühlen und ein wenig nach Goulasch riechenden Gaststube gab es dort den kräftigen Südtiroler Landwein, Lagreiner Krätzer, darin, wenn er echt ist, goldbraune Lichter spielen müssen. Die goldbraunen Lichter spielten in dem rubinroten Getränk, im Glaskrug und in den Gläsern, und mit den ersten kleinen Schlucken, den weiteren, immer größeren, begann sich das Unbehagen meines Herzens in sein Gegenteil zu verwandeln. Ich betrachtete die Sonnenkringel, die freundlich auf der gescheuerten Diele spannen, und gedachte voll Ruhe und ohne Furcht ihrer mächtigen, hervorbringenden, erzeugerischen und tödlichen Strahlen. Ich gedachte auch des großen Gleichmuts der Himmelskörper, die uns weder wohl noch übel wollen und sich nach Regeln und Gesetzen bewegen, die einzuhalten sich der Schöpfer selbst, dem Ordnung und Chaos zu Willen sind, als höchsten Ausdruck seiner Macht auferlegt und befohlen hat. Nein, sagte ich mir, mein volles Glas gegen's Licht hebend, das war nicht der echte Tod, der mir heut begegnet ist, mit seiner Hoheit, Würde, Unerbittlichkeit – wie ich ihn vor der Tür von meines Vaters Sterbezimmer stehen sah –, vor dem ich mich an den Gräbern meiner gefallenen, getöteten, früh verstorbenen Freunde beugen mußte. Das war nur der Holzkopf des Todes mit seinem angenähten Leichenhemd, der aus dem Puppenkasten des Kasperltheaters steigt und den man mit Pritsche und Schellen verjagt. Es waren die Kapriolen, es war die Farce des Todes, nicht jener dunkelstimmige Freund, der den jungen Schubert besuchte. Nicht aus den Königsgräbern Ägyptens komm ich hierher, sondern geradewegs aus dem »Grand-Guignol«.

Und ich dachte damals, im vollen Gefühl einer wiedergewonnenen und leicht angerauschten Lebendigkeit, daß nun auch dieser bizarre Weg, wie alle andern, mir gehört, zu jenem unveräußerlichen und unverlierbaren Besitz, der uns, solange wir da sind, durch keine Macht der Welt, keine Gewalt und kein Unheil genommen werden kann. Ich dachte daran zurück, wie ich einmal in einer viel todesnäheren Verzweiflung geglaubt hatte, meine Heimat, mein Land, das Elternland und den Schoß der natürlichsten Kindschaft und Brüderschaft, die Sprachgemeinschaft, für immer verloren zu haben. Jetzt aber wußte ich, daß man nicht einen Fußbreit, einen Schrittlang der Wege verlieren kann, die man jemals gegangen ist. Der Mensch bleibt überall, wo er einmal war, und kehrt man von einer Irrfahrt, aus einer Verbannung zurück, so merkt man plötzlich, man war gar nicht fort gewesen. Könnten wir all unsre Schritte zählen und all unsre Atemzüge, unsre Herzschläge und noch die unzählbaren Zukkungen und Vibrationen unsrer geheimsten Fasern, die kreisenden Elektronen um jeden unsichtbaren Kern in uns und alles, was wir empfunden, gedacht und geliebt haben: so viele Leben sind unser.

III Von der Weglosigkeit
Vom Sich-Verirren
Vom Alleinsein und von der Begegnung

Es ist möglich, sogar wahrscheinlich, daß wir in dieser irdischen Lebensgestalt, des eignen Seins und Hierseins gewahr, zum Denken begabt und der Liebe fähig, nicht mehr und nie wieder mehr sein werden. Schon deshalb lohnt es, zu leben, die Wege des Lebens voll auszugehn. Denn das Leben selbst, das natürliche, aus dem wir entstanden sind, wie das geistige, das in uns hinein- und aus uns zurückstrahlt, kann nicht mit uns vergehn. Es war vor uns, wird nach uns sein; doch nur dieses eine Mal, für diese bestimmte Spanne dürfen wir es als »das menschliche Leben« erfahren und daran mitwirken. Darin liegt unser Geschick und unser Auftrag, den die Gabe des Bewußtseins zu einer tragischen Sendung macht. Die Gabe der Phantasie befähigt uns, dieser Tragik produktiv zu begegnen, kämpfend, gestaltend, deutend, und noch im Unterliegen unseres Schicksals Meister zu sein. Aber die Fähigkeit, der Liebe bewußt zu werden, unterscheidet uns von jedem anderen uns bekannten Geschöpf. In dieser Fähigkeit und im Bewußtsein der Produktivität liegt unser einziger Zugang zu dem, was wir als Glück bezeichnen. In unsrem unstillbaren Drang jedoch, das Leben zu vollziehn, indem wir es erfahren, liegt, jenseits von Glück oder Leiden, die mächtigste, lebenerhaltende Kraft. Die menschliche Neugier ist ihr spielender Ausdruck an der sinnlich erfaßbaren Oberfläche, wie der Erkenntnistrieb in der Tiefenlotung der Seele. Unsere Neugier und unser unmittelbarer Erfahrungsdrang sind durchaus aufs Leben gerichtet. Den Tod erfahren wir auf jeden Fall, zum mindesten als die Tatsache eines Endes oder Übertritts, – dessen Wie und Wohin, auch wenn wir die religiösen Bilder, Symbole, Visionen zu Hilfe nehmen, mit unseren Sinnes- und Denkmitteln nicht vorstellbar oder erfahrbar sind. Dieses Leben aber, das uns hier auf der Erde zu Pfand gegeben ist, hört auf und kommt nicht wieder. Drum sind wir seiner Größe und seinem Elend, seiner

Gewalt und seiner Ohnmacht mit einer so leidenschaftlichen Hingabe zugewandt. Deshalb begehen und durchschweifen wir mit einem so wachen, hungrigen Spürsinn die irdischen Gefilde.

Wo Menschen schon Wege gemacht, schon Wegweiser und Landmarken gesetzt haben, kann unsre Neugier und unsre Lust am Entdecken immer nur mäßig befriedigt werden. Als Kind bereits sind wir verlockt, vom Wege abzugehn und dorthin einzudringen, wo das Unbekannte und Unsichere haust. Das weglose Gehen, besonders im Dickicht von Wäldern und in solchen Gegenden, von denen man sich vorstellen kann, daß sie kaum oder nie von anderen Menschen begangen werden, ist eins der bestrickendsten Abenteuer.

Ich erwähnte das Grauen der Ausweglosigkeit, das labyrinthische Eingekreistsein des Menschen in sich selbst, das deshalb seine tiefste Not bedeutet, weil in seiner Mitte die Begegnung mit dem Nichts, das heißt der Wahnsinn lauert. Die Weglosigkeit ist das Gegenteil, sie führt immer zu etwas, das ist und sich regt, und sei es zum Schrecken im Walde, zur Begegnung mit den Tücken und Mucken der Erdgeister, dem Irrlicht, dem Nebelspuk, sie führt in den Sumpf und Morast, zum verschütteten Hang, zur Überschwemmung, zur Schneeverwehung, zu nassen Füßen, zerrissenen Kleidern, zerfetzten Schuhen und manchmal zu der Erkenntnis, daß man sich heillos verlaufen hat. Die Holzwege zwingen zur Umkehr, aber die Irrwege steigern und stimulieren das Begehr und den Drang zum Ausweg.

Das Leben in einer einsamen Wald- und Berggegend Amerikas, in der man sich nicht ohne Kompaß weiter als eine Stunde vom Haus weg begeben darf, hat mir diese Genüsse in reicher Vielfalt verschafft. Das bedeutend dichtere und raschere Wachstum der Vegetation, wohl durch einen höheren Feuchtigkeitsgrad der Luft verursacht, verwandelt dort auch gerodete Wälder, längst vorher begangenes und erforschtes Gelände in kurzer Zeit in ein kaum durchdringliches Urwalddickicht zurück. Nach knapp fünfjähriger Abwesenheit konnte ich alte Jäger- und Holzfällersteige, die ich selbst einmal entdeckt, freigelegt, ausgetreten hatte und die ich hundertmal bei jeder Witterung, bei Nacht und Nebel gegangen war, nicht mehr wiederfinden und brauchte Wochen, um sie neu zu entdecken und mit neuen Wegmarken zu versehn. Monatelang ging ich in der ersten Zeit unsres dortigen Aufenthalts nur mit der kleinen Handaxt aus, um mir da und dort einen Baum für den Rückweg zu kennzeichnen. Und heute noch finde ich irgendwo im tiefen, unkenntlich durchwucherten und zugewachsenen Forst plötzlich ein altes Zeichen, etwa ein Kreuz, das ich zehn Jahre früher oberhalb der möglichen Schneehöhe in eine Rinde geschnitten, oder einen Kiefernzweig, den ich als Richtweiser zwischen die Äste einer Weißbirke geklemmt hatte.

Wo aber die Holzfäller gehaust haben und man sich den Wald gelichtet vorstellen sollte, da ist jede Hoffnung auf ein normales Weiterkommen oder Durchdringen zu Ende. In einem ungeheuren Umkreis ist dann weit über mannshoch alles mit den Abfällen ihrer Verwüstung, ihrer gigantischen Baumschlägerei, die nur das beste, industriell verwendbare Holz nimmt, bedeckt, mit abgehauenen Ästen und Wurzelwerk, mit geschälter Rinde und niedergestampftem Gestrüpp, mit geknickten Schößlingen und gebrochenem Dürrholz, mit den Stämmen und Kronen der nur aus Platzmangel umgesägten und liegengelassenen, oder der stehengebliebenen und dann vom Sturm umgeschmissenen, vom Schnee niedergedrückten Bäume. Rankenzeug aller Art, Waldrebe, Schlinggewächs, nachschießendes Buschwerk, vor allem riesige Disteln und üppiges, stachliges Himbeer- und Brombeergestrüpp durchwuchern innerhalb eines Jahres das wüste Chaos dieses Schlachtfelds, das aufzuräumen den Holzfällern nie in den Sinn käme und zu dem sie, wenn ihre Arbeit getan ist, vielleicht jahrzehntelang nicht wieder zurückkehren. Denn ein neuer Auftrag ruft sie zu einem anderen, entfernten Dickicht, wo sie für einen kurzen Sommer lang ihr Camp aufschlagen, eine Quelle ausgraben, einen Bach ableiten und in Staubecken oder Reservoirs für ihren Wasch- und Kochbedarf lenken, um auch dort wieder nur eine bestimmte Holzart, etwa ›pulpwood‹, Kiefern- und Fichtenholz für den Bedarf der Papiermühlen, herauszuhauen, ihre riesige Verwüstung anzurichten und unter Zurücklassung eines berghohen Haufens leerer Konservenbüchsen und Bierflaschen wieder abzuziehn.

Solche Holzschläge werden dann zu Stätten besonderer Wildnis und Einsamkeit, so unzugänglich, daß Bärinnen mit ihren Jungen oder graugelbe Wildkatzen dort ihren Sommerfrieden finden, und wenn man sie zu durchqueren sucht, verliert man im Kreuz und Quer ihres Wirrwarrs bestimmt die Richtung und braucht oft stundenlang, um sich mühsam mit zerkratzten Händen und vielfach angeschlagenem Kopf wieder herauszuschinden. Umgeht man sie aber, so kann auch das einen stundenlangen Umweg und Zeitverlust bedeuten. Die Zeit könnte man auf solchen Wegen ja ruhig verlieren, lieber als den Kompaß, das Taschenmesser oder das Feuerzeug, aber sie steht in einem fatalen Zusammenhang mit dem Licht, auf dessen letzten Schimmer man beim Waldlaufen angewiesen ist. Denn in dieser Art von Wäldern hilft auch die beste Taschenlampe, die man außerdem gern mitzunehmen vergißt, nicht allzuviel. Wird man wirklich von der Finsternis ereilt, womöglich gar um die Neumondzeit, dann muß man sich auf eine fröstlige und unbehagliche Übernachtung gefaßt machen. Denn man war gewöhnlich nicht darauf vorbereitet und ging ohne Schlafsack und anderes Zubehör. Wie oft habe ich diesen Wettlauf mit dem Tageslicht erlebt, wenn ich mich irgendwo in den Wäldern verdacht, verlegen oder vergangen hatte – schweißbedeckt, atemlos, mit schmerzenden Kniekehlen voranhastend, während der dünne Himmelsschein zwischen den Baumkronen immer trüber und rauchiger wird und die Nacht wie ein dunkles Wasser übers Unterholz heraufzuquellen scheint.

Was für ein Gefühl von köstlicher Entspannung und Selbstgewißheit, wenn man vor völliger Finsternis auf einen sicheren, bekannten Weg zurückfindet, auf dem man sich dem verdösten Schlendern, Nachhauseschlendern hingeben darf. Man ist so stolz auf sich, weil man es noch geschafft hat, daß man sich selber gern mit der rechten Hand auf die linke Schulter schlägt und ausruft: Was für ein Kerl! Denn ein anderer tut es ja doch nicht.

Ähnlich kann es im Herbst geschehen, mit plötzlich einfallendem Nebel – und selbst wenn man den Kompaß mit hat, hilft es nicht viel, da man durch die Ungleichheit des Bodens, das dichte Unterholz, das immer sich überschneidende Kreuz und Quer von Höhenzügen, Steilhängen und Schluchten und die plötzlichen, undurchdringbaren Dickungen gehindert, doch dauernd die Richtung wechseln muß. Das Glück der Weglosigkeit, der Robinsonade, der Entdeckungsfreude, etwa an einem nie zuvor gesehenen, turmhohen Felsblock auf einer Waldkuppe, den man von einer Seite erklettern kann, so daß man dann mitten zwischen den Baumwipfeln hockt, oder gar eines Raubvogel- oder Eulennestes gewahr wird, – die Entdeckung eines unbekannten, versteckten Waldweihers, mitten im Erlen- und Weidengestrüpp, in dem wilde Kraniche stehn oder ein Bibervolk seine Wasserburgen baut, – das Glück der Weglosigkeit wird von einem leichten, kühlen, zuerst noch nicht ganz unkomischen Schreckempfinden gewürzt, wenn man sich sagen muß: jetzt hast du dich wirklich verirrt.

Als Kind habe ich mir immer bei größeren Spaziergängen mit den Eltern oder sonstigen Verantwortungsträgern das Sich-Verirren als höchste Belustigung und als den Gipfel der Glückseligkeit herbeigesehnt. Aber es blieb bei harmlosen, kleinen Zwischenfällen, und man mußte zufrieden sein, wenn die Erwachsenen einmal ärgerlich feststellten, daß sie die falsche Richtung eingeschlagen, die Markierung verloren, einen Umweg gemacht hätten und sich dann gegenseitig die Schuld daran zuzuschieben suchten.

Das wirkliche Sich-Verirren habe ich auch erst in den Wäldern von Vermont kennengelernt. Es ist dies eine Gegend, in der die einzigen dort entstandenen und nicht von den verschiedenen einwandernden Nationen mitgebrachten Volkslieder und Balladen alle davon handeln, daß zum Beispiel ein Mann vom Haus weggegangen war, um eine von der Weide entlaufene Kuh zu suchen oder seine im Wald liegengebliebene Axt wiederzuholen und nach vielen Wochen, zum Gespenst abgemagert und mit langem Bart, in einer weit entfernten Holzfällerhütte wieder zum Vorschein kommt – oder von einer Frau, die zur Herbstzeit ein Stückchen in den Wald gegangen war, um zur Würzung ihres abendlichen Krautgerichts ein paar Wacholderbeeren zu holen, und deren Gerippe man nach der Schneeschmelze, nur eine halbe Stunde vom Hause entfernt, in einem Dickicht entdeckt, aus dem sie in endlosen Kreisgängen nie mehr herausgefunden hat. Wenn einem diese Balladen einfallen, während man grade feststellt, daß man zum viertenmal – immer im Glauben, man bewege sich in völlig entgegengesetzter Richtung – an der gleichen Stelle auf seine eigene Fußspur trifft, die sich da in großartiger Einsamkeit zwischen den Tapfen eines Stachelschweins und der schmalen, langfingrigen Gespensterfährte eines Waschbären in eine feuchte, mit Baumzunder bedeckte Bodenstelle eingeprägt hat, – dann beschleicht einen wohl eine gewisse Bangnis und Beklemmung. Am besten macht man dann eine kurze Rast und entledigt sich seiner Notdurft. Dadurch erleichtert und vom Druck der immer zuerst in den Gedärmen aufsteigenden Angst befreit, muß man zwei Entschlüsse fassen: einmal, den Widerstand aufzugeben, die Tatsache des Verirrtseins zu akzeptieren und als das gegenwärtige Lebensstadium, den astrologischen und geographischen Standort seiner derzeitigen Existenz, voll anzuerkennen – wodurch man alle überflüssigen und störenden Nebengedanken, wie den an das zu Hause wartende Abendessen, zunächst abschalten kann. Dann, als zweiter Entschluß, kommt es darauf an, sich ohne jegliche Hast oder Verwirrung mit allen Sinnen und unter Heranziehung jeder früheren Erfahrung darauf zu konzentrieren, wie man am besten herausfinden könnte. Es kommt dabei in solchen Gegenden mehr auf das Überhaupt-Heraus als auf das Wo-Heraus an. Man muß von vornherein in Kauf nehmen, und auch das schon als Schicksal akzeptieren, daß man ganz woanders herauskommen wird, als man geglaubt hat oder sich wünschen würde, so daß dann noch eine endlose Wanderung oder sonstige Umstände, wie das Aufbringen eines Fahrzeugs oder das Finden eines Farmhauses mit Telefon, bevorstehen mögen. Hat man sich mit alledem abgefunden, dann kann man sich wieder auf den Weg machen, aber nur, wenn man zuerst einen Gedankenweg gegangen ist und sich eine Art von Plan zurechtgelegt hat. Natürlich wird man den Kompaß immer wieder über die Grundrichtung befragen, falls die Sonne verhüllt ist, durch deren Stand man sie im Vergleich mit der Zeit am ehesten erkennen kann. Die sogenannte Wetterseite der Bäume, an der sie veralgt oder mit Moos bewachsen sind, hilft dort wenig, weil Winde und Niederschläge zu oft umspringen. Geologisch gibt es dort ein ziemlich untrügliches Zeichen, um die Nordsüdlinie festzustellen: der Abschliff bestimmter Gesteinsarten, die aus der amerikanischen Eiszeit, der großen Nordsüdwanderung der Gletscher stammen und immer wie erstarrte Wellen in dieser Richtung verlaufen. Weiß man das einmal, so kann man systematisch nach solchen Gesteins- und Felszügen suchen. Aber die Grundrichtung nutzt auch nur sehr begrenzt und für kurze Zeit. Man muß zu einer radikaleren, wenn auch mühsameren und oft recht langwierigen Peilung greifen. Hilft nichts anderes mehr, so suche man einen Bach. Ein Bach führt auf alle Fälle zu Tal. Und in den Tälern liegen meist die Siedlungen. Aber einen Bach zu finden und einem Bach zu folgen, klingt viel leichter, als es sich ausführt. Manchmal kann es passieren, daß der Bach zunächst nur zu einer öden, verlassenen Moorpfütze läuft, zu der man sich durch grausames Stachelgestrüpp, all den arabeskenhaften Windungen des Wässerchens folgend, keuchend hindurchgearbeitet hat, um es nun in einem hoffnungslosen, höchstens von einer tiefen Hirschfährte durchkreuzten Morast versickern zu sehn. Das sind Augenblicke, in denen man den Kobold kichern, den bösen Pan bocksmäßig meckern hört und sich von der Natur persönlich verspottet, genasführt, ausgelacht und betrogen vorkommt. Schlägt man jedoch, vielleicht wieder nach einer kurzen Beruhigungspause, um diese Stelle herum einige kleinere und langsam größere Kreise, so wird man schließlich wohl nach ziemlicher Anstrengung doch die Stelle finden, wo das Wasser wieder heraustritt, vielleicht unter einem felsigen Gefälle oder auch unter dem Wurzelstock besonders alter und dicker, zusammengewachsener Bäume. Irgendwo tritt eingesickertes Wasser immer wieder zutage, und man darf nur nicht krampfhaft, wütend, angstgejagt oder verbittert suchen, sonst dauert es zu lang. Sucht man getrost und ruhig oder fast gleichmütig, über was anderes nachdenkend und so, als ob es einen nicht viel anginge, dann mag man es plötzlich murmeln hören, wie wenn der boshafte Bocksfuß wiedergutmachen wolle, was er einem vorher angetan hat. Glückte es endlich, einen stärkeren, in stetem Gefälle strömenden Waldbach gefunden zu haben, in den womöglich noch kleinere Nebenwasser münden, so daß er in einem breiteren Bett zu laufen beginnt, dann ist man so gut wie gerettet. Auch dann wird man noch unter gefallenen Baumstämmen durchkriechen, über vermooste, mit Kleintannen bewachsene Felsblöcke wegturnen müssen und darf nie der Versuchung nachgeben, dem Anschein einer besseren Wegmöglichkeit, einer lichteren Waldstelle, eines rascheren Abschnitts zu folgen. Denn solche Täuschungen locken immer wieder in den Machtbereich der Trolle und Irrwische zurück. Irgendwann führt der Bach, wie schon bemerkt, in ein Tal, irgendwo in einem Tal wird man auf eine Straße oder wenigstens die Andeutung eines Wegs kommen, der zu einer Straße führt, und irgendwann führt eine Straße dann auch zu einer menschlichen Behausung.

Der Genuß der Weglosigkeit und der panische Schreck des Sich-Verirrens mit seinem Reiz, seinem Gruseln und seiner dunkleren Warnung, führen zu den umschatteten Grenzen tiefster menschlicher Polarität, der Einsamkeit und dem Alleinsein, dem Wunsch nach dem All-Eins-Sein, der selbstbeschlossenen, nach außen abgeschirmten, in sich ruhenden und in sich bewegten Seele, der ungeteilten Persönlichkeit – und der Angst vor der Abgestoßenheit, Verlassenheit, Vereinzelung, vorm leeren Raum, vor der verschlossenen Tür, der ausgewiesenen, ruhelosen Seele, dem Absturz ins Nichts.
Es gibt, in jedem einzelnen Leben wieder, die Begegnung mit diesen beiden Polen: eine unbeschreibliche Verzweiflung an der Einsamkeit, ein Zerschellen und Zer-Werden am Alleinsein, – ebenso aber den unbeschreiblichen Genuß der Einsamkeit, die

Schwelgerei des Menschen in sich selbst, das Gipfelgefühl einer phantastischen Herrlichkeit, in der er der Sohn des Himmels und der Erde, der Einzige und Erstgeschaffene ist und im Selbstgespräch mit seinem Schöpfer, seinem Gott zu sprechen glaubt.

Fast aber scheint es, es übe in der heutigen Welt die Krise der Angst, das Vernichtungsgefühl im Einzelnen, eine stärkere Macht, auch eine stärkere Anziehung aus, es wäre im Sog der Verzweiflung eine stärkere Saugkraft enthalten als in der Krise der menschlichen Selbstüberhebung. Die tragische Weltsicht hat ihre Achse verschoben. Nicht mehr von der Hybris des geistigen Machtbewußtseins wird die vernichtende Gewalt herbeigezogen, sondern vom Entsetzen an der Ohnmacht, der Preisgegebenheit, dem Ichzerfall, wird ihr Gespenst beschworen. Ihr Gespenst, nicht ihr Geist. Denn es ist in dieser Erscheinung keine wahrhaft geistige Gewalt. Sie ist unselbständig geworden, sie ist inkorporiert in der Angst, und in der Angst vor der Angst. Ich spreche hier nicht von literarischer Mode, vom Selbstgenuß der Verzweiflung, von jener billigen Koketterie der Malaise, die einer vorm Spiegel aufgeschminkten Leichenmaske gleicht. Ich meine die Angst, die Menschen in die Flucht treibt wie geschreckte Schafe, eine kopflose, blinde Flucht, aus der eine ›Stampede‹, ein Massensturm in den Abgrund werden kann. Hier steht der heutige Mensch in seiner tragischen Gefährdung: er kämpft gegen die eigene Angst, die ihn, wenn er den Kampf aufgibt und die Flucht ergreift, vernichtet. Zwei Fluchtwege tun sich auf, und beide weisen ins Verhängnis: die Flucht in die Masse, in die Einstampfung, die Atomisierung des Ich, – und die Flucht in die Neurose, die Krisis des übersteigerten, des isolierten Ich. Es gibt auch die Flucht zu den leeren, machtlos gewordenen Altären. Denn zu den machtvollen, wahren, in denen der Geist wohnt, darf der Mensch nicht von Angst und Verzweiflung gejagt werden, sondern von Glaube und Hoffnung geführt, in der Liebe zum Schöpfer und zum Geschaffnen, das heißt: zu seinem eignen Ursprung und seinem eignen Geschlecht. Von der Angst aber wird die Liebe erwürgt. Niemand kann lieben, was nichts ist und nichts bedeutet, worauf er nicht bauen und nicht vertrauen kann.

Der Glaubensartikel jener Massenflucht lautet: es kommet nicht auf Dich an. Du *bist* nur als Bestandteil einer höheren Quantität: der Rasse, der Klasse, des Menschengeschlechts, oder, aus dem Räumlichen ins Zeitliche übersetzt: der Zukunft, jener vagen Ersatz-Dimension, die das in ihr lauernde Nichts mit leeren Transparenten überblendet.

Diesem Glaubensartikel des Unglaubens läßt sich nur ein primitives, weltaltes und immer junges, Credo entgegenstellen: Es kommt *auch* auf Dich an. Auf Dich, aufs Ich, nicht als isoliertes Zentrum, in die Irrenzelle der Selbstumkreisung gebannt, – auch nicht als namenlosen Bestandteil einer Quantität, – sondern als ganze runde Welt, einmaliges organisches Wesen, einbezogen ins vieltönige, orchestrale Koordinatensystem des Irdischen und des Außerirdischen, Geschöpflichen und Schöpferischen, Göttlichen und Menschlichen. Es kommt auf Dich an, – in Deiner Gegenwart, die unsre einzig erfahrbare Größe in der Zeit und im Raum darstellt, und unsren einzigen Weg zu einer überzeitlichen Einheit.

Ich glaube, eine Heilwirkung, ein Gegenmittel gegen die Wucherungen und Giftstoffe der Angst könnte, wie oft bei medizinischen Gegengiften, in einer Kraft bestehen, die ihr verwandt erscheint und doch aus anderen, gesunden Zellen wächst: aus der Furcht. Denn die richtige, die ursprüngliche Furcht geht, wie die Liebe und das Vertrauen, der Mut und die Hoffnung, auf dem Boden der erschaffenen Welt, der irdischen Wirklichkeit einher und wird, wie diese, von jener Bodenlosigkeit, in der die Angst wohnt, verschlungen. Warum fürchten sich Kinder mehr als Erwachsene? Weil sie noch nicht sinnesstumpf und stumpfsinnig geworden sind, und daher auch noch das Gespür haben für die Dinge, die in der Welt umgehn, für das Wesen und Treiben des Unsichtbaren und Unbekannten. Kinder und Hunde, vielleicht auch andere Tiere, von denen wir weniger wissen, haben dieses echte Gespür, die richtige Furcht. Wir haben es abgeschaltet, und deshalb, weil wir uns nicht mehr dort und dann, wo es am Platz wäre, zu fürchten wagen, weil wir uns der natürlichen Furcht schämen, weil wir die echte, begründete Furcht mit einer falschen Verstandeslampe wegblenden und abdrängen, haben wir es mit der Angst zu tun. Die große Angst, jene lähmende, zerstörerische, unfruchtbar machende Erkältung des Blutes und der Seele, entspringt zutiefst einem Mangel an Furcht. Denn Furcht ist mit Ehrfurcht verwandt, und in der Ehrfurcht vor dem Höheren und Höchsten, das wir nur ahnen, nicht begreifen können, besteht die Krone und zugleich ihre Überwindung. Wer ehrfürchtig lebt, darf dem Leben vertrauen und allem Lebendigen guten Mutes begegnen.

Denn wir sind auf der Welt nicht allein. Vom Lebendigen allezeit umgeben, von der Erdnatur umschlungen und durchtränkt, in kosmische und astrale Relationen bewußtlos einbezogen, der menschlichen Gesellschaft bewußt und immerfort verantwortlich, weist jeder, auch der einsamste Einzel-Weg, auf die Begegnung hin – die erhoffte und die unverhoffte, die furchtbar schöne und die furchtbar schreckliche –, der wir nicht ausweichen können und die wir noch auf der Flucht vor ihr insgeheim suchen, herbeiziehn und wünschen. Wer hat sich nicht einmal gewünscht, daß ihm, wie jenem auf der Jagd verirrten Königssohn, aus einem hohlen Baum die Schwester der sieben Raben entgegentritt, dem kolorierten Bild im Märchenbuche gleich, »wie Milch und Blut, und nur in die Fülle ihres goldnen Haars gehüllt«? Wer hat nicht einmal auf einem nächtlichen Heimweg durch leere, schwach erleuchtete Straßen das Grauen empfunden, das von dem klappernden, an stummen Wänden widerhallenden Fußtritt eines entgegenkommenden Fremdlings ausgeht? Und wer hat nicht, mit klopfendem Herzen hin und her laufend, jemanden zu einer Verabredung erwartet, der sich um fünf Minuten verspätet hatte? Fünf Minuten, fünf Ewigkeiten des Zweifels und der Verlassenheit? Wer hat nicht einmal, in einer Mischung von Erschrecken und Freude, in einem unbekannten Passanten die Züge eines Bekannten zu erkennen geglaubt, der ihm dann wenige Straßen weiter wirklich begegnete? Wer hat sich nicht einmal entzückt über ein im Gebüsch entdecktes Vogelnest voll weit aufgesperrter, furchtloser Schnäbel gebeugt, und wem stockte nicht einmal der Atem vor einer durch den schwarzen Raum sausenden Sternschnuppe? All das begegnet uns unverwandt, und es gibt kein Alleinsein, das nicht vom Trost und vom Schauer der Begegnung durchwittert wäre. Selbst in jener qualvollsten Einsamkeit, in die uns menschlicher Böswille verstricken kann, in eine Masse gepfercht, der Freiheit beraubt, in Gefängnissen, Lagern, Baracken, Todeszellen, gibt es noch eine letzte, tiefste Begegnung, zu der sich alle Völker zu allen Zeiten das Gebet erschufen: die der armen Seele – de profundis – mit ihrem Gott.

Kommen und Gehen, Sich-Treffen und Sich-Verlassen, Einander-Gewahrwerden und Einander-Erkennen ist unser natürliches Geschick. Die Vereinigung aber, das Verbundensein in einer festeren Bedeutung, kann erst durch außernatürliche, übergeordnete Institutionen erschaffen werden, durch die sakramentale Bindung der Ehe, oder das Pathos, die heilige Kommunion der Freundschaft.

Das Erste jedoch ist, auf allen Wegen, die Aufgeschlossenheit, das Weit-Offen-Sein des Herzens, auch für die flüchtige, vorüberstreifende, unscheinbare Zufälligkeit der Begegnung, und die Bereitschaft, davon gerührt, nicht im sentimentalen, sondern im ursprünglichen Sinne, angerührt, aufgerührt zu werden. Dies ist die rettende Gegenkraft gegen den abgründigen Ekel, den Menschen uns einflößen können, da wir sie – unser Ebenbild – zu gut kennen, und da wir den anderen gewöhnlich so sehen, wie wir selbst nicht sein möchten, und nur selten, in begnadeten Fällen, als das Bild, das wir uns wünschen: das Vorbild.

Ich notiere auf einem Bahnhof: »Über das Rührende an fremden Menschen.« Viele Leute steigen aus, schwitzend, durcheinander drängend, in einem schwülen, rußigen Brodem von Mühe und Ungeduld. Viele Leute warten auf dem Perron, in einer klebrigen, ärgerlichen Hast. Es ist Sonntag nachmittag und sehr heiß. Inmitten der Leute steht ein jüngerer Mann, schaut suchend hin und her, er hat ein kleines, vielleicht dreijähriges, zierlich aufgeputztes Mädchen auf einer Schulter, er trägt keinen Rock, ist hemdärmelig, ohne Hut. Ein etwas älterer, dicklicher, stark schwitzender Mann steigt mit seinem Köfferchen aus, direkt aus dem Speisewagen, in dem er wohl etwas getrunken hat, seine Stirn ist rot, sein Hut ins Genick geschoben. Er sieht sich um. Sie werden einander gewahr. Vielleicht sind es Brüder oder Vettern oder einfach Freunde, vielleicht haben sie einmal zusammen gearbeitet oder bei der gleichen Truppe gedient. Jetzt gehen sie aufeinander zu, küssen sich kurz auf beide Wangen, ihre Gesichter lachen, dann deutet der jüngere zu dem Kind auf seiner Schulter, und der ältere, heitere, dickliche, schlecht rasierte, verschwitzte spitzt seine Lippen und küßt nun auch das Kind, das sein Köpfchen, vielleicht von seinen Stoppeln gekratzt oder von einem Bier- oder Weinhauch auf seinen Lippen getroffen, ohne Unfreundlichkeit wegdreht, eher etwas zerstreut, wie in Gedanken an etwas ganz anderes oder als wäre es bei der Sache gar nicht zugegen. Aber der dicke Mann bemerkt die Ablehnung nicht, er hat keine Zeit, keinen inneren Raum dazu, sich verschmäht oder gar verletzt zu fühlen, – er *strahlt* – und ist ganz mit Strahlen beschäftigt, während er seinen freien Arm in den des Jüngeren einhängt, und so gehen sie miteinander fort. Ich schaue ihnen nach und habe von seinem Strahlen etwas mit abgekriegt, das ich körperlich spüre, indem mir die Augen heiß werden, er hat etwas hergegeben, wie die Sonne, von seiner Freude etwas weitergeschenkt, und so sind wir, ohne uns zu kennen, in einer Begegnung verbunden.

Auf demselben Bahnsteig, es ist in Dijon, einem französischen Eisenbahnknotenpunkt, steht ein junges Paar; er hat an einem durch die Schnur gesteckten Finger jenen Pappkarton baumeln, den überall die einrückenden Rekruten mit sich tragen, von ihm kann ich nur den Rücken und von ihr nur den Schimmer eines billigen hellen Kattunkleides sehen, denn sie sind so ineinander eingeklammert, daß man sie kaum als zwei Personen unterscheiden kann. Erst als der Zug pfeift, lösen sie ihre Münder, ihre Gesichter voneinander, und beide Gesichter sind ganz von Tränen überschwemmt. Noch als er auf dem Trittbrett steht, sind ihre Finger verschlungen, der anfahrende Zug reißt sie auseinander, und ihre Hand bleibt so abgerissen da hängen, daß sie nicht einmal winken kann. Er schaut nicht zurück, zwängt sich in den Wagen, und ich sehe, während der Zug schon um die Kurve biegt, wie sie plötzlich noch ein verknülltes kleines Taschentuch hervorzieht und ganz verzweifelt hinterherwinkt.

Ich aber bleibe mit dem Mädchen auf dem leergewordenen Bahnsteig, wo sie jetzt mit dem verknüllten Tüchlein die vom Weinen geschwollene Nase schneuzt und die Puderdose aus der Handtasche kramt, und rücke mit dem Rekruten in seine laute, beklemmende, peinlich-verdrießliche Kaserne ein, – und beide bleiben in mir, den sie nicht kennen, so vereint, wie sie unter den vielen Leuten aneinandergeklammert waren, immer so vereint, fast einen Leibes, wie da, auch wenn eine Zeit käme, in der sie sich selbst kaum mehr erinnern, einander gekannt zu haben.

In der Begegnung selbst steht keine Bleibe. Sie trägt den Zug des Vorübergehens in ihrem Wesen. Aber ihr Kern ist das Ereignis des Einander-Gewahrwerdens. Ihr Ziel ist der Schritt vom Gewahren zum Erkennen. Das »Erkennen« bedeutet in Luthers Bibelsprache die Vereinigung der beiden, die einander und ihres verschiedenen Geschlechts, ihres Drangs nacheinander gewahr geworden sind. Im Erkennen geschieht die Begehung ihres gemeinsamen Triebs, ihres Mündens ineinander als Vollzug ihrer Begegnung. Auch dieser dauert nicht. Aber es ist ein dauernd wiederkehrender, mächtiger Vorgang im Lebensvollzug, ein Element und zugleich ein Symbol des Lebens überhaupt. Er ging hinein, heißt es im biblischen Bericht, und scherzte mit ihr. Oder: sie scherzten miteinander. Der Scherz, das Spiel (gleich den Liebes-Spielen in der Natur) wird zur *Form* der leiblichen Begegnung, verleiht ihr über den Vollzug hinaus eine zwecklose und daher sinnhafte, eigenlebige Gestalt und Bedeutung. Dies, ins Geistige übertragen, ist die Grundregel aller Ästhetik. Gewahren, Erkennen – Vollziehen, Vollbringen, Gestalten.

Und in jede Stufe ist, wie eine ewige Spur, das Zeichen der Liebe eingegraben.

Auch die Liebe, die irdische wie die himmlische, vor allem aber die überpersönliche, zu Menschen und Geschöpfen, die uns begegnen, ohne uns den Genuß einer Selbststeigerung zu bescheren, muß gelernt und geübt sein wie das Gehen des Kindes und das Waldlaufen, wie das Reiten und andere, schwierigere Künste, in denen wir uns bewähren müssen.

Ich notiere auf einem langen Weg: »Über die Schwierigkeit, den Widerwillen gegen die Ausflügler zu überwinden und ihnen ihr Vergnügen zu gönnen.« Indem ich dies notiere, weiß ich bereits die besondere Formel dafür. Sicher ist, daß ich ihnen ungern begegne und daß sie mir, an gewissen schönen Orten der Schweiz etwa, wo sie in häßlichen Trauben daherjodeln, auf den schneeweiß besternten Narzissenwiesen oberhalb des Genfer Sees, auf die sie sich rupfend und raufend hinstürzen, nicht nur schwer auf die Nerven gehn und mir den Weg vergällen, sondern fast eine Giftspritze von Haß einjagen. Ich könnte mir auch das Mißgestimmte, Gallige, Gequälte in ihren Zusammenrottungen vorstellen. Den schrecklichen Mißmut der auf Familienausflüge wie Gefangene mitgeschleppten Kinder, den Streit der Erwachsenen über Fahrzeiten und vergessene Feldflaschen, die schlechten Ausdünstungen des Leibes und der Seele, die große Desillusion. Aber meine Formel ist, daß diese Vorstellung, der ganze Komplex dieser Vorstellungen, mich nicht freut. Es freut mich vielmehr, die Heiterkeit einer österreichischen Jausenstation zu bedenken, die Befriedigung an guten einfachen Dingen, oder die lustige Beschwipstheit eines überfüllten Weingärtchens im Waadtland, das Glück einer kleinen Familie, die sich ihre Sonntagsgenüsse bis auf den letzten Heller ausgerechnet hat, die Vorfreude der Kinder und ihre, auch über Enttäuschungen hinweg, sich später klärende, verklärende Erinnerung. Hier liegt meine Formel zur Überwindung des Widerwillens an der unerwünschten Begegnung. Je länger ich lebe, desto überflüssiger und unwichtiger scheint es mir, die Abwässer und die Armseligkeiten des Menschenlebens vordergründig zu beleuchten, zu bekritteln oder zu kultivieren. Je mehr ich vom wahrhaft Grausigen des Menschseins, auch von der Unbarmherzigkeit, Unerbittlichkeit menschlicher Liebe oder Passion, und von der Häßlichkeit dessen, was Menschen einander antun können, weiß und erfuhr, desto stärker treibt es mich, von der Gutheit zu zeugen, die in ihnen und zwischen ihnen möglich ist, und das in ihrer Natur angelegte Liebesbedürfnis, im Sinn des gegenseitigen Vertrauens, des Schenkens und Erweckens von Vertrauen und Zuneigung, als das größere und bedeutsamere Medium ihres Daseins zu erkennen.

Ich erinnere mich eines amerikanischen Films, in dem ein verfolgter Verbrecher einem verlassenen Hund begegnet, und nun diesen Hund, einen häßlichen, verschmutzten Köter, der aus irgendeinem Grund zu ihm Vertrauen faßt, nicht mehr verlassen kann. Er wird wohl auch dieses Hundes wegen schließlich gefangen und muß auf den elektrischen Stuhl. Der Hund bleibt nun wieder verlassen, jedoch als ein Hinterbliebener, trauernd zurück. Er ist nicht mehr so allein, wie er vorher war, denn er hat seine Trauer, die Trauer um eine erlebte Liebe. Und für den Delinquenten ist der letzte Gang, das Ende, kein so abgründiger Schrecken mehr, wie er es vorher gewesen wäre. Er hat geliebt, zwecklos geliebt, und ihm wurde vertraut. Der Hund heult um ihn. Was ihn heulen macht, was ihn grade diesen wüsten Kerl lieben machte, ist uns fremd und verschlossen. Wir dürfen sein Gefühl und seine Reaktionen nicht mit unseren Maßstäben messen. Sie sind anders und stammen aus anderen Gründen als aus denen des menschlichen Bewußtseins. Aber sie waren da, als ein Wert, ein Strom, ein positiver Anschluß an die große, in der Welt vorhandene Liebe. Der Kontakt, der Funkenschlag, die Überstrahlung waren wahrhaft vorhanden, als sich die feuchte kalte Nase in die grobe Hand schmiegte. Und nur darauf kommt es an. Nur daraus erwächst uns eine Gewißheit auf unseren ungesicherten, unbekannten Wegen. Es gibt die liebende Begegnung auf dieser Welt. Es gibt die Freude. Es gibt die Freundschaft. Es gibt das Vertrauen.

IV Vom Anschauen der Natur

Anschauen ist etwas anderes als Betrachten oder Beobachten. Es schließt beides in sich ein, aber etwas Entscheidendes muß noch dazukommen. Auch das Anschauen setzt wie das Beobachten oder Betrachten eine gewisse Distanz vom Gegenstand voraus, wobei es gleich ist, ob es sich um die räumlich kurze Distanz zwischen Auge, Mikroskoplinse und Betrachtungsobjekt, oder um die weitere zwischen einem Berggipfel und der ausgedehnten Landschaft, einem Fernrohr und dem Sternhimmel handelt.

Die Distanz der Anschauung ist die des Individuums von allen anderen Individuen, Dingen und Erscheinungen. Das besondere Wesen der Anschauung jedoch liegt in einer Grenzüberschreitung der objektiven Trennungslinie zwischen dem Anschauenden und dem Angeschauten. Der Anschauung eignet eine subjektive, eine persönliche Kontaktnahme mit dem wahrnehmbaren Gegenstand, eine Bereitschaft zum Ergreifen und zum Ergriffensein, die bis zur Durchdringung des Objekts mit den Kräften des eignen Wesens, als auch zur Berührung mit seinen Hintergründen, ja bis zur Identifikation mit ihm gesteigert werden kann.

Es gibt keine »reine« Anschauung, besonders nicht in der Kunst, in der immer wieder die »Wirklichkeit durch ein Temperament gesehen« wird. Stoffliche Realität, physikalische Meßbarkeit, geistige Kategorie, theologische Dogmatik, – der Weg zur Erkenntnis, und von da zur Gestaltung, geht immer nur über die Anschauung, die eine persönliche, leidenschaftliche Teilnahme, ein gegenseitiges Verhältnis des Besitzens und Besessenseins voraussetzt. Was wäre der Astronom, der nicht seine Sternenwelt auch außerhalb des Observatoriums besitzt und von ihr besessen ist? Daß es spekulatives Denken, mathematische Berechnung, visionäre Illuminationen gibt, ändert nichts an der Tatsache, daß allem Begreifen, Erfassen, Erkennen und Gestalten das Anschauen zugrunde liegt. Deshalb ist das Auge, vor allen anderen Sinnesorganen, zum Symbol der weltumfassenden, die Welt durchschauenden Gottheit geworden.

So scheint es mir eine unerschütterliche These zu sein, daß der schaffende Künstler, vor allem der Schriftsteller, ohne ein konstantes und fortschreitendes Anschauen der Natur den Boden und die Sicherheit seines Schaffens verliert. Denn er muß sich zur Ergänzung und Entfaltung, zum Ausgleich und zur Kontrolle der eigenen Substanz an etwas halten können, das ihn nicht irreführen kann. Man könnte mir entgegenstellen, daß seine schöpferische Sicherheit auch in einem Glauben wurzeln mag. Aber das Anschauen der Natur bedeutet für einen heute lebenden Menschen keineswegs eine Abkehr vom Glauben, sondern eher eine Hinwendung dazu. Auch sind alle großen Verkünder des Glaubens, in all den Jahrtausenden, seitdem die Menschheit um den Sinn ihres Daseins ringt – auch wenn sie das anscheinend »Übernatürliche« lehrten –, in ihren Bildern, Gleichnissen und Weisungen vom »Natürlichen« ausgegangen, in dessen Anschauung sie das menschlich-irdische Maß, die Grenze der Erkenntnis gesetzt wußten.

Natur ist in diesem Betracht die Wesenheit alles Vorhandenen, nicht nur die »freie« Natur, der man auf seinen Wegen außer Hause begegnet, oder die in den Sonderzweigen der Naturwissenschaften zusammengefaßten Materien. Wenn ich ein Buch in die Hand nehme, abstraktesten Inhalts, weiß ich noch, daß sein Papier aus Naturstoffen gemacht ist, die das hineingebannte Gedankengut vielleicht überdauern; – eine geschnitzte Kreuzigungsgruppe macht mich der Holzart gedenken, aus der ihre Form gebildet, die Gestalt des Kunstwerks erweckt wurde; – der Anblick eines in sich vollendeten Bauwerks, einer gotischen Kathedrale, gemahnt an die Brüche und Gruben, aus denen die Steinmetze ihre Blöcke holten, und an die vielen schweren Geburten des Erdgesteins überhaupt, – in ähnlicher Art, wie der Anblick der Pyramiden bei allem Überwältigtsein von ihrer Größe und ihrem Bedeutungshaften auch an den Schweiß und die Last der Sklaven erinnert, die daran gearbeitet haben, und an den Geist und das geheime Wissen ihrer Konstrukteure. Selbst wer nichts darstellen will als den Raum einer Kneipe, mit getünchten Wänden und ein paar Tischen und Stühlen darin, muß Natur in sich haben, sonst macht er leblosen Abklatsch, und noch der »gegenstandslose« Maler, wenn er ein Künstler ist und kein Spekulant, weiß um die Natur von Farbe und Licht, und hat genug Natur in sich hineingeschaut, um seinen Formspielen eine innere Wahrheit, Geist vom Geiste des Lebens zu verleihen.

Einen Gegensatz zwischen Natur und Geist zu konstruieren, ist ein fruchtloses und vergebliches Unterfangen, denn die eine Kraft wird ja stets von der andren durchweht, durchflutet und verwirklicht. Naturanschauung ist im leiblichen wie im geistigen Sinn Berührung mit dem eigenen, kreatürlichen Wesen und Verehrung des unberührbaren, unbegreiflichen Schöpferwesens. Die Natur mag auf ihr teleologisches, zweckbestimmtes Verhalten betrachtet und durchforscht werden – einen Endzweck in sie hineinzudeuten ist müßig oder vermessen. Und zwischen Anschauen und Verehren wölbt sich zwischen Gewahren und Erkennen der Regenbogen, die strahlende Aura der Liebe.

Es handelt sich also hier nicht um forschende Beobachtung und Sammlung von Einzelheiten wie bei der Wissenschaft, erst recht nicht um stimmungshaft-schwärmerisches Naturgefühl, sondern um das fortgesetzte, bewußte und liebende Anschauen der Natur, ihrer Erscheinungen und Phänomene, ihrer unerschöpflichen Formspiele, ihres Gestaltwandels und ihrer Sinnhaftigkeit, worin wir die notwendige Disziplin und den ewigen Vorrat des schaffenden Menschen, sowie die einzig zuverlässige Vergleichsmöglichkeit für den Wahrheitsgehalt seiner Arbeit erkennen.

Was das Naturgefühl anlangt, so ist es in seiner Substanz und seinen Äußerungen einem merkwürdig raschen Wandel zwischen den Generationen unterworfen. Sieben Jahre, nicht dreißig, machen wohl in besonderen Zeiten der Vorbereitung und Umschichtung, des Weltbildes und der Gesellschaft, schon eine Generation. Ich kann da aus eigner Erfahrung sagen, daß das Verhältnis zur Natur bei meinem nur sechseinhalb Jahre älteren

Bruder und seinen künstlerisch inspirierten oder geistig aufgeschlossenen Altersgenossen von dem meinen völlig und grundsätzlich verschieden war. Dabei sind wir beide noch vor 1914 aufgewachsen. Das seine und das seiner Freunde war in hohem Maße vom romantischen oder neuromantischen Empfinden bestimmt. Ein Sonnenuntergang etwa war eine »Impression«, deren Stimmungsgehalt – in ein Bild, eine Komposition, ein Gedicht übersetzt – dem Seelenzustand des Beschauenden entsprach und zu seinem Spiegel wurde. Ich war bereits mit Dreizehn an der Impression und am Stimmungsgehalt uninteressiert, – ohne deshalb der emotionellen und spirituellen Bedeutung des Naturerlebens entfremdet zu sein, die mich aufs innigste durchdrang, – aber ich wollte damals schon von der Erkenntnis des Sachverhalts, der bestimmten Erscheinung her, (etwa der Einwirkung des Lichtwechsels auf Tiere, Bäume, Blumen, des unheimlich-lebendigen Treibens in der Dämmerung, des Bemerkens der auftauchenden Planeten und Sternbilder), das ganze runde Ding anschauend umfassen. Ich fühlte mich der Natur zugehörig, aber nicht in der Absicht, meine Seelenstimmung in sie hineinzuprojizieren, sondern umgekehrt: im Bedürfnis, sie ganz auf- und in mich hineinzunehmen, um dann auch meine Phantasie von ihr überwältigen zu lassen. Hier wurde die romantische, schwärmerische oder mythisierende Beziehung, wie sie zum Beispiel bei den »Wagnerianern« vorlag, bereits durch einen aktiveren Vorstellungs- und Berührungswillen, keineswegs ohne Ehrfurcht oder Begeisterung, abgelöst – (der sich später bei mir manchmal bis zu einer Verfallenheit an die Natur auswachsen sollte). Es kam dabei auch schon nicht mehr auf das »Schöne« im Sinn einer ästhetischen Auswahl an, sondern auf die tiefere, heftigere, nacktere Schönheit des gesamten Lebensvorgangs, einschließlich seiner Gewalttätigkeit, seines Zerfalls und seines Grauens.

Gleichzeitig empfand ich eine instinktive Skepsis gegen die, von den Altersgenossen meines Bruders noch für endgültig gehaltenen Gesetze der Wissenschaft, besonders wenn sie als pragmatisch bewiesen, logisch, kausal und selbstfunktionell hingestellt wurden. Ein mechanistisches Weltbild konnte mich nie befriedigen, ebensowenig aber berückte mich eine künstliche Humanisierung der Natur, ihre Erläuterung, Inanspruchnahme oder Patronisierung im Sinne irgendeiner Theorie oder eines erdachten »Ideals«. Viel eher neigte ich in primitiveren Jahren zu einer Art von Animismus, zum Gefühl einer panischen Belebtheit, einer außermenschlichen Beseeltheit der Natur. Ich hätte leichter an Baumdryaden und Quellnymphen, an krönchentragende Schlangen und Zauberpferde geglaubt als an eine den Dingen und Geschöpfen innewohnende, fortschreitende Vernünftigkeit.

Furchtbar, und in bittersten Kämpfen der Schulderleidung und des Gewissens, erlebte ich die Grausamkeit, Unbarmherzigkeit, dämonische Zwiespältigkeit der Natur. Meine erste bewußte Gewissensqual in diesem Bereich hatte mit dem Fang eines Pärchens der grünen Zauneidechse zu tun. Nicht etwa, daß ich jemals die übliche Roheit der Kinder, die gedanken- und ahnungslose Verletzung geschöpflichen Lebens geteilt hätte. Mir war dafür von frühster Jugend an ein besonderer Zartsinn verliehen. Ich fing meine Eidechsen mit größter Umsicht, natürlich von jenem Jagdfieber des »Lebendighabenwollens« gepackt, unter Vermeidung jeder Schmerzzufügung, vor allem unter besonderer Rücksicht auf ihren dünnen, leicht abbrechbaren Schwanz, der zwar wieder nachwächst, aber durch eine Vernarbung beschwert und abgestumpft, nicht mehr in seiner eleganten, den Lauf des Tieres steuernden, länglichen Zugespitztheit. Ich fing sie sachgemäß, wie ein gelernter Reptilienjäger, indem ich ihnen eine kleine, selbstgemachte Grasschlinge über den Kopf warf, und das mattgefärbte Weibchen, dessen trächtiger Leib schon von durch die Haut sichtbaren Eierwulsten gekerbt war, überdeckte ich mit meinem Taschentuch, bevor ich es anfaßte und in eine mit Moos gefüllte Schachtel barg. Der Gedanke, daß diese Eier nun in meinem Terrarium gelegt und die winzigen Jungtiere dort ausschlüpfen würden, erfüllte mich mit Entzücken und verdoppelte meine Vorsicht. Das Bedauerliche aber war, daß ich gerade, bei einem Landaufenthalt mit meinen

Eltern nicht völlig equipiert, kein Terrarium besaß. Ich erbettelte mir daher von den Pensionsinhabern ein leeres Kakteenhaus, dessen Wände glatt und hoch genug waren, daß die Tiere nicht herauskonnten, und dessen schräges Glasdach man an seitlichen Scharnieren soweit hochstellen konnte, daß ein breiter Spalt entstand und die Luftzufuhr gesichert war. Den Boden des Hauses richtete ich mit allem ein, was den Lebensbedingungen der Tiere entsprach, trockenem Sand, Moos, einer Humusecke mit eingepflanzten Farnkräutern, gehöhlten Rindenstücken, einem zwischen Kalksteinen eingebauten Wasserschälchen, und versorgte sie auch mit Ameiseneiern und lebendem Insektenfutter. Alles war aufs beste für das Wohlbefinden, sogar für die Fortpflanzung der Tiere vorbereitet. Aber die Glaswände! Das Glasdach! Ich war physikalisch noch ungeschult und dachte nicht an die Brennglaswirkung der darauf fallenden Sonnenstrahlen. Auch keinem der Erwachsenen, denen ich mein Vivarium zeigte, kam dergleichen in den Sinn. Am nächsten Tag mußte ich in die Stadt zur Schule fahren, und als ich gegen Abend zurück kam, waren die Eidechsen tot. Das Glashaus war, auf dem Balkon stehend, für einige Mittagsstunden der vollen Sonnenglut ausgesetzt, und meine sorglich vorbereiteten Plätze zum Verkriechen unter den Rindenstücken oder dem Farnkraut hatten nicht genügt. Die Eidechsen lagen unter den angewelkten Pflanzen, versengt, gedörrt, lebendig geröstet, mit ausgebrannten Augen, die Seitenhaut des Weibchens faltig über die gleichsam in ihrem Innern eingetrockneten Eier gerunzelt.

Meine Verzweiflung war grenzenlos. Ich konnte und wollte sie nicht zeigen, grub und biß sie in mich hinein. Mit einer selbstquälerischen Deutlichkeit stellte ich mir ihr jämmerliches Sterben, an dem ich Schuld trug, vielleicht sogar übertrieben langsam und schmerzhaft vor. Für eine ziemlich lange Zeit war mir von da ab die Natur, das Leben überhaupt, ein Bildnis der Hölle, in dem schuldlose Geschöpfe unaufhörliche Qualen leiden, – mit ihren flüchtigen Freuden nicht bezahlt. Ich spürte den Angelhaken im Gaumen des Fisches, das Gebiß des Frettchens im Genick oder in der Kehle der Kaninchen, die Pranke des

Raubtiers in den Eingeweiden seines Beutewilds, den Schnabel des Raben im Auge eines überfallenen Nestvogels. Ich fühlte mich schuldig daran, daß der geliebte, freundliche Hund unbarmherzig eine jammernde Katze zerreißen würde, die, ebenso geliebt, unterwegs zu ihren im Heu verborgenen Jungen war, daß die Katze lustvoll die Knöchlein eines erwischten Vogels zerknacken und ihn noch zappelnd ihren – erst recht geliebten – Kätzchen zum Spiel bringen würde, daß der Vogel in die rührend vertrauensvollen Schnäbel seiner eignen Brut ein hilfloses, noch lebendes Insekt stopfte. Ich zerfiel mit dem Schöpfer und haßte seine Welt. Nachts verwirrte sich all das in heißen, verschlungenen Träumen von einer unbegreiflichen, lusthaften Faszination. Im Wachen aber war ich den geschlechtslosen Engeln noch näher als dem Menschengeschlecht und empfand nichts als Trauer, Zorn und Empörung.

Eines Tages sah ich zwei schwarze, hartschalige Käfer, die einander unablässig verfolgten, anpackten, umwarfen, überkletterten, bestiegen, wobei der eine die zuckende Spitze seines Hinterleibs in den des anderen zu bohren versuchte. Ihr ganzes Wesen machte einen qualvollen, dumpf getriebenen, gepeinigten Eindruck. Dennoch wußte ich bereits, daß es hier um etwas ging, was man nicht stören dürfe: um einen Begattungsakt, einen Zeugungsvorgang – eine Liebeshandlung. Zum ersten Male löste sich in mir der Krampf jener trauervollen, luziferischen Auflehnung gegen Schöpfer und Schöpfung und wandelte sich in eine stille, erstaunte Wehmut. Kurz darauf begegnete mir das Entscheidende. Ich hatte wieder begonnen, Natur und Geschöpfe mit den Augen erregter Neugier und liebender Sorgfalt zu betrachten. Wir lebten immer noch auf dem Land, und es gab da in einiger Entfernung vom Haus eine kleine Waldkapelle, die von einem ungepflegten, zu wildnishaftem Dickicht verwachsenen, ehemaligen Pfarrgärtchen umgeben war. Verwilderter Flieder stand dort mit allem möglichen Gebüsch zwischen alten und jüngeren Bäumen, – Kiefern, Eichen und Birken, das Gras wucherte hoch, der Boden war überall von Wurzelwerk durchzogen, von Schößlingen und Schattenpflanzen bedeckt, es roch pilzig, nach verfaultem Altlaub und feuchten, üppigen Moosen. Wer sich dort versteckte, konnte kaum aufgefunden werden, ich wußte dies von früheren Räuber- und Indianerspielen und pflegte diesen Ort, an dem mich niemand vermutete, wenn immer möglich aufzusuchen, am liebsten gegen Abend, um in der einfallenden Dämmerung meine Konflikte mit der Welt und mit mir selbst auszutragen oder auch den mich jetzt immer stärker bedrängenden, schauervoll-köstlichen Wachträumen der beginnenden Reife nachzuhängen. Dabei gelang es mir, Tiere zu beobachten, wie man sie sonst kaum aus der Nähe sieht, ich hatte das Geheck eines Steinmarders im zerfallenen Mäuerchen ausgemacht, konnte aber auch die Nachtigall und den seltenen Sprosser – das Gesicht ins Gelaub eines dichten Busches gepreßt – bei ihrem abendlichen Schlagen belauschen. Eines solchen Abends, es war im Frühling, ergriff es mich wie ein Rausch, gleichzeitig hörte ich dicht über mir ein heftig raschelndes, federflatscherndes Geräusch in den Zweigen, und ein Buchfinkenpärchen stürzte, völlig ohne Vorsicht und nur voneinander besessen, dicht vor mir ins Gras herab, wo – sie mit dem Schnabel niederhaltend und unter einem zuckenden, krampfigen Flügelschlagen – der Hahn sein Weibchen trat.

In diesem Augenblick glaubte ich, von einem wilden rasenden Herzklopfen gepackt, das Bewußtsein zu verlieren, ich umklammerte den mir nächsten Baumstamm, es war eine junge, in Hüfthöhe leicht seitwärts geneigte Birke, deren kühle Rindenhaut für mich etwas vollkommen Weibliches, Frauliches besaß, ich preßte die Lippen darauf, schlug die Zähne hinein, saugte daran, hielt einen glatten Zweig wie eine Hand, wie einen nackten Arm ergriffen, und da geschah mir, zum ersten Male, was mannbar werdenden Knaben sonst in beklommenem Schlaf, in einer dumpfen Bettkammer geschieht, mit einem ungeheuren, unbegreiflichen, unergründlichen Lustgefühl. Es geschah mir dies ohne Schreck, ohne Scham, – ohne Reue oder Zerknirschung, ohne Ungewißheit, ohne Frage und Rätsel, nur als ein beglückendes Wunder. Ich sank an meinem Baum hinab und in einen kurzen, pflanzenhaften Schlummer, angeschmiegt an den

Boden, die aufgewühlte, schimmlig riechende Moosnarbe wie an einen bräutlichen oder mütterlichen Leib, und als ich wach wurde, erhob ich mich mit einer nie vorher gekannten Stärkung und Sicherheit.

Nie mehr lebte ich seit diesem Augenblick im Zwiespalt mit der Natur, auch nicht mit ihrem Schöpfer, doch stets in dem strebenden Versuch, in Einklang und Ausgleich mit ihrem Pandämonium zu stehen und unser Menschenschicksal, zwischen Element und Sitte, zwischen Urnatur und Güte oder, wenn man es einfach so nennen darf, zwischen Wildheit und Frommheit, wie das Gebilde der »enharmonischen Verwechslung« in der Musik zu begreifen und darzustellen.

Ja, ich hatte damals im Zeitraum von Sekunden für alle Zeit erkannt, daß ich nicht jeder Katze auf der Welt die zur Todesmarter bestimmte Maus entreißen, nicht jedem Jungen die Fliege, der er die Flügel auszurupfen plant, aus der Hand schlagen, nicht jeden über die Straße kriechenden Wurm vorm Wagenrad retten kann. Daß die Empörung, die Auflehnung, der Widerstand am Drama dieses Lebens, das nicht im Paradiese spielt, nichts ändern könne. Später kam ich öfters auf den (theologisch vermutlich höchst anfechtbaren) Gedanken, der mir aber auch einmal in einer überraschenden Weise von einem ganz primitiven und sehr frommen Menschen in einem Hochgebirgsdorf vorgebracht wurde, daß das Paradies ein Irrtum des Schöpfers war, oder sozusagen ein nicht geglückter Versuch, und daß erst in dem nachparadiesischen Zustand, der den Menschen inmitten der Erdgefahren und der Versuchungen stellt, und in den Kampf zwischen Trieb und Bewußtsein, das erreicht werden kann, was die Schöpfung zu ihrem vollen Aufblühn, zu ihrem mächtigsten Entbrennen noch brauchte: die Läuterung, das Ausglühen der Seele, der göttlichen Substanz in uns, – die Erlösung. Denn der Läuterungs-Gedanke ist ja in allen Religionen angelegt, und in unsrem Verhalten zur Natur, zur geistigen Welt und zu den Mitmenschen bleibt er unser dauerndes Leuchtzeichen.

Ich fand kurz nach dem erwähnten Erlebnis eine ausgewachsene Raupe des Wolfsmilchschwärmers (eine ziemlich große, unbehaarte Raupenart, wie alle Schwärmerraupen mit einem Horn am Hinterleib versehen, die während ihres Heranwachsens unter verschiedenen Häutungen mehrmals die Farbtöne wechselt, von hellem Resedagrün übers pompejanische Rot bis zu tiefem, ins Violette spielenden Weinrot, mit olivgrünen Augenflecken geziert). Diese Raupe wand sich im Staub, in den jähen, spasmischen Zuckungen der letzten Agonie, und aus ihrer glatten Haut brachen überall unzählige, winzige Larventiere, fahle klebrige Würmer, so wie sie bei Hieronymus Bosch aus dem Bauch des von Gott geschlagenen Herodes brechen. Es war eine Schlupfwespenbrut, die sich im Innern der Raupe ernährt, sie ausgefressen hatte, nachdem sie eines Tages von der Mutterwespe überfallen und angestochen worden war, ohne sie funktionsstörend zu verwunden, wobei ihr die Eier eingespritzt wurden.

Diesen recht scheußlichen Anblick konnte ich jetzt schon ertragen, ohne der Welt zu fluchen. Denn ich hatte ja begriffen, daß man, – selbst ein Teil dieser an Lust und Qual ausgelieferten Geschöpflichkeit, – den einzelnen Naturvorgang ebenso wie das Einzelschicksal nicht wehleidig oder reformatorisch betrachten könne. Es muß wohl, dachte ich mir damals, von alledem, Leben und Sterben, Lust und Schmerz, eine bestimmte Menge oder Summe geben, die sich immer erneut und ergänzt und in der ein bestimmtes, uns unbekanntes, aber notwendiges Ziel oder Ende angelegt und gemeint ist. So erfand ich mir, ohne davon zu wissen, und auf naive Weise, die »Entelechie«.

Ich hütete mich auch wohl, die eben schon absterbende Raupe aus Gründen des Gnadentods zu zertreten, weil ich damit auch die, doch sicher zum Leben bestimmte Larvenbrut vernichtet hätte. Aber ich beschloß, alledem, soweit es erfahrbar ist, auf den Grund zu gehen, um soviel wie möglich über die Geschöpfe zu wissen und vielleicht auf dem Wege der Anschauung zu einer besseren Einsicht in das Wesentliche zu gelangen. Die Nacktheit der Raupe verführt in besonderer Weise zu einem augenfälligen, aber wohl unzutreffenden Vergleich mit dem Menschenleib und seiner Schmerzfähigkeit. Die Fragwürdigkeit solcher Vergleiche liegt auf der Hand. Ich beschloß, mich über das Nervensystem der Insekten zu informieren, besonders derjenigen, die der Metamorphose unterworfen sind, in den verschiedenen Stadien ihrer Entwicklung und Übergänge. Was bedeutet das scharfe Zucken, das manchmal durch den Körper der verpuppten Geschöpfe läuft, während ihre äußere Hülle starr und fühllos erscheint? Bald darauf schnitt ich, wie Strindberg es als erwachsener Mann und Forscher tat, eine Schmetterlingspuppe auf, um darin weder eine halbe Raupe noch einen halben Schmetterling, sondern eine gestaltlose Masse gelblichen Schleims zu finden, in den sich die Raupe im Innern der Puppenhülle zerlöst und aus dem sich dann der vollkommene und komplizierte Körper des Schmetterlings, mit seinen sämtlichen Sinnesorganen und aller Schönheit seiner Flügelfärbung, aufbaut. Das Geheimnis der Histolyse, der Gewebeauflösung als Mittel eines produktiven, konstruktiven Entwicklungsvollzugs begann mich tief zu erregen. Ebenso erfuhr ich um die gleiche Zeit, daß gewisse Fische, auch einzelne Lurche, sich dadurch fortpflanzen, daß die männlichen Tiere ihren Samen über dem abgelegten Laich verströmen lassen, zweifellos von einem uns unbekannten Reizvorgang oder einer Lustregung getrieben, die nicht vom weiblichen Tiere selbst und seiner Geschlechtsnatur ausgeht, sondern erst durch den von ihm abgelösten Lebenskeim entfacht wird. Aus vielen ähnlichen Erfahrungen erwuchs mir mehr und mehr die Erkenntnis, daß wir die vitalen Tatsachen der geschöpflichen Reaktivität, Lust und Schmerz, nicht mit dem verstellten Blick des Moralisten anschauen können. Oder wäre denn Schmerzüberwindung wirklich mit Lustentsagung identisch? Auch in der Abtötung des Fleisches ist ja schon wieder eine Tötung, eine Gewalttat enthalten. Das heißt: ein gewaltsamer, bewußter Eingriff in das Natürliche. Und es erhob sich die Frage, inwieweit der Mensch überhaupt berechtigt ist und befähigt, in die Vorgänge der Natur und des Lebens einzugreifen.

Hundertmal habe ich seitdem Tiere vor einer Not oder Gefahr gerettet, und immer kam und komme ich mir dabei ein bißchen komisch vor. Ich spreche hier nicht von Heil- und Hilfsaktionen zwischen Mensch und Mensch, zwischen Mensch und Geschöpf. Dazu sind wir, ohne Zweifel oder Frage, durch die uns eingeborene humanitas, die Fähigkeit zum Bewußtwerden der Liebe und zum Auswirken der Sympathie, bestellt und berufen. Ein von der Mähsense angeschlagenes, von der im Frühlicht überraschten und erschreckten Ricke verlassenes Rehkitzchen zu heilen und mit der Flasche aufzuziehen, – oder das Schienen und Ausheilen des gebrochenen Flügels eines Waldkäuzchens, bis es eines Abends, schon nahezu zahm geworden, auf dem Fensterbrett sitzt, gleichsam die Nacht und ihre lockenden Untiefen durchspürend und anpeilend, um plötzlich wie eine abgestorbene Seele auf und davon zu schwirren, – all das bedeutet kein Eingreifen, sondern nur ein Ausgleichen oder Mit-Tun im natürlichen Geschehn. Aber wie ist es mit dieser Gottähnlichkeit, die man sich anmaßt, wenn man einen die Straße überkrabbelnden Käfer auf die ungefährliche Wiesenböschung setzt, auf der ihn dann vielleicht die nächste beste Grasmücke oder Blindschleiche aufschnappt? Sind und bleiben wir nicht immer stümpernde Herrgotts- oder Teufelsschüler?

Noch näher, noch dichter muß der Mensch an die Natur heran, noch schärfer muß sie uns in der Haut jucken, unter den Nägeln brennen, diese unerbittliche Wechselbeziehung zwischen homo und animal, zwischen denkender und fühlender, jagender und gejagter, mitschuldiger und unschuldiger Kreatur. Wie wenige Menschen wissen um die intime, fast zärtliche Vertrautheit, oder darf man sagen: die Blutsverwandtschaft zwischen dem Jäger – wenn er ein guter Jäger ist – und seinem Wild! Man antworte mir nicht ironisch, daß dies wohl ein einseitiges Vergnügen sei. Der Eros in Wild- und Forstpflege ist etwas anderes als die von der Nutzbarkeit bestimmte Züchtung von Schlachtvieh oder der Anbau von Baumwollstauden. Die pflegsame Anschauung des Jägers, der sein Revier bis zum letzten Krähenhorst oder Schälbaum kennt, überträgt sich in Gestalt einer stofflich vorhandenen, nachweisbaren »Atmosphäre« oder Ausstrahlung auf das Getier, das sich in diesen Gründen »zu

Hause« fühlt, – und zwischen dem zum Abschuß bestimmten Bock und seinem Schützen spannt sich eine immer stärkere Feder, deren Abschnellung im Augenblick des Tötens etwas von einer gemeinsam erlebten Katastrophe, aber auch der mit ihr verbundenen Lösung oder Katharsis, von der Erfüllung eines Orakels oder Schicksalsspruches hat. (Dies bezieht sich allerdings nur auf europäische Verhältnisse, in denen die Jagdbräuche und die Wildpflege auf alte geheiligte Traditionen und auf lange, exakt niedergelegte Erfahrungen gegründet sind. Ähnliches findet sich gewiß auch bei primitiven Völkern, aber ich habe davon keine unmittelbare Kenntnis. In Amerika ist das Jagdwesen im großen ganzen, wörtlich gemeint, »unterm Hund«, aber auch dort gibt es dann den individuellen Einzelfall des mit einer echten Passion, Hingabe und Verantwortung sein Revier betreuenden Jägers. Gewöhnlich ist es dann ein sogenannter »Old-Timer«.) Ich habe selbst gejagt und schäme mich dessen nicht, obwohl ich es heute nur noch im Zustand der Not, unmittelbarer Nahrungsnot tun würde. Denn es ist nicht mein Geschäft oder Beruf, und zum sportlichen Vergnügen scheint mir die Jagd zu ernst und zu bedeutend. Aber auch hier ist eine wehleidige Betrachtung fehl am Ort. Wer das Fleisch getöteter Tiere ißt, und mit Lust, muß auch imstande sein, sie töten zu können. Denn man kann sie liebend und schonungsvoll töten, und alles übrige ist Selbstverschonung. Als ich einmal bei Bernard Shaw, dem überzeugten Vegetarianer, der viel Bissiges über uns Leichenfresser gesagt hat, zum Lunch geladen war – ich selbst wurde dort übrigens mit vorzüglichen Hammelkoteletten und Wein bewirtet, denn Shaw war ja kein Sektierer –, sah ich auf seinem Teller, zwischen den jungen, frisch gepflückten Gemüsen, ein »verlorenes Ei« – mit schönem, wachsweichem Dotter –, die Vorstufe also eines lebendigen Kükens, und ich machte mir meine eigenen, ketzerischen Gedanken über den Pazifismus der Fleischverächter. Vermutlich, dachte ich, wird ihnen das andere nur besser schmecken oder bekommen.

Einmal saß ich während eines langen Wegs in einem Waldgebirge rastend auf dem geländerlosen Holzbrett, das einen frischen, rasch fließenden Bach überbrückte, und sah, wie ein junger Heuschreck mit einem seiner grotesken blinden Hochsprünge unter mir im Wasser landete. Er wurde ein Stück bachabwärts geschwemmt und trieb dann an einer ruhigen, lachenartigen Stelle zwischen den glatten Steinen hilflos zappelnd auf der Oberfläche des Wassers herum. Mein erster Antrieb war, hinunterzuspringen und ihm herauszuhelfen. Gleichzeitig befiel mich ein Zustand völlig regloser, handlungsunfähiger Kontemplation. Wer bin ich denn, dachte es in mir, daß ich den Lauf der Welt bestimmen will? Eine Art Furcht vor der menschlichen Hybris hielt mich ergriffen, und ich fühlte mich auf meinen Platz gebannt, als hätte mich ein Zauberspruch in einen Baum oder Felsblock verwandelt. Nach einigen Augenblicken löste sich dieser Zustand – der kleine Heuschreck zappelte immer noch –, und grade wollte ich nun doch aufstehen, um ihn herauszuangeln –: da schoß eine Forelle aus dem Wasser und schnappte ihn weg. Ich blieb sitzen wie vor einem Zeichen oder Gleichnis, dankbar und etwas beschämt zugleich. Wäre ich rascher gewesen, hätte ich der Forelle ihre Nahrung weggenommen, und wozu sollte das gut sein? So blieb mir nichts übrig, als Wald, Bach und Himmel, Insekten und Fische, Geschöpf und Schöpfer andächtig anzuschauen.

Aber ich dachte in diesem Augenblick der Neigung vorm Unabänderlichen, darin vielleicht eine Ahnung von Weisheit liegt, auch daran, wie ich als sehr junger Mensch im Ersten Weltkrieg verstümmelte Männer entsetzlich leiden sah, schreien und wimmern hörte, oder wie es in einem Armenspital zugehen mag, und sagte, in einem stummen Ausruf: zum Teufel mit aller Philosophie. Laßt uns der Schöpfung jedes Quentchen Leid abtrotzen, das wir verhüten oder lindern können. Laßt uns sein, leben und helfen, erkennen und handeln, wie's uns von Herzen kommt, und ohne zu fragen.

So führt das Anschauen der Natur keineswegs zu einer fatalistischen Indifferenz, sondern zum inneren Einverständnis, in dem sich Anerkennung des geschaffenen, determinierten Lebens mit aktiver Teilnahme, tätiger Anteilnahme die Waage hält. Naturkräfte zu bemeistern oder zu kultivieren, sie der menschlichen Lebensform und damit dem menschlichen Geist dienstbar zu machen, bleibt ein hohes, irdisches Unterfangen, und es muß dem wachen Gewissen, dem ethischen Spürsinn der Menschenrasse gelingen, die Grenze zwischen gutem Gebrauch und Mißbrauch zu finden. Darin liegt eine vornehme und allgemeine Aufgabe, eine vollgültige Arbeit und Anstrengung.

Die Natur aber in ihren Grundzügen »verändern« oder gar »erziehen« zu wollen, erinnert an die Spielerei jenes Kindes, das am Strand des Ozeans mit seinen Händen eine kleine Grube in den Schwemmsand macht, um darin das Meer einzufangen. Augustinus erkannte in diesem Bild die Unfaßbarkeit des göttlichen Wesens. Es deutet ebenso auf das Bild der großen, unantastbaren Erdnatur.

Immer habe ich die Geschichten verabscheut, in denen die Tiere vermenschlicht werden, die Natur verniedlicht, in denen sich Waldgeschöpfe mit Herr Geheimrat und Fräulein Ilse ansprechen und unsere fragwürdigen Lebensgewohnheiten als Behelf dienen müssen, um sie, die Tiere, angeblich, zu »verstehen«. Anders ist es in Märchen und Legenden, Fabeln und Sinngedichten, in denen die personifizierte Tierwelt dazu helfen mag, das Menschliche zu verstehen.

Wo Däumelinchen auf einem Seerosenblatt stromab treibt, darf die brave Feldmaus, bei der sie Unterschlupf findet, der grüppige Maulwurf und die aus dem Starrschlaf erwachende, rettende Schwalbe den Mund auftun und sie ansprechen, so wie ein aufgehender Stern oder ein ausschlagender Zweig uns »anspricht«.

Beim Kalif Storch und im Reineke Fuchs, bei Ovid und bei Lafontaine, bis zu den modernen Tiermärchen des Walt Disney, ist ein Klima geschaffen, in dem echte oder phantastische Tiere zu Figuranten und Antagonisten, Narren, Helden und Räsoneuren des Welttheaters werden.

Wenn aber die Dichter aus dem Naturbild schöpfen (und sie kommen ohne es nicht aus, auch wenn sie die »Beschreibung« oder »Schilderung« der Natur auszuschalten suchen), so muß ihr Bild stimmen und dem Wesen der Natur getreu und ehrlich entsprechen. Wo das nicht der Fall ist, herrscht Schlamperei oder Verlogenheit. So wie ich ein gut geführtes Wirtshaus von einem schlechten sofort daran unterscheiden kann, ob das Salz aus den Holzlöffelchen oder Streugläsern trocken und sauber rinnt, oder ob es sich klumpig und feucht darin zu Brocken ballt, – so wie ich ein Restaurant danach beurteile, ob man zum Fleischgericht gut geschliffene Messer auflegt, mit denen man das Fleisch schneiden kann, statt es zu zerfetzen, – so erkenne ich einen guten, schlechten oder mäßigen Schriftsteller zuerst am richtigen oder falschen Gebrauch des Naturbildes. Etwas anderes ist die bewußte Trübung, Verkehrung oder Zersetzung des Naturbildes in einer bestimmten poetischen Absicht.

Stellt man sich rasch und in großem Überschlag die deutsche Lyrik der letzten zweihundert Jahre vor, so wird man bei Goethe immer das Naturbild in seiner vollen Echtheit und Wirklichkeit, mit dem Sinn und dem Melos des Gedichtes völlig eins geworden, erkennen. Bei Schiller ist es durchweg ins Pathetisch-Allegorische übertragen, bei Hölderlin ins Mythisch-Visionäre. Bei den echten Romantikern von Eichendorff bis Mörike, selbst bei Heine mit seiner schmerzlich-ironischen Weltkritik, ist es fast immer aus reiner, klarer Anschauung natürliche Melodie geworden. Das Herbstgedicht des grimmigen Hebbel ist vollkommenes, ausgeklärtes Naturbild. Auch bei einem Realisten wie Detlev von Liliencron »sitzt« es wie angegossen. Seltsame Vertrübungen und Verschnörkelungen, manchmal in artistischen Selbstzweck, manchmal ins Kunstgewerblich-Verflachte entgleitend, erfährt es bei den Neuromantikern und Neuklassikern unsres beginnenden Jahrhunderts. Aber auch hier erlebt das Naturbild, in Hofmannsthals Jugendgedichten, in Rilkes späten Elegien, dichterische Verklärungen aus seiner tiefsten Wahrheit heraus, und in Stefan Georges priesterlich-sakralem Spruchwerk geschieht es, daß »die reifen Früchte auf den Boden klopfen«.

Einmal noch wird es, in den Versen des frühverstorbenen Georg Trakl, zur Offenbarung einer kaum begreiflichen, herbstlich leuchtenden Schönheit. Auch in Werfels liebendem, entflammtem Pathos drängt es oft aus dem Rauschen der Sprachmusik wie Quellengemurmel hervor.

Dann geschieht ein Umsturz, und in den wüsten Schatten erahnter oder durchlebter Katastrophen verzerren, verwirren und verfratzen sich die Bilder und Gesichte. Rimbaud, der Ahn und Vorläufer aller expressionistischen Lyrik, der, wenn er wollte, die Natur wie kein anderer anzuschauen und zu gestalten vermochte, verkehrte sie bewußt in eine rebellische, wildphantastische Traum- und Rauschlunate, und läßt ihre grellen und düsteren Erscheinungen, zum Schlag seiner magischen Buschtrommel, dämonische Maskentänze vollführen. Eine ganze Legion deutscher Lyriker verfing sich in seinen Spuren, die, nach wenigen grandiosen Dichterjahren, in tropischem Dickicht verschollen.

Seitdem hat die Lyrik einen Knacks bekommen, der vielleicht das Zeichen einer tödlichen, vielleicht einer heilsam-erneuernden Krise ist. Wir wissen es nicht. Aber das Zwielichtig-Krisenhafte, Abgründige und Bedrohliche zeigt sich vor allem in ihrem Verhältnis zur Natur, in ihrem Gebrauch des Naturbildes.

Ich greife zwei Zeilen aus einem Gedicht, einem bekenntnishaften, wesentlichen, eines Autors meiner eigenen Generation, fast eines Altersgenossen, Bertolt Brecht, der mir, auch auf getrennten Ufern, immer als einer der wortmächtigsten Poeten unsrer Epoche erscheint.

»Gegen Morgen, in der grauen Frühe, pissen die Tannen,
Und ihr Ungeziefer, die Vögel, fängt an zu schrein.«

Und ich frage mich, nicht um eine kritische Betrachtung anzustellen, wozu mich nichts drängt, sondern aus dem Drang nach Ergründung, woher es wohl kommt, daß dieses Bild das völlige Gegenteil von dem erweckt, was die Vorstellung von einem Tannenwald in der Morgenfrühe in mir selbst erregt und was ich darüber auszusagen hätte. Selbst wenn ich diese Zeilen aufsage und zu begreifen suche, spüre ich bei der Assoziation mit dem von den schwarzen Bäumen herabtropfenden Tau, auch bei schlechtem, verhangenem Nebelwetter, wenn die Feuchtigkeit von ihren Nadeln rinnt, den starken, würzigen Duft, das Frische und Belebende, den in der ersten Lichtveränderung erwachenden Harzgeruch, – die dem Baum und seinem Wachstum mit dem Taufall widerfahrende Segnung und Stärkung, also das Gegenteil vom Exkrementalen, vom Übelriechenden, vom Nachtschweiß, von der Ausscheidung, vom Auswurf. Sofort gesellen sich dazu die Bilder seiner animalischen Belebtheit, ich höre das zarte, wehende Zirpen des Goldhähnchens, erinnere mich seiner in der Akkuratesse und Umsicht bezaubernden Nistgewohnheiten, denke an den schwarzen Kopfstreifen der Tannenmeise, den Drosselruf, das Gefieder des Hähers, den Flötenlaut eines Gimpels. Dies mag eine Sache des persönlichen Temperaments sein, aber jetzt nehme ich mir, als Ganzes, das Bild von den Vögeln als »Ungeziefer der Tannen« vor und muß es ablehnen, da mich die Anschauung lehrt, daß die Vögel kein Ungeziefer, das heißt keine Schmarotzer der Bäume sind, sondern das Gegenteil. Sie befreien sie von Schmarotzern; selbst solche, die Samen, Knospen oder Keime fressen, bewahren den Wald vor Überwucherung und sind in Wahrheit ein höchst löbliches Geziefer. Das Bild ist also sachlich, in seiner realen Grundlage, sowie in seiner Urteilsbildung, falsch. Es ist ein verzerrtes, ein bewußt verstelltes Bild eines Naturphänomens. Es ist nämlich gar kein Bild, kein Wahrbild, kein Sinnbild, – sondern ein Stimmungsbild.

Sicherlich kann dem Menschen in einer gewissen Stimmung die Natur auch in einer solchen, sachlich verkehrten Trübung erscheinen. Zum Beispiel unter der Einwirkung eines heftigen Katers, der Übernächtigkeit, Verdrossenheit, Übelkeit. Einen solchen Zustand des Unbehagens, der inneren Beunruhigung will auch der Dichter mit dieser Strophe und diesem Bild erwecken und festhalten. Aber das Bild bleibt stehen, es vereist, gerinnt, ändert sich nicht, – und der Zustand der Natur, des Lebens, der menschlichen Verhaltung, geht weiter, strömt, ändert sich. Auch der dickste Kater hat seine Grenzen und hört wieder auf, und kein Mann bleibt immer unrasiert, es sei denn, er lasse sich einen Vollbart stehen. Hier handelt es sich um ein Stimmungsbild der Ver-Stimmung, die ihren Ausdruck bewußt in der Dissonanz zu finden sucht. Sie entspringt dem aufrichtig empfundenen Unbehagen, an der Kultur, der menschlichen Gesellschaft, dem Nicht-Stimmenden in ihrem Zustand, der permanenten Katastrophenhaftigkeit dieser Epoche. Aber ist nicht der verkehrte, verstimmte Gebrauch des Naturvergleichs, des getrübten Naturbildes zur Festlegung, Objektivierung einer gedanklichen oder seelischen Traumatik schon eine Art von Verfälschung, Vergewaltigung seines Wesens, des Wesens der Natur und der in ihr vorhandenen Wandlungskraft?

Vorhandene Wandlungskraft bedeutet, ins Menschliche übertragen, vorhandene Hoffnung. Denn wo Leben ist, da ist Hoffnung, – heißt es in der tief pessimistischen, doch in ihrer Existential-Erkenntnis unwiderlegbaren Weisheit des Predigers Salomo. Wenn wir sie im Anschauen der Natur nicht finden, so könnten wir uns ebensogut in der grauen Frühe an einen der schwarzen, tausprühenden Bäume hängen und uns von seinem Ungeziefer anknabbern lassen.

Gewiß kann man auch die Natur dialektisch betrachten, im Versuch, von Thesis über Antithesis und Synthesis aus ihrem Verschlossensein zur Entfaltung ihrer Gesetzmäßigkeit zu gelangen. Aber der einzelne Natur-Gegenstand, sein lebendiges Wesen, widersetzt sich diesem Versuch, er ist ein Gebilde aus kontrastierenden Substanzen, das nicht im Begriff erfaßt, nur durch liebende Anschauung erkannt werden will.

Was aber die Wissenschaft von der Natur anlangt, so glaubte die des neunzehnten Jahrhunderts, fußend auf dem Rationalismus des achtzehnten, beweisen zu können und zu müssen, daß es einen Gott nicht gibt, daß der Glaube an einen Schöpfer unnötig und irreführend sei. Daß statt eines Schöpfergeistes die Materie an sich Kern und Kraftquell allen Lebens, auch sein Ziel und Ende, in Gestalt von fortgesetzter Höherentwicklung oder menschlichem Fortschritt sei. Die Naturwissenschaft unseres Jahrhunderts kann oder will keineswegs etwa einen Beweis für die Existenz Gottes führen, jedoch ebensowenig für seine Nichtexistenz. Denn sie hat gefunden, daß es diese angenommene

»Materie an sich« nicht gibt. Mögen wir auch noch so viel über ihre Erscheinungsformen und Verwandlungen erfahren, – nenne man sie Energie, kosmische Protuberanz oder wie immer, – mögen wir uns auch ihrer Kräfte und Strahlen zu unsrem Besten oder Schlechtesten zu bedienen wissen, – wir haben erkannt, daß ein mit unsren Maßstäben zu messender Plan nicht zu erkennen ist, genau so wenig wie in dem anscheinend blinden Spiel des Schicksals. Da aber ein den Erscheinungen innewohnender Sinn, eine geheime Ordnung im Innern alles Lebendigen spürbar ist, so spricht zum mindesten nichts dagegen oder kann nicht als unvernünftig bezeichnet werden, an einen göttlichen Sinn zu glauben. Alle wahrhaft großen und starken Geister der Menschheit haben ihn liebend erahnt, und sich in stolzer Demut vor seiner Größe gebeugt.

Mir kommt die Legende von einem irischen Heiligen in den Sinn, der bei seiner Meditation vom Quaken der Frösche gestört wird. Er befahl ihnen kraft seiner Heiligkeit, zu schweigen.

Die große Stille aber, die dann ausbrach, störte ihn noch mehr, sie wirkte beklemmend auf seinen Geist, es war die Stille des Todes, die auch die Lebendigkeit seiner Gedanken, das Leben seiner Seele erwürgte. Seiner Meditation drohte nun gänzlich der Atem auszugehn, der Lebenshauch – und er gedachte reuig des letzten Psalms: »Alles was Odem hat, lobe den Herrn!« Und er befahl, kraft seiner Heiligkeit: »Quakt wieder, ihr Frösche!« Da quakten die Frösche wieder, wie sie vorher gequakt hatten, ihm aber klang es nun wie der Gesang himmlischer Chöre.

Hier ist, im Sinnbild der Legende, der entscheidende Schritt vollzogen von der Verachtung der natürlichen Wirklichkeit zu ihrer Heiligung.

Immer wieder ergreift und überzeugt mich die in die Erscheinungen der Natur, die ihres Lebens und ihres Sterbens, eingestrahlte Hoffnung, auf eine vorhandene, wahrhafte Harmonie, eine verborgene Kraft und Schönheit in und hinter den Dingen, auf die wir zuleben dürfen und zu der wir uns, mit unsrem Gefühl und unsrem Verstand hinwenden können. Wozu wäre uns sonst die Gabe, das Medium, die Zaubermacht der Phantasie verliehen?

Nehmen wir nur die Erscheinung von Licht und Farbe, die man zu Recht als physikalische Quantitäten auffassen kann. Ebenso aber als Nähr- und Gnadenmittel unserer Vorstellungs- und Einbildungskraft.

Ich sitze an einem Wirtshaustisch, der Strahl einer nackten Glühbirne fällt so auf mein Rotweinglas, daß sich im Schatten des Glases, in seiner scharfen Silhouette, auf dem glatten Holztisch ein daumennagelgroßer Rubin bildet. Er ist von einer schöneren Leuchtkraft als der des Weines selber. Er ist auch schöner als die Farben und Lichter in einem »wirklichen«, erstarrten, kristallisierten Halbedelstein. Wenn ich das Glas bewege, bildet er Schwingungen aus, die kein echter Stein je hervorbringen könnte, und die nur in musikalischen Formen wiederzugeben wären. Trinke ich mein Glas aus, dann ist er fort. Gleichzeitig ist er in mir. Wir wissen auch, daß das zauberische Geleucht, die Strahlenbrechungen aller in Edelsteinen enthaltenen Farbwerte, wie es die Sonne aus einem verkrusteten Schneehügel holt, mit ihrem Untergang erlischt oder sich bei Tauwetter in graues Schmutzgerinnsel verwandelt. Aber diese im Schnee geschauten Edelsteine wurden zum Besitz in unseren Augen. Und dieser Besitz ist nicht fragwürdig, während dem Besitz gekaufter Diamanten, deren man immer wieder verlustig gehen kann, eine stete Fragwürdigkeit innewohnt. Dies mag genügen zur Apologie des künstlerischen Bildes, das dem Naturbereich entstammt. Wir leben auf dem schwankenden Boden der Wirklichkeit, und wir stehen ganz fest und sicher nur im Zeichen der Liebe und im Umkreis der Phantasie.

Ich notiere in eines meiner Wegheftchen, – 19. Juli 1952: ein Glückstag. Das Glück bestand in der Beobachtung eines Segelfalters, jener, wenn man von dem allzu seltenen Osterluzeifalter absieht, schönsten Species der Papilionidenfamilie. Die lichtgelben Oberflügel sind mit drei langen, zwei kurzen Längsstreifen in tiefstem Schwarz gezeichnet, die Unterflügel in etwas dunklerem, satterem Gelb, halbkreisförmig eingekerbt, mit einem breiten, sammetschwarzen, von zartblauen Halbmonden unterbrochenen Flügelrand. Die langen, spitz auslaufenden Schwänze oder Zipfel der Unterflügel in einen leuchtend weißen, nadelkopffeinen Punkt mündend. Muß ich nicht einen Tag lang beglückt sein über diese Begegnung mit einem der unerschöpflichen Formspiele der Natur, unerschöpflich und vollendet zugleich, in festgelegten Variationen, zwangsläufigen Mutationen sich wiederholend und sich im Wachstum verändernd, verwandelnd, aufleuchtend und wieder erlöschend im Zug einer grandiosen Unfaßbarkeit?

Wie verabscheue ich solch einengende und kleinliche Begriffspaukereien wie die vom »Haushalt der Natur«, noch mehr die aus der Technik oder Buchhalterei genommenen Ausdrücke für den menschlichen Organismus, wie »Verdauungs-Apparat« oder »Gedanken-Schaltwerk«! Von da ist nur ein Schritt zum »Menschen-Material« oder zum »Pflicht-Soll«. Das heißt: zur Entseelung in Sprache und Lebensart. Zum Liebesmangel. Und nur das liebende Verhalten, die Andacht zum Unbedeutenden, zu der Goethe und die Brüder Grimm sich bekannten, sonst nichts – gibt uns die Hoffnung, aus Verwirrung, Chaos, Isolation, Mißverständnis, Gruppenhaß, Massenangst, Kriegswillen, Zerstörungssucht, Todbesessenheit der Epoche herauszufinden.

Lange Zeit hatte ich einen Tierschädel auf meinem Arbeitstisch, von einem mittleren Hirsch, den ich im Waldhumus, von Überwinterungen gebleicht und kahlgenagt, gefunden hatte. Immer wieder schaute ich, in den Kinnbacken und Schläfenwänden, jene winzigen Löcher an, die Einmündung fadendünner Bohrungen, durch die sich die Nervenstränge wie Wurzelfasern in die inneren und äußeren Gewebe der Haut und des Fleisches ziehen. Sie sind wie von einer unendlich feinen Bohrnadel ausgeführt. Sie wiederholen sich bei der Schädelbildung eines jeden Embryos. Aber wer, wer hat sie zum ersten Male gebohrt? Wer hat die Körper so wachsen und werden lassen? Ich frage dies nicht um einer Antwort willen. Es gibt darauf keine Antwort. Es gibt nur ein immer neues, heiliges Staunen.

Mich erregt ein Spinnweb in der Abendsonne. Es schimmert zwischen zwei Buschzweigen und zeigt ein Gewebe von makelloser Form, die schimmernden Linien, durch Querfäden getragen, regelmäßig von allen Seiten einer Mitte zustrebend, strahlenförmig auf diese Mitte zu konzentriert, die einem Kristallkern gleicht. Und plötzlich weiß ich: dort, in dieser Mitte, sitzt »der Tod«. Die Spinne selber, – das Leben, – hängt schräg unten in einer Ecke und lauert auf ein anderes Leben. Das andere Leben, das der Mücke, die ihrem Tod entgegenfliegt, mag das Netz an irgendeiner Stelle erschüttern, durch seine Schwingungen den Ort anzeigen, auf den sich die Spinne stürzt. Die Begegnung jedoch, die Kontaktnahme zwischen dem tötenden, fressenden, und dem sterbenden, nährenden Leben, die nun ineinander übergehn, geschieht über diesen abstrakten Mittelpunkt, den Nullpunkt des Netzgebildes, der es in Schwebe hält. Nicht in der lauernden, mörderischen Spinne, sondern in jenem zart leuchtenden, schwebenden Mittelpunkt erscheint mir die Furchtbarkeit, das Unwiderrufliche des Todes, – das, wovor wir Angst empfinden und das uns dennoch das Bild einer überirdischen, mit irdischen Bildern nicht mehr vergleichbaren Schönheit ahnen läßt.

In welch phantastischen Formen der Tod in der Natur aufzutreten liebt, – in was für bizarre und vielfältige Gewänder er sich zu kleiden vermag! Die raffinierte Mechanik des ausgehöhlten Giftschlangenzahns, das strotzende Symbol vieler Giftpflanzen, die Leuchtfarben giftiger Pilze, die elektrischen Tötungsschläge in der submarinen Welt. Der Todesbann und die Todesweihung in den Tänzen primitiver Völker, von sinnlicher Verspieltheit bis zur unerbittlichen, strengen Opfergebärde. Auch im archaischen Bildwerk erscheint der Tod als Eros, der seine erhobene Fackel nach unten neigt. So ist er dem Geheimnis des Lebens immerdar und innig verbunden. »Jetzt, und in der Stunde unseres Absterbens«, sprechen wir in dem Gebet, in dem wir für Leben und Tod den Beistand der großen Mutter erflehen.

Das Anschauen der Natur lehrt uns die gelassene Verehrung und die liebende Hingabe an alles Sein, das Leben und Tod umschließt.

Ob der Vogel aus Liebe singt oder von einer lichtreaktiven Reizwirkung getrieben, ist gleich: sein volles Lied weckt Antwort und Widerhall, sein Laut wird Ruf, sein Selbstausdruck wird im Ohr des Empfangenden zum Inbegriff einer größeren Schönheit.

V Der Heimweg

Ich weiß nicht, habe ich eine Rede gehalten oder ein Lied gesungen, Gedanken ausgesponnen oder Bilder gemalt, eine Benedictio gesprochen oder einen rhapsodischen Hymnus aufgesagt, vermutlich all das zusammen, weil ich all das zusammen im Sinn habe und meine. So will ich jetzt versuchen, aus all dem zusammen meinen Endvers zu machen und heimzufinden.

Vielleicht wird man in dieser Ansprache einiges vermissen, was man zu solchem Anlaß zu hören gewohnt ist, vielleicht wird man darin ein paar Kerbtiere und Lurche, Baumwanzen und Schlingpflanzen, Spinnweben und Nachtschatten zu viel ausfindig machen, und sich wundern, daß von Gallwespen und Glühwürmern die Rede war, statt von Ideen und Axiomen, die wie das Erbe des europäischen Humanismus, das Ethos der geistigen Freiheit, die Konstituierung und die Verteidigung der Menschenrechte unser bedrohtes und brennendes Anliegen sind. Sie sind, gewiß, auch mein brennendes Anliegen, doch glaube ich, daß meine langen Wege nicht daran vorbei, viel eher dazu hin führen, indem sie uns der Wirklichkeit unseres äußeren und inneren Lebens haut- und hauchnah konfrontieren. Auch mag es aufgefallen sein, daß ich völlig darauf verzichtet habe, den geistigen Schirmherrn dieser Stunde zu beschwören und meine Ausführungen mit den Zitaten und Aussprüchen seiner geprägten Weisheit zu belegen. Es ist nicht leicht, darauf zu verzichten, denn gerade zu diesem Gegenstand, der Begegnung des Menschen mit der Natur, wie zu allen anderen, bieten sie sich in wunderbarer Schönheit und Fülle, über alle Epochen seines Werkes und Lebens verteilt. Aber gerade deshalb habe ich es bewußt vermieden, mich auf die Kronzeugenschaft von Goethe-Worten zu berufen. Denn das Einzigartige und Allüberdauernde an Goethes Worten, seinen dichterisch geformten und seinen zur Sache und Stunde gesagten, besteht darin, daß sie sich immer aufs Leben selbst beziehen, daß sie immer im unmittelbaren Kontakt und Zusammenhang mit seinem eignen, seiner Zeit und Umwelt lebendigem Sein und Handeln, seinem Denken, Schaffen und Forschen stehn und in all ihren unendlichen Variationen und Kontrastierungen von einer Wesenseinheit zeugen, welche, wie die der Natur, als ein gewaltiges Ganzes um uns und über uns besteht. Drum schien es mir ehrfurchtsvoller zu sein, in dieser Wiederkehr seiner ersten Lebensstunde, sein Wort und Gut nicht mit dem unsren zu vermischen oder die eignen Worte wie Efeu um seinen Stamm zu spinnen, sondern mit dem Versuch, Leben und Dichten aus dem gleichen Ursprung, im Spiegel des gleichen Quells zu erkennen, seinem Genius zu huldigen.

Denn Dichten und Leben sind nicht wie Traum und Wirklichkeit verschieden oder verschwistert, auch nicht wie Feuer und Rauch oder Kohle und Diamant, sondern sie stehen in einem viel engeren, fast untrennbaren und kaum darstellbaren Verhältnis der Kongruenz und der Doppelgestalt. Sie spalten sich manchmal und gehen wieder ineinander ein, so wie auf einem vorher geschilderten Weg der Körper sich selbst verlassen, neben seiner eigenen Hälfte hergehen und wieder mit ihr verschmelzen konnte.

Jetzt bin ich auf dem Heimweg. Ich bleibe noch einmal stehen und gehe langsam um einen Baum herum, öfters, vielleicht viele Male, ich zähle sie nicht. Ich will ihn behalten und mitnehmen. Ich will ihn von allen Seiten anschauen und begreifen, bevor ich mich imstande und befähigt fühle, auch mit geschlossenen Augen, auch in der Stube daheim zu sagen: ein Ahorn. Ein Eschenbaum.

Immer stärker wird mein Bedürfnis, die Dinge und die Erscheinungen, die Welt und die Mitmenschen von allen Seiten zu sehn. Immer geringer die Neigung zum Einseitigen, zum apodiktischen Urteil, sei es Völkern, Personen, Ereignissen gegenüber. Nicht, daß ich das Häßliche und Gemeine nicht hassen kann, da ich das Schöne und Gute liebe. Solange der Mensch lebt und liebt, wird er auch da, wo seine Scheu zur Abscheu wird, hassen und verachten. Aber im Haß muß noch die Ahnung der möglichen Liebe stecken, im Verachten noch die Sehnsucht nach Verehren, und die Liebe selbst muß stets bereit sein, sich aus der Verschwendung zu mehren und zu erneuern. Es kann nie zu viel Liebe geben auf der Welt, höchstens zu wenig, und wo sie spart oder abmißt, geht sie bald an der Auszehrung ein.

Ich bin auf dem Heimweg, schon recht nah am Ziel. Die letzte Strecke eines langen Weges verlangt oft noch einen letzten Aufwand an Mühe und Energie, doch wird er schon getragen vom Bewußtsein seiner baldigen Überwindung und vom Vorgefühl der kommenden Erleichterung. Schon spürt man die Füße vom Druck des festen Schuhwerks befreit, schon genießt man den brennenden Schauer des kalten Wasserstrahls auf der Haut, das Dehnen der Glieder, das kühle, frische Hemd. Auf dem Heimweg beginnt man öfters zu singen. Man singt sich die Müdigkeit aus den Knochen, – man singt sich die Freude ins Herz. Die Freude hat uns vielleicht auf dem Heimweg erwartet. Es mag sein, daß sie nicht den ganzen langen Weg mitgegangen ist, daß sie sich zum Beispiel um den harten Aufstieg gedrückt hat, daß sie gleich lieber auf einem Baumstrunk sitzenblieb, von dem sie wußte, man wird wieder dran vorbeikommen und ihn nicht übersehn, weil auf seinem moosigen Pelz der helle Waldklee wuchert, an seinen Holzresten die Schale des Baumschwamms klebt. Die Freude läuft uns nicht nach, sie hört nicht auf unseren Pfiff. Sie weiß, daß sie nicht immer das Innere des Menschen ausfüllen darf, in dem ihr Platz oft frei bleiben muß, ein leerer Platz, eine Höhlung ohne Quell, ein verlassener Nistraum, ein vergessener Ausguck im Turm. Auf den langen Wegen muß das Herz oft leer sein, auch leer an Freude, damit nichts, was sich in ihm spiegeln will, verdrängt, verfälscht oder beschönigt wird. Jetzt aber hockt sie wartend an jener Lichtung, auf die man schon etwas stolpernd, mit müden Kniekehlen, hinaustritt. Von dort aus kann man das Haus sehn, das man sein eigen nennt, wenn man es bewohnt und pflegt, in Ordnung hält und dafür arbeitet, ganz gleich, ob man es gekauft oder gemietet, mit Geld bezahlt oder nur geliehen hat. Dieser Anblick des Hauses, aus einer kleinen Entfernung, die es noch zu durchmessen gilt, gleicht einer letzten Station, die aller Mühe Lohn bedeutet. In den kühlen und kälteren Jahreszeiten besonders, wenn aus dem Schornstein des Hauses der blaue Rauch aufkräuselt, und in der Dämmerung ein paar Fenster schon gelben Lichtschein spenden, erfüllt uns sein warmes, ernstes, unverändertes Gesicht mit einer erregten Freude, als kehre man von einer langen, schwierigen Reise zurück. Man weiß, wenn man näher kommt, dann wird man den Holzrauch riechen, und genau unterscheiden, ist es Birke vom offnen Kamin, sind es die Buchenscheite, die man in der Frühe gespalten und beim Herd aufgeschichtet hat.

Und man freut sich aufs Haus, auf seine Schwelle, den Türgriff, den Augenblick der Dunkelheit im fensterlosen Vorraum, bevor man das Licht andreht, den Haken für den Hut, das Knarren einer Treppenstufe, man freut sich auf alles Gewohnte und Bekannte, das ein Ausdruck des Belebten und Beseelten ist.

Weiß man das Haus menschenleer, wohnt man grade allein darin, so freut man sich auf die Stille, und ihr waches, vielstimmiges Geflüster. Sonst aber freut man sich auf die Menschen, die es mit einem bewohnen, auf die Nähe, den Laut, das Wort, die Verständigung, sogar auf das vertraute Schimpfen, da man doch immer zu spät kommt. Man freut sich auch auf das Essen und auf den abendlichen Wein, auf das Sitzen an einem gut gedeckten Tisch, um so mehr, wenn man ihn selber decken und besorgen hilft und der Bedienung entraten kann. Man freut sich auf Gäste und Tischgenossen, und wenn man sie wartend weiß, singt oder ruft man ihnen auf der letzten Strecke laut entgegen. Ja, ich liebe das Tafeln und Gasten zu Haus, so wie ich die Alleinheit auf den langen Wegen liebe, ich liebe es, Freunde an meinem Tisch zu haben, Wirt und Mundschenk einer symposionalen Gemeinde zu sein, und ich liebe, so singt man wohl auf dem Heimweg, ich liebe das Leben, die guten Gaben des Lebens, wo immer sie uns zuteil werden, ich liebe die ungetrübten Stunden der Gastlichkeit, wenn mir auch stets das Gerippe gewahr ist, das, wie im sokratischen Kreis, als stummer Tischgenosse dabei sitzt.

Ich liebe das Leben und seine Wege, und bin mir stets ihrer Abschüssigkeit und ihrer rutschigen Moräne, der vampirisch saugenden Totenmäuler, der pilzigen Fäule in Spalten, Ritzen und Höhlen, des Verwesungshauchs und des Dämonengetrippels über und unter der Erdkruste bewußt. Ich weiß das Ansaugende der Unsicherheit, das Halluzinatorische der menschlichen Einbildungskraft, das Schwankende des gesellschaftlichen Bodens, die immer über uns kreisende, unter uns schwelende Katastrophengefahr.

Aber ich liebe das Leben, das menschliche Leben, nicht in einer illusorischen Vorstellung von seiner Glücksbestimmung, nicht als einen regulierbaren Vorgang zur Erreichung möglicher Zufriedenheit, sondern das bedrohte, umstellte, unendlich tragische und unendlich freudvolle Leben der Geschöpfe, die ein Schöpfer erweckt, erschaffen, beseelt hat. Ich liebe es in Furcht und Ehrfurcht, Vertrauen und Dankbarkeit.

Editorische Notiz

Die Essays von 1922 bis 1971 sind nicht chronologisch geordnet, sondern als Autoporträt und Bekenntnis zum »langen Marsch des Menschen zur Menschlichkeit – durch Denken und Handeln« gesammelt worden.

Betrachtungen
Versuch eines Kurzporträts wurde erstmals in ›Der Jungbuchhandel‹, Frankfurt am Main, Jg. 19, H. 9, 1965, S. 808–809, veröffentlicht.
Von Kiel nach München, entstanden 1923, wird hier erstmals aus dem Nachlaß (Deutsches Literaturarchiv, Marbach/N.) veröffentlicht.
Nordische Landschaft wurde am 4. August 1923 erstmals in der ›Frankfurter Zeitung‹ gedruckt.
Sprache, Strom und Leben. Auszüge aus einer Stegreif-Ansprache, gehalten am 31. August 1952 im Gasthaus zum Schiff in Nackenheim am Rhein, brachte erstmals die ›Frankfurter Neue Presse‹ am 1. November 1952.
Taunuswiese, enstanden 1966, wird hier erstmals aus dem Nachlaß (Deutsches Literaturarchiv, Marbach/N.) veröffentlicht.
Mainz, versunkene Stadt wurde erstmals in ›Der Literat. Zeitschrift für Literatur und Kunst‹, Mainz, Jg. 5, 1962, Nr. 4 veröffentlicht; eine Variante wurde u. d. T. ›Vineta – ewige Stadt. Eine Huldigung an Mainz‹ in ›Mainz. Gesicht einer Stadt‹, hrsg. v. Wolfgang Haut, Texte v. Carl Zuckmayer, Adam Gottron, Vilma Sturm, Mainz: Matthias-Grünewald Verlag 1962, S. 5–9, eine weitere Variante u. d. T. ›Mainz, versunkene Stadt‹ in ›Atlas. Zusammengestellt von deutschen Autoren‹, Berlin: Klaus Wagenbach 1965, S. 211–220, gedruckt. Textvorlage ist das Typoskript (Deutsches Literaturarchiv, Marbach/N.).
Das Ziel der Klasse. Geist und Praxis des Humanismus erschien erst-

mals u. d. T. ›Festrede zum vierhundertjährigen Bestehen des Humanistischen Gymnasiums in Mainz am 27. Mai 1962‹ als Broschüre 1962 bei Philipp von Zabern in Mainz.

Die drei Säulen des Lebens. Ansprache, gehalten am 22. Oktober 1971 anläßlich der Namensgebung des Schulzentrums auf dem Lerchenberg in Mainz, wurde erstmals in der Weihnachtsausgabe 1971 der ›Allgemeinen Zeitung‹, Mainz, gedruckt.

Pro domo. Die ›Selbstanzeige und Ankündigung‹ wird hier erstmals aus dem Nachlaß (Deutsches Literaturarchiv, Marbach/N.) veröffentlicht. Die Broschüre ›Pro domo‹ erschien erstmals 1938 im Bermann-Fischer Verlag in Stockholm innerhalb der Schriftenreihe ›Ausblicke‹. Die Zeichensetzung folgt der Erstausgabe.

Betrachtungen

Scholar zwischen gestern und morgen wurde erstmals in ›Neue Rundschau‹, Frankfurt am Main, Jg. 79, H. 1, 1968, S. 1–15, veröffentlicht.

Mehr als ein Buch. Anmerkungen zu Bruno E. Werners Roman ›Die Galeere‹ wurde erstmals in ›Die Neue Zeitung‹, München, 16. November 1949, S. 3, Feuilleton und Kunst, gedruckt.

Amerika ist anders. Ein Vortrag, gehalten am 10. November 1948 im Auditorium maximum der Zürcher Universität, wurde in der ersten Fassung in ›Neue Schweizer Rundschau‹, Zürich, N. F. 16 (8), Dezember 1948, S. 451–474, gedruckt; der hier aufgenommenen Fassung liegt die Sonderbeilage der Zeitschrift ›Der Monat‹, Berlin, o. J., zugrunde.

Geschichte von fünf Jahren, entstanden im Dezember 1945, wird hier erstmals aus dem Nachlaß (Deutsches Literaturarchiv, Marbach/N.) gedruckt.

Das »Farmen«, entstanden 1941/42, wird hier erstmals aus dem Nachlaß (Deutsches Literaturarchiv, Marbach/N.) veröffentlicht.

Wein und Welt. Eine Danksagung, anläßlich der Verleihung des

deutschen Weinkulturpreises 1955, wurde erstmals in ›Deutsche Zeitung‹, Stuttgart, 31. Dezember 1955, gedruckt.
Eine Weinreise durch Europa erschien erstmals in ›Welt am Sonntag‹, Hamburg, 6., 13., 20., 27. Juni und 4. Juli 1965. (Der erste Teil erschien dort unter der Überschrift »Ein frischer Landwein ist gar kein ›Alkohol‹«.)
Die Maultierzeit wurde erstmals in ›Atlantis‹, Zürich, Jg. 35, H. 5, 1963, S. 285–293, gedruckt.
Die Hochtour wurde erstmals in ›Merian‹, Hamburg, Jg. 21, H. 12, ›Das Wallis‹, 1968, S. 66–74, veröffentlicht.

Die langen Wege. Ein Stück Rechenschaft erschien in dieser Fassung als Broschüre erstmals 1952 im S. Fischer Verlag, Frankfurt am Main. Diese Rede wurde in gekürzter Fassung am 28. August 1952 anläßlich der Verleihung des Goethe-Preises in der Frankfurter Paulskirche gehalten. Die Zeichensetzung folgt der Erstausgabe.

K. B.

Inhalt

Betrachtungen

Versuch eines Kurzporträts	9
Von Kiel nach München	11
Nordische Landschaft	17
Sprache, Strom und Leben	23
Taunuswiese	26
Mainz, versunkene Stadt	28
Das Ziel der Klasse. Geist und Praxis des Humanismus	37
Die drei Säulen des Lebens	57

Pro domo

Selbstanzeige und Ankündigung	69
I Pro domo	71
II Pro patria	83
III Pro vita	95
IV Pro arte	104
Zwischenspiel	111
V Pro mundo	124

Betrachtungen

Scholar zwischen gestern und morgen	135
Mehr als ein Buch. Anmerkungen zu Bruno E. Werners Roman ›Die Galeere‹	157
Amerika ist anders	169
Geschichte von fünf Jahren	202
Das »Farmen«	205
Wein und Welt	212
Eine Weinreise durch Europa	223
Die Maultierzeit	233
Die Hochtour	243

Die langen Wege. Ein Stück Rechenschaft
- I Aufbruch   257
- II Vom Gehen auf langen Wegen   260
- III Von der Weglosigkeit. Vom Sich-Verirren. Vom
  Allein-Sein und von der Begegnung   286
- IV Vom Anschauen der Natur   302
- V Der Heimweg   326

Editorische Notiz   331